『烏組隊長細谷十太夫』を読む

小西幸雄 編著

MPミヤオビパブリッシング

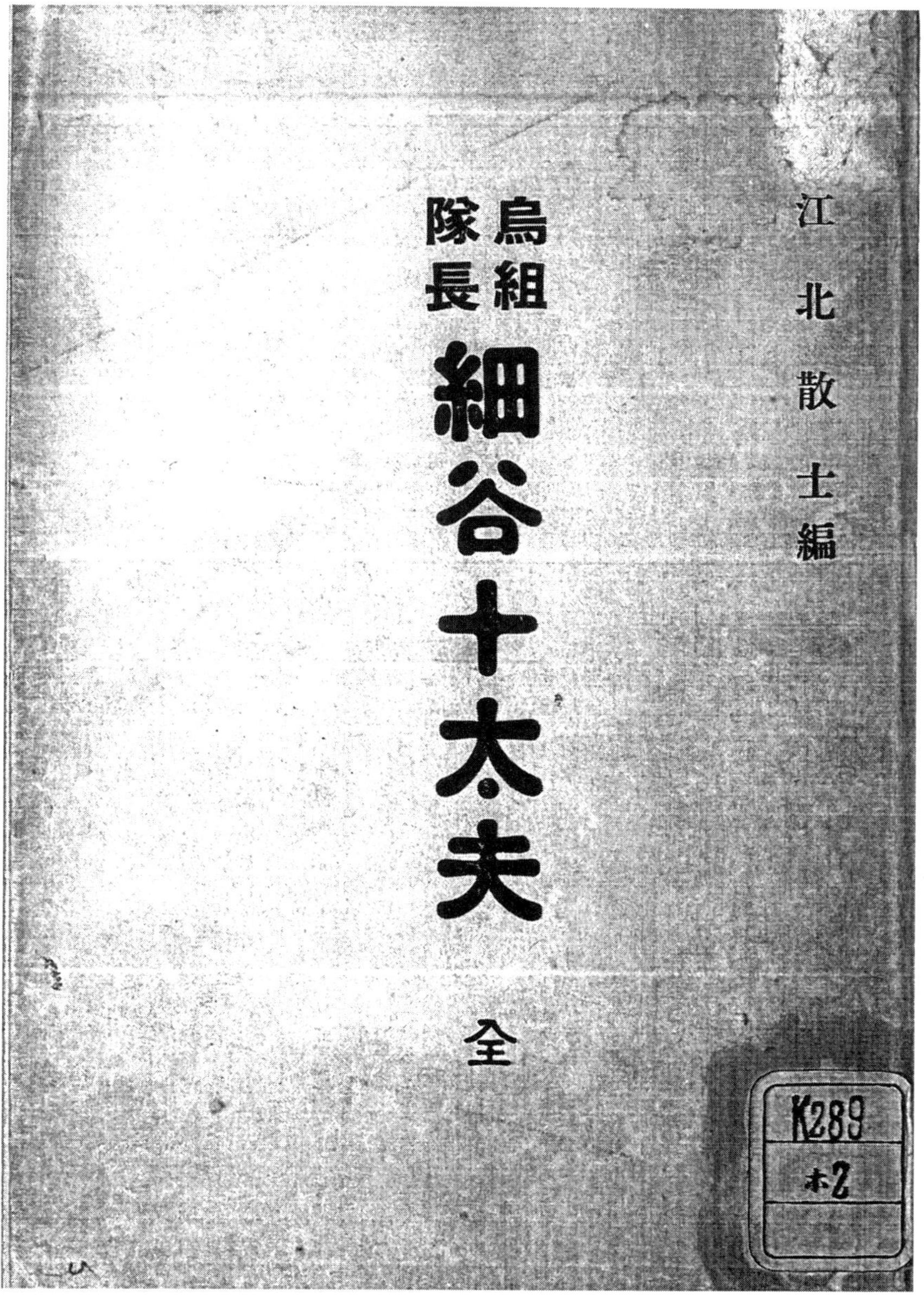

写真1 『烏組隊長細谷十太夫』表紙（宮城県図書館所蔵）

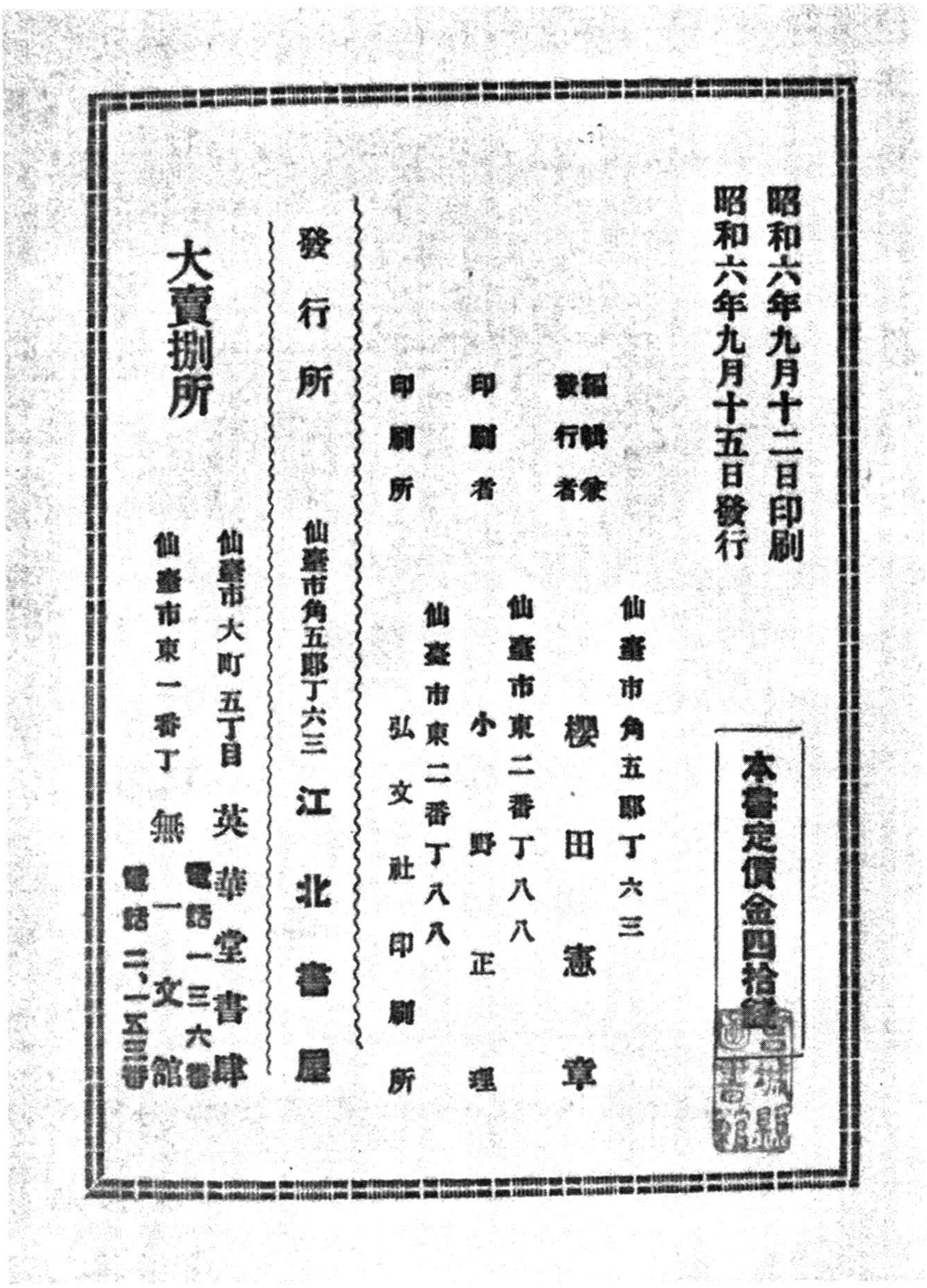
昭和六年九月十二日印刷
昭和六年九月十五日發行

本書定價金四拾錢

編輯兼發行者 仙臺市角五郎丁六三 櫻田憲章
印刷者 仙臺市東二番丁八八 小野正理
印刷所 仙臺市東二番丁八八 弘文社印刷所

發行所 仙臺市角五郎丁六三 江北書屋

大賣捌所
仙臺市大町五丁目 英華堂書肆 電話一三六番
仙臺市東一番丁 無一文館 電話二、一五三番

写真2 『烏組隊長細谷十太夫』奥付（宮城県図書館所蔵）

写真3　僧侶姿の細谷十太夫写真（仙台市戦災復興記念館所蔵）

はじめに

烏組隊長（衝撃隊隊長）の細谷十太夫の伝記として最も纏まっているものといえば、昭和六年（一九三一）に出版された江北散士編『烏組隊長細谷十太夫』を挙げて間違いないものと思われる。

江北散士編と書いているが、奥付には「編輯兼発行者」として「仙台市角五郎丁六三　桜田憲章」とあり、また「発行所」として「仙台市角五郎丁六三　江北書屋」とあることから、編輯・発行ともに江北散士を名乗っていた桜田憲章ということになる。

昭和三年（一九二八）は「戊辰六十年忌」に当たっており、干支《かんし》の組み合わせ（十干《じっかん》と十二支の組み合わせ）が六十通りあり、六十干支と呼ぶ。これが一巡して還暦になることから、世の中は戊辰戦争の見直し論が起こってくる風潮にあった。

人気作家の大佛次郎が昭和四年一月から、細谷十太夫を主人公とした『からす組』を「国民新聞」夕刊に連載を開始し、剣戟映画スターの阪東妻三郎プロダクションがその小説を原作に、昭和五年五月に「からす組」前篇を、同年六月に後篇を製作し公開したことから、「細谷十太夫」そして「烏組」への注目が集まったことが、桜田憲章が『烏組隊長細谷十太夫』の出版に踏み切る切っ掛けになったものと思われる。

桜田憲章には、明治十三年（一八八〇）十月、仙台書林・伊勢安右衛門出版の『宮城縣地誌要略字引』（和装二十二丁）があり、桜田憲章については著者・編者、宮城縣士族、住所宮城縣下仙台區支倉通二十七番地と記載している。

また、その表紙には、「若生精一郎閲」と表示している。若生精一郎は、明治十一年十月、仙台に民権結社鶴鳴社《かくめいしゃ》を設立。教師を辞し、明治十二年八月「宮城日報」を創刊。明治十三年村松亀一郎らと本立社を設立。若生は愛国社の国会期成同盟第二回大会に東北有志の総代として参加。同年十一月、仙台に帰った若生は「宮城日報」を白極誠一と桜田憲章とに任せて病気療養となり、明治十五年三月二十五日歿す、享年三十五歳とある。

さらに桜田憲章について、加藤甫編著『東北各社新聞記者銘々傳　初篇』明治十四年（一八八一）、宮城県白石仲（中）町の章榮堂発行（国立国会図書館デジタルコレクション）によれば、次のように記載されている。

宮城日報局長

〇桜田憲章君

君幼名洋太郎、江北ト号ス。人トナリ温柔《おんじゅう》（穏やかで柔らか）、容貌頗ル美、実ニ記者中ノ好男子ナリ。君亦自ラ色男子《いろおとこ》（美男子）ヲ以テ任ジ、婦ニ接スルヤ最モ丁寧《ていねい》。且ツ都々一《どどいつ》（逸）ニ長ジ、葉《は》（端）唄《うた》ニ妙ヲ得、仙台名物サンサ時雨ノ如キハ大ニ衆ニ冠タル者ナリト云フ。君幼ニシテ学ヲ志ス、作並某ニ就テ学ブ。後チ英学ヲ修メ、略大体ニ通ズ。文章ノ如キハ東坡《とうば》（宋の文豪である蘇軾《そしょく》が黄州に流されたとき、その地にいたので、東坡居士と号した。）ヲ祖トシ、最モ活発ナル句法（詩文などの句を組み立てる方法）ヲ学ビタレドモ、天ノ賦セル性質ハ変スル事易カラズ。文法未ダ東坡ニ似ズト雖モ、文才ニ至テハ殆ンド東坡ノ少年ノ時ノ如シ。君初メ仙台裁判所ノ雇タリ。一日《あるひ》歎ジテ曰ク、大丈夫（意志が強く立派な人物）寧《むし》ロ鶏口《けいこう》タルモ牛後《ぎゅうご》タル可《べから》ズ（小さな団体の頭であっても、強大なものに服従すべきではない。）ト、職ヲ辞テ専ラ学業ヲ修ム。時ニ宮城日報社編輯員ヲ招ク、（中略）高瀬氏退ク後、下村氏ト共ニ編輯ヲ督シ、其第二ノ宮城日報ニ至テハ編輯局長ノ大任ヲ帯ビ筆権ヲ握ルニ至リ、世人皆君ノ牛後タラズトノ言虚ナラザルヲ知ルニ至レリ。

なお、宮城日報は、明治十三年十一月に福島毎日新聞と合併して改題「仙台福島毎日新聞」、さらに明治十四年七月「仙台絵入新聞」と改題している。

その後の桜田憲章については不明な点が多いが、『仙台市史』通史編6近代1によれば概要次のように記載されている。

明治二十年、大同団結運動が起こり演説会の開催が活発になってくると、政党機関紙を中心に新聞・雑誌の発行がふたたびさかんに行われるようになった。国分町の時論社は、桜田憲章を発行人として、明治二十一年に雑誌『時論』を刊行した。

立憲改進党宮城支部は、明治二十五年二月、『東北日報』を刊行した。党員で活版社社長の秋葉忠七が経営にあたり、編集長は桜田憲章、記者に菊田力治〔定郷〕などがいた。『東北日報』は一時は最多発行部数を誇ったが、明治三十年一月に廃刊となり、これに代わって『河北新報』が創刊される。

『東北日報』廃刊後の桜田憲章についてはさらに不明であるが、「江北書屋」という書店を開業したようである。昭和三年六月五日、東京市の楽石書院から発行された『伊達家臣略譜』(国立国会図書館デジタルコレクション)は、「大町信校閲・桜田憲章修訂」とあり、序には、「仙台藩士家譜、錯誤往々少ナカラズ。或ハ本支ヲ顛倒シ、或ハ正閏《せいじゅん》(正しいものと正統でないものと)ヲ乱次(順次をみだす)スルモノアリ。(中略)昨夏、仙台ニ展墓《てんぼ》(墓参り)ス。一日江北桜田氏ニ会ス語ルニ此事ヲ以テス。氏曰ク、吾敢テ之レニ当ラント。乃チ氏ニ託スルニ訂正ノ事ヲ以テス。」とし、凡例によれば、「専ら『伊達世臣家譜略記』に基づき、其遺漏若しくは錯誤あるものは、信用すべき舊記、又は其家傳うる所の記録又は口碑を採酌して、之を補正せり。」とある二百八ページに及ぶ大著である。

しかし、桜田憲章氏については、残念ながら昭和六年の『鳥組隊長細谷十太夫』の出版以後の履歴が判明していない。明治十三年に若生精一郎から桜田憲章とともに『宮城日報』を託された白極誠一については、『仙台人名大辞書』に次のように記載されている。

ハクゴク・セーイチ【白極誠一】官吏。もと仙台藩御乱舞家業人、官立宮城師範学校卒業、仙台木町通小学校長となり、始めて仙台に幼稚園を創む、後ち若生精一郎等と宮城日報を創刊し、或は本立社、進取社等の政社を組織して政事に奔走す、爾後宮城県九等属、収税属、名取郡書記、税務属〔長町収税署長〕、群馬県属、東京府属を経て、明治三十二年八月加美郡長に任じ、三十四年四月柴田郡長に遷る、同三十八年一月六日歿す、享年五十八、仙台荒町佛眼寺に葬る。

右の記述により、桜田憲章の生年を白極誠一と同年であると仮定してみると、昭和六年九月の『烏組隊長細谷十太夫』の出版の時点で、少なくとも満八十三歳であったことになる。

著作権法が規定する保護期間は個人の著作物の場合は著作者の没年が基準となるため、残る手段としては、宮城県図書館に所蔵されている『河北新報』のマイクロフィルムを人海戦術で閲覧するしかないと決断した。

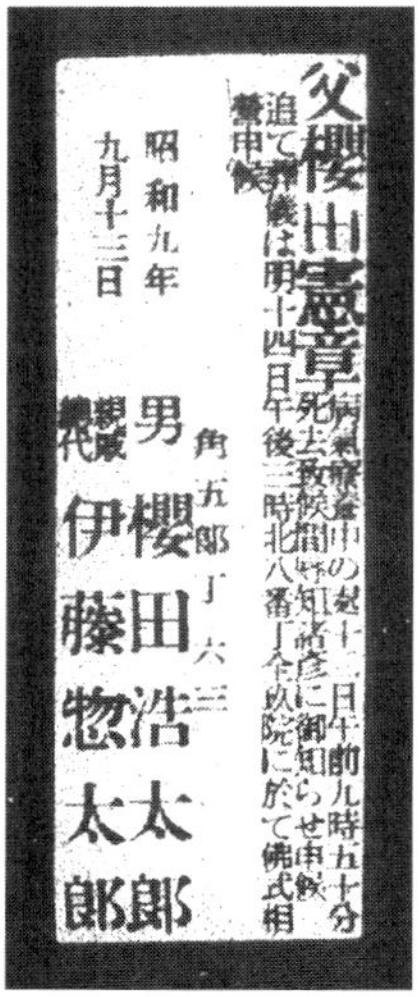
父櫻田憲章病氣療養中の處十二日午前九時五十分死去致候間此段知己諸彥に御知らせ申候
追て葬儀は明十四日午後二時北八番丁全玖院にて佛式相營申候
角五郎丁六三
男 櫻田浩太郎
親戚総代 伊藤惣太郎
昭和九年
九月十三日

写真4
父櫻田憲章黒枠広告

桜田憲章が昭和六年の時点でかなりの高齢であったとの推測から、昭和六年九月分から閲覧を開始した。閲覧すること延べ四日間、マイクロフィルム一ロール（二ケ月分）に閲覧時間一時間として合計十九時間。そして到頭、昭和九年（一九二〇）九月十三日付の『河北新報』朝刊に桜田憲章の次の黒枠広告を発見することができた。

写真5　全玖院の櫻田家墓地

父　櫻田憲章　病気療養中の處十二日午前九時五十分
　　死去致候間辱知諸彦に御知らせ申候
追て葬儀は明十四日午後三時北八番丁全玖院に於て
佛式相営申候
　　　　　　　　角五郎丁六三
昭和　九年　男　　　櫻田浩太郎
九月十三日　親戚総代　伊藤惣太郎

右の文中の「辱知（じょくち）」は、かたじけなくも自分を知ってくださっている、またその人のこと。また、「諸彦（しょげん）」は、多くのすぐれた人々。彦は男子の美称をいう。

令和六年（二〇二四）の現時点は、櫻田憲章氏の没後一〇四年に当たることになり、著作権の保護期間が満了していることが明確となった。

『烏組隊長細谷十太夫』の出版データとしては、次のとおりである。

昭和六年九月十五日発行

四六版、八十二ページ、定価四十銭
大売捌所　英華堂書肆〔仙台市大町五丁目〕
　　　　　無一文館〔仙台市東一番丁〕

次に、「凡例」をそのまま掲げることとする。

一、本書はもと本書の主人公細谷翁の手記にかかるもので、第一より第二十までは務めて原書のままを掲げて事実を増損せず。
一、第二十一以下は翁歿後の記事に係るを以て編者の編綴《へんてい》したるところに係る。
一、翁もと赳々《きゆうきゆう》（たけく勇ましい）たる武夫《ぶふ》（勇士）にして素より文字の人にあらざれば、文中往々誤字宛字錯綜して殆ど解（解）釈に苦しむところなきにあらず、此の如きは前後の関係によって判読補綴《ほてい》したるところあり。
一、巻頭に掲げたる小照《こしょう》（小写真）は翁の警視庁少警視として西南役に出征したる当時の撮影ならんと思わる。東北大学医学部生今野悦郎君の寄贈に係る。〔バックに写せる三脚の烏は細谷翁に随従し片平町へ引揚げし際まで生存し居り、旗印等この染抜を用いたり。〕
一、本書出版に関して伊藤清治（次）郎翁より多大の援助を与えられたり。謹で其厚意を謝す。

右の「伊藤清治（次）郎翁」については、角川日本姓氏歴史人物大辞典4の『宮城県姓氏家系大辞典』に次のように記載されている。

伊藤清次郎〔いとうせいじろう〕（一八五六～一九三八）実業家。仙台の河原町出身。伊藤清治の次男。電狸翁《でんこ》と称した。仙台区会議員、県会議員を務める。明治二十七年菅克復に協力して宮城水力紡績製糸を設立、仙台電灯と合併し、同三十二年宮城紡績電灯を設立、社長に就任。『仙台昔語電狸翁夜話』の著書がある。

『烏組隊長細谷十太夫』は、右の「凡例」にあるように、第二十一を除く、第一から第二十については、「もと本書の主人公細谷翁の手記にかかるもの」とあることから、ほとんど「細谷十太夫自伝」と言ってよいものと思われる。ついては、入手困難な江北散士編『烏組隊長細谷十太夫』の全文（本文中、ゴシック体で示す）を掲げ、それに出来るだけ詳細な解説を加え、「『烏組隊長細谷十太夫』を読む」と題して取りまとめて見ることとしたい。

細谷十太夫は、かなりの御喋りであり、しかも話が非常に上手かったようである。そうでなければ、これだけ多くの十太夫の談話筆記が残されるはずはない。

子母澤寛の「「からす組」あとがき」には次のように書かれている。

説教は訥々として人の肺腑（心の奥底）を突き、なかなかうまかった。（中略）奨められて鴉組の話もする。そういう時は眼をらんらんと輝かせて時々火を吐くような熱弁になったという。

とある。

○地老窟主人著「細谷鴉仙上人の逸事」（上）・（中）・（下）『仙臺新報』明治四十二年（一九〇九）八月三十日・九月三十日・十月三十日掲載。

「左に録するは友人永澤小兵衛氏が起稿したるものなり、書中往々杜撰《ずさん》の処なきにあらざれとも、仙台藩文学の沿革を叙するに於て大に其要を得足るものあり、此頃曝書《ばくしょ》（書物の虫干し）の際筐底《きゅうてい》（箱のそこ）より見出したれば空しく蠹魚《とぎょ》（しみ）の腹を肥やすも惜しと乃ち甚だしき誤謬《ごびゅう》を訂正して仙臺新報社に致す。明治巳酉《つちのとり》季秋念五（今泉）篁州外史識す」

永澤小兵衛については不明であるが、坂田啓編『私本仙台藩士事典』に次のように書かれている。

永　沢

諸士藩籍　小四郎　一両一歩四人（歩小姓）

今泉篁州については、『宮城県姓氏家系大辞典』に次のとおり記載されている。

今泉篁州（いまいずみこうしゅう）（一八六六〜一九三九）名は寅四郎。砲術家若林新九郎の次男。多くに漢詩を残す。仙台吟社を主宰、『仙台文学』刊行。編著書に『仙台人物史』『仙台風藻』がある。愛蔵本、稿本、著書の一部が「今泉篁州文庫」として県図書館に所蔵されている。県の文学史、人物史研究上貴重なものである。

○仙台市・龍雲院「細谷鴉仙君墓碑銘」大正五年（一九一六）友部伸吉撰文

細谷十太夫は明治四十年五月六日に享年六十八で歿したが、その十回忌の大正五年の命日に地蔵菩薩が建立された。一名細谷地蔵という。その台石に友部伸吉の撰になる長文の墓碑銘が刻まれており、十太夫生涯の履歴が記されている。

友部伸吉については、『仙台人名大辞書』に長文の記事があるが、次に要約して記載する。

トモベ・テッケン【友部鐵軒】文士。常陸水戸藩士、通称伸吉、鐵軒また介洞と号す。試に応じて司法省法学校に入る、偶々教師仏人某専横の事あり、鐵軒等之を悪《にく》み、原敬、陸羯南、福本日南等十余人と袂を払って去る。既にして仙台に来り操觚《そうこ》（文字を書くこと）に従事す。明治十九年奥羽新聞の聘に応じて編輯を統理す、また今泉篁州等と仙台吟社を興し、盛に文運を鼓吹す。また原敬の大阪毎日新聞を主宰するや、其の聘に応じて筆を大阪に載せ、或は海南新聞の創立に際し、讃岐高松に抵《いた》りて之を主宰す。後ち仙台に還り、東北の文柄《ぶんぺい》（文学上、又は文治上の権力）を掌握すること四十四年、著作架に満つ。大正六年三月一日仙台に歿す、享年六十二。

○矢野顕蔵編「白河口の烏組隊長・細谷十太夫」（『仙臺秘史・戊辰の人物』大正十四年（一九二五）矢野顕蔵発行所収）

「明治三十三年五月三日午後六時より同九時三十分に至る三時間半、仙台市本町二十番地（北材木丁つき当り湯屋裏）僑屋《きょうや》に於て細谷十太夫改名直英口演―同氏懇請に因り筆記せしものとす」

矢野顕蔵については、『仙台人名大辞書』の記事を要約して記載する。

ヤノ・ケンゾー【矢野顕蔵】有志家。幼にして学を好み、秀才の称あり、中学師範学校を半途退学し、宮城中学校英語教員となる。後ち五城尚武会を創設し、陸海軍士官の養成に功あり、平生忠君愛国の念に篤く、特に郷土事蹟の発揚に努む。著述に尊皇事蹟、仙台士鑑等数種あり。昭和二年三月二十九日歿す、享年六十四。

○富田広重著「からす組後日物語―細谷十太夫の実歴談―」（『東北の秘史逸話・第二輯』昭和五年（一九三〇）史譚研究会（東京市）所収）

「以上の物語は、主として、明治三十三年五月三日、故人矢野顕蔵氏が細谷翁の実歴談を手記したものを骨子とし、また筆者の蒐集した資料に拠ったもので、この稿中の人物、時日、場所、出来事等、決して虚構のものでないことをお断りいたして置きます。筆者は過般この物語を仙台放送局から放送したことがあります。」

富田広重については、『宮城県姓氏家系大辞典』に次のように記載されている。

富田広重〔とみたひろしげ〕（一八八八～一九六五）柴田郡富岡村支倉（川崎町）出身の政治家・郷土史家。仙台日日新聞記者を経て、大正六年河北新報社の記者として活躍したが、昭和二年政界に転じ、県会議員、富岡村長を務めた。特に昭和二二年より富岡村長として川崎町に合併するまで活躍。初の名誉町民。『県史』編纂委員など郷土史研究にも力量を発揮した。

次に、右の矢野顕蔵編「白河口の烏組隊長・細谷十太夫」と富田広重著「からす組後日物語―細谷十太夫の実歴談―」との小見出しを対照させ、両書の対応関係を整理しておきたい。

「白河口の烏組隊長・細谷十太夫」　　「からす組後日物語」

山雨欲来風満楼
献策
妻吉時に年十六
「細谷烏」と十六ささげ
一網打盡
尺八をささない白井権八
「烏組」の解散に千両
島田娘になって定義へ

番頭さんの丑松仙台へ
探偵の前で踊る
「小梅林」ここへも捕手
疱瘡《ほうそう》娘へ婿になれ

小便するふりして

侠妓妻吉の恋と意地

雪の肌に解ける天誅組
烏組の猛闘振り
烏組の名の由来
ブラックリストの一人
目明しの家に逃げ込む
美人お仙の親切
烏組涙の解決(散)
島田娘に化けて定義へ
捕吏と一緒に花牌遊び
捕手を巻いて羅漢踊
素裸躰で炭小屋に
妾宅に身を陰す
天井裏の槍ぶすま
番頭丑松のダンス
花嫁と枕ならべて
疱瘡娘に惚られて
庭の隅で藁打つ間抜け男
芋澤へ逃げて人助け

風向きが変って来た
石巻で白箸《しらはし》焼て辞世を書く
忘れらりょうか石巻

お尋ね者が浪人探索に
今度こそはと観念
漸く解放の身となる

○藤原相之助著「細谷鴉一夕話」(『木魚音』昭和十七年(一九四二)春陽堂書店所収)

『木魚音』は、昭和十年、藤原相之助が七十歳で咽頭《いんとう》切開手術後の筆録と前々の作とを合わせて出版したものである。

「奥羽戊辰戦争の奇傑細谷十太夫の伝はその手記と生前の談話とにより別に記したが、本人の漫談メモにも面白いものがある、二三を記して見る〔本人の口調で補記する〕。」

「細谷十太夫翁が長髪をふりふり以上のような話をしたのは、確か明治二十六年の春だった。(中略)ポツリポツリと仙台弁で語るのだが、時々骨を抉《えぐ》るような皮肉と灼熱《しゃくねつ》した毒言を飛ばしてケロリとしてる。筆者はこの時始めてこの翁の決して尋常一様の人物ではないということを知った。それから時々往復し、翁の寝乍ら話をメモに止めたのだった。」

藤原相之助については、『宮城県姓氏家系大辞典』に次のとおり記載されている。

藤原相之助〔ふじわらあいのすけ〕(一八六七～一九四七)秋田県出身。明治二五年『仙台戊辰史』を「東北新聞」に連載。これは今も戊辰史の定本となっている。のち県史編纂に参与。大正一三年河北新報に迎えられ、悲想庵の号で名筆を振るう。著書に『奥羽戊辰戦争と仙台藩(世良修蔵の研究)』がある。

○子母澤寛著「「からす組」あとがき」(『からす組』昭和三十三年(一九五八)文芸春秋新社所収)
小説「からす組」の本文の後に、二段組み十一ページという異例の長さの「「からす組」あとがき」が付されている。これは、子母澤寛の貴重な取材メモの数々である。時期的に考えれば、富田広重氏に取材していることは明らかであるが、その他の取材先については不明である。

最後に、本書中に不統一に度々登場してくる「烏組」と「鴉組」の「烏」と「鴉」の違いについて、記しておくこととする。

漢和辞典によれば、次のとおりである。

「烏」とは、「象形。からすの形にかたどる。からすはからだが黒く、目がどこにあるかわからないので、鳥の字の目にあたる部分の一画を省いた。」とある。

「鴉」とは、「からす。①はしぼそがらす。②やや大形で、くちばしの太いはしぶとがらす。③からすの総称。」とある。また一説に、「鴉」に使われている「牙」は、カラスの「カーカー」とも「ガーガー」という鳴き声に由来し、形声文字(意味を表す文字と、音を表す文字を組み合わせた文字)ということになる。

目次

写真図表一覧

写真79　大雄寺の小杉辰三墓碑（東京都台東区谷中）
写真80　当院中興開基／小杉辰三之墓（龍雲院）
写真81　細谷十太夫直英五十回忌顕彰碑（石巻市羽黒町・永巌寺）
写真82　細谷家之墓全景（龍雲院）
写真83　小田川の小野薬師堂（白河市小田川小田ノ里）

凡例

一、歴史的仮名遣いで表記されている場合は、原則として現代仮名遣いに改めた。

一、原則として引用文中の原注は〔　〕により示し、筆者による補注は（　）により示した。

一、本文中の表現については、今日の人権尊重の精神からすれば、考慮すべき不当・不適切な差別的な語句や表現と判断される部分もあるが、本文そのものが歴史的産物であることを考え、原文のままとした。

一、十太夫の生立

明治戊辰白河口の戦争に、烏合の寡兵を持って神出鬼没の戦略をめぐらし、大に官軍を悩まし、

細谷がらすに十六ささげ

なけりゃ官軍高枕　トコトンヤレトンヤレナ

と謡われた烏組の隊長仙台藩士細谷十太夫〔直英〕は、天保十一年（一八四〇）九月仙台城下北三番丁の邸に生れた。父を十吉〔直高〕と云い、母は和田氏、禄高五十石、大番組虎の間詰の武士である。

細谷家の出自は、大正五年（一九一六）に友部伸吉の撰文により、細谷十太夫の菩提寺である龍雲院に建立された「細谷地蔵」の台石に刻まれた「細谷鴉仙君墓碑銘」によれば、「其先伊達郡細谷村ニ住シ、藩祖（政宗）公ニ随テ仙台ニ移リ世々大番士タリ禄五十石ヲ食ム」とある。細谷家は、岩代国伊達郡細谷村、現在の福島県伊達市細谷に住んで、伊達政宗公に随行して仙台に移ったとあることから、出自は伊達譜代、召抱藩主は政宗以前であろうと思われる。

一方、『三百藩家臣人名事典』の仙台藩執筆者の紫桃正隆氏によれば、「細谷直英」として、「先は城州（山城国）の人細谷甚兵衛某を祖とし、代々伊達郡細谷邑に住みそれを氏とする。」とされている。

その「細谷甚兵衛」について、坂田啓編『私本仙台藩士事典』によると、次のとおり記されている。

細　谷

出　自　城州人
禄・扶持高　一一貫文一五五文
召抱藩主　政宗
格　式　中の間
延宝書上　本人祖父甚兵衛、同氏助六郎弟の処、政宗代米沢にて歩行衆に被召出、方々の陣に度々用立し、両度に知行一〇貫文拝領。然処男子無く桑島将監弟三七を婿苗跡とする。検地後二割出目共一二貫文となり、明暦二年祖父甚兵衛隠居し跡式親三七継ぐ。当代寛文八年知行内にて、畑新田一町歩申請し同九年病死する。跡式本人継ぎ、同一二年新田に竿入、代一二九文を延宝元年に被下置都合一二貫一二九文となる。
田　宅　加美郡吉田邑

伊達家家臣の家格は、最上級を一門とし、順に一家・準一家・一族・永代着座（一番座、二番座）・永代太刀上（一番座、二番座）・代々召出（一番座、二番座）といい、ここまでの家格の者を門閥。次が大番組であり、これは平士である。その次が下士であり、組士という。

仙台藩の家臣系譜の編纂事業は、寛政四年（一七九二）に完成した『伊達世臣家譜』、寛政十一年（一七九九）に完成した『伊達世臣家譜続編』（甲集）、そして寛政二年（一七九〇）七月から文政七年（一八二四）十二月までの記事を収めた『伊達世臣家譜続編乙集』があるが、いずれも「一門より平士百石以上に至る」という編集方針の下に、食禄百石未満の藩士の家譜については掲載していない。したがって、細谷家の家譜について、詳しくは分かっていない。

天保年間（一八三〇～四三）頃のものと思われる「仙台府諸士版籍」（『仙台叢書』第六巻所収）によれば、細谷家について次のように記されている。

采地之部
五貫文　　細谷三十郎

右によれば、細谷十太夫の祖父である三十郎は、俸禄ではなく知行によって五貫文を拝領していたことが判る。本来、五貫文の支配地を記した知行目録が伝来していたはずであるが、不明のようである。また、五貫文は仙台藩の慣例により石高に換算して五十石と称した。

大番組は仙台藩の戦闘主力であり、十組、定員各番三百六十人、合計三千六百人で構成されており、家格によって仙台城内の詰所が召出・虎之間・中之間・次之間・広間の五つに分けられ、細谷家は大番組最上位の召出番士に次ぐ、虎之間番士であった。

十太夫が生まれたのは、天保十一年九月、北三番丁の拝領屋敷であったが、藤原相之助の「細谷鴉一夕話」(『木魚音』所収)には、十太夫が慶応四年(一八六八)九月に親類預けの処分を申し渡されて帰った先が、「家は北五番丁二本杉通り東南角のぶちこれ(壊れ)屋敷だったよ」とあるから、この間に移転したようである。

十太夫の「母は和田氏」とあり、藤原相之助の「細谷鴉一夕話」には、「(明治二年四月)そのうちに親類の和田織部を始め若生(文十郎)だの、玉蟲(左太夫)だの、安田(竹之助)だのと目星しい面々が続々捕押《とりおさ》えられて、牢前切腹だの斬首だのと血腥《ちなまぐ》さい騒ぎになった」とあり、和田織部は十太夫の親類であると言っている。『仙台藩戊辰殉難小史』によれば、和田織部は、「一番着座格にして宮城郡蒲生の邑主《ゆうしゅ》なり食禄千六百余(中略)一門黒川郡宮床の邑主伊達六郎の二男なり」とある。

外に分立した和田家が、四〇貫七九四文の虎之間番士、一五貫文の虎之間番士、八貫八五四文の中之間番士とあることから、母の実家はそのうちの何れかであろうと思われる。

十太夫四歳（天保十四年・一八四三）の時、不幸にして父（十吉直高）を亡ない、八歳（弘化四年・一八四七）にして又母（和田氏）に別れ、祖父三十郎の手に養育されたが、この祖父頗る偏屈ものの上に家計極めて貧窮、明日の飯米にも事欠けども、更に頓着なく平然たる人物であった。去れば十太夫は碌々教育も受けず、九歳（嘉永元年・一八四八）の時寺小姓に出され、十七歳（安政三年・一八五六）まで塩竈法蓮寺に勤務したので、纔《わず》かに道中往来や実語教位いを習ったばかりであった。十七歳の年にまた此祖父に死別れ、家跡相続の為め寺勤めを罷めて家に還り細谷家を相続したのであった。

寺小姓とは、貧しい武士の子弟が口減らしと学問習得などの理由で寺に年季奉公し、寺の雑用を行う者のことである。

法蓮寺跡に建てられている塩竈市教育委員会による案内板の内容を次に掲げることとする。

法蓮寺は金光明山法蓮寺と号し、真言宗塩竈神社別当寺であったが、明治維新に神仏判然令が布告され廃寺となる。現在その面影を偲ぶことができないが、藩政期には神社も含めて法蓮寺が管理して藩内第一の寺社領をもっていた。

法蓮寺の由来についてはさだかではないが、塩竈神社には別当の神宮寺があって、奥州留守職四代留守家広の弟良弁が中興した。その後天正の頃、富鏡が神宮寺に真言宗法蓮寺を建立し、仙台藩政期には、塩竈神社別

写真6　法蓮寺全景（奥州名所図絵　塩竈市教育委員会作成パネルより）

当寺となった。

安永風土記書上によると同寺には本尊大日如来を安置する。仏殿・客殿・方丈・書院〔勝畫楼〕・鐘楼、山内脇院十二院が裏参道添いに建ち並んでいた。尚、勝畫楼は藩主の神社参拝のお休み所として建てられ、明治九年明治天皇の塩竈神社御参拝の折、御休憩所となった。

また、法蓮寺の向拝《こうはい》（神社仏閣の本堂の正面階段上などにあって、屋根が迫り出した部分をいい、ここから参拝者が本尊に向かい礼拝したことから、こう呼ばれた）は、現在、塩竈市本町の「浦霞」醸造元である佐浦酒造の新築社屋の玄関として移築活用されている。

仙台藩の藩校は、元文元年（一七三六）に創設された学問所であり、後に養賢堂と命名された。『仙台市史』第四巻別編2の「仙台の教育」に、文久から慶応年間の学制が詳しく紹介されているので、次に抄記する。

写真7　法蓮寺の向拝（佐浦酒造社屋の玄関）

〔養賢堂の教則〕

一、教科書用　小学　四書　五経　近思録　文選　左氏伝
　周礼
　儀礼午前六時より八時まで素読、午前十時より午後二
　時まで講釈、会読詩会三度（正・五・九月）、文会二度
　（三・七月）、書会一度（六月）いずれも十八日

二、習字　唐流、和流　百石以下の者は筆紙墨を藩より給
　す

三、算術　中西流（半年は調日、半年は半日）

四、習礼　小笠原流（半年は半日、半年は調日）

五、剣術　新陰流二家（二・六・九の日）、一刀流一家（一・四・
　五の日）

六、槍術　種田流（三・七・十の日）

七、兵学　長沼流、信玄流

八、露語　九、蘭語　十、歌学

　以上授業時間午前十時から午後二時まで、土用・寒の
　稽古は午前八時より午後四時まで

〔学科学規・試験法・諸則〕

　生徒学習の期限は八歳より入学して退学の定期はない。
筆道は十一歳より入校し、学習十年にして退校させた。なお、外の諸科の定期はないけれども、概ね学習十年で退校することになっていた。これは学校家塾一般の風習であった。(中略)なお、試験の法や生徒賞金授与の法は、毎年十一月二日か同月十五日まで、各科試験合点の者を賞与した。

また下級・中級藩士の子弟の場合は、素読試験が昇進するための関門であったため、勉学に励んだものであるという。その状況について、仙台藩の儒者であった岡鹿門は『在臆話記』に次のように書いている。

童蒙十七八歳、素読試験の関門を通過する以上、才気ある者は執政、参政、小姓頭、出入司の物書となり、他は一般に勘定所、郡村方の胥吏《しょり》(小役人)となる。(中略)百石以上小禄、衣食に急なれば、七八歳より父兄も素読、筆算を督励、子弟も素読、筆算に奮発、父兄も子弟もこの外に眼中一物もなきなり。百石以上子弟、この関門を通過する以上は、君辺向きの小姓、近習に出世するを栄となす。

十太夫はこれらの正規の教育を一切受けておらず、十太夫が法蓮寺において習ったという、往返一対の手紙の模範文を集めて初等教科書として編集した「道中往来」や幼童にも朗読しやすいよう漢詩流の五言対句の体裁をとった教訓書である「実語教」は、いずれも一般庶民向けの寺子屋における初等教育の教科書類に過ぎないものであった。

身は苟《いやしく》も奥州二州の雄藩伊達家大番組の一員として、文芸武術一《ひ》と通りの心懸なくしては叶うまじと、親《みず》からそれぞれ良師を選んで読書、習字、剣槍、柔術、弓馬、銃砲等を学んだが、天性鈍器にして学ぶところ一として上達したものがない。〔或書に十太夫の技倆はいずれも目録以上にて特に槍術に秀でたとあれど、事実彼は目録などを取ったことはない〕

子母沢寛氏は、長編小説『からす組』の「「からす組」あとがき」に、「細谷鴉仙君墓碑銘」の「君幼ニシテ父ヲ喪シ零丁《れいちょう》孤苦艱楚《かんそ》備ニ嘗《こころ》ム、性豪放胆気人ヲ圧ス、剣槍弓銃を善クシ」の部分を引いたうえで、剣は新陰流だが、大体仙台のこの流の稽古は少し変わっている。面頬《めんぼう》と小手ばかりで胴もないし下散《げさん》もつけない。皮をかぶせた袋竹刀でしかも手合《てあわせ》は相対して構え、互いに隙《すき》を見て充容と迫らず、ここだと思う時に、「参り候」と気合をかけて打ち込んで行く。誰が見てもはっきりわかるような稽古をつづけるのだ。十太夫はこの稽古が余り気がすすまなかったか、よく一尺六寸の小太刀をやっていたという。槍もよくやった。本心鏡智流。槍の身は銀杏穂《ぎんなんほ》という三寸位のものだが非常に頑丈に出来ていて、一突鉄壁も貫くという猛烈な稽古の仕方であった。十太夫は五尺二、三寸の、どちらかと言えば丸顔で色白な小兵《こひょう》だが、目につく程首が太かった。猛烈な槍の稽古で、自然にそんな事に鍛えられたのだとよく自慢した。弓は雪荷派。馬は八条流。

そして子母沢寛氏は最後に、「銃もうまかったというが、どんなものかこれはわからない」と書いているが、後の十太夫と真田喜平太との関係から推測すると、喜平太が安政三年（一八五六）六月一日に西洋砲術兵法一藩の師範役を命ぜられ、藩の講武場において安政六年（一八五九）二月まで、門人一万三千五百人、皆伝する者二十八人、印可する者百七十五人に指南した（「真田喜平太自伝草稿」）とあることから、真田喜平太から教授された可能性が高いものと思われる。

十太夫が元治元年（一八六四）八月に京都御所下立売御門警衛増強の藩士に選抜されていること、また慶応四年（一八六八）四月には伊達家世子宗敦君のお出迎え護衛の侍に選ばれていること等から考えれば、十太夫の武術の技倆はいずれも目録以上であったことは間違いないと思われる。

朋輩《ほうばい》からはヤレ馬鹿漢《ばかもの》の間抜奴《まぬけめ》と散々に罵倒《ばとう》され侮辱され、果ては誰も相手とするものもなくなったので、自から顧みて吾は是れ武士の器にあらざるか、好《よ》し去らば今より仏道に入って僧侶とならんと決

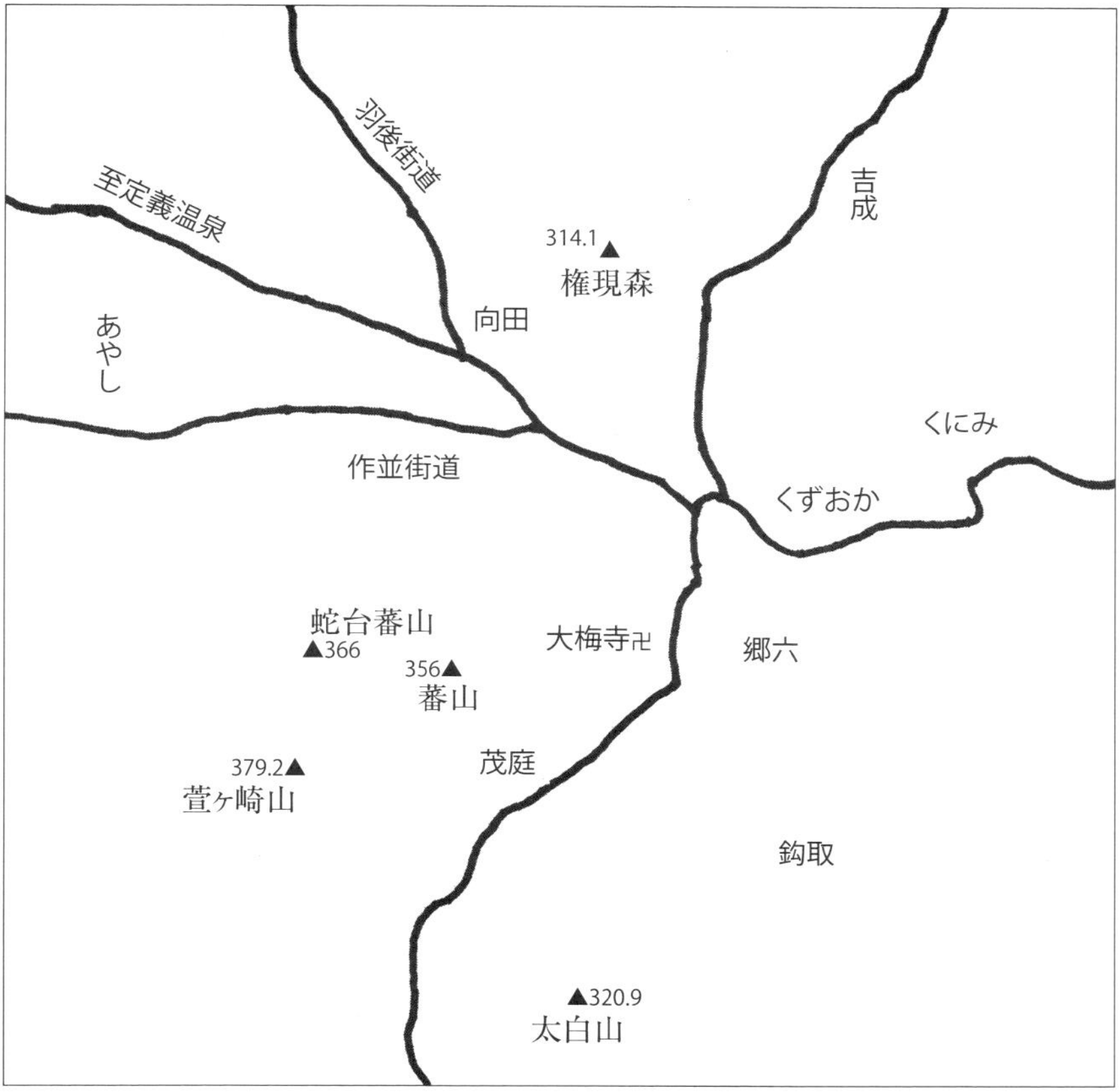

図表1　蕃山・権現森付近略図

心し、外《よ》な外《よ》な壇特山《だんとくせん》ならぬ青葉城西の蕃山《ばんざん》または権現森にわけ登り、心を潜め思《おもい》を凝らして修養に勉めて見たが、何分にも貧乏神がヒシヒシと身辺に迫り来り、実際明日の生活にも困《くる》しむところから、春は山に蕨《わらび》を採り、夏は川に魚を漁《あさ》り、秋は茸狩《たけが》り、冬は柴樵《しばこ》りして纔《わず》かに活計《くらし》を支えながら、尚お修養かたがた野武士を学んで山野を跋渉《ばっしょう》し、専ら心身の鍛練に勉めつつあるうち、思いも寄らず、藩庁から呼出されたので、何事やらんと登城すると作事方〔土木係〕（土木係と注記されているが、作事方は藩営の建築を担当する役目のこと）

に召出され、ここに始めて藩役人の一員となったのであった。これは彼が二十歳の時で安政六年（一八五九）のことである。

右のうち「壇特山」とは、北インドのガンダーラに位置し、かって釈迦の前身である須大拏太子《しゅたいぬたいし》が菩薩行を修めた地といわれている。

「蕃山」は、蕃二蕃三郎の伝説に因んで蕃山といい、盤山とも書く。仙台市青葉区折立から下愛子付近にあり、仙台市内の最高峰三五六メートルで、大梅寺（折立）、西館跡（栗生）、弥勒寺（山岸）に登り口がある。蕃山は昔から信仰の山で、山頂付近に開山堂がある。また御野掛《おのが》け（山野を歩き回って遊ぶこと）の山として、市民に親しまれて来た山である。

また「権現森」は青葉区芋沢字権現森山にあり、活牛寺がある標高三一四メートルの北峰と松尾神社が祀られている二九四メートルの南峰からなる。山頂からは泉ケ岳をはじめ、遠く蔵王連峰まで望むことができる。

細谷家は、祖父三十郎が偏屈者であり、さらに父十吉が若死にであったことから、藩の役職の人脈からは数十年単位で遠ざかっていたものと思われる。このような役職の人脈から外れた家の者は、よほど強力な人脈を掴《つか》まない限り、役職に就くことは困難であった。

おそらく十太夫の場合、誰かは判らぬが、武術道場における十太夫の武芸の実力や山野を跋渉しての心身の鍛練などに注目する人物がいたのではないかと推定される。

二、京都御所警備兵となる

昨日までも山野を駆け廻りつつあった野獣に等しき荒くれ武士が、一躍藩役人に召出され、鹿爪らしき顔して藩庁の詰所に出勤して居たが、陸々《ろくろく》書面も書けず算盤は猶更《なおさら》不得手な彼は、上役はじめ同僚輩にも兎角《とかく》軽蔑を以て遇せらるるにも係わらず、負けず嫌な彼は傲然《ごうぜん》（尊大でたかぶったさま）として済まし込んで居るので、作事方でも殆ど持て余し、遂に郡方《こおりかた》役人に敬遠されたのは文久元年（一八六一）のことであった。

作事方の在職僅かに一年、郡方役人に転じてから普請方（藩営の土木工事を担当する役目）監督を申付けられ、栗原郡に勤務中、（後略）

十太夫の転じた郡方役人は郡奉行の配下である。郡奉行の支配区分は南方・北方・中奥・奥郡の四区域に分けられ、十太夫が勤務した栗原郡は中奥に属していた。中奥の支配地は、栗原郡一・二・三迫地方、登米郡、桃生郡（深谷地方を除く）、牡鹿郡、本吉郡南部であり、代官五人が分担していた。十太夫は、細谷鴉仙君墓碑銘に「嘗テ郡村普請方役人タルヤ私財ヲ散ジ酒食ヲ人夫ニ与ヘテ之ヲ励ス、故ニ皆喜テ業に服シ、功程毎ニ倍ス」とあることからすれば、十太夫の肌には合っていたようであり、後に烏組を組織することとなる片鱗が伺われる。

（栗原郡に勤務中）各藩から徴集さるる京都御所の御警備兵として仙台藩からも、大番士七番組三百六十人中より三名を選抜して差登すこととなり、人選の上、彼は其三人中に抜擢され、元治元年（一八六四）

写真8　京都霊山護国神社より西方の風景

八月拝命直後、昼夜兼行にて上洛し、下立売御門の警備を命ぜられた。

当時世は幕末多端の際とて勤王の志士全国四方に崛起《くっき》し、動《やや》もすれば互いに衝突せんとする状勢にあるので、御所の警備の如きも殊更《ことさら》厳重を要するは勿論、警備兵の如きも随《したが》って屈強の士にあらざれば、其任務を全《まっと》うすること能《あた》わずとして、特に彼を抽《ぬき》ん出たものであったと知らる。

果して此年、京都は頗る突発的不祥事多く、六月には例の池田屋事件があり、七人は殺され、二十二人は縛せられ、七月には十八日から十九日にかけて所謂《いわゆる》甲子《きのえね》の乱（禁門ノ変）あり、長州人が京都に乗り込んで戦争を始め、西郷吉之助〔隆盛〕の薩兵を率いて長州兵をやっつけた。これが薩長衝突の動機（事件の起こるきっかけ）である。

文久三年（一八六三）八月十八日未明、会津・薩摩の藩兵が出動して御所に通じる各門が閉ざされ、朝廷会議により、急進派公家の参朝禁止と長州藩のすべての兵力の藩地への引き上げが命じられ、京都は完全に公武合体派が制圧するところとなった。

元治元年（一八六四）、京都から排斥された長州藩は、実力で朝廷に態度を迫ろうと決定し、六月下旬から七月上旬にかけて兵を率いて京都に迫り、郊外の三方の要地に布陣した。七月十九日、長州軍は御所に押し入ろうと薩摩・会津ほかの禁門警衛の諸藩兵と戦って惨敗に終わった。所謂「禁門ノ変」である。

この際に御所九門の警衛を命じられていた諸藩は、次のとおりであった。

乾御門　薩摩藩　　中立売御門　因幡藩
蛤御門　会津藩　　境町御門　薩摩藩
下立売御門　仙台藩　　寺町御門　肥後藩
清和院御門　土佐藩　　石薬師御門　阿波藩
今出川御門　備前藩

七月十九日、長州藩兵は烏丸通り蛤御門と下立売御門との間に集合し、一手は来島又兵衛を隊長として蛤御門へ向かい、もう一手は児玉小民部を隊長として下立売御門へ向かい、二手一度にどっと鬨《とき》を作って攻撃した。

この時、仙台藩が担当する下立売御門の模様が、会津藩士武藤左源太の記録『稽徴録』に次のように書かれている。

一、下立売御門　仙台戦争なし
　賊、蛤御門へ向い候を通し候よし

当時、仙台藩の京都藩邸は近江領一万石の管理が主体であり、禁門警衛を分担していたものの、藩邸の人数をか

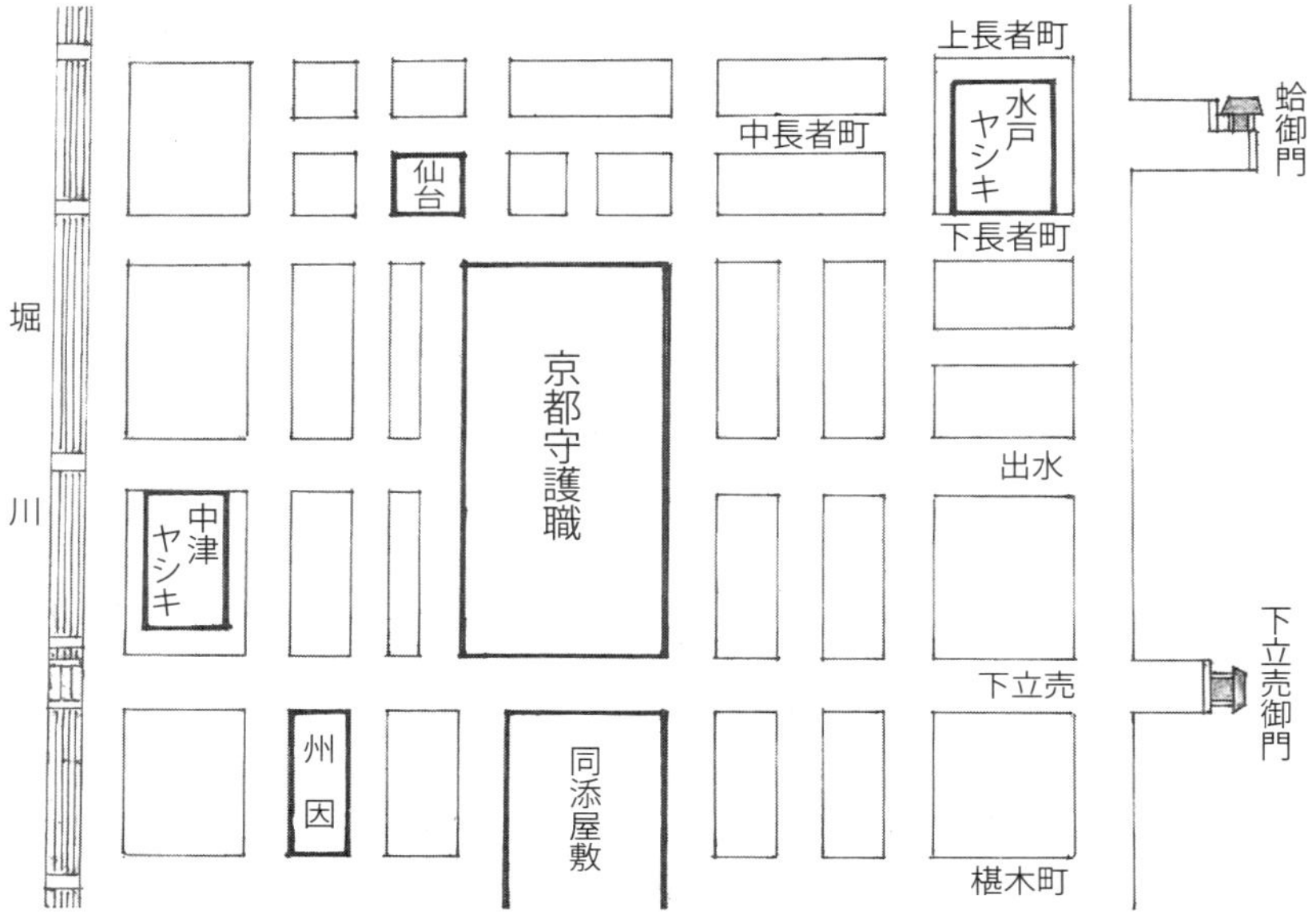

図表2　下立売御門・仙台藩邸付近略図

き集めても五十人ほどしかおらず、このような事態に立ち至ったのだという。この事件の飛報が仙台に達したのは七月三十日であり、さらに八月二日には京都藩邸からの飛脚が届いて、仙台城内で密議が開かれた。そして、同月五日に天機奉伺《ほうし》のため坂英力を藩主名代として上京を命じるとともに、下立売御門の警衛増強のため五十余人の藩士を選抜して、同月十八日から順次出発させた。

十太夫が「大番士七番組三百六十人中より三名」を選抜されたのは、この下立売御門の警衛増強のため、「屈強の士にあらざれば、其任務を全うすること能わず」として選ばれたものであった。その藩士には、十太夫のほか横尾伝左衛門、遠藤謙蔵、蟹江太郎介、油井順之輔が含まれていた。

歴史学者の磯田道史氏が発掘した古文書「京都勤番中并途中雑記」が、『日本史を暴く』に収録されている。その古文書は、禁門ノ変後に増派された仙台藩兵が記した日記である。

八月六日に仙台城で伊達の殿様（慶邦公）からは「京

写真9　下立売御門

都表は不容易の形勢。覚悟せよ」と訓示され、殿の正室（水戸中納言徳川斉昭の女・孝子様）からは「玉ヨケ御守」を頂戴して九日に出発している。

十九日間、中山道等を歩き京都に着いた。死を覚悟した、さぞ深刻な日記だろうと思ったら違った。出発三日後には宿で「女郎五六人抱置」き同僚をねぎらっている。

京都の手前・大津まで来ると、衣服の支度を替え、急に隊伍を二列に整えて入京した。仙台藩の京都藩邸は今の京都府庁の北西角に面していた。二階建ての長屋があり、そこに入った。

九月一日から御所警衛に初出勤。下立売御門の警衛は三日に一回、当番すればよい。ただ一日中、泊まり込みである。八人ほどで御門近辺を巡回警備する。非番の日は藩邸の武術の稽古所に出る以外は仕事がない。

九月五日の当番明けは、入湯→北野天神→門前で大弓・楊弓《ようきゅう》（遊戯用の小弓）で遊ぶ→今出川で昼外食→上御霊社→祇園→あんころ餅を喰う、といった風で洛中洛外の名所旧跡に行き倒している。

古梅園で筆を、書店で頼山陽『日本外史』を買い、新京極の誓願寺の寄席で軍談を聞いている。
十月六日、同僚と連れ立ち、東福寺の通天橋に紅葉見に行った。酒を呑み、「うだ（歌）踊など噪立《さわぎた》」てたと記す。

又、「信楽茶屋」に同僚の案内で行き、「三本木芸子・小秀（二十歳ばかりの中美《ちゅうび》の女也）というを呼、流行唄やら」大噪《おおさわぎ》した。仙台藩士は芸達者で「おいどこぶし春雨」を踊り、あげくには「万才のまね、手妻（手品）つかいの真似《まね》」で大笑いしたという。

翌年三月になると、当然、桜を観た。「嵐山へ花見に行」った。「渡月橋と云橋あり」「都鄙《とひ》、老若男女、群衆致しそうろう」とある。

右の芸達者の同僚の中には、細谷十太夫が入っていたように思われる。「おいとこ節」は、仙台を中心に東北で広く歌われる座敷歌で、「おいとこそうだんよ」という囃子からこの名で呼ばれるという。

写真10　仙台藩邸跡（エルザ御所西）

京都では、「伊勢へ七たび、熊野へ三たび、愛宕まいりは月まいり」と謡われた愛宕山白雲寺（現在の愛宕神社）の火除けの神が有名であるが、その宿坊の教学院に掲げてあった横二間、堅一間半（三・六三六×二・七二七メートル）もの巨大な「片倉小十郎重綱奉納絵馬」は、仙台藩自慢のものであり、

写真11　愛宕神社参道

十太夫も京都滞在中に参詣したものと思われる。

伊達政宗の家臣である二代目の片倉小十郎重綱（のち重長）は、兜の前立てに、「火焔宝珠紋《かえんほうじゅもん》・愛宕山大権現守護所」のお札を付け、愛宕大権現を信仰していた。大坂ノ陣の際には、家来の馬上六十騎には金地の愛宕の札を前立物とし、歩《かち》小姓百人には背中に「愛宕大権現守護所」と大書、惣地に心経観音経を細字で書いたものを着て臨んだという。片倉家の古記録「老翁聞書」には次のように書かれている。

写真 12　愛宕神社社殿

大坂出陣の期にして京都愛宕山に詣て戦場の武運を祈る、神護速に応じ道明口関原之戦。後藤（又兵衛）・薄田《すすきだ》（隼人）の両氏を討取勲功多し、茲に因て重綱公帰陣の後、愛宕山に詣て画図を御神前の正面に掛く、太郎坊猪に乗之図也

その図像は、総金箔張りの上に、緋色の僧衣と袈裟を纏い、地蔵の持物である錫杖《しゃくじょう》を構えた烏天狗（太郎坊天狗）が、愛宕の神の使いとされる疾走する猪に跨がっているものである。絵師は海北友雪《かいほう》（一五九八―一六七七）であり、後に春日局によって徳川家光の推挙を受け海北派を再興、代表作に妙心寺麟祥院「雲竜図襖絵」、「祇園祭礼屏風」（京都八幡山保存会蔵）などがある。

その後、絵馬は火災で焼失したが、寛文八年（一六六八）三代目片倉小十郎景長《かげなが》によって同じ図像の絵馬が再度奉納された。片倉家では家士が上京し、漆工《しっこう》画工に評議し画図彩色を保っていたが、寛政十二年（一八〇〇）、九代目片倉村典《むらつね》は京都藩邸の留司斎藤左五郎勝茂、林珍平友道らに託し、修補を行うこととなった。片倉家の正史「片倉代々記」によれば、次のとおり記している。

旧絵馬去る三月晦日、番匠之邸宅に降侍《おろしはべ》る、此絵馬寛文年中炎焼の境節、景長仕継し絵馬板にして朽ちる故に、今度の修補は板を新に替造る、于時《ときに》四月十五日、山火燃上り坊中社頭まで一宇も不残炎燃す。然をいへとも旧絵馬番匠之ため先に降るを以て火災を免る。於是京都音頭之風歌にも、世々に名高き片倉の絵馬のとふとき、今の世まで火災擁護《ようご》し玉ふとて、洛中洛外に人民朽《くち》たる絵馬板方寸《ほうすん》よりも、聊《いささか》乞ひ望む老若男女、雲霞《うんか》の如く日を累《かさ》ねて、群衆の為に削《けずり》与へ尽し、新に造る絵馬板のかんな削屑《けずりくず》まて与ふよし、林珍平告知す。

以来、この絵馬は「火除けの片倉絵馬」として崇められており、その後も片倉家が代々補修修復を施してきたと

図表3　片倉小十郎重綱奉納絵馬（京都愛宕研究会の復元絵馬を加工）

いう。

この片倉小十郎重綱奉納絵馬の図像が「烏天狗」であったこと、また寛政十二年に片倉村典から依頼を受けた京都藩邸の役人が、十太夫が龍雲院住職になる切っ掛けなった林子平、その甥に当たる「林珍平」であったことにも何か因縁を感じる。

翌慶応元年（一八六五）七月三日、京都より仙台本藩に下立売御門守衛が免ぜられた旨の報知があったと記録されている。したがって十太夫らは、この後は御所警衛の仕事はなくなり、西洞院通中長者町南側の京都藩邸詰の藩士であったことになる。

そして、京都御所の守衛に増派されていた蟹江太郎介・油井順之輔らは、十太夫より一年早く帰国した。

戦雲渦巻く京都の空気を吸った彼等は、保守主義の執政但木土佐を退け、積極果断な施策で知られるが、終身逼塞《ひっそく》処分中の芝多民部を執政に就任させるべく画策を開始し、土佐とその片腕である佐藤保太夫を暗殺しようと計画した。ところが、同志の浪士白土藤太を斬って、その屍を打ち捨てたことから事件が発覚し、関係者多数が逮捕され、慶応元年十二月十一日に処罰された。

『烏組隊長細谷十太夫』の「二十一、仏門に入り僧となる」には、〔附記〕として、「十太夫慶応元年柴田氏を娶りて三男一女を挙ぐ。」と記載している。そして次のように書いている(出生順に記載する)。

長女なほ〔七十歳〕亡小野直行に嫁し仙台市東二番丁に住す。

長男十太郎〔六十八歳〕今南洋蘭領ニューギニア・マノクワリにあり。

次男胞次郎〔二十五歳亡〕。

三男辰三〔六十四歳〕小杉家を継ぐ休職海軍少佐。

長女なほについて、山下須美礼氏の「細谷十太夫と仙台のハリスト正教会」によれば、涌谷繁の『家翁録』の記事に、「文久二年七月十三日生、十五年七ケ月、直、細谷直英ノ女」とあるが、長男十太郎について「十太郎翁は鴉仙和尚の長男として、文久二年に仙台に生れた。」(山本晃「ニューギニヤ邦人開拓の先駆者細谷十太郎翁の事ども」)とあることから、『烏組隊長細谷十太夫』の記載のとおり長女なほが長男十太郎の二歳年長とする記事が正しければ、長女なほの生年は文久二年ではなく万延元年でなければならないことになる。

そして、慶応元年のこの年、第三子として次男胞次郎が生まれたため、柴田チカ(近、千賀)を正式に妻にしたのだと思われる。

併し、此戦争は一時鎮定したけれども、嵐か風か何分京都の空の雲行が険悪なので、十太夫は更に一ケ

年々番を命ぜられて滞京して居た。

其年も暮れて明くれば慶応元年（慶応二年（一八六六）の誤りと思われる）正月三日、初春狂言として四條通りに芝居が興業せられた。其演題《だしもの》は「仙代萩」であって、殊に人気を引き毎日毎日小舎破れんばかりの大入であった。此事を聞き込んだ十太夫は大に憤慨して彼の狂言は史実を誤まり伊達家の名誉を毀損するものであると、部下を率いて興業場に至り小屋をメチャメチャに打壊した。見物人は大に驚ろき周章狼狽の混雑中、十太夫の部下と藤堂藩の兵と衝突し、彼是れ論争する間に、十太夫は同藩兵の為めに擒捉《きんそく》せられ藤堂藩の営所へ引立てられた。十太夫は飽くまで頑強《がんきょう》に自説を主張して屈しないので、遂に京都所司代の役所に突き出され、一夜取調べられたのち本藩に引渡され、同年八月御番明《ごばんあけ》と云う名義の下に仙台へ差戻された。

伊原敏郎著『歌舞伎年表』第七巻（安政元年―明治三十一年）によると、当時京都には「北側芝居」、「南側芝居」、「松原芝居」、「東芝居」、「四條道場芝居」の五ケ所あったようであり、十太夫は「四條通りに芝居が興業され」と言っていることから、問題の芝居小屋は「四條道場芝居」であったと思われる。四條道場とは、錦小路と四條通りの間にあった時宗金蓮寺《こんれんじ》の修行道場で、四條に面していたことから四條道場と呼ばれており、境内には芝居小屋が建ち並ぶ繁華な場所であったと言われる。

また問題の歌舞伎の演目は「仙代萩」であったと書いているが、『歌舞伎年表』第七巻から演目を抄記すれば次のとおりである。

安政元年（一八五六）

○八月、京、南側芝居　「先代萩」

京、北側芝居「先代萩」
○十月
京、北側芝居　中程より「先代萩」
安政四年（一八五七）
○四月、京、北側芝居「先代萩」
万延元年（一八六〇）
○四月、京、南側芝居「先代萩」
慶応二年（一八六六）
○四月、京、北側芝居「先代萩」

右のとおり、京都で上演された演目は「仙代萩」ではなく、「先代萩」と書き留められていることから、「伽羅先代萩」であったと推定される。「伽羅先代萩《めいぼく》」は、伊達騒動を鎌倉時代に託して描き、忠義の乳母政岡とその子千松を登場させた当たり狂言であった。

横山高治著『三重幕末維新戦記』によれば、藤堂藩に幕府から京都警衛の命令があったのは文久三年からであり、支藩久居藩の藩主藤堂高聴を代理に立て、藩兵五十人を付けて上京させた。これが次第に増員され、四条堀川の京都藩邸および富ノ森、今在家の両屯営に藩兵を入れて市中警備に努めたとあることから、十太夫は富ノ森か今在家のいずれかの屯所に引き立てられたものと思われる。

十太夫の京都滞在は、元治元年八月十八日から仙台を順次出発し、慶応二年八月に番明になっていることから、約二年近くも風雲急を告げる京都の空気を肌で感じ取った、数少ない仙台藩士の一人であったことは十分認識されてよい。

三、奥羽各藩の情勢探索

二年越しで帰国して見ると、藩の財政が非常に困難を告げて居るばかりか、藩士の面々いづれも深刻なる窮迫を極めて居り、財政の局に当る有司は四苦八苦の体たらくで、この難境の打開策として新たに通用銭を鋳造することとなり、石巻に鋳銭場《ちゅうせんば》を設けて、愈々《いよいよ》鋳銭を実行する場合となった際であった。十太夫は帰国早々特選されて鋳銭方役人を命ぜられ、慶応三年（一八六七）三月石巻に出張した。

さて、其役目というは只《た》だ銭を鋳るのを監督するばかりで、外に別段に六《むつ》かしい（難しい）仕事とてはないのである。

江戸時代に地方の藩で鋳銭が許されたのは水戸・仙台・松本などの数藩に限られ、寛永十四年（一六三七）に仙台藩では栗原郡三迫《さんのはさま》に鋳銭座を設置した。その後、享保十二年（一七二七）に原材料、燃料、製品の出入りに便利な石巻に鋳銭場《いせんば》が設けられ、翌年から寛永通宝の鋳造が始まった。この石巻鋳銭場では幕末まで断続的に鋳銭が行われ、第一回が享保十三年（一七二八）～享保十五年（一七三〇）、第二回が元文四年（一七三九）～寛保二年（一七四二）、第三回が明和元年（一七六四）～明和九年（一七七二）、第四回が天明四年（一七八四）～天明九年（一七八九）、第五回が天保九年（一八三八）～天保十二年（一八四一）、第六回が安政六年（一八五九）～明治元年（一八六八）と銭の安定供給と藩財政にも寄与した。

鋳銭場の敷地は百間（約百八十メートル）四方、周囲を水堀と竹垣や板塀で囲み、出入り口は東側の一ケ所のみで、中には大吹方・炭入・鉄入・銭入蔵を中心に役人の詰所、台所などの施設が建ち並び、常時二百から三百人

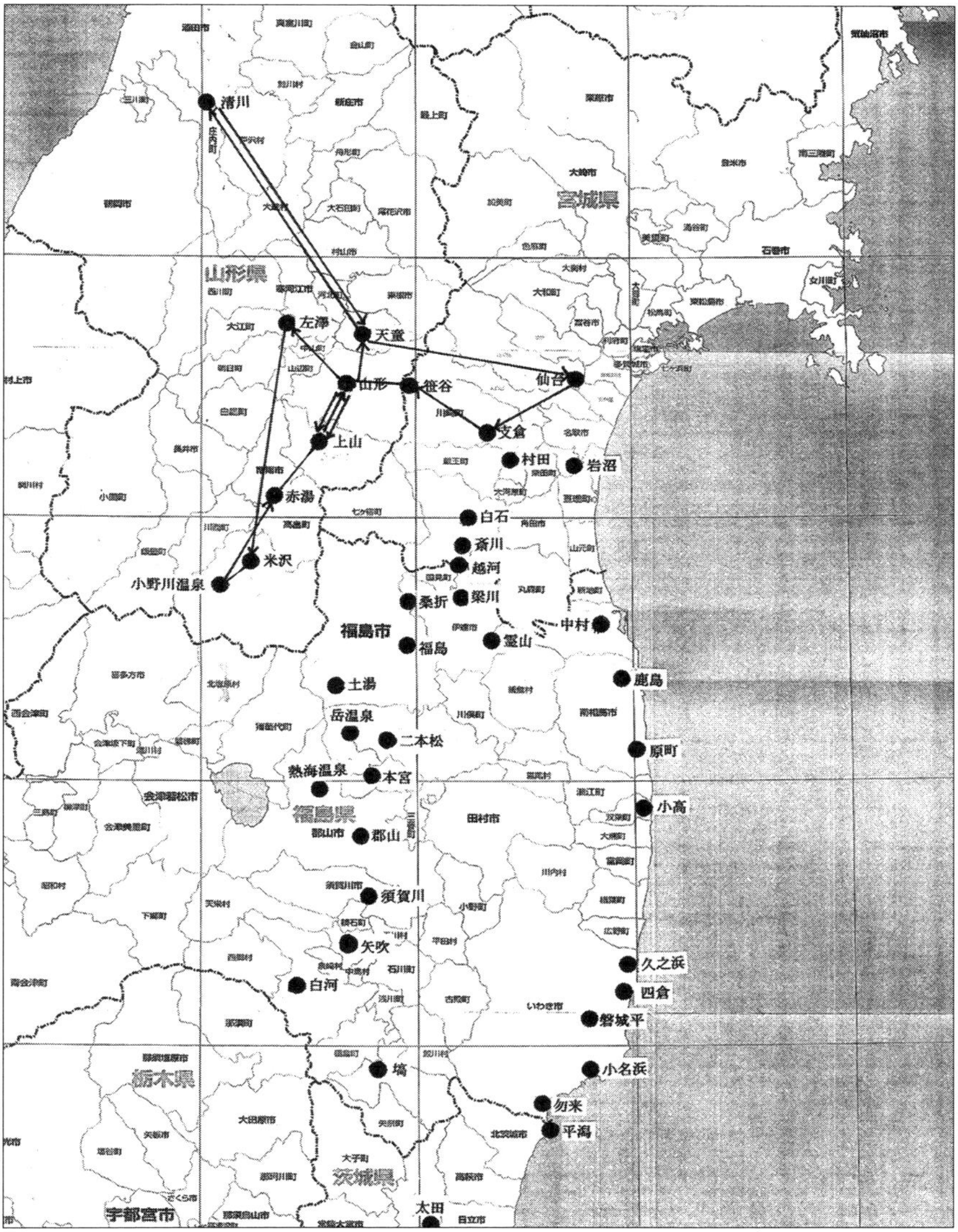

図表4 「三、奥羽各藩の情勢探索」十太夫の探索経路

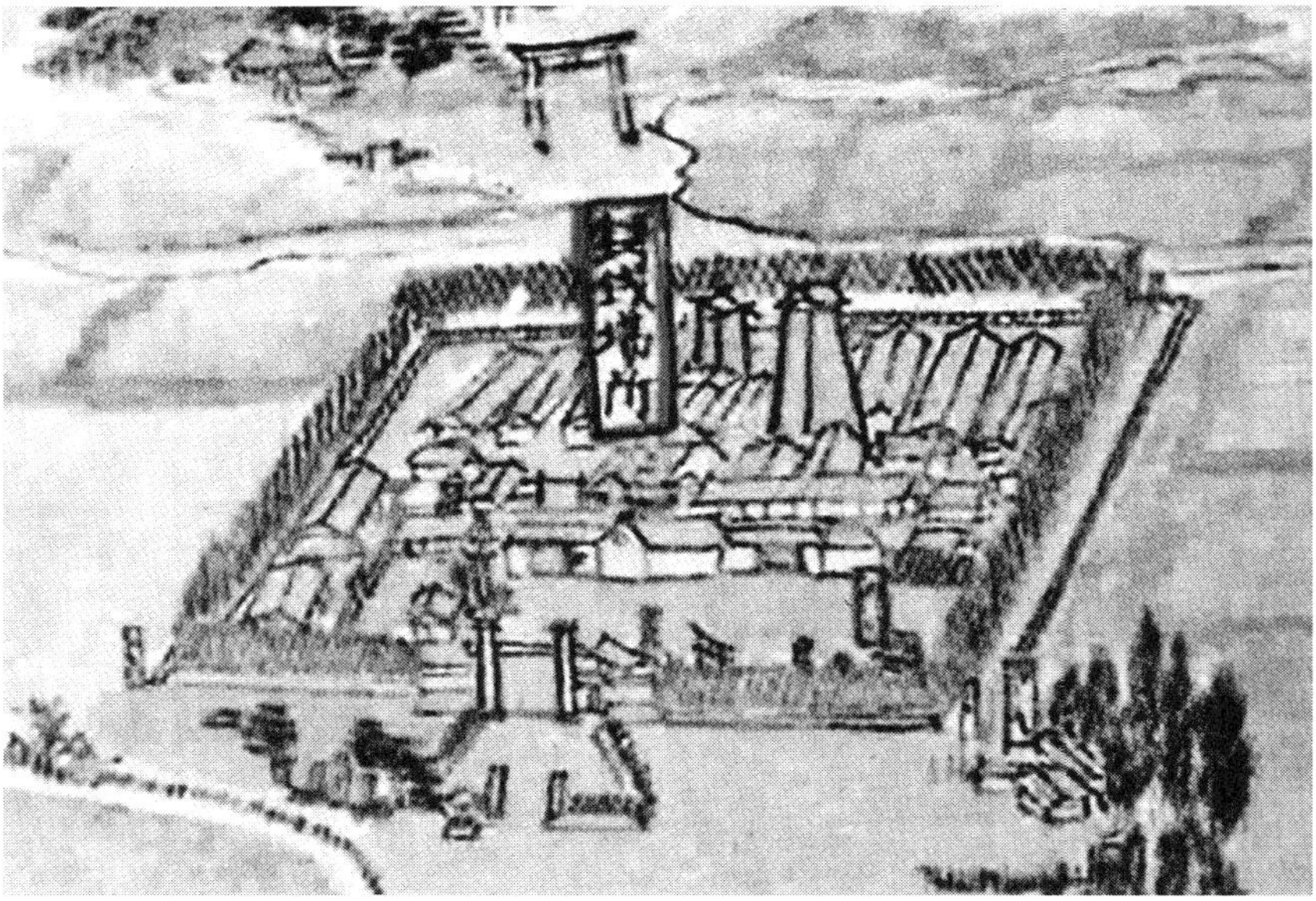

写真13　鋳銭場所図（『石巻古地図散歩』石巻アーカイブ地図研究会より）

が働いていたという。

以上の記述から判るように、十太夫の「この難境の打開策として新たに通用銭を鋳造することとなり、石巻に鋳銭場を設けて」というのは、思い違いであることが明らかである。

『石巻鋳銭場作業工程絵図・鋳貨図録』（江戸科学古典叢書三六）の葉賀七三男氏の「解説」に、石巻鋳銭場の作業工程について次のように記載されている。

① 原料銅地金の荷姿、コモ包みで、人ひとりでは一個を背負い、馬は一駄として四個を運んでいる。

② 原料銅、鉛、鉄等の溶解には、古来からの吹床を使い、吹子二挺で送風を行ったが、吹子は大型の四尺ないし五尺吹子を使っている。

（後略）

③ 源太流し、銅洗、土に混じった銅、作業工程中から発生したくず銅等すべて回収して再利用している。（後略）

写真14　石巻鋳銭場跡

④帯解門　同様に従業員の材料、半製品、製品の持出しを厳重にチェックする必要があった。従業員の退出には、上は頭髪の中、下は下帯の中にいたるまで検査している。

⑤鋳造型作りは、まず良質の粘土の入手が肝要であり、ついで上枠、下枠による形〆（かたしめ）、さらにこれを松根の火によってあぶり固める。（後略）

⑥鋳造用の湯は、小型のコシキ炉によっているが、吹子は小型で番子が手で仕事をしながら足でシマ板を押し、金属の溶解量が多くないことを示している。（後略）

⑦研磨・表面処理　鋳型から外した銭を、やすりで外縁、目戸（めど）、両面など順次研磨し、床焼、臼踏みで表面の仕上げを行う。

⑧銭舞台　最後に銭拵えとしてサシに出来上りの銭を揃えてとおし、量目の検査を経て銭納、つまり作業が完了する。

子母沢寛は「「からす組」あとがき」で、十太夫の石巻鋳銭場での一事件について、次のように書いている。

仕事が仕事だけに役人間の規律はなかなか厳重で、些細《ささい》な事から切腹した者が何人かある。

十太夫は元気だし、大酒だが、何しろ欲が無く何事にも淡泊だ。いつも貧乏だが町の人達に慕われて十太夫の事だとみんな向うで肌をぬいでくれる。従ってよく女にも惚れられた。

上役に安西それがしというものがある。腹の黒い奴で、自分より上には滅法なおべっか（へつらうこと）者だが、下役の小者や、町の人達には陰へ廻って、のべつ（絶え間なく）に悪辣《あくらつ》な真似をしては金をとる。十太夫は或る時とうとうすえかねて、真っ正面から喧嘩を吹っかけ、遂に抜刀した。一説には相手を組み伏せておいて、片鬢片眉《かたびんかたまゆ》を剃り落としたともいう。

とにかく容易ならぬ事になった。時の奉行職が安藤直治で、ここへ早速訴えが飛んだ。直治は黙って聞いていたが、途中から、ふいっとそっぽを向いて、「俺は近頃ひどく耳が聞こえなくなった。聾《つんぼ》（聴覚障害者）になったようだな」と言った。

次の朝、すっかり覚悟をきめて出勤した十太夫へ出し抜けに転勤命令が出た。「木炭買出方」と言って、直ちに水沢村へ出張駐在せよという。これで有耶無耶《うやむや》になり、安西は斬られ損、十太夫は斬り得になって、事件は風のように流れ去って終わった。

同僚はいよいよ十太夫を頼もしく思った。後に鴉組に安藤忠吉というまだ十八だがなかなかよく出来た武家がいた。実際には十太夫の知恵袋であった。これがこの時の直治の長子である。

右において子母沢寛氏は、「時の奉行職が安藤直治で、ここへ早速訴えが飛んだ。」と、安藤直治が藩政の最高責任者である他藩の家老に当たる奉行職（執政）であるかのように書いている。しかし、仙台藩で奉行職に就任した者に安藤直治はいないし、収録人数が最も多い『仙台人名大辞書』にも登載されていないのである。

一方、角川書店版『宮城県姓氏家系大事典』の「第二部姓氏編」によれば、「安藤　あんどう」として次のとおり記載している。

【三】仙台藩家臣に、先祖が小田原北条氏の家臣だったという安藤家がある。平士。小田原北条氏滅亡後、米沢時代の伊達政宗の配下となり、代々大番士として仕えた。幕末に勘定奉行なども務め、役料とも三〇貫余を知行し、仙台城下東六番丁に屋敷を置いた。同住宅は江戸中期ごろの武家住宅の体裁を持つ数少ない遺構である。

また、『楽山公治家記録』巻之二十五の慶応元年五月十九日の件に次のように記されている。

安藤友治へ勘定奉行、佐藤保太夫〔考役〕へ特旨勘定奉行格〔百五十石高役料〕（中略）ヲ命ス。

右の「安藤友治」が「安藤直治」の誤植なのではないかと思われる。なお当時の勘定奉行の役料は百七十石高であった。また勘定奉行であれば、石巻鋳銭場を所管する部署であった可能性は十分にあった。

また、江北散士編『烏組隊長細谷十太夫』の「十七、探偵に眼を跟けらる」には、明治二年、「十太夫は八幡町の隠れ家も追々危険になったので、捕手等の気を抜くべく宮城郡の定義温泉へ入湯と出掛けた。同行者は安藤忠吉の姉と大町四丁目の小間物屋の娘お仙と大黒屋の娘の外に女中一人と斎藤久吉の甥の清之丞と都合六人連れで、御前籠を担がせて大掛かりに押し出した。」とあり、安藤忠吉の姉、すなわち安藤直治の娘が一人で十太夫の一行に同行しているのである。その女性本人がかなり捌《さば》けた（世慣れて物分かりのよい）人物であったとしても、仙台藩の奉行職（執政）の娘であれば供連れもなく参加することは考えられない。

なお、右の刃傷沙汰について、木村紀夫著『仙台藩の戊辰戦争―先人たちの戦いと維新の人物録』には、典拠は示していないものの、「鋳銭場で刃傷沙汰を起こしたが、十太夫の人物を見込んだ瀬上《せのうえ》主膳により助けられた」と記されている。瀬上主膳は家格一家、知行二千石の鹿又（現石巻市河南町）の領主であるから、地縁から考えても有り得ない話ではないと思われる。

十太夫は心の裡でこんな役目は誰にでも勤まる、それよりか今日の難関に処するの道は外にある。即ち藩士銘々にそれぞれ産業を授くることで、其方法として先づ封内の山野を藩士各自に分配して森林を営造させ、それを建築材として四方に売出させるのである。尤も山野のうち場所により地味に応じて木材ばかりではなく、造林に不適当なる場所は或いは開墾して桑樹《そうじゅ》を栽培し養蚕製糸をなさしむるも可なるべしとの意見で、其事を其筋へ建議したところ、最も然るべしとて速かに採択され、取敢えず山林植立方と云う役所を設け、彼は其監督として其方に転勤することになった。

右の十太夫の建議が採用されて設置された「山林植立方」という役所について、知るところは何もないが、十太夫の開墾事業との関係では、明治五年（一八七二）に芝の増上寺の方丈二十五棟を購入して開設された開拓使仮学校への入学、さらに明治十一年（一八七八）宮城県属士族授産場係として開墾事業の勧誘と奨励に従事し、後に牡鹿郡大街道士族開墾場長に就任していることなどが頭に浮かぶ。

このころから天下の風雲ますます切迫して、遂に戊辰の大変乱を巻き起こしたのである。其起因は王政復古論を主題として、或いは公武合体論となり、討幕論となり、佐幕論となり、各藩の意見区々にして統制を欠き、時勢は日を遂《お》うて険悪となり何時いかなる大事の勃発せんも測られぬ形勢となって来た。気概満々たる十太夫は心の裡に以思《おもえ》らく（思うことには）、今の時は実に一藩の安危存亡の岐《わか》るるところ、男児たるもの無為にして徒《いたずら》に安処《あんしょ》（安んじて居る）すべき場合にあらず、先づ差当り近隣各藩の状勢如何を偵察し置くは、此際最も至緊至要《しけんしょう》（極めて大切）の長策（すぐれた策）であらねばならぬ。勿論これは吾々

三百年来の恩沢を蒙ったる君家に対する報恩の一端として正に尽くすべきの道である。好《よ》し吾《われ》身を挺して敢て此任務に当らんと決心し、窃かに其旨を月番奉行職（執政）佐々雅楽《うた》まで申出た。雅楽も頗《すこぶ》る彼の意見に賛同して即時山形、米沢、庄内各藩の状勢偵察方を特命した。

『仙臺新報』明治四十二年（一九〇九）八月三十日に掲載された地老窟主人著「細谷鴉仙上人の逸事」（上）には、次のように記されている。

明治元年（慶応四年・一八六八）正月、三好監物《けんもつ》が御備頭で兵を率い京都へ出発するというので、出入司《しゅつにゅうつかさ》（藩財政を司る役）笠原十吉の内命を受け、塩竈へ出張して出発の状況を視察報告したのは月の十五日、その翌日出入司月番守谷四郎左衛門から御用があるから即刻来いとの召しがあるので登城して見ると、近来隣藩の形勢が不穏であるから其方秘密探索をして来て申し上げる様にとの命令「これは笠原十吉から奉行へ建言した結果だという」。

慶応三年十月十五日、朝廷は将軍慶喜の大政奉還の上奏を許し、仙台藩には同月二十六日に武家伝奏から、「将軍建言あるを許すにより衆議を尽くす事件あり、速やかに上京すべき」との命が届いた。十一月十一日に奉行但木土佐に上京が命ぜられた。そして十二月二十八日に三好監物（参政兼大番頭）らが藩兵を率いて東名浜（宮城県東松島市）から出帆の予定であったが、紀州藩船の都合により延期となっていた。明けて慶応四年正月十四日、三好監物が兵百余人を率い、紀州藩から借り受けた汽船により東名浜を出帆した。監物が鳥羽伏見の敗報を聞いたのは、上京の途次、伊豆下田に寄港した時であったという。

また正月十五日、同月五日に京都を発した大内主水が帰仙したので、鳥羽伏見ノ変の詳細が報じられたのは、この日である。

『烏組隊長細谷十太夫』では、十太夫自らが近隣各藩の状勢偵察を月番奉行職の佐々雅楽まで申し出、賛同を得て、山形、米沢、庄内各藩の状勢偵察方を命ぜられたと記している。

一方、「細谷鴉仙上人の逸事」(上)では、出入司の笠原十吉が奉行へ隣国探索を建言し、十太夫は出入司月番の守谷四郎左衛門からの命令によって出発したとある。

いずれが真実か分からないが、『烏組隊長細谷十太夫』の「四、仙道方面の偵察」に「帰来《きらい》先ず偵察して来た地方地方の状勢を佐々月番奉行に復命した」とあることから、奉行職の佐々雅楽（家格着座、丸森邑主、知行三千石）からの指令であったことには変わりはないようである。


仍《よっ》て十太夫は即日出発の準備に取掛かり、先づ土方風に扮装《みなり》を窶《やつ》し仙台城下を発足し、奥羽二州を劃《かぎ》れる大山脈を超えて山形（山形県山形市）城下に入り、一通り城下の状勢を偵察し了《おわ》りて、更に米沢（山形県米沢市）城下に立越え、或いは旅籠屋の下男に住み込み、或いは料理屋の番頭となり、又は女郎屋の妓夫太郎《ぎゅうたろう》（女郎屋で働く男）などして、行く行く小野川温泉宿（米沢市小野川町）の中島屋方の雇い人として住み込んで居ると、米沢に城主上杉侯が上京の為め福島（福島県福島市）まで進駕《しんが》されたが、偶々《たまたま》伏見戦争の飛報に接して急に帰国して国防の準備に取掛かられたとの風説を聞き込むと同時に、庄内（山形県鶴岡市・酒田市周辺）地方へは軍艦が回航し来り、仙台、南部（盛岡藩）との間に已《すで》に戦争が開始されたとの風説を耳にした。

斯《かか》る形勢に立到っては片時も猶予すべき場合ではないと、即夜人の寝静まるを待って窃かに台所に入って親《みず》から幾つかの握飯を調《ととの》え、夜の明けぬうちと中島屋方を飛び出し、上ノ山（山形県上山市）から山形城下を経て清川（山形県東田川郡庄内町清川）に至り、此処にて始めて軍艦が庄内方面に回航して来たこ

との虚説なることを確めたが、仙台南部間の開戦は尚お事実らしく聞えるので、直ちに途《みち》を転じて夜行間道をたどり仙台へ帰って見ると、仙台南部の開戦説は全《まっ》たく架空の虚説であったことを知った。

右の記事のうち、「米沢の城主上杉侯が上京のため福島まで進駕されたが、たまたま伏見戦争の飛報に接して急に帰国して国防の準備に取り掛かられたとの風聞」について、少し記しておくと、米沢藩では王政復古の大号令により列藩招集の急報があり、また幕府からは上坂を促す檄文が届くと、慶応三年十二月三十日に「上洛」(朝廷に与すること)を決定。薩摩藩邸焼打ちの報が大晦日の夜届くと、明けて慶応四年正月一日には「上坂」(徳川に与すること)に転じた。十二日、藩主上杉斉憲率いる総勢三千の兵が出発したが、早追で福島に着いた竹股美作の伝言として鳥羽伏見の敗報が伝えられると、板谷駅まで戻り、夜明け近くに、突然「名代派遣上洛」に決定したという経過を辿っている。(松野良寅著『わが道を行く——先覚の生涯』)

さらに、右の部分に対応する記事として、地老窟主人著「細谷鴉仙上人の逸事」(上)には、山形、米沢、庄内の探索の模様が次のように詳しく書かれている。

そこで上人(以下、「上人」は「十太夫」と記すこととする。)は家族へも告げずに即日出発したが、この日は大雪である。柴田郡支倉《はせくら》村富田新平が所へ行って一泊。ここで髪の結様《ゆいよう》を百姓風にし衣類も農夫体のに着替え、翌早朝蓑笠《みのかさ》の扮装《いでたち》で笹谷(柴田郡川崎町)御境目へ行くと、番所の役人居丈高《いたけだか》になって咎める。十太夫は恐れ入って、「山形まで御飛脚に参るのでがす」というと、「然らば切手を出せ」と迫る。「それは忘れて来た」というと、「この不届者めが」と散々に叱られた。十太夫はやむなく引っ返して近辺の茶屋に入り、茶屋の女房に金をくれて騙《だま》し込み、「あの御番所役人をお前の口先で胡麻化《ごまか》してくれ」と頼むと、女房は心得て出て行った。間もなく帰って来て、「支倉の富田様から山形七日町への御飛脚子細なく御通りなされ」と言って来た。そこで十太夫は子細なく通され、山形に一泊、上山へ行って、これから米沢へと心さしたが、どこから米沢領へ入っていいか分からぬので、一策を案出し、「奉公人世話宿は何処だろう」と尋ねると、「髪結《かみゆい》の倉と言う人がよく世話をする」というので、倉の許へ尋ねて行き、中嶋某の請け人で会津屋という女郎屋の妓夫《ぎふ》に住み込んだ。そこに二日の間働いたが十九日の晩、請け人の中嶋が顔色を変えて来て、「お前はここに居ては大迷惑になる、お前が迷惑すると私共も迷惑だから、今の中に逃げろ」とて、握り飯と草鞋《わらじ》一足、天保銭十枚持って来てくれた。

察するところ、これは探索人だという事が知れかかったのだろうと合点して上山を逃げ出して山形へ着いたのは深更で、何処でも起きていないので、夜鷹《よたか》蕎麦（街娼である夜鷹を上得意にした蕎麦屋）に頼んで旅籠町の高橋屋という家へ行って、相馬（福島県相馬市）から館山（山形県米沢市館山）への飛脚だと偽って一泊のうえ、二十日の朝出発して左澤《あてらさわ》（山形県西村山郡大江町）へ行き、侠客頭の小文治というものを尋ねて行ったが、小文治は「俺は土方交際《つきあい》はしない、但し白澤（米沢市白澤）という所には土方の親方があるから尋ねて見たらよかろう」と言う。そこへ行って一泊したが、非常の大雪、親方は雪捲《ま》きをして雑魚《ざっこ》を捕って来て酒宴を開いてくれた。

そしてこれから米沢へ越える所の薪《たきぎ》の中山通り家館森《いえたてもり》という所に土方部屋があると教えくれたので、そこへ行って見ると、小頭の吉兵衛というものが居る。「ヤア何で御座《ござ》った」と言う。見れば前年品井沼（現在の宮城県大崎市から松島町にかけての谷地《やち》の中の沼）工事の時、十太夫が召し使ったものである。これは不思議な所で逢うものだと、これから同人と談合して米沢へ入る工夫をしたが、幸いに米沢の川原子《かわらご》という所に今助という土方の親分がある。右の身内に虎吉という奴があって、今こちらに来ているから、同人を案内に出そうという。ここで印半纏《しるしばんこん》を着込み虎吉を案内者にして、二十三日に出発して米沢の境目番所へ差しかかり、ここで又油を取られるのかと思っていると、一通り名前を聞いただけで通され、二十六日川原子へ着いて今助親分に逢った。
何分嘘で固めてるのだから、十太夫冷汗を流して交際した。この部屋に滞在して米沢城下を徘徊し、折々は米沢藩士にも逢ってそれとなく様子を見て、日々虎吉をつれて料理屋へ行って酒を呑む。その中に今助は小野川の温泉へ行くと言い出したので、「それはよかろう」と三人同道で温泉へ行った。温泉には木食上人《もくじきしょうにん》（五穀を食べず専ら木の実を常食とする僧）が居て祈祷をしてるが、当時十太夫は尋ね人があると言っていたので、今助のいうには木食上人に占って貰いなさへという。十太夫止むを得ず占って貰ったが、元より尋ね人も何もないのだから当たる筈がない。

小野川の中嶋屋という所に止宿して居たが、そこへ米沢藩士が多勢来て入浴してるので、探索には持って来いと見込み、今助に向かい、「私はこの中嶋屋に奉公したい」と言い出した。今助は「それもよかろう」とて、同家へ世話してくれた。で今助も虎吉も帰って仕舞った。これはいい塩梅《あんばい》だと十太夫は米沢藩士の話に聞き耳たてると、京都表に戦争があって米沢様も兵を率いて上京する事になり、福島迄行ったが急に引き返した。これから上杉家は元の百二十万石（関ヶ原合戦前の所領）になれるとて大元気。「イヤこれは怪《け》しからん、何でも秘密を聞き抜いてくれよう」と、奉公に精出すので、中嶋屋ではいい三助（湯屋の男の使用人）が来たと喜んでる。

その中に酒田沖に軍艦が着いた。相馬（数行後には南部とある）と仙台の間に戦争があるとの話。「サア大変これはこうして居られぬ」と、夜の中に準備し鶏鳴《けいめい》の頃、同家を出発し一生懸命に馳せて赤湯（山形県南陽町）の番所を越え、上山から山形へ出て天童（山形県天童市）を経て酒田（山形県酒田市）へ行こうとしたが、酒田へ軍艦の来たのは虚伝と分かり、引き返して昼夜兼行、三月八日仙台へ着いて見ると、南部との戦争も嘘と分かりがっかりした。

藤原相之助著「細谷鴉一夕話」に、十太夫が土方に化けて米沢領へ入り込んだ時、土方の小頭吉兵衛の女房に武士であると見破られた話が次のように記されている。

女というものは恐ろしいものでもあり、頼もしいものでもある。戊辰の戦の始まる前、伊達家へまだ会津征伐の仰せの下らない頃は、どこと合戦する事になるか分からなかったので、先ず上杉か、相馬かという見当だったよ。それで俺は土方に化けて米沢領へ入り込んだが、土方ではないという事を小頭吉兵衛の女房に見現《みあらわ》された(隠れていた正体が見破られること)。それは俺が湯に入った後で俺の帯に気が付いたのだそうだ。帯だけは二本指の古帯だったから、武士ということが知れたという訳さ。(中略)それからは女の眼力に恐れをなして万事に気を付けたね。

角帯は、長さが一丈五寸(三九八センチメートル)、巾が二寸六分~三寸(一五~一九センチメートル)であり、仕立て方は帯反を半分に折って縫い合わせ、帯芯を入れて仕立てるという。

武士は大小二つの刀を差すことから、「三重巻き」という帯の締め方であった。まず二回巻いた帯の前に脇差を一本、そして三回巻いた帯の前に太刀を一本差していた。このように刀を差すために用いられたことから、武士が締めていた角帯は、一般のものより巾が広めに作られていた。したがって、「帯だけは二本指の古帯だった」ことは、支倉村富田新平方での明らかなチェック・ミスであった。

四、仙道方面の偵察

帰来《きらい》（帰って来て）、先づ偵察して来た地方地方の状勢を佐々月番奉行に復命したが、此時、君公（伊達慶邦）にも親しく其報告を聞かれたいとのことで、御前近く召し寄せられ、委細山形、米沢両藩内の状勢を陳上したところ、君公には頗る満足せられ、懇《ねんご》ろなる慰労の御言葉を賜わり、改めて軍事探偵周旋方と云う役目を申付けられ、更に御苦労ながらとあって、再び福島、相馬地方並に磐前平《いわまえたいら》、水戸、棚倉《たなぐら》、白河、会津、二本松の各藩城下を偵察し来るよう、親しく御下命を受けたのであった。

今回は刈田郡斎川《さいかわ》（宮城県白石市斎川）の銘産孫太郎虫売の行商人風《みなり》に服装を変じ、同志萱場嘉平《かやばかへい》と同道して仙台を出発し、刈田郡越河《こすごう》（白石市越河）の間道を越えて伊達郡梁川《やながわ》（福島県伊達市梁川町）に至り、此処にて例の売薬孫太郎虫を仕入れ、先づ付近の村落を行商しつつ、元弘年間（一三三一〜一三三三年）北畠顕家《あきいえ》卿が義良《よしなが》親王を奉じて楯籠《たてこも》った霊山《りょうぜん》（伊達市と相馬市との境にある山）の麓をめぐりて相馬中村に出で、同所より山間又は海浜を廻って磐城平《いわきたいら》（福島県いわき市）の城下を経て水戸領の太田（茨城県常陸太田市）に入った。

日本薬史学会の『薬史学雑誌』一九八五年創立三十周年記念号によれば、孫太郎虫について、次のように記載している。

孫太郎虫は奥州斎川名産として全国的に有名であるが、それがいつごろから利用されるようになったかは定かではない。孫太郎虫が最初に現れた史料は『封内風土記』（安永元年・一七七二）で、同年斎川を通った中山高陽も

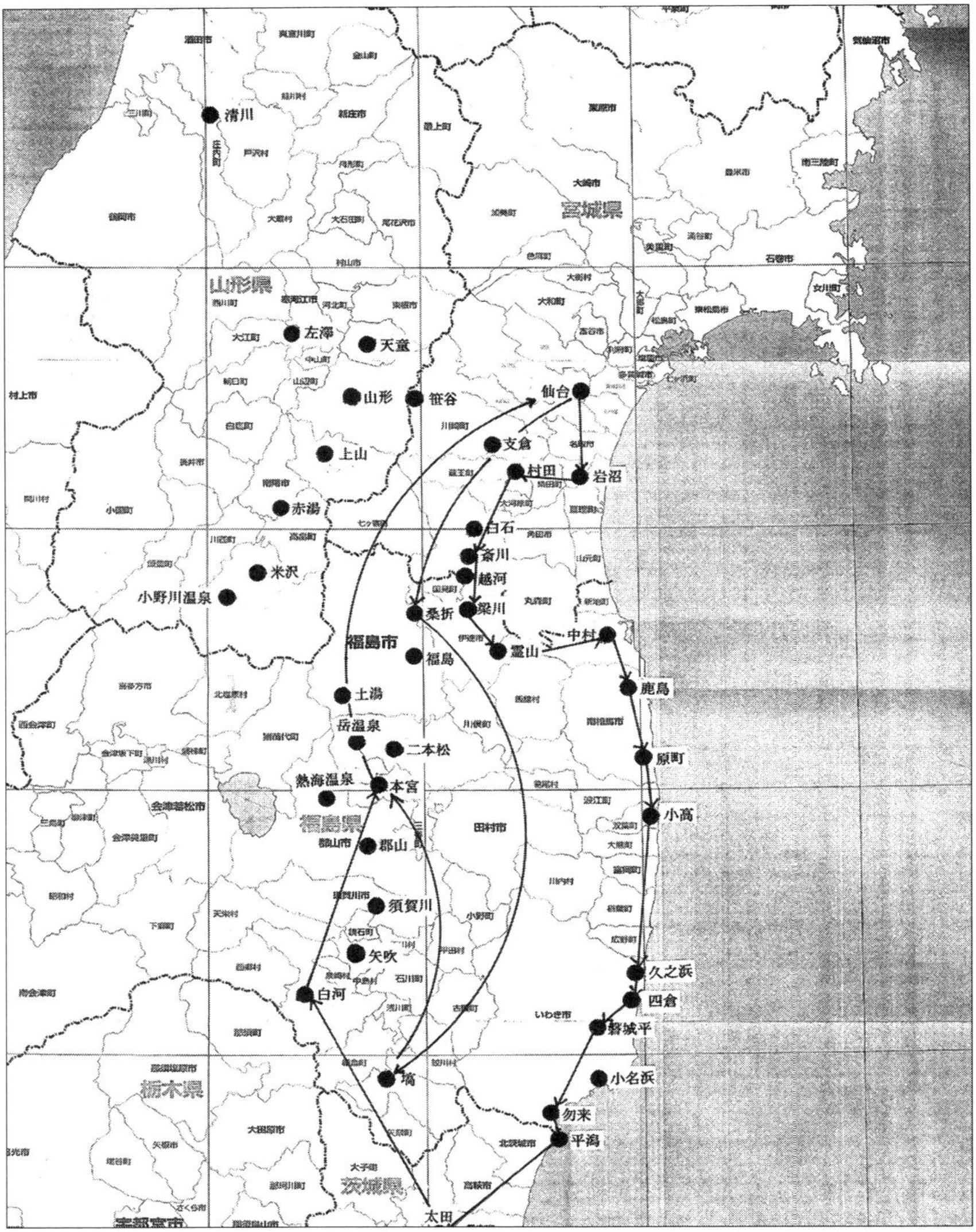

図表5　「四、仙道方面の偵察」十太夫の探索経路

写真15　伊達慶邦公写真（『仙台藩戊辰殉難小史』より）

写真16　奥州街道斎川宿

写真17　孫太郎虫の看板
（田村神社内孫太郎虫資料館所蔵）

『奥游日録』で孫太郎虫に言及し、いずれも食品と記している。ついで『風土記御用書上』（安永六年・一七七七）にはそれが小児疳の薬ということで記載され、高山彦九郎の『北行日記』（寛政二年・一七九〇）には薬として地元での販売が記録されたとしているとある。また斎川では一揆契約講が孫太郎虫の採集、販売を独占し、斎川宿の経済的苦境を支えたと記されている。

また、漢方薬・生薬の通信販売サイトには、「基源」ヘビトンボ科のヘビトンボの幼虫の乾燥体。成虫は雄四センチ、雌五センチくらい。「成分」アミノ酸、脂肪、パントテン酸など。「効能」小児の疳に一日、一串（五匹）。砂糖醤油につけて焼いて食する、と表示されている。

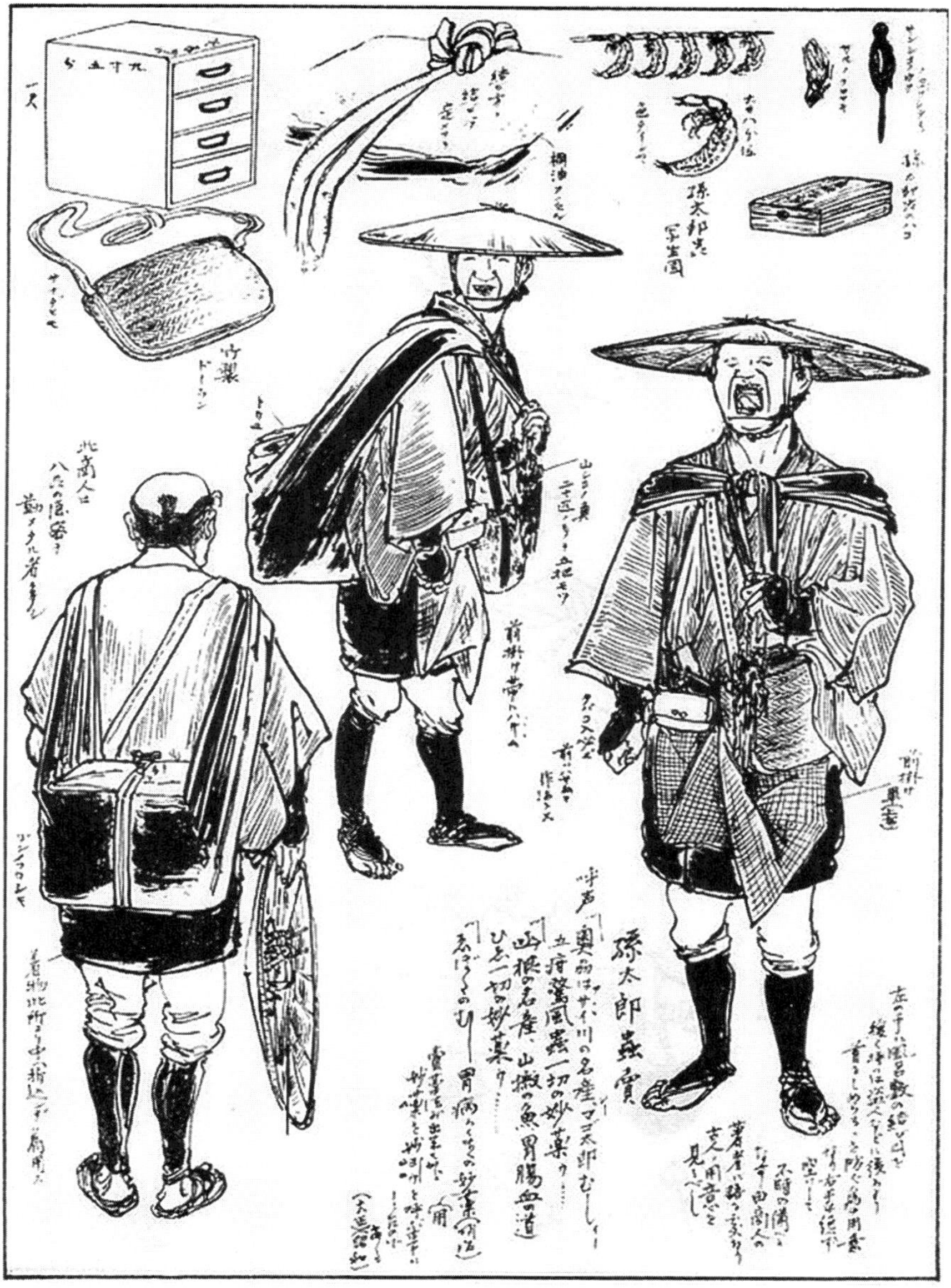

写真18　孫太郎虫売り【むかしむくれて】（やまだくんのせかい・ブログより）

奥州ー、仙台、斎川ーの名産、えー孫太郎虫ー虫
五疳驚風《ごかんきょうふう》ー、疳の虫、一切の妙ー薬

これが孫太郎虫売りのふれ声であり、赤い旗を背中にさし、薬箱を背負って売り歩いたといわれる。五疳とは、消化不良、自家中毒、小児脚気、小児結核などの慢性的な病患で、肝疳、心疳、脾疳、腎疳の五症があるとされ、驚風は漢方で脳膜炎などの症状を現す病気のことであるという。

此時早くも官軍は続々東下し来り、処々にて水戸、会津の各藩兵との衝突あり、十太夫の太田に入った際にも、水戸藩の書生組（佐幕派）が官軍に追い捲《まく》られ会津を指して逃げ行くのに出会ったので、其後に尾いて会津に入らんと、矢吹（福島県西白河郡矢吹町）を経て柿内（福島県郡山市富久山町）と云う所に至ると、忽《たちま》ち怪《あや》しまれて一旦捕らえられたが、辛うじて其場を免れ白河まで行くと、此処にも水戸の天狗組（勤王派）の一群が城下の処々に屯して居た。

一泊して三春方面に入らんとしたが、何分にも会津方面が床《ゆか》しい（何となく気になること）ので、須賀川（福島県須賀川市）から山を越して熱海《あたみ》温泉場（郡山市熱海町）まで行くと、ここにて会津追討として官軍の先鋒隊は、既に仙台城下に乗り込んだとの風聞を聞いたのであった。

右に対応する記事が、明治四十二年（一九〇九）九月三十日の『仙臺新報』に掲載された地老窟主人著「細谷鴉仙上人の逸事」（中）に詳しく記載されているので、次に引用する。

戊辰の二月（三月の誤り）十三日に、十太夫は萱場嘉平と共に笠原十吉（出入司）に従って岩沼（宮城県岩沼市）へ行き、岩沼から十太夫は萱場と二人で村田（宮城県柴田郡村田町）へ出て、そこで売薬行商人と姿を変え、

齊川村へ行って名産孫太郎虫を買って、それを売りながら伊達の梁川へ行く間道を通り、梁川で気付薬アカリショウジを製してこれも売った。大石（福島県伊達市霊山町）、石田（同）などの村を経て霊山の間道を通過し、相馬領玉野（相馬市玉野）に出て中村城下に入り徘徊した末、浜手、山道の地理を究め、鹿島（南相馬市）、小高《おだか》（相馬郡小高町）、原町《はらのまち》（原町市）、新山（双葉郡双葉町）と歩いてる中に、孫太郎虫売りの本元《ほんもと》から派出した行商人に出逢い、贋商《がんしょう》として取り調べらるる事となった。大変な問題になりそうであるから、十太夫は低頭平身して謝罪し酒一斗を買うてヤッと赦《ゆる》された。

それより久の浜（いわき市久之浜町）、四倉（いわき市四倉町）を経て安藤対馬守の城下なる磐城平に出て、二日間徘徊して形勢を探り、それより湯長谷《ゆながや》（いわき市常磐）、菊田（いわき市山田町）、勿来《なこそ》（いわき市勿来町）を経て平潟《ひらかた》（茨城県北茨城市）に至り、水戸領太田駅に行って見ると、水戸の書生組が天狗組に破られ散々になって会津に落ち行くのに逢い、その様子を探って見ると、彼等は柏倉通り釜子（福島県白河市釜子）を経て勢至堂《せいしどう》（須賀川市勢至堂）口へと志すのであった。

十太夫はそれより白河へ廻り二日間徘徊したが、ここには水戸の天狗組が居て、大分人望があった。白河市中では、

聞いて恐ろし見てこわそうな
　添うて程よい天狗さん

などと子守唄にまで唄うてる。十太夫は会津へ入り込むつもりで色々苦心したが容易のことでは這入《はい》れない。

白河で十太夫と芸妓妻吉とが初めて出会い、妻吉の気っ風のよさが分かるエピソードが、藤原相之助の「細谷鴉一夕話」に次のように記されている。

米沢領を引き上げて相馬、水戸、棚倉、白河と斎川の孫太郎虫売りになって歩いたが、白河で例の妻吉こと庄子ツナに、「お前さん両刀《りゃんこ》（二本差し）だね」と図星をさされて、「この眉黛《びたい》（「まゆ」と「まゆずみ」と書いて、女の俗称）」と頰辺りを一つ撲《は》わせて、耳に口寄せて、「喋舌《しゃべ》るな」というと、妻吉は胸をトンと叩いた。これが武士なら金打《きんちょう》（約束を守るという誓いの証拠として、武士が刀の刃・鍔を、女が鏡を打ち合わせること）だ。

右の妻吉について、矢野顕蔵の「白河口の烏組隊長細谷十太夫」（『仙台秘史戊辰の人物』所収）には、白河本町の吾妻楼の妻吉は二枚鑑札の芸娼妓で、年十六であったと書かれている。したがって十太夫と妻吉とは、この時が「初回」（遊客が初めてその遊女を買って遊ぶこと）ということになる。

是に於て一先づ仙台に立帰らんと思い、本宮（福島県本宮市）駅に至り杉田屋と云う商人宿に一泊すると、前夜来《らい》逗留の客人と同宿させられ、其客人から委《くわ》しく仙台の様子を語り聞され、其他種々時勢談などして其夜を明かし、翌朝勘定を支払い同屋を発足して駅外《しゅくはず》れまで来ると、後方から三・四人の若者がバタバタと追かけ来たり、

「お前さん方は前夜杉田屋に泊った客人ではないか」

と問われ、

「そうだ」

と答えると、

「然らば尋ねる次第があるから、当駅の目明方まで戻って貰いたい」

と云うので、何事を尋ねるのかと云わるる儘に目明方の宅まで立戻る途中、今まで同行して来た前夜合宿した客人は、何時の間にか何処《どこ》かへ其姿を消して了《しま》った。

追かけて来た若者等は敢《あえ》て其客人の後を遂《お》わんともせず、十太夫と同行者の萱場嘉平のみを白州《しらす》同様の所に引入れ、頓《つい》で尋問が開始された。

「前夜当駅杉田屋にて掛硯箱《かけすずりばこ》（掛け子（二重にするため外の箱の縁に掛けて中にはめ込むように作った箱）のある硯箱）の曳出《ひきだし》に入れ置た金子二歩判にて八両紛失したとの届出がある。前夜同屋には其方共三人の外に泊客《とまり》はなかったとのこと、依って其方共の所持品を取調べる」

とて孫太郎虫の箱から行李《こうり》を改め、果ては裸体にまでして取調ぶるうち、十太夫の胴巻に二歩判にて十三両余あったので、孫太郎虫売の分際として斯《かか》る大金を所持するは頗《すこぶ》る怪しいのみならず、手帳を取調ぶると虫売風情《ふぜい》などの行くべき処でないところへ行って居る。所詮《しょせん》其方共は真個《しん》（まこと）の売薬行商ではあるまい、真直《まっすぐ》に白状いたせと厳重に責立てられたが、素《もと》より知らぬことを枉《ま》げて白状すべき理由《わけ》もないから、何処までも知らぬ存ぜぬと頑張ると、遂に縄を打たれて足枷《あしかせ》まで施こされ、昼夜となく三日間責め立てられた。

越えて四日目の日、二名の老人羽織袴の扮装《いでたち》にて入来り、十太夫に面会して、

「お前さん方、不時の災難で嘸《さ》ぞ迷惑に思われるであろう。無論金子《きんす》はお前さん方が盗んだのではあるまいが、何時までも斯《か》く縛って置かれては第一商売上にもお困りのことと存ずる間、吾々両人は年寄りの役目として、お前さん方の為めに役所の方は貰い下げにして進ぜる程に、盗まれた金子八両を立替えなされ」

馬鹿馬鹿しいとは思ったが、斯くして空《むな》しく日を送る場合ではないと思い、老人どもの云うが儘に金八両を差出して縄を解かれたので、其老人を始め宿の主人夫婦にも夫《そ》れぞれ手当をなし、同駅を出発し昼夜兼行で仙台へ立帰ったのは、随分馬鹿馬鹿しい滑稽劇であった。

藤原相之助の「細谷鴉一夕話」に、本宮駅の博徒徳治郎とその女房お米との一件が詳しく記されている。

俺が萱場と二人で斎川の孫太郎虫を売って歩いている時、本宮の商人旅籠に泊まって泥棒と相宿《あいやど》になったのが不運でね、八両二分掻《か》っ払《ぱら》った疑いをかけられて捕縄《ほじょう》を打たれたんだ。癪《しゃく》に障る事夥《おびただ》しいが、ここが辛抱だ。骨が舎利《しゃり》（仏の遺骨）になっても、松平陸奥守（藩公の正式名称）の家来ということを知られてはならないのだからね。オメオメと濡《ぬ》れ衣《ぎぬ》を着せられて、目明し森田治平の手下の博徒徳治郎方へ預けられた。四寸角の足枷を掛けられたから手も足も自由にならない。こうなりゃもう自棄《やけ》だ。元より心に疚《やま》しいところがないから徳治郎の拷問などはチャンチャラ可笑《おか》しい。ハテ責められうわいなアなどと阿古屋《あこや》（琴・三味線・胡弓の引き分け、傾城の気品や色気、平景清を想う心理描写など、女形屈指の大役といわれる演目。現代では坂東玉三郎の当たり狂言。）の声色《こわいろ》などが出るのだから、徳治郎も呆れ返って、「魂消《たまげ》た強情野郎だ、あとで啼泣《ていきゅう》（声と涙を出して泣くこと）やがるなよ」と捨て台詞《ぜりふ》で賭場へ出て行って二日も三日も帰らない事がある。

女房のお米は遊女揚がりの越後もので、齢《よわい》は二十二・三、気前のいい女だった。俺は手足が自由にならないから、飯を食うにも、小便をするにも、このお米の世話になる外はない。但し手足は利かなくとも口だけは達者だから、寝転んで口三味《くちざんまい》の小唄、これが本当の引かれ者の小唄だね。するとお米は、「お前さんお酒を飲むのか」と聞く。「大好きだよ、買って来て飲まして呉れないか」というと、「お金はあるかえ」という。金は両掛けの小荷物の中にタンマリあるのだし、序でにこの女にも御礼心に酒の馳走しようと思ったから、先ず一升買わせて、俺は飲ませて貰うし、お米は自分で飲む。米山甚句（新潟県柏崎市や直江津地方に伝わる民謡、座敷唄。）やおけさ（奄美の六調という民謡が、九州でハイヤ節となり、越後や佐渡のおけさとなったもの。）など唄い出して、イヤ珍妙なお酒宴さ。

その時お米は、「お前さんの素性を当てて見ようか」という。俺は笑った。「盗っ人だとてこの通りフン縛られてるではないか」というと。「それは目明しなんて盲葡萄《めくらぶどう》(実《み》の様子が目の見えない人の目に似ていることが由来だという説があり、座頭ぶどうともいう。)のような目の玉しかない奴の睨んだ睨み違いさ、お前さんは盗っ人じゃない」という。「そんなら何と見るのか」というと、「そうさね、お前さんは元は両刀《りゃんこ》だが、何か訳があって長脇差し(侠客)の所へでも預けられてる間に小指《れこ》(愛人の俗称)とでも出来合ったんだろう、それが露顕《ばれ》て危うくなったから、ずらかったという筋なんだろう、やっぱり泥棒は泥棒さね、何とお手の筋だろう」という。俺も笑った。「図星だ恐れ入った」というと、お米はしたり顔で、「悪い癖だよ、以来はお止《よ》し、世渡りが出来ないよ」と、とんだところで強意見さ。

そんなことが一両度あった後、ある夜フト目を覚ますと、徳治郎とお米の大喧嘩だ。徳治郎は「この阿魔《あま》(女を罵《ののし》っていう言葉)太い阿魔だ、俺の留守に縄付きと姦通《くっつ》きやがったナ」とお米の鬢《びん》を掴んで引きずり廻して打擲《ちょうちゃく》(人を殴ること)する。お米はお米で「無理難題もいい加減にしろ、サア殺さば殺せ」とわめき立てる。俺も見てはいられないから、縄付き足枷のまま「マアマア待った、待った」と、取り組んでる二人を頭で掻き分けるのだから非常に骨が折れた。しかも仲裁の俺が関係者と間違えられているのだから、宥《なだ》め方が並大抵ではない。

女は髪をおどろに振り乱してるし、男は顔に引っ掻かれた蚯蚓脹《みみずば》れ、脛《すね》には咬《か》みつかれた歯形が紫色になってる。可笑しくもあれば気の毒でもあるが、兎に角、疑いだけは晴れたらしいと思ってると、お米は風呂敷包みを押入から出したり、葛籠《つづら》を麻縄で絡《から》げたりする。「何をする」というと、妾は出て行くよ、人もあろうに縄付きと姦通《まぶ》いたといわれては女が立たないから、こんな所にけつからない(居られない)」という。そこで今度は俺がお米へ意見をする役回りさ。「灼《や》く位の亭主でないと末頼もしい亭主ではないものだよ、お互いに情愛があればこそ灼くんではないか、トックリと気を落ち着けて考えるがいい、縄付きのいうことでも道理に二つはないとね」、懇々と説教してる間に夜はほのぼのと明けた。

どうにか夫婦喧嘩も納まって、お米は台所で釜の下を焚《た》き付ける。こうなると徳治郎も俺を拷問するのも何となく極まりが悪いと見えて、何処へか出て行ったが、俺の同役の萱場を預かってるものから口を出したものと見えて、町年寄が二人来て、「お前達を放してやる訳には行かない訳だから、どうだ、お前達から杉田屋へ八両二分弁償して事済みにした方がいいのではないか」いう。「それは私共が盗賊でないと皆さんが証人に立って下さるなら、杉田屋の損害は償《つぐな》って上げてもいい」と答えた。この時路銀はまだ十両余りも残っていたから、俺もこれで手を打つ気になった。

すると杉田屋では又あとで故障の出る金なら受け取れないと言い出して、一揉め揉めたが、俺は一刻も早くここを立ち去りたいから、「今後は如何様の事があってもこの金子について異議申す間敷く」という一札を書いて、金を杉田屋に渡して本宮をヤッと立ち退いて福島に向かった。

すると萱場のいうには、「定法通り七両二分で済んだ筈じゃないか」という。なぜかと問い返すと、「元々我々の盗んだ金ではないから、我々の方で弁償する訳はない。しかし貴殿は徳治郎の女房お米という婀娜《あだ》な(なまめかしく色っぽいこと)女と関係したそうだから、その代金なら間男料七両二分と昔から相場が決まってるのだ」という。「馬鹿をいえ、知らない人が聞くと真実《まこと》のことだと思うぞ」と二人で大笑いしたのだった。

「細谷鴉仙上人の逸事」(中)の記事には、「十太夫はその書面を認め遣わし、八両二歩を支払い、ヤッと放免されて、二本松、福島等を徘徊し、三月二十三日に仙台へ帰り、探偵の次第を復命に及んだのである」と、三月二十三日に仙台帰着と書いている。

この日、すなわち三月二十三日の八ツ時(午後二時半頃)過ぎに奥羽鎮撫総督一行が仙台城下の藩校養賢堂に到着している。

奥羽鎮撫使は三月二日に京都を出発。仙台藩船宮城丸に乗船し同月十七日の黄昏、仙台領の寒風沢《さぶさわ》に入港し、翌十八日悪天候のため東名浜に至り、十九日に松島に上陸し、藩主旅館「観瀾亭《かんらんてい》」に宿陣。二十二日、塩竈の十太夫が寺小姓をしていた法蓮寺に一泊したという経過を辿っている。その奥羽鎮撫使の陣容は次のとおりである。

奥羽鎮撫総督	従一位	九條道孝	
副総督	従三位	澤　為量	
参謀	従四位少将	醍醐忠敬	
下参謀	薩藩士	大山格之助綱良	
同	長藩士	世良修蔵砥徳	
薩藩隊長	和田五左衛門		
同　斥候	樺山彦右衛門	戦士	八十六人
同半隊長	山本治郎兵衛	雑兵役夫	百二十八人
長藩隊長	桂　太郎		
同小隊長	栗谷市太郎	戦士	百六人
同半隊長	飯田千蔵	雑兵	三十人
筑前藩応援	永田慎七郎		
同　隊長	大野忠右衛門		
同　監察	杉山新五右衛門		
同銃隊長	貝原市之丞		
	安永　駿		
	菅弥一右衛門		

和田市之丞　　戦士　百人
神尾七兵衛　　雑卒　三十六人

総督付諸大夫
塩小路式部権少輔　　兵　九十七人
朝山刑部権少輔　　副督兵　三十四人
谷　中書　　参謀兵　十三人
戸田主水

「お米の一件」にはさらに後日談があるので、引き続き「細谷鴉一夕話」を引用することとする。

一旦仙台へ帰って秘密探偵の結果を委細復命の上、今度は会津探索を仰せ付けられて出張したが、急御用で仙台へ帰って自宅へも立ち寄らないで桑折（福島県伊達郡桑折町）へ出張した。桑折、塙《はなわ》（東白川郡塙町）、あの辺りの徳川領には代官がいたのだが、徳川領地を仙台藩で処分するについて、先ず代官を処分しなきゃならない。そこで俺は藩兵六名を召し連れ堂々と塙へ出張、御用を済ませての帰りに本宮の杉田屋へ立ち寄った。「亭主、俺に見覚えがあろう」というと、亭主はヘッと言って俺の顔を見ていたが、「マ、マ、孫太郎虫の旦那ですか」、ウヘーとばかりそこへ竦《すく》んでしまった。その頃はあの辺で仙台藩の勢いというものは、それは大したものだった。その藩士を泥棒呼ばわりして八両二分引ったくったのだから、サア事だと思ったんだろうさ。「お前のとこの二階座敷を貸してくれ、客を呼ぶのだから」というと、「ヘイ、どうぞお上がり下さい」とて家内中皆出てくどくどとお詫びをする。「ナニ過去《すぎ》たことは構わない、今日は御用で出張の序《つい》で、いい折りだからあの節世話になった人々へ御礼に一献上げたいのだ」と酒肴を言い付けて、目明し森田治平とその子分二人、町年寄二人、徳治郎夫婦を招待した。

どれもこれも魂消《たまげ》た顔をして畏《かしこ》まる中で、徳治郎の女房お米だけは、「ホーラ妾《わたし》の見た目に違いはなかったんだよ。御時節柄のことだから御帰参が叶ったんでしょう、御目出度う御座《ござ》んした」と一人で呑み込んでる。目明しの森田治平は、「コラコラお米、御無礼を申し上げてはなんねいぞ、あなた様は仙台様の御家中細谷十太夫様であらっしゃるぞ、ちと嗜《つつしみ》っしゃい」と叱《しか》り付けると、一杯機嫌のお米は、「細谷様だか大谷様だか知らないが、マア皆も聞かっしゃい。妾はこの旦那様に縄を掛けたことも足枷を掛けたこともないのだよ」と、森田に皮肉を浴びせ掛けて、さて調子を張り上げて、「妾はこの旦那様を育てたのさ。だってお飯《めし》を養って食わせたり、鼻をかんでやったり、お尿をさせてやったりしたのは、みんな妾だよ」とやったので一座は吹き出して笑った。怒るにも怒られずナ、どうもこのお米には叶わなかった。

右の徳川領の桑折陣屋と塙陣屋の代官の処分については、総督府から仙台藩への次の達しが根拠となっている（藤原相之助著『仙台戊辰史』）。

奥羽二州徳川領地朱印地並ビニ徳川家臣知行所等、残ラズ召シ上ゲラレ候ニ付キ、先ズ手寄リノ所ヨリ取リ調ベラルベキ事

但シ悔悟降伏ノ輩ハ本陣ニ於イテ聞糺《ききただ》ノ上沙汰申スベク候事

桑折陣屋詰徳川家臣黒田節平、小名浜陣屋詰森孫三郎の両名は悔悟降伏したので、元のごとく職掌仰せ付けられたが、東白川郡塙陣屋詰代官多田銑三郎は義として役柄を奉ずるを得ず、御暇下さるべき旨を出願したため、左澤良平に跡取締を申し付け、三月二十八日粟野新三郎の士銃一小隊をもって警固させることとした。

このことから、お米との後日談は、三月二十八日以降の話となる。

次に桑折陣屋と塙陣屋について、現地の教育委員会の案内板により、その概要を記載することとする。

○桑折陣屋跡（桑折町教育委員会）

桑折周辺の信達地方は、江戸時代に入ると、米沢藩上杉氏領となりましたが、寛文四年（一六六四）に幕領へと移り、幕府代官所が福島に置かれていました。その後、信達地方は一時福島藩本多氏領となりましたが、天和二年（一六八二）再び幕領となり、堀田氏の福島藩入部に伴い、残された幕領を治めるため、貞享三年（一六八六）に幕府代官所として桑折陣屋が設置されました。（中略）元禄十三年（一七〇〇）松平忠恒が二万石で桑折藩を開き、陣屋を使用していましたが、松平氏は定府（参勤交代せず、江戸に常任していた大名）であったので、桑折陣屋には代官を派遣して、当地を治めていました。松平氏は三代忠暁のときの延享四年（一七四七）上野篠塚に転封になりますが、その理由は半田銀山に有望な鉱脈が発見され、これを幕領とするためとされ、佐渡奉行の支配下に置かれました。（中略）寛延二年（一七四九）に神山三郎左衛門が桑折代官として赴任し、一時の仙台藩の預かり支配期を除き、明治元年（一八六八）に前田勘四郎代官から新政府に引き渡されるまで、代官が派遣されていました。（中略）陣屋は、郡役所敷地より東側、陣屋の杜公園より北側の、現在は住宅地となっている部分を占めていました。

○塙代官陣屋跡（塙町教育委員会）

陸奥代官塙陣屋は、江戸幕府が、享保十四年（一七二九）二月塙の近隣五万石余を直轄地とし、竹貫（石川郡竹貫村）に陣屋を開設し、同年九月、塙に陣屋が移された事により始まる。塙に陣屋が移された理由は、塙の地が常陸太田街道、平潟街道沿いに位置し、久慈川流域の年貢米の輸送の便、さらには奥州外様大藩の牽制、あるいは江戸防衛の重要な地点に位置するためと考えられ、慶応四年（一八六八）四月まで置かれていた。塙陣屋の敷地面積は五四三四㎡、建築面積一一三四㎡余で堀を巡らし、表御門をくぐると御殿と云われる代官の住居を兼ねた建物が南東に面して中心をなし、その北東には元締長屋と公事方長屋、御殿真後ろに手代長屋と物置、南西に板倉があった。また表御門前には、年番所が置かれていた。

磯田道史氏は、『徳川がつくった先進国日本』の「第三章　飢饉が生んだ大改革」において陸奥国塙代官の寺西封元《たかもと》について、次のように書いている。

寺西は寛政四年(一七九二)に代官として陸奥国の塙に赴任。塙領六万石と常陸小名浜領三万石を管轄し、文化十一年(一八一四)からは陸奥桑折領三万石も加わり、文政十年(一八二七)に亡くなるまで代官を務めました。在職期間は実に三十六年。(中略)

寺西は、思いのほか農村に子供の姿が少ないことに目を留めます。当時、貧しいこの地域では、生まれた子供を間引きする習慣が蔓延していました。農村の復興のためには人口の増加を図ることが不可欠だと考えた寺西は、間引きを止めさせるために「小児養育金制度」を創設します。具体的には、子供が生まれた家には養育料として一～二両を支給し、さらに困窮者には籾二俵を支給するなど、貧しい家でも子を養育できるようにしたのです。(中略)子育ての神と称えられたため、今も残る塙町の代官所跡には、寺西を偲んで「子育て地蔵尊」が祀られています。

また塙代官所は、元治元年(一八六四)の「水戸天狗党の乱」にも関係している。天狗党幹部の田中愿蔵《げんぞう》の一隊は、金品の徴発を行い、栃木宿や真鍋宿において略奪、放火を行ったことから、幕府軍の追討を受け、那珂湊の戦いの後、捕縛されて塙代官所に送られ、十月十六日に久慈川の河原で斬首された。現在、「道の駅はなわ」の敷地内に「田中愿蔵刑場跡」の碑が建てられている。

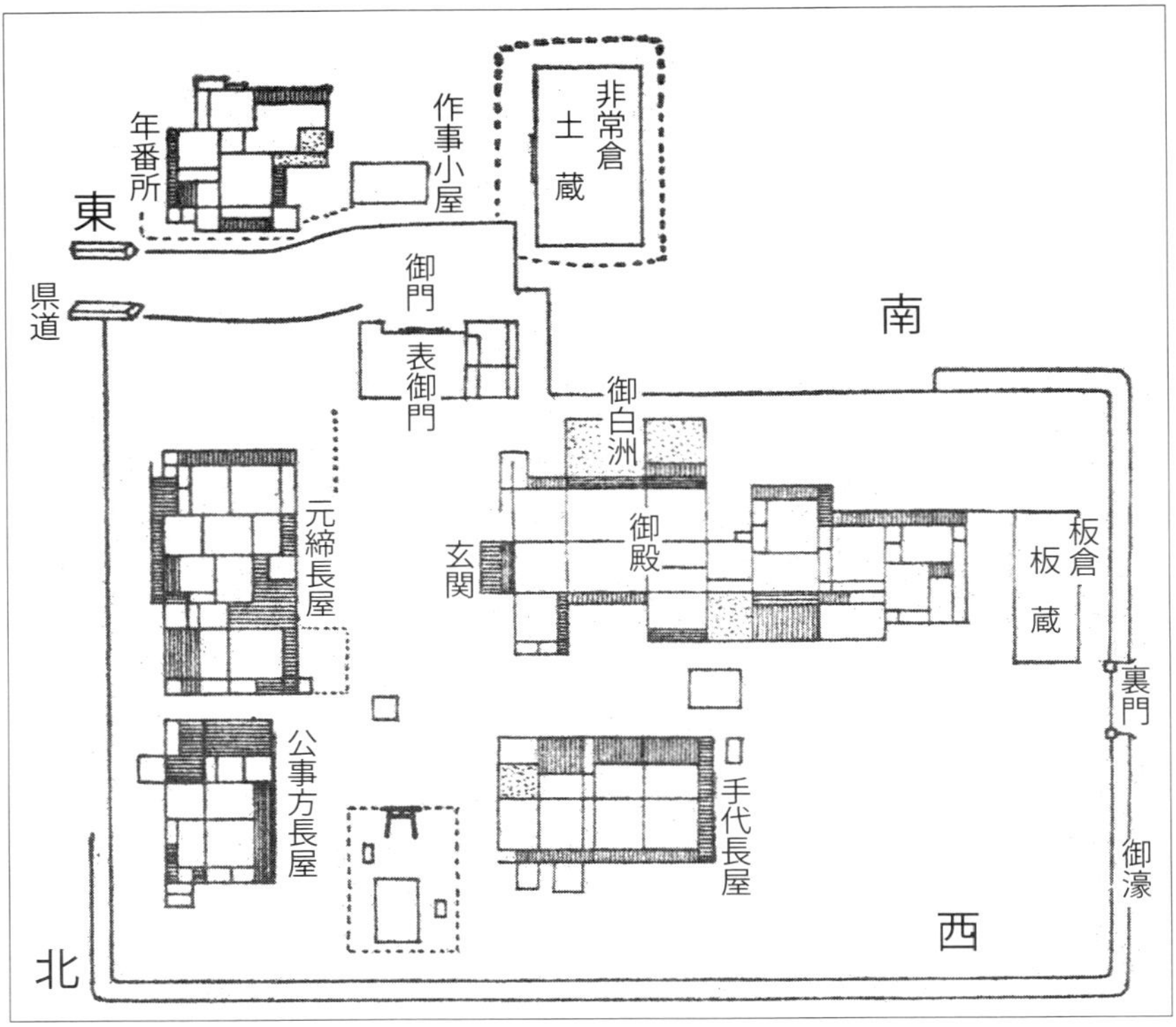

図表6　陸奥国白川郡塙代官所平面図（村上直著『天領』人物往来社より）

五、更に探偵兼周旋係となる

此時、九條、澤、醍醐の三卿は奥羽鎮撫使として東下され、仙台藩では是れから出陣の準備に取掛ると云う場合であった。十太夫は、是れまで偵察して来た方面の状況を一々復命して、更に命令を待って居るつもりであったが、即日又々兵粮奉行国分武治に随行して伊達郡桑折に出張を命ぜられ、同所にて改めて探偵兼周旋係を申付けられた。

其時、会津者らしい足軽風の者が土湯（福島市郊外の安達太良山連峰の中腹から峠付近にある温泉）に入り込み、当方の状態を探索して居る様子だと聞き込み、目明の榊《さかき》友五郎等と相談の上、十太夫は目明の手下の如く風体を替え、桑折の江戸徳治郎の乾兒《こぶん》と名乗り榊友五郎、西原弥市外一名と四人連れにて、二本松の岳《だけ》温泉（安達太良山の中腹にある温泉）に至り水戸屋と云う旅館に泊り込み、土湯の様子を探偵して見ると、果して怪しき男共が五名又は十名位づつ一組となって入り込み居り、折々下山して世間の状態を探索しつつあることを確めたので、四人牒《しめ》し合せ散歩と称して二人の湯女《ゆな》（湯屋にいた遊女）を連れて水戸屋を立出で、二行坂と言う坂路に来かかると、前方から深編笠を冠《かぶ》った一人の商人体の男が坂を下って来た。四人は二人の湯女に彼の男を引き止めよと言い付け、頓《やが》て互いに接近するや、彼の男は笠のうちから此方《こなた》の挙動を注目しつつ行き過ぎようとする処を二人の湯女が彼の男を引き止め、

「モシお客さん、妾《わたし》どもも是れから福島まで参るものですから、御一処にお願いいたします」

と云うを聞かぬ振りして、其儘に行き過ぎんとするを二人の湯女が強《しい》て引き止め、路傍《みちばた》の木の根に腰を掛けさせつつ、互いにスパスパと煙草を嗜《の》みはじめた。

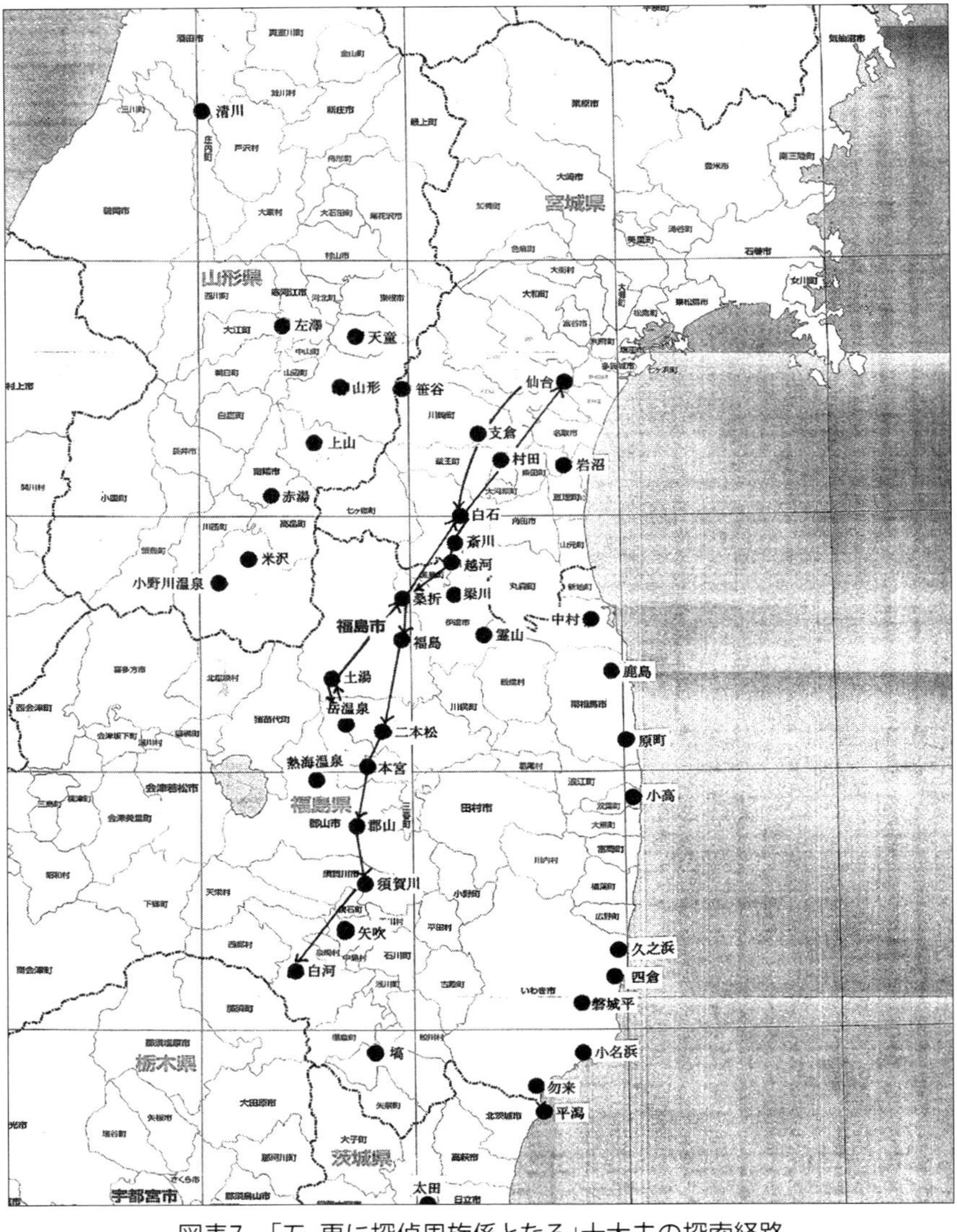

図表7　「五、更に探偵周旋係となる」十太夫の探索経路

十太夫はつくづくと其男の風采態度に注視して何処かで見覚えがあるように思い、突然に、

「お前は播《ばん》弥五郎ではないか」

と目明口調で尋ねると、其男は何とも返事せず逃げ支度をする様子なので、

「兎に角其手荷物を見せろ」

と詰め寄ると、突然腰に帯《さ》した短刀《わきざし》を抜き放ち、十太夫目蒐《めが》けて切って掛かるを体をひねって引外《ひきはず》せば、三人も、

「それッ」

と周囲を取巻き手早く短刀を奪い取ると、此男なかなかの強力にて三人を突飛ばして逃げんとするを、榊友五郎と共に追跡して「御用だ」と呼び掛けつつ、遂に捕縛の上、桑折駅に引返して大目付役（御目付役の誤りと思われる）牧野新兵衛に引渡し訊問したところ、果して会津方の間諜であったので、其儘白石の本陣に護送して入監《にゅうかん》（牢獄に入れること）を申渡した。

藤原相之助著『仙台戊辰史』には、この会津間諜播弥五郎の一件について次のとおり記載されている。

四月六日会津国情探偵のため出張、途中桑折駅にて博徒江戸徳治、藤田駅にて榊友五郎なるものを随え変装して土湯に至る。途中会津の間諜伊達郡新田村の橘《たちばな》（播の誤りか）弥五郎なる強勇の悪徒を捕縛し、桑折駅にて一応取調べの上、目付役牧野新兵衛に引き渡せり。

また同じ『仙台戊辰史』の欄外注として、次のような記事がある。

（牧野）新兵衛は弥五郎を白石に送り片倉家の牢舎に収容せしも、同人は膂力《りょりょく》（筋肉の力）衆に超え、乱暴甚だしきものなりしため、昼夜番人を付して監視せざるを得ず、よって四月十五日これを仙台の牢舎に送致せり。この類の事故は至る所に生ぜるのみならず、この頃醍醐少将、世良参謀等の福島付近を往復せるため、その送迎等の扱いについて小諸侯の煩忙一方《はんぼうひとかた》ならず。加うるに各藩の秘密探偵入り込み徘徊するため、その怱忙《そうぼう》（忙しく落ち着かないこと）に紛れ込みて悪事を働くものも多く、人心騒然たり。

四月十一日、討会軍は九ツ時（正午）に出発し、慶邦公の本軍は増田町に小憩午餐、六ツ半（午後七時）岩沼に着し岩沼居館に宿泊。翌十二日は槻木で午餐、大河原高山屋に宿陣。十三日は宮駅にて午餐、白石城に着して、ここに本陣を据えた。

鎮撫三卿と薩長筑の隊は十二日早朝に養賢堂の本営を出発し、同日岩沼に着し古内右近之介の居館を本営と定めた。

矢野顕蔵編「白河口の烏組隊長細谷十太夫」（『仙台秘史戊辰の人物』所収）の書出しの「山雨欲求風満楼」に、次のような挿話が記載されている。

妻吉との縁《えにし》かハ、譲堂様《じょうどうさま》（宇和島より御養嗣《ごようし》）、「御入部《ごにゅうぶ》」（公式入国）で令幣使街道（野州）御通りということであったが通行叶わないので、道を明けるため我輩は佐藤秀六・田中伊平両人と御迎えとして「御早」（駕籠）で行った時、白河の大谷屋（脇本陣）に休んだが、その時昼夜のお酌に出たのが妻さハ。

右に出てくる「譲堂様」とは宇和島伊達宗城《むねなり》公の五男経丸君で、三月十八日京都の太政官代内国局において慶邦

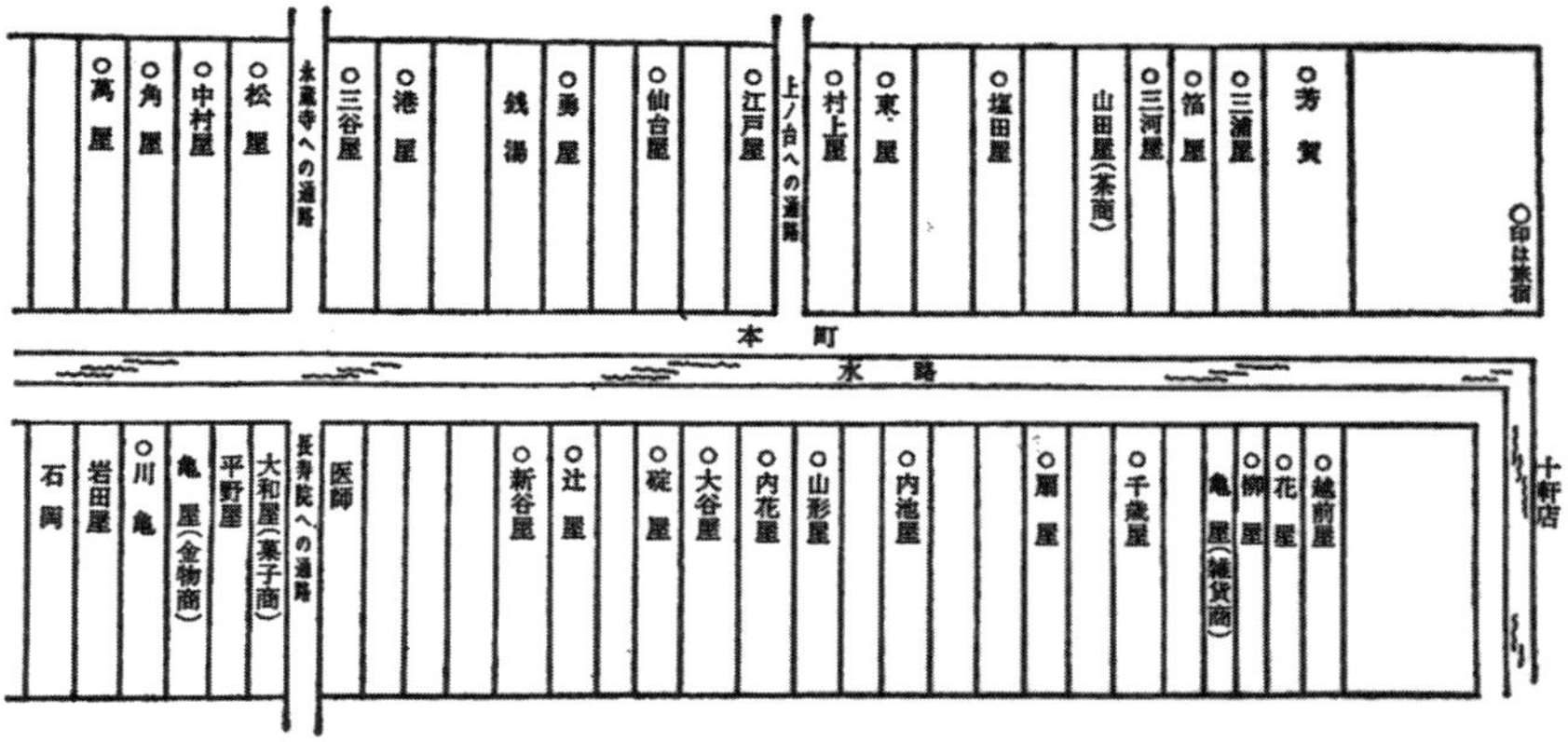

図表8　明治初年本町旅籠屋図（『白河市史』下巻　白河市教育委員会より）

公の嗣子となすことが許され、総次郎宗敦《むねあつ》に改めた。

世子宗敦君出迎えとして出発した油井宮人と田中七左衛門の両人が四月十五日に宇都宮城が旧幕府軍にために落城、道路閉塞のため、宇都宮付近から帰り来て白石本営に報告し、同月二十三日に九條総督に謁して、宇都宮落城、官軍敗走、徳川勢の精鋭の当たるべからざる勢いである旨を見聞のまま報告した（『仙台戊辰史』）。

したがって十太夫が御早で白河へ向かったのは、四月十五日から数日後のこととなるだろう。そしてこの時、十太夫は妻吉に「裏を返した」ことになる。この「裏を返す」とは、遊女屋には遊女の名前を記した札が下がっているが、この札を客が指名すると裏返すことから来ているといわれている。

昭和四十六年発行の『白河市史』下巻によれば、明治初年の本町の旅籠の状況が次のように記載されている。

本町には城下町＝宿場町時代より続いて旅籠屋が多かった。政府が人身売買を禁じ、「娼妓（遊女）解放令」が出ている明治五年の「本町村・旅籠屋飯売女寄留調」（遠藤文書）によると、本町の旅籠屋には年季奉公―という人身売買―の飯売女（宿場女郎・下女）が九十八名いたが、うち六十四名は越後蒲原《かんばら》郡であり、年令別には

写真19　現在の大谷屋（元脇本陣大谷屋）

七歳から十歳まで六名、十一—十五歳二十二名、十六—二十歳三十九名、二十一—二十五歳二十九名、一旅籠屋で一—七名を雇傭している。

富田広重著「からす組後日物語—細谷十太夫の実歴談—」（『東北の秘史逸話・第二輯』所収）に、妻吉のことが詳しく記載されているので、次に引用する。

慶応四年四月、細谷十太夫直英は、仙台藩の「軍事探偵周旋方」という役目で、白河の脇本陣大谷屋源吾方に滞留していた。二十九歳の血気盛り、生命賭けの仕事なら遠慮は御無用、一切万事引き請け申し候と看板を掛けている剛胆者、それだけ女にかけても負けは取らない。白河本町吾妻《あづま》楼の芸妓妻吉、現時《いまどき》ならまだ雛妓《おしゃく》（半玉《はんぎょく》のこと）か、一本に成り立てという可愛い妓《こ》に馴染みを重ねていた。若松屋のお濱、仙台屋のお花、三谷屋のお鐵などというのが、一流の流行《はやり》ツ妓であるが、吾妻楼の妻吉には一目《いちもく》も二目《にもく》も置いていた。というのは、妻吉は年こそ十六だが、男優《まさ》りの負け嫌い、あっさり飲んで一升、本式に煽《あお》ったら三升は苦でないという強《したた》か者、同気相《あい》求めて細谷と情意投合に及んだのも道理と土地の評判の妓である。

矢野顕蔵編「白河口の烏組隊長細谷十太夫」の右の箇所と前後するが、十太夫と妻吉とが「馴染み」になったからこそのエピソードが、次のように記されている。

慶応四年の四月、藩から「軍事探偵周旋方」という役目を仰せ付けられ、白河の「脇本陣」大谷屋源吾方に泊まっていた。

この時の風で羽振りのよいものは大概《たいがい》女を臨時に抱えたもんだが、我輩も白河本町の吾妻楼の妻吉というのを馴染にしていた。芸娼妓の今でいう二枚鑑札サ。

一日《あるひ》秘密相談のため佐藤百介と二人で白河の東の方の「大沼」へ蓴菜《じゅんさい》(沼に自生するスイレン科の多年生水草、若芽若葉は食用となる。)取りに行った。船に棹《さお》さして水上で相談したもんサ。ところが佐藤の馴染みの若松屋のお濱が大谷屋の女房と仙台屋のお花を連れ、酒弁当携えて追っかけて来て、「遊びに来ました舟に乗せて下さい」というから、五人で蓴菜取りを始め、酒盛り〔酒宴〕となった。一盃また一盃、なにせ二十九歳という血気盛りだから酔っ払って、鬱金《うっこん》(ウコンの根で染めた濃い黄色)の胴巻も肌の帯も取らずに、ざんぶり沼へ飛び込んで水を泳いだもんサ。

帰ってから間もなく棚倉藩の「周旋方」の何とかいうものが来た。この時の風で酒出した。妻吉が来て酌した。「周旋方」が帰ったから濡れた胴巻と肌帯を干していた。

ところが我輩の馴染の妻吉がお花に焼き出した。胴巻見るとすぐザリザリと滅茶滅茶に裂き、残酒をガブリガブリ一升以上もグイ飲みしたが、何せ三升も飲むという評判の女だからネ、鉢、皿、徳利、座にあるものを

写真20　復元された脇本陣柳屋の蔵座敷

手当たり次第微塵に壊わして、とうとう短刀引き抜いて自害しようとした。一体お花は偶然尊菜取りに来たんだ。いよいよやりそうだから短刀を取っ返したら、口惜しがることひどい。そこで仕方がないから、蔵座敷にぶち込み布団にくるみ寝かせたが非常に暴れた。しかしとうとう泣き寝入りサ。

右の記述によって、十太夫が宿泊していた脇本陣大谷屋源吾方にも、脇本陣柳屋の「蔵座敷」と同様のものがあったことが判明した。

六、奥羽列藩の同盟

此時、仙台藩は会津藩追討軍の先鋒として参政鮎貝太郎平、瀬上主膳の両将に二大隊の兵を付し、会津の国境土湯口まで進出せしめ、いよいよ会兵と発砲を交換して戦闘の幕を切って落した。

四月十七日、福島の軍議局において会津の攻め口を次のように配隊した(『仙台戊辰史』)。

御霊櫃口〔須賀川ヨリ繰込ムベシ〕伊達筑前、鮎貝太郎平
中山口〔本堂ヨリ繰込ムベシ〕　伊達安芸〔陣代亘理此面〕
岳湯口〔二本松ヨリ繰込ムベシ〕　大松澤掃部之輔
土湯口〔福島ヨリ繰込ムベシ〕　瀬上主膳

したがって、土湯口は鮎貝太郎平(家格一家筆頭、本吉郡松崎邑主、知行一千石)ではなく、瀬上主膳(家格一家、鹿又領主、知行二千石)の担当であった。

しかし、鮎貝太郎平については、富田広重著「からす組後日物語―細谷十太夫の実歴談―」に、次のように書かれていることから、十太夫には好印象ではなかったものと見られる。

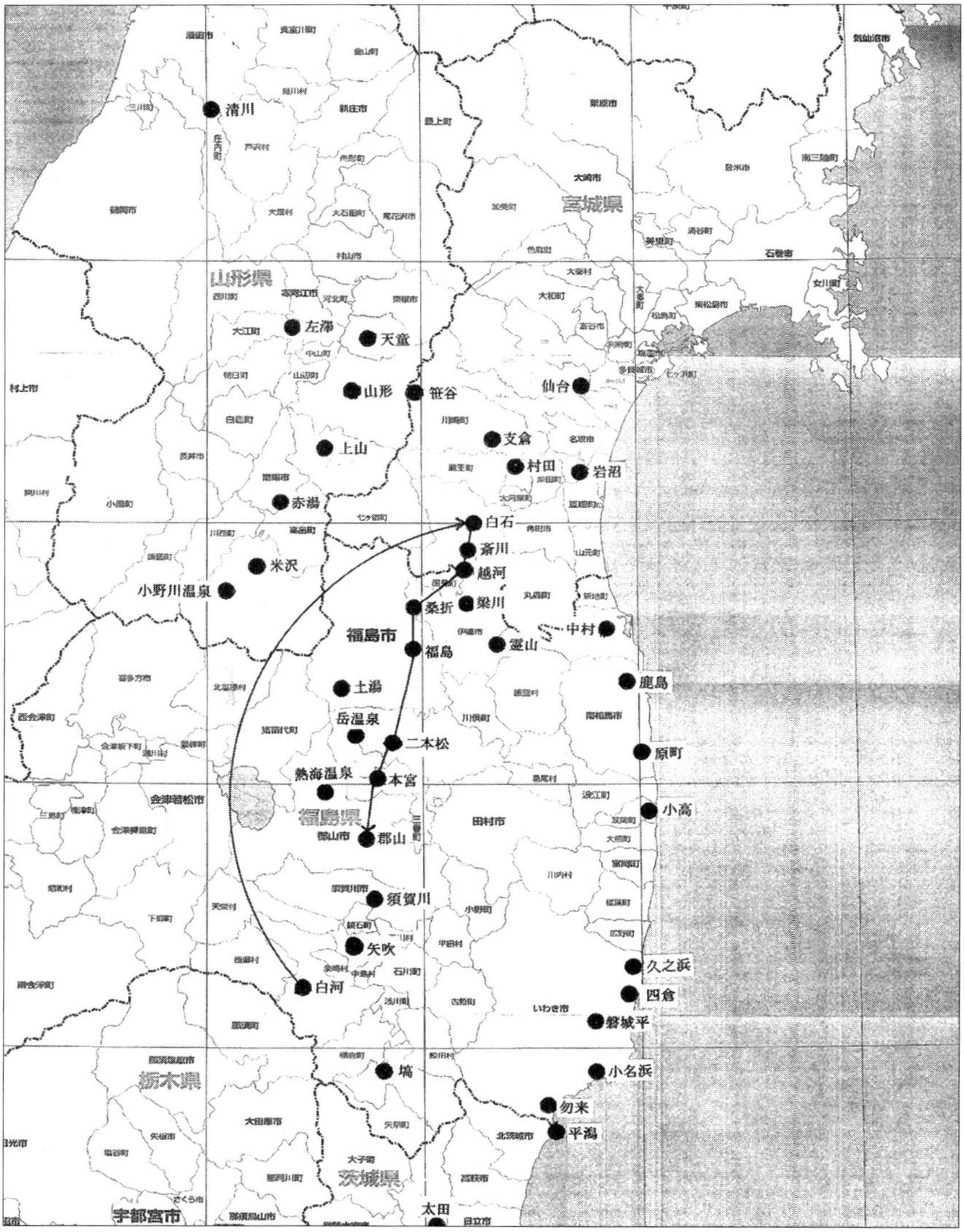

図表9　「六、奥羽列藩の同盟」十太夫の探索経路

隣藩、つまり隣同志の止むを得ない喧嘩だから、どうしても気乗りがしない。大番組九番隊長鮎貝太郎平が、郡山から西にあたる大槻と多田野の中頃にある小高い野原に幔幕《まんまく》を張り廻して陣所を構え、猩々緋《じょうじょうひ》（やや黒みを帯びたあざやかな紅色）の陣羽織に威儀厳然と頑張ったところは豪勢なものだが、日に三度、カステラ蒲鉾《かまぼこ》の御料理献立で、戦は面白いと贅沢を続けたというのもこの時である。

右の「カステラ蒲鉾」とは、魚のすり身に溶き卵を加え、箱状の容器に入れて蒸したものである。すり身を薄く焼き巻いて蒸すのが「伊達巻」であり、厚焼きにしてそのまま蒸してあり、お菓子のカステラの様な見た目から、地元では古くからカステラ蒲鉾とよばれている。当時としては、間違いなく贅沢な献立であったろうと思われる。

四月十八日、長州藩の中村小次郎・高津慎一らが筑前藩一小隊を率い、仙台藩参政真田喜平太とともに、検使として瀬上主膳の陣営に到着した。主膳は勧降使節として派遣した軍監姉歯武之進がまだ帰らないことを伝えたが、高津は機会を失すると急に号令を下した。これにより、谷へ下って五・六町の所に散兵させた。喜平太は号令して山上の会津兵に対し大砲で狙撃させた。

会津藩陣屋の主将一柳四郎左衛門は姉歯との約束を守って合図を部下に伝えたが、仙台兵の発砲が実弾によるものであるため、備えを立て直して応砲した。この砲撃戦で会津兵に死傷者が出た。

仙台兵は高津の指揮により地利を選ばず散兵したため苦戦甚だしく、会津の陣営が引き揚げの陣貝を鳴らしたので、高津も退却を命じた。

四月二十九日、会津藩の使者に関宿（宮城県刈田郡七ケ宿町）において応接するため、坂英力・但木土佐・真田喜平太らが出張。会津藩の使者、梶原平馬・伊藤左太夫・阿原善左衛門・土屋宗太郎・山田貞助と、米沢藩の大

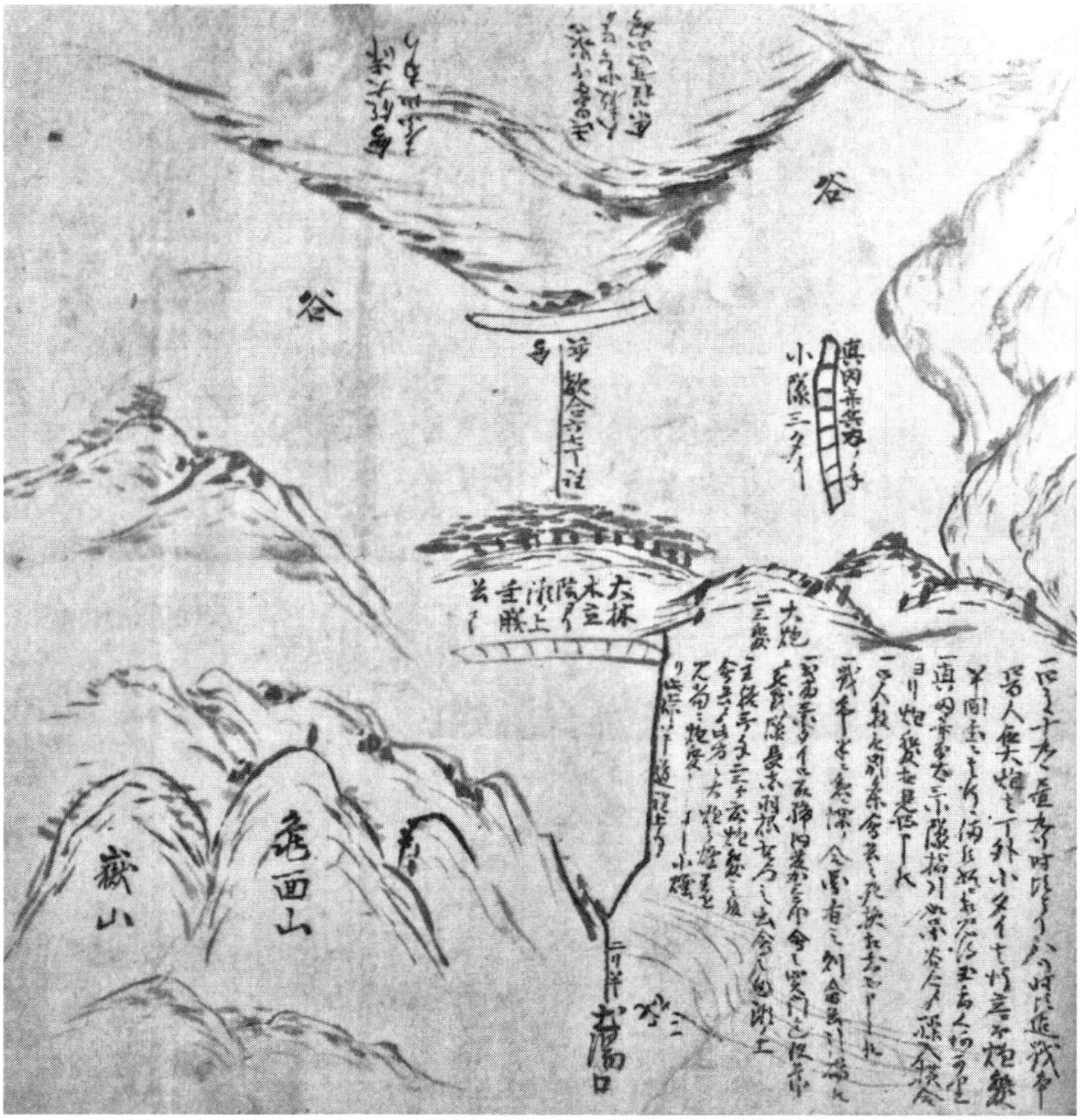

写真21　土湯峠布陣図
（『戊辰戦争一五〇年』新潟県立歴史博物館・福島県立博物館・仙台市博物館より）

瀧新蔵・木滑要人・片山仁一郎らも、同日、関宿に揃った。会談は翌閏四月一日の朝に行われた。結果、謝罪降伏の申し入れは、開城と謀主の首級の差し出しを伴うことを確認して、弊藩主肥後守に稟申のうえ、嘆願書を持参することとなった。

時に米沢藩主上杉侯、白石の仙台藩本陣に来り会津藩征討の義に付ては、藩主松平容保《かたもり》父子既に降伏謝罪の上、家中一同謹慎恐懼《きょうく》罷り在る

写真22　白石城三階大櫓

により、九條殿まで何分寛大の御処置を嘆願して置いたから、貴藩よりも同様寛典の御処置あるよう建白されたいとの勧誘があったので、仙台藩でも米沢藩の趣意に賛成して建白書を取認《とりしたた》め、執政坂英力を上京させたが事成らずして空《むな》しく帰国した。

　此時から仙台藩内には反薩長の気勢が俄かに昂騰《こうとう》し来り、形勢頓《とみ》に一変して遂に奥羽列藩の同盟となり、会津藩を援けて薩長軍に当ることとなった。

右において、「仙台藩でも米沢藩の趣意に賛成して建白書を取認め、執政坂英力を上京させたが事成らずして空しく帰国した。」とあるが、友田昌宏著「宮島誠一郎と戊辰戦争」（由井正臣編『幕末維新期の情報活動と政治構想』所収）によれば、坂執政が米沢藩の宮島誠一郎らとともに太政官への建白の使者として仙台藩船大江丸で寒風沢を出発したのは、五月二十八日であり、事実が二ケ月以上錯誤しており、これは完全に十太夫の記憶違いである。

閏四月四日、仙米両藩の家老より総督府へ、「ひとまず戦争相《あい》控え置き候」旨を届け出たうえで、奥羽列藩の会議により、その意見を確かめ、ともに容降宥罪《ようこうゆうざい》（降伏を許し罪を許すこと）の事に尽力して平和を計る外なしとして、奥羽の二十七諸侯へ、「今般容保家来共、陣門へ相越し降伏謝罪の儀申し出候につき、御衆議致したく候間、御重役の内、白石陣所へ御出張相成り候様致したく候」旨の回章を差し出した。

閏四月十一日夕八ツ半（午後三時半頃）、米沢藩主上杉斉憲自ら千五百余人を率い白石に達し、外人屋旅館に入り、直ちに白石城に登り、参政詰所にて慶邦公と会議した。この日、会津藩の嘆願書に添付する仙台米沢両藩主の添願書と奥羽列藩連名嘆願書が整えられた。

翌十二日、三通の嘆願書を携《たずさ》え伊達慶邦・上杉斉憲の両公が岩沼御本陣に至って、九條総督に謁して直々に手渡された。九條総督は、「嘆願の趣旨は尤もである。しかし醍醐はじめ参謀にも相談しなければならない」と一応預かり置くとされた。

十四日夕刻、上杉斎憲公は仙台藩の重臣を旅館に召し出され、「嘆願書が御返却になられたうえは、諸口解兵、太政官への嘆願のことを評議」された。

十五日、九條総督は世良修蔵と打ち合わせた結果として、正式に嘆願却下の御達書を仙台中将と米沢中将宛に下した。

同日、白石本陣より、討会のため繰り込み置いた兵隊を解兵するよう、諸道口々へ布告した。

富田広重著「からす組後日物語―細谷十太夫の実歴談―」に藩論一変後の十太夫を取り巻く状況が次のように書き留められている。

こうしている間に、藩論が変わって来た。奥羽列藩同盟して薩長を討て、西軍を懲らせということになっ

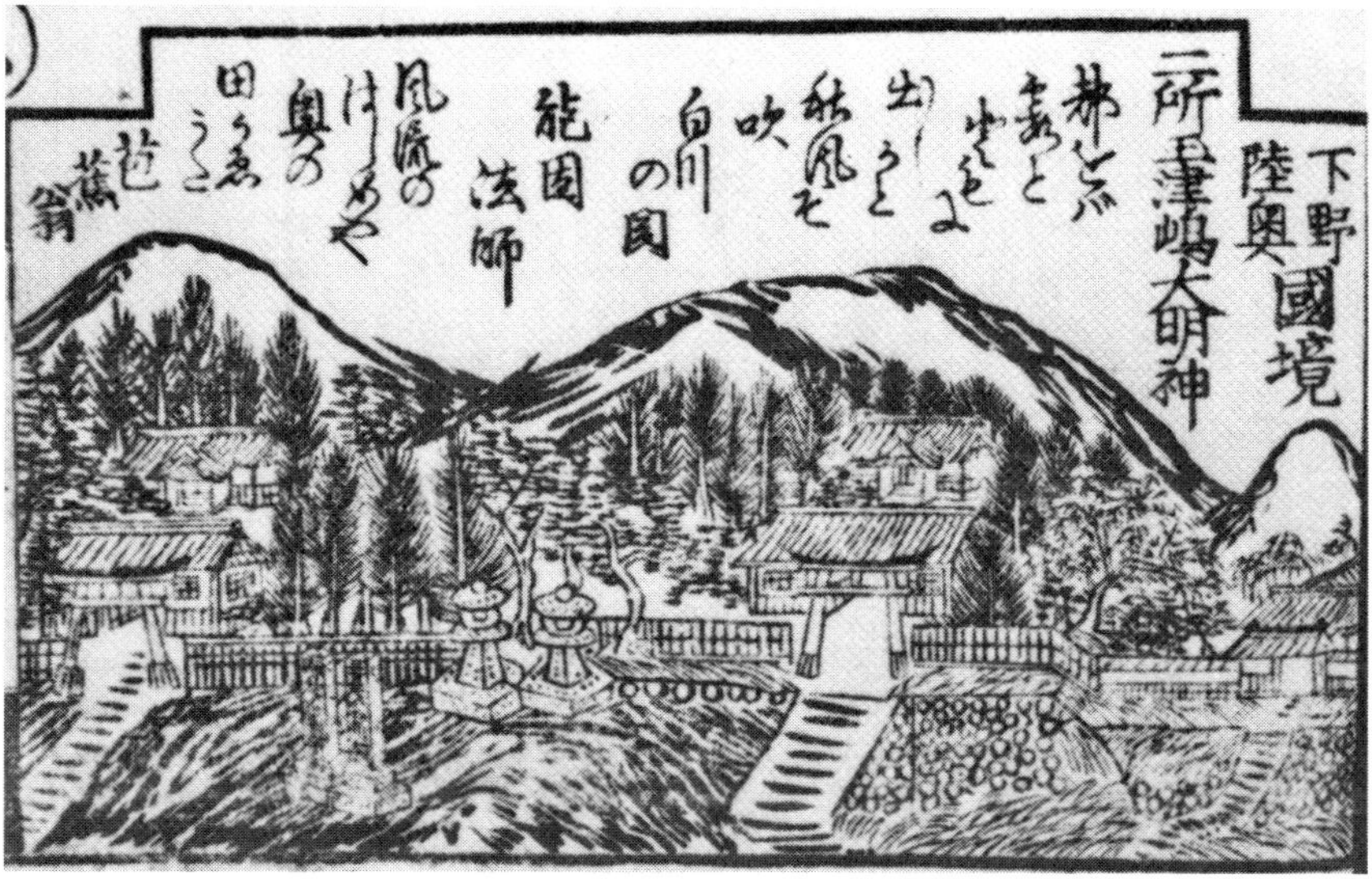

写真23　白坂境ノ明神（諸国道中商人鑑　福島県教育委員会編集『「歴史の道」奥州道中』より）

た。三好監物一味が失脚して但木土佐、坂英力一派の台頭となった。昨日の敵は今日の味方、討つべき会津と同盟して、西軍に当たることとなった。形勢一変と見るや、「軍事探偵周旋方」の細谷は、予て南部七平〔白坂関（境）の明神茶屋の若者〕という配下を会津に入れて置いたのから、詳細に会津方の行動を予知することが出来たので、当時白河に駐屯していた仙台兵約三百名の行動について献策し、大番頭高城備後がこれを用いて兵を動かした。それが味方の間にいろいろな議論を巻き起こし、「細谷は生意気だ、殺《や》っちまえ」と言い出す者さえ現れて来た。

白坂の境明神については、福島県教育委員会編集の『「歴史の道」奥州道中（白坂境明神―貝田）』に、次のように書かれている。

下野国の芦野宿から陸奥国の初駅である白坂宿に入る国境は、現在栃木県と福島県の県境ともなっているが、そこに境明神が二社並び建っている。下野国側は住吉神社、陸奥国側は玉津島神社であるが、下野この辺は明神前という白坂村の端村で、文化年間（一八〇四—一八）には戸数八軒茶屋を営み、中でも南部屋は南部藩主の知遇を受けたという。伊達家はここを通る際に必ず餅を社頭に供え、従者に一包ずつ下賜し、村民にも撒き餅をして与えたという。

右に対応する事実が、矢野顕蔵編「白河口の烏組隊長細谷十太夫」に次のとおり書かれており、適宜、伏せ字を補いながら記すこととする。

四月（閏四月の誤り）十五日、世良参謀から仙台藩は城内〔白河〕に屯すべからずとの達しがあった。この時、仙台兵は二中隊三百人ばかりいた。これは二本松藩日野源太左衛門という大隊長、参謀の献策と知れた、同じ二本松の浦江瀧之允から聞いたのだ。二本松は世良と結託して白河を自由にせんとしたのだ。そこで我輩は浦江の取次ぎで、「如何なる訳で仙台藩を城内に置くことが出来ないか参謀に面会を請う」と切り込んだら、世良修蔵が出て応接したが、語塞《ことばふさ》がるの体《てい》サ、しかし「御大藩多人数ゆえ先手先鋒のため白河町の南方に宿陣を命ず」と来た。「他に事情は無いか」、「無い」で帰った。

そこで我輩は、「大番頭」〔大隊長〕高城備後に申し出た。「会津より襲って来る、会津と戦えば同盟が破れる、白河の本町の角より二本松を先鋒として右向き廻れで後へ戻して〔背進〕然るべし」と、高城策を用いて隊を矢吹まで戻す、矢吹に白河七郎在り、そこで「人払い」で「探偵の結果これより進めば不利益なり」との旨を述べ、献策のとおりとなる。

右の白河城から仙台藩軍勢が撤退させられた件について、『仙台戊辰史』には次のとおり記載されていることから、併せて考慮する必要がある。

十六日、白河城の世良参謀は伊達弾正隊の参謀高城左衛門を召し、「来る十八・九日頃、薩摩・土佐・大垣の兵、当城(白河城)へ繰り込むべき旨の報ある故、仙台軍は三ノ丸を去り聖至堂口根田(白河北東三キロ)へ移るべし」と告げた。よって高城左衛門は、佐藤宮内の隊を併せて即日、仙台兵を根田に撤退させた。

これによれば、「白河町の南方」は誤りであり、「白河の北東」そして「隊を矢吹まで戻す」と言っている方が、正しいと思われる。

引き続き、矢野顕蔵編「白河口の烏組隊長細谷十太夫」から、引用しておくこととする。

我輩は白河へ還り大谷屋に戻った。白河はまるで家内も同然だったからネ。
白坂の「関(境)の明神」の茶屋に南部七平という若い者があった。それをかねて探偵として会津へ入れて置いたが、十六日の晩に還り来り、略ぼ状況がわかった。十九日晩白河付近を偵察した、二十日未明白河の古天神《ふるてんじん》より城を襲い一挙に陥れるという策だった。城中には世良参謀の×××が居た、仙台藩の官軍付周旋方は栗村五郎七郎始め三人だった。

××の副官ともいうべき××××が白河の三谷屋に遊びに来ていた。表二階で××が「矢吹退却は細谷の策だが不都合千万だ、天誅を加えよ」と言った。

三谷屋のお鐵という芸妓は我輩の馴染み妻吉と睦《むつ》ましかったから、「お前の旦那様が妾の内へお出でになれば大変だよ、妾の内の旦那方は天誅という事をするとて威張っていなさる」と聞かせた。彼等は天誅という意味を知らない。

そこで妻吉、我輩に向かって、「旦那三谷屋に行きなはんな、三谷屋の旦那はん方は殺すと言っていなはる」、

「どうして殺す」、「天誅という事をして殺す」、そこで我輩「そりゃ面白い」と笑った。

子母澤寛は、長編小説『からす組』の「恥」と題する節に、次のように記載している。

「仙台の大番士古館次郎兵衛と山上彦六というしみったれが三谷屋で遊んでいるときいたが、お染のいうのはそ奴か」

「そうそう、そうですよ。古館というのはきかないが、山上という名は確かにききましたよ」

「そんなところだろう。日頃空威張をしているが二人とも屁のような奴だ」

「で、どうしますか」

「面白い、一つからかってやろうか」

右によれば、三谷屋で十太夫に天誅を加えよと吼えていた仙台藩士は、「古館次郎兵衛と山上彦六」の二人ということになる。

この続きは、藤原相之助の「細谷鴉一夕話」から記載しておくこととする。

白河城乗取直前の変局に、俺が武士で白河へ乗込んだ時、前々から白河に居る仙台の藩士等は薩長へ機密を通ずるものと思い込み、叩ッ斬る手筈にして居たのを妻吉が聞き込んで「憚《はばかり》んながら妻吉がついてる、殺させるもんか」とね、茶碗酒を呷《あお》って「サア仙台衆の居る三谷屋へお出」と俺の手を取て、盆踊りの調子で踊り込んだ。すると奴等は気を呑まれて「ヤーヤー、見せつけるのがや」などと云って盃をさす。妻吉は美い声で、此頃関東から流行って来た吟発入りの大津絵ぶし（大津絵の滑稽な画題を詠み込んだ俗曲で、替え唄が多いという。）を巧妙に唄ったので、みんなが「唄へ唄へ」という。俺も一緒になって唄った。それはね、

皇《すめらぎ》の御為とて、諸国の若武者が、親に離れ、子に別れ、海山越えて遥々と、
国は奥羽と心ざし、長刀の切れ味も、心の劒と取直し
吟発「国を去て浪人となる
　「恰度今年三歳の春
　お医者のような姿となりて、国の病を、癒したい

アリャサ、コリャサと妻吉と一緒に踊り乍ら三谷屋の庭先へ出ると灯のついた石灯籠の傍《かたわら》で、妻吉は俺を駕籠の中へ突倒《つったお》す。すると駕籠が飛ぶように舁《かつ》き出されたではないか。俺も驚いたね。駕籠の中には乗馬羽織も小袴も大小も、それに、鼻紙から鬢梳櫛《びんそしつ》までチャーンと揃えてある。ベロベロに酔払ってる妻吉が、いつの間にか、こんな用意をして俺を逃がして呉れたのだ。（中略）後で聞くと白河の出先の連中は酒の上の争闘に託《かこつ》けて俺を斬殺る手筈だったそうだ。

妻吉と十太夫が「大津絵ぶし」を唄った話は、初めてであるが、富田広重の「からす組後日物語―細谷十太夫の実歴談――」が、最も整理されていると思われるので、次に引用する。

その時、障子外の廊下に人の足音、

「妻ちゃん、妻ちゃんいて、大変よ」

慌ただしく呼びかける声は、妻吉の仲好し朋輩《ほうばい》、三谷屋の芸妓お鐵である。

「居てよ、お這入《はい》り」

妻吉の応えに、急いで座敷に入ったお鐵は、二人に挨拶もそこそこに、呼吸をはずませて語った。

「大変よ、いまね、三谷屋の表二階で、あのそら何んとやらいう、いけ好かない参謀さんと外《ほか》に二人飲んでいるのよ、何でも大変威張り出してね、細谷が怪しからん、細谷は不都合な奴だ、天誅を加えてやるって威張っているのよ、天誅って何だか知らないけれども、何でも大変な勢いよ、だから妾、心配になったから、うまく外《はず》して、妻ちゃんに知らせに来たのよ」

聞いていた妻吉は、不安そうに眉をひそめて、

「天誅って何、妾も知らないわ」

お鐵は気が気でないらしく、黙って二人の話を聞いている。壮漢《そうかん》に膝をすり寄せて、

「細谷の旦那、天誅、旦那に天誅を加えるって言ってましたよ、旦那、天誅ってどうするの」

「天誅か、天誅ってことは、マア手っ取り早く言えば殺すってことだ」

「殺すッ」

妻吉は頓狂《とんきょう》(だしぬけに調子はずれな言行をすること)な声を出して男に縋《すが》り付いた。そして俄に酔いも醒めたらしい、蒼白い顔に変わった。

「貴君《あなた》、三谷屋に往っちゃ駄目よ、駄目よ、お鐵姐《ねい》さん有り難う、ほんとうに有り難う」

壮漢はヤオラ起き上がった。そして驚く二人を静かに見下しながら、

「面白い、この細谷に天誅を加えるとは面白い、俺はこれから三谷屋に行く」

「アーラ旦那、お止《よ》しなさいよ、妾が折角知らせて上げたことがあだになるわ」

「お鐵、お前の親切は感謝する、あだには思わない、しかし心配しなさるな、俺には俺の覚悟がある、オイ妻吉、俺はこのままで行くから、お前は後から、袴と陣笠と白毛布《けっと》、それに大小を忘れないで持って来い、それから早駕籠を一挺言い付けて来いよ、サア俺は出かける」

言い出したら肯かない細谷の気性をよく呑み込んでる妻吉は止めなかった。

三谷屋の表二階、杯盤狼藉《はいばんろうぜき》(酒席が終わりに近づいて酒杯や皿などが散乱すること)、空《から》徳利の林の中に、三人の荒くれ侍が気焔を揚げている。ガラリと開けた障子の間から、ヌウッと座敷に姿を現した着流し無刀の細谷十太夫は、ヂロリと三人を見渡して、

「ヤア盛んだな、仲間入りに来たよ」

度肝《どぎも》を抜かれ気味の三人は、互いに顔を見合わせながら、

「細谷か、よく来たな、マア一杯飲め」

献酬《けんしゅう》三十分ばかり経ったと思う頃、廊下にまた人の跫音《あしおと》。

「許せよ」

スウと障子が開いて、ノッシノッシと座敷に入って来た一人の若侍、これは何たる無礼、何たる異形《いぎょう》、白袴に大小落とし差し、陣笠を戴《いただ》くばかりか合羽《かっぱ》代わりの白毛布、

「諸君、天下の形勢を論じようじゃないか、エヘン」

「なあんだ此奴《こやつ》、妻吉か、旦那が着流しで、奥方が旅装束か、アハハ、兎に角痛快だ、大いに飲もう」

座敷はにわかに陽気になった。妻吉は杯洗《はいせん》で引っかけては三人にさす、三人は辟易する。

「近頃の評判では、細谷君は早駕籠の中でも女を御《ぎょ》するということだが、いくら豪傑の細谷君でも、満座環視《まんざかんし》(座中のすべての人がグルリと取り巻いて周りで見ること)の中では左様は行くまい」

三人の中の一人が、酔いに興じて揶揄《からかい》半分に言い出した。細谷と妻吉の視線が合った。

「そんな事はお安いことのコンコンチキだ。どうだい妻吉、御所望とあれば、一番御覧に供するかな」

「オッと合点承知の助、自分の物を自分が自由にするのに、何の遠慮――」

強情者《ごうじょうもの》と負け嫌い、妻吉は白毛布を座敷に敷き延べ、女を御する雪の肌、天誅の謀議もどこへやら、三人は

呆《あき》れかえって逃げ出した。細谷は素早《すばや》く袴を着け、大小腰に打ち込み、白毛布にくるまって用意の早駕籠へ。かくて細谷は白石の本陣に急いだ。

〔妻吉は後年茨城県平潟の博労《ばくろう》（家畜仲買人）の女房となり、明治四十一年（一八〇八）頃四十八歳で元気な世話女房振りを発揮していた。〕

右の妻吉が「明治四十一年頃四十八歳」との記述は、富田広重の「からす組後日物語―細谷十太夫の実歴談―」の原典である矢野顕蔵の「白河口の烏組隊長・細谷十太夫」の次の記事をそのまま転載したものである。

妻吉時に年十六、今ま〔明治四十一年〕平潟〔茨城〕近く博労の女房と為ってるが、たしか四十八な筈だ。

しかし、明治元年に数え十六歳であれば、明治四十一年時点では満五十六歳でなければならない。

是に於て正月以来、身命を抛《なげう》って東奔西走した十太夫の苦衷も今は殆ど徒労に属した形となったことは実に残念であるけれども、折角これまで骨折って偵察した事情までもムザムザ葬り去ることは全く遺憾至極と思い、委細その事情を本陣に報告せんと早打にて白石の本陣に至り、先づ第一に会津方にては来《きたる》二十日〔閏四月〕を期して白河城攻撃の手筈の趣きを報告して後、

「私事感ずるところあり、三百年来の御国恩に報ずることは今日限りとし、何卒《なにとぞ》永久に御暇《おひま》を給わりたい」

と但木参政（執政）まで願い出でた。これは藩議の俄然一変したのを憤慨した為めであったと思われた。

此時、但木参政（執政）から懇々説諭されたが、一旦決意したことであるから俄かに其説諭に服すべく

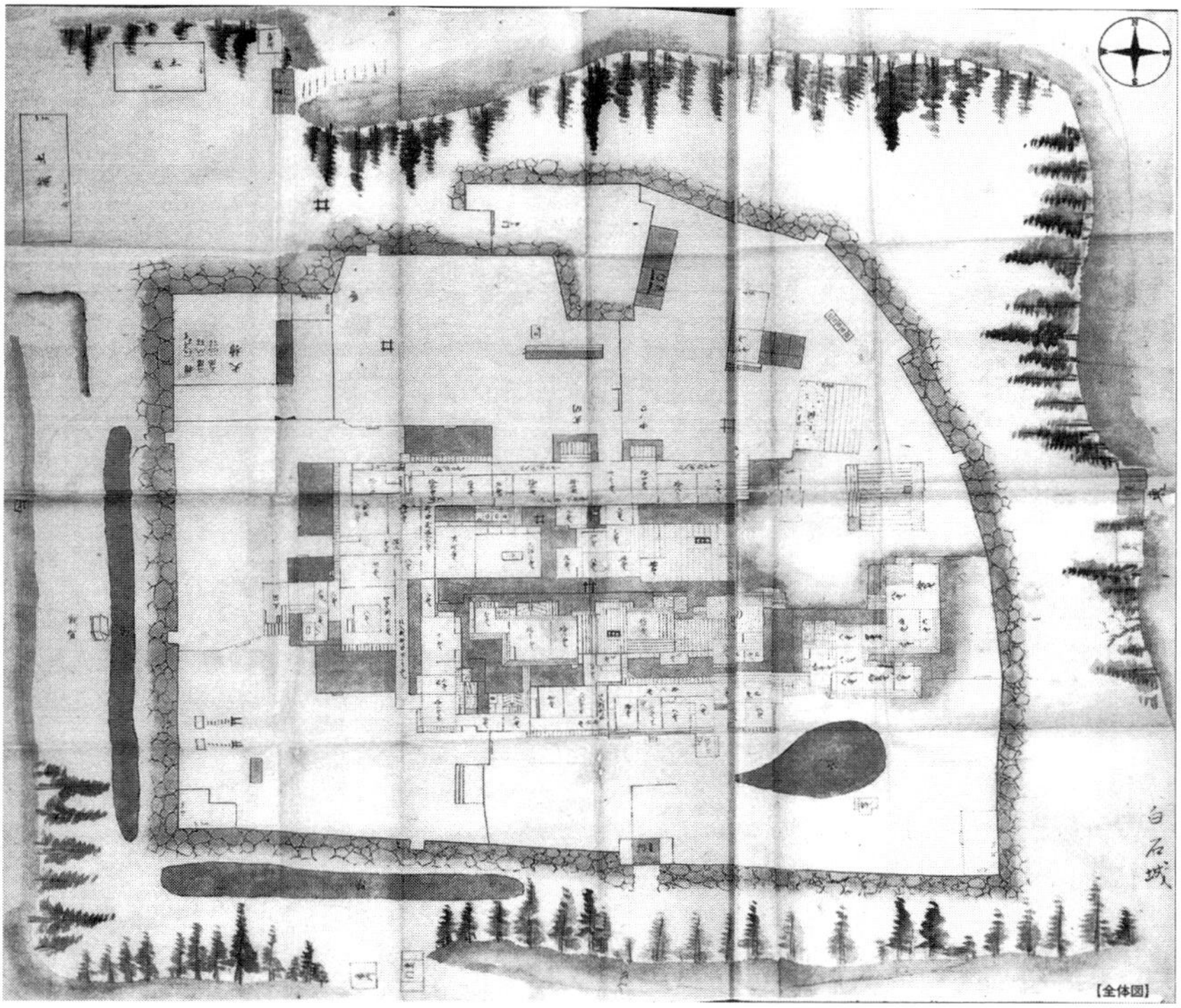

写真24　白石城本丸絵図（富原道晴著『富原文庫蔵陸軍省城絵図』戎光祥出版より）

もない。彼是れと押問答中、君公（慶邦公）から御用があるとて召されたので止むを得ず御前に罷り出ると、君公には委細親しく偵察の状勢を聞き取られ、左様の次第であれば一刻も速かに醍醐殿へ御報告申上げて呉れよとの仰せに、今更御辞退もなり難く、直さま早打にて郡山の本陣に急行したが、途中にて行くりなくも一挺の早駕籠と行違った。

急ぐままに余程行き過ぎてから駕籠屋に聞けば、其行違った早駕籠は総督府参謀世良修蔵の乗ったものであったと云う。後を追かけようかとも思ったが、最早福島へ到着したであろうと云うので、去らば郡山へ急げと一層速力をかけて郡山へ着いたのは、二十日の朝六ツ時頃〔午前六時頃〕であった。

写真25　但木土佐肖像画（『戊辰戦争一五〇年』より）

十九日早朝、世良参謀は早打ちにて八丁目本陣（福島県福島市）に着いた。そして醍醐少将も福島城を発し八丁目本陣に着した。二人は左右を退けて長時間の密議を行った。世良はその後、大越文五郎（仙台藩士）とともに福島へ赴いた。醍醐少将は世良と別れて、午刻（正午頃）に二本松（福島県二本松市）に達し宿陣した。

そして世良は文五郎に、「すでに返却した会津の謝罪書は白石軍務局にあるはずである。足下これを持って来てもらいたい。予は謝罪書を携えて江戸へ行き、重ねて措置を請おうと思う」と話し、ともに福島に入った。

この世良の言葉は、去る閏四月十五日に嘆願却下の御達書を正式に下した、自らの判断の誤りを認めたことを意味している。このことについて、増田歴治は後年、「世良参謀も、段々事情が分かって来て、考え方が変わって来た時に、一派の連中が早まって殺してしまったために、あんなことになった」と繰り返し語ったという（小野寺永幸・敬子著『彗星の政治家増田繁幸の生涯』）。

写真26　白河小峰城

直ちに本陣の玄関前に下り立ち、

「伊達陸奥守の使者である」

旨を通ずると、取次の武士は怒気を含んだ態度で無言のまま奥の方に入った。此武士の怒気を含んだのは多分奥羽列藩の同盟を聞いて憤懣《ふんまん》した為めであったろう。其処《そこ》へ栗毛の駒に鞭《むち》うって驀地《まっしぐら》に駈け付いたのは、二本松藩の和田右文と云う武士、

「今暁《こんぎょう》いづれの藩兵か知れぬが、古天神《こてんじん》の山手から押寄せ来り、衆寡敵し難く白河城は遂に陥落に及んだ」

との注進である。此注進に本陣は上を下への大狼狽大混雑、因って仙台藩から派遣の警備隊にて現在同地に滞在中の醍醐殿一行を阿武隈川の川舟に乗せ、名取郡藤波《ふじは》の渡場まで流れを下り、同地から仙台まで護送した。


閏四月二十日払暁、会津兵三百余人が白河城を二手に別れて急襲、奥羽鎮撫総督軍（二本松、棚倉、三春、常陸泉等の諸藩兵が主力）は敗走し根田駅（白河北東三キロ）まで引き揚げた。この時、仙台兵は世良参謀の命令により、

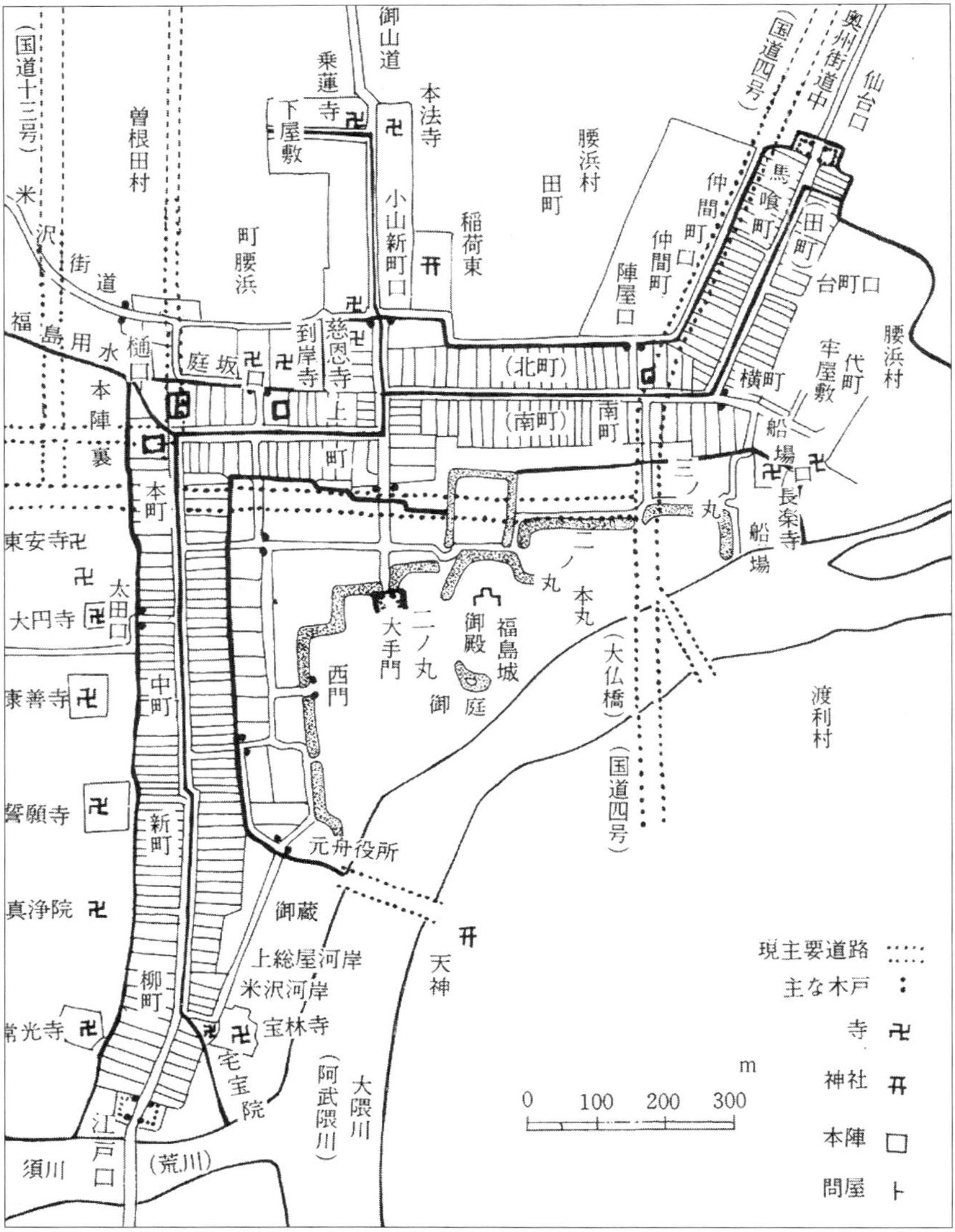

図表10　江戸後期の福島宿（『「歴史の道」奥州道中』より）

写真27　世良修蔵肖像画（公益財団法人僧月性顕彰会所蔵）

十八・九日頃までに薩摩・土佐・大垣勢が白河城へ繰り込むとの報知があったから、仙台兵は三ノ丸を出て根田で守衛あるよう達せられ、十六日に白河城を出て根田に出陣し、十九日には須賀川（白河北二十四キロ）へ引き揚げていた。

世良修蔵と勝見善太郎の捕縛の模様は、『仙台戊辰史』に基づいて記すこととする。

（閏四月二十日）丑刻（午前二時）頃、世良召捕りの人数が金沢屋に忍び寄り、表口は松川豊之進（仙台藩参政書記）・末永縫殿之丞（同）、裏口は大槻定之進（仙台藩軍監）、庭に浅草屋宇一郎の子分らを配置した。姉歯武之進（瀬上主膳軍監）が、まず宇一郎に金沢屋主人を呼び出させ、世良の部屋にいる娼妓に急用と言って呼び出させた。赤坂幸太夫（桜田敬助手投機隊）と遠藤條之助（福島藩目付）とが、世良の寝所に踏み込んだ。世良は娼妓の名を呼びながら起き直り、裸体のまま、床下のピストルを取り出して、数度引き金を引いたが発射しなかった。赤坂は進んで、世良の手を撲きピストルを奪った。世良が起き上がろうとしたが、布団に足を取られて倒れたので、赤坂と遠藤とが世良を撲ち、姉歯が進み出て世良を捕縛した。

勝見善太郎の部屋へは、田辺賢吉（桜田敬助手投機隊）が立ち向かった。勝見はたちまち目覚め、裸体のまま剣を抜き襖を楯に立ち向かった。前後を取り巻きにすると、勝見は障子を蹴破って、庭へ飛び下りた。庭には宇一郎の子分が詰めていたが、田辺が続いて追いかけ小刀で切りかかった。勝見もまた短剣で渡り合った。田辺は耳の辺りを負傷しながら勝見と闘った。勝見が金沢屋の土蔵の戸が開いているのを見て、土蔵に駆け入った。浅草屋の子分らが駆け入って勝見を取り押さえたので、田辺が勝見を切り殺した。

世良を捕縛のまま白石に送ろうとしたが、すでに重傷を負っていたため、翌二十日未明、浅草屋宇一郎宅裏の寿川の河原に引き出して、姉歯の家来菊田松治が斬首した。

写真28　金沢屋跡付近の風景

写真29　阿武隈川付近の風景

前出の醍醐少将の仙台までの護送について、十太夫が関係しているとも取れる書き振りになっているが、『仙台戊辰史』によれば、仙台藩士の久世平八郎らが護衛して、二十三日に福島から密かに阿武隈川を舟で下り、同日梁川にて午餐、丸森の寺院で一泊、二十四日名取郡玉崎に着し大肝入大友富蔵の饗応を受け、岩沼の仮屋に入り、二十五日岩沼を出発、仙台河原町観水楼にて午餐して仙台に入っている。

七、白河の大敗軍

ここで十太夫は、白河の状況を探るべく単身大和久《おおわく》（白河北東十二キロ）駅まで赴いたが、途中一人も往復するものに出逢わないので、白河の様子を聞くことが出来ない。依って同駅の名主芳賀某方に立寄《たちいた》り、白河まで使者を立てたいが然るべき者を雇って呉れまいかと頼んだところ、何分当今のところ白河は物騒なので普通《なみ》の者では否《いや》がるからとて、近所に住んで居る博徒で高木福蔵と呼ぶ気丈者を頼んで呉れたので、其者に白河の陣所までの書面を持たせて遣《や》ると、明日来陣せられたいと口上で返答があった。

翌二十二日、矢吹駅の博徒の親分渡辺武兵衛と昨日使者に遣った高木福蔵外一名を伴い白河の入口まで行くと、歩哨兵《ほしょうへい》数名立ち塞がり、何処へ往くかと問わるる儘に、

「昨日本陣から来陣せよとあったので参った者である、案内を頼む」

と云えば、然らば暫時《ざんじ》控え居れと云われ路傍の民家に待って居ると、頓《やが》て剣付銃やら抜身の鎗などを持った兵隊が出て来り、厳重に取囲まれて本陣に案内された。面会したのは会津藩士で軍目付木村熊之進と云う人であった。其人の物語るところによれば、

「本軍は徳川藩臣藤代飛騨を隊長とし、隊名を仁義隊と云う。慶喜公既に大政を奉還せられ、只管《ひたすら》謹慎して居らるるにも拘わらず、薩長土肥の諸藩は御幼少の天皇を擁し奉りて、飽くまで徳川家は勿論、其縁戚たる会津までも絶滅せんとするの態度に出づるは、実に暴虐《ぼうぎゃく》無道の甚だしきものと云うべきである。然るに此《この》たび奥羽列藩同盟して之に抗じ、雌雄を決せんとせらるる趣きを伝聞し、吾々数百年間、徳川の恩沢に浴したるもの、共に之に力を戮《あわ》せて上方勢と決戦の覚悟にて、此所に本陣を布いた

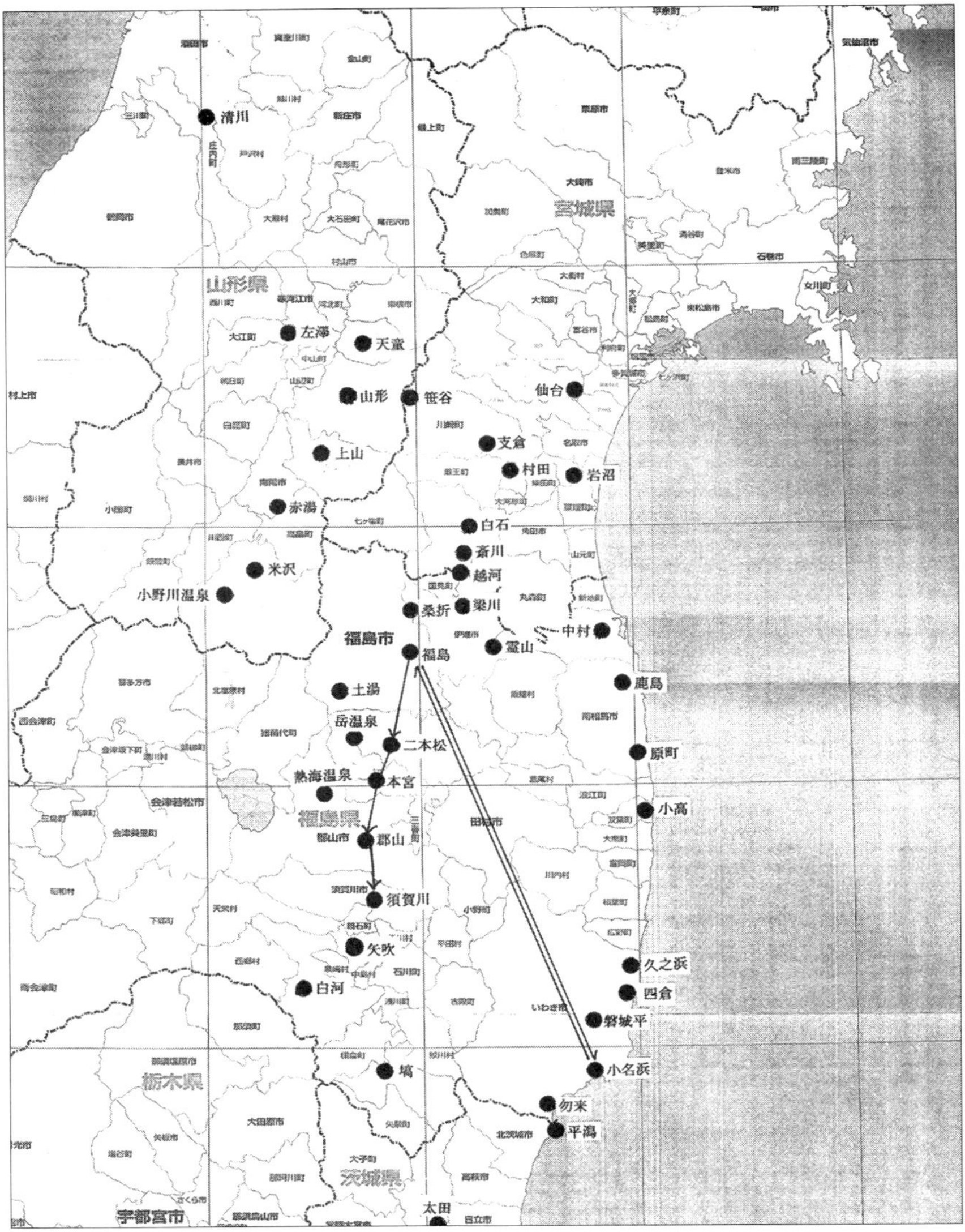

図表11　「七、白河の大敗軍」十太夫の探索経路

次第である。尤も此付近は徳川家譜代の榊原、阿部等諸家の領地もあって、住民は皆徳川家の為めならばと人夫の果てに至るまで何れも身命を抛《なげう》つの決心なれば、上方勢には一歩も踏み込ませぬ所存である」

と意気頗《すこぶ》る軒昂《けんこう》たるものであった。

会津藩軍目付の木村熊之進については、仙台藩の佐藤宮内（家格一家、小斎邑主、知行千百石）と世良参謀の暗殺謀議を行った人物として、『戊辰始末』に次のように記載されている。

（前後関係から閏四月五日と思われる）佐藤宮内が地理探候《たんこう》のため聖至堂口の長沼（福島県須賀川市）へ出張。茶店に休憩した時、奥座敷に二・三人の会津藩士がいたので、宮内は当口の隊長に面会したい旨を伝えると、聖至堂関門で隊長木村熊之進と会談することができた。二人は黙契するところあって別れたという。その黙契とは、仙台藩との謀計によって世良参謀を白河城において会津藩に討たせることであった。両三日を経て、宮内は部下を聖至堂口に派遣し、木村熊之進へ「十九日には進撃されたい」と伝え、宮内は直ちに白石へ出発し、但木土佐に面会し（十日のことと思われる）、会津藩隊長木村熊之進との応接談判について悉皆に報告した。十一日未明、仙台藩の国論が一変した時である。

夫れより十太夫は引返して福島の軍務局に至り坂（英力）参政（執政の誤り）に白河方面の状勢を報告し、更に白石の本陣に向わんとの心算《しんさん》であったが、坂参政（執政）は特に十太夫を引止め御苦労ながら是れより小名浜（いわき市）に行き、代官森孫三郎を喚んで来て貰いたい、先きに此使者を岡崎健次に申付けたが些《すこ》しく子細あって、改めて其方に申付けるのだと云われ、何の子細があるのか分明《わか》らぬが、直ちに小名

写真30　坂英力肖像画（『戊辰戦争一五〇年』より）

浜へ往って見ると、森代官は川股に行って不在だと云うので、其後を遂《お》うて川股に行かんと新山《にいやま》宿まで行くと其処《そこ》で森代官に追着き、坂参政（執政）の命を伝えて引還《かえ》すと、今度は大儀ながら江戸表の事情が開戦後一向に知れぬので、甚だ床しく思うて居るから、江戸まで往って来て呉れよとの命令に、又々福島を発足して先づ二本松に立寄り江戸に出る都合を考えた。

恰《あた》かも此時、同地の生糸商檜物屋《ひものや》と云う商店から横浜に送り出した生糸荷が、戦争の紛擾《ふんじょう》の為めに如何《どう》なったか送り先から何等の音信もないので、頗《すこぶ》る心配して居ると云うことを聞き込み、これ幸いと早速同店に話し込んで、手代と言う名義で明朝（五月一日（二日の誤り））同地を出発すべく手筈を定め、小松屋の主人夫婦と別盃《べっぱい》を酌《く》んで居ると、表街道を「ホイホイ」の掛声で早打駕籠が通るので、店先に出でて何方《いづかた》の使者かと尋ねると、仙台藩の兵粮《ひょうろう》方付属のもので昨日白河表の大敗軍を特報すべく白石の本陣への急使であった。

『仙台藩戊辰殉難小史』の「白河口戦況(其二)本道初度の戦争」には、次のように記されている。

明治元年五月朔日払暁、西軍兵を三手に分かち進み来る。我軍は会津藩兵を先鋒とし、五番大番頭瀬上主膳之に次ぎ砲戦を開始し殊死《しゅし》奮戦、西軍一時退却せしかば、追撃三四町の距離に接近す。西軍又棚倉方面より進み来り森林の間に潜み、我軍の進むを見るや一時に起りて挟撃し敗退、兵亦た引返して三方攻撃に変じ、其の勢い猛烈当るべからず。参謀坂本大炊白河城西天神山に砲列を布き、砲長沼澤與三郎等大に奮戦す。又兵を左右に分ち渓合より進撃す。大炊自ら六七人の手兵を堤《つな》げて阿武隈川を渉りて進む。偶《たま》ま銃丸其頭を貫きて斃る。瀬上主膳及三番大隊長佐藤宮内は部下を励まして勇戦す。此の時会将一柳四郎左衛門戦死す。西軍桜町に放火して疾《はげ》しく攻む。我兵城中に退却す。敵包囲攻撃退路を断つ。(中略)

姉歯(武之進)氏は五番大隊の軍監として瀬上主膳に属し白河へ出陣し奮戦、衆を励まし我軍利あらず敗退するも、独り頑として動かず、敗残の兵を指揮し自ら大砲を放ち、抜刀躍進血路を開く。時に弾雨頻りに至り遂に流丸《ながれだま》に当りて僵《たおれ》る。

五月一日、新政府軍の右翼隊は出発を午前四時とし、白坂の郷士を道案内として棚倉口に向かい、左翼隊は二時間後の午前六時出発し、中央隊は最後に午前八時白坂を出発した。

中央隊は最後に前進したにかかわらず、同盟軍の斥候と皮籠《かわご》(白坂北二キロ)の北方付近で衝突し、直ちに撃退して小丸山高地線(稲荷山南端から約八百メートル)を占領。薩摩藩の二十ドイム臼砲をもって稲荷山の仙台砲陣地に猛火を送った。この砲戦により同盟軍を正面に牽制したばかりでなく、棚倉口守備の同盟軍の一部まで吸収した。

左翼隊は、上新田(白河西南二・五キロ)に差しかかる頃、小丸山方面に銃砲声を聞き、立石山の同盟軍堡塁陣地を攻撃。薩摩隊の一斉突撃に会津兵がもろくも敗れて退走。

右翼隊は、十文字（白河東南二キロ）付近で小丸山方面に砲声を聞き、雷神山の峰続きを同盟軍陣地に突入。午前十時近くに雷神山を占領した。

午前十一時頃、左翼の立石山に占領を示す狼煙が上がり、白河に死命を制する左右の両拠点が新政府軍の手に帰した。いよいよ正面から大垣隊を先頭に稲荷山に突入し、接戦格闘のすえ、山上に隊旗を立てた。

新政府軍が白河町内に残存する同盟軍を掃討し、白河城焼け跡に乗り込み凱歌を挙げたのは、正午をやや過ぎた頃であった。

本戦闘において、新政府軍は各藩合わせても戦死十、負傷三十八に過ぎなかったが、会津兵は死三百余、仙台兵は死八十一、傷九、棚倉兵は死十九、傷十六、旧幕府兵は未詳であり、負傷が少ないことが甚だ疑わしく、新政府軍側の記録ではいずれも敵屍を約七百と算している。しかも、会津藩では横山主税（若年寄白河口副総督）はじめ海老名衛門（軍事奉行）、木村熊之進（軍事奉行添役）、一柳四郎左衛門（朱雀寄合一番中隊頭）、日向茂太郎（朱雀足軽一番隊中隊頭）等の諸将が戦死し、仙台藩でも主将の参政兼参謀坂本大炊、軍監姉歯武之進が戦死するという大敗であった。

白河の敗報を聞き、コリャ江戸の状況どころではない、一ト先づ帰国せねばなるまいと、直ちに早馬に鞭《むち》打って駈け出したが、何分にも道路が非常に険悪なので、幾ら打っても叩《たた》いても馬進まず、止むなく馬を捨てて駕籠を命じ郡山に来て見れば、瀬上（主膳）大隊長を始め兵隊一同皆疲労し切って起出るものが一人もない。

励声激発《れいせいげきはつ》（声をはりあげ奮い立たせること）、

「勝敗は戦の常である、吾に妙策があるから敗軍を盛り返せ」

と頻りに怒号したれど、一敗地に塗《まみ》れて皆々復た戦わんとする元気もない。

十太夫は所在なさにブラリと表街路へ出て見たが、折柄《おりがら》空腹を覚えて来たので、食事をなすべく付近の蕎麦屋へ飛び込んだ。そこには掛田の博徒善兵衛と桑折の和三郎の両人が酒を飲んで居た。両人とも向う見ずの男どもで十太夫とは予て顔見知りの間であるから、十太夫の顔を見るや、

「オオ仙台の旦那、これから何方《どちら》へ往《ゆか》っしゃる?」

と聞くから十太夫は、

「オオこれから上方勢と戦をするつもりだ」

と云えば、両人は手に持った酒盃を下に置き、

「ソンナラ吾々もお供しましょう」

と云うので、

「好《よ》し」

と答えて暫く互いに飲み合った後、三人連れ立って郡山の町外れに来ると、犢鼻褌《ふんどし》一点の丸裸の男が小腰を屈《かが》め、

「旦那これから何処へお出でなさる?」

と聞くので善兵衛と和三郎が、

「旦那は是れから上方勢と軍《いくさ》をなさるんだ、吾々もお供をして今に旦那が御大名様になったら、其御家来になってお侍様になるんだ」

と云うと、丸裸の男、

「ソンナラ私《わっし》も」

と夥伴《なかま》(仲間)の者三・四名を誘い来り一行忽《たちま》ち八人となった。

此丸裸男は金吉とて此町の駅夫《しゅくふ》で、町では雪竹と呼ばれて居る者であった。

「細谷鴉仙上人の逸事」(下)には、掛田の善兵衛、桑折の和三郎のほかに、「雲助(宿場や街道で駕籠かきや荷物運搬などに従った住所不定の人足)の桜井千吉、佐藤喜平等をも家来にして(丸裸にて十太夫に随行したという)」との記述もある。

この掛田の善兵衛、桑折の和三郎や丸裸男金吉などについて、藤原相之助の「細谷鴉一夕話」に次のように書かれている。

俺の烏組は、あとでは侍も少し加わったが、全体は博徒と雲助だ。雲助は褌一本で着物さえも持たないものが多かった。そいつらに皆一様の黒木綿の布物を着せて俺の兵隊にしたのだが、可愛いもんで、俺の言い付けなら何時でも命を投げ出した。だがこ奴だって命の惜しいことを知らない馬鹿でもない。しかし鬼の女房に鬼神とは能く言ったもので、こ奴等は大抵、道中旅籠の飯盛を女房見たよな馴染みに持てるが、その女どもの心意気は、武士の女房や百姓町人の女房とは違ったもんで、男が博打に負けるとその女どもは丸裸にされてしまう。そして煎餅布団に包んで抵当にされることもあるが、それで平気なものだったよ。

続けて同じ「細谷鴉一夕話」に、五月一日の白河口大敗戦に関する十太夫の感慨が次のとおり記載されている。

俺は、仙台勢が唯《ただ》一戦に打ち破られて白河城を易々《やすやす》と敵に奪われたと聞いたときは、腸を掻《か》き毟《むし》られるほど口惜しかった。江戸探索もクソもない。俺が白河を取り返して奥州武士の本手(勝負事などの、その局面で使うべき本筋の手）を見せてやるとナ。しかし俺はたツた五十石の微禄もの、お預かりのヘナヘナ徒卒《とそつ》（歩兵）など指揮したところで足手纏《まと》いにこそなれ、何の役にも立たないことは知れ切ってる。そこで博徒や雲助どもで鴉を組み立てたのだ。

三原良吉著『宮城の郷土史話』に「細谷十太夫のと鴉組」の一編があり、次のように記されている。

十太夫は、あたまの回転が速い。今さら侍や足軽を集めたとて足手纏いになるだけだ。それよりも博徒は喧嘩にも慣れ、雲助は脚が早い、それに侍とは違った義理も知っていると考え、八方に飛脚を立てて「手柄を立てたい奴は来い、来て見て面白くなかったら去れ」と言わせた。五月十五日に五十七人が集まった。全部がヤクザと雲助で褌一本組が多かった。

しかし、仙台藩において博徒隊を組織したのは、細谷十太夫の烏組、衝撃隊が初めてではない。

四月十日、仙台藩の参政兼軍制係の真田喜平太の命により、山岡文助が出張先の桑折から早駕籠で帰仙。済美館主の桜田良佐に会い、侠客肴町の川村今助の子分を以て一隊を作り出陣させてもらいたい旨を陳述した。しかし、今助はなかなか承知しなかったが、良佐らの再三の説得により十二日に漸く承諾した。同日、取り敢えず子分九人を引き連れ出陣した。今助らは、越河で真田喜平太に面会して、桑折において斥候隊である投機隊（隊長は桜田良佐の子息桜田敬助）に付属させた。今助の博徒隊は、肴町の目明し川村源吉（今助の義父）の周旋により、順次剽悍《ひょうかん》決死の徒を増やし、後に今助が士分に遇せられ、改めて「聚義隊」と名乗った。

この博徒隊の編成は、真田喜平太の安政五年の「兵制変革二十二条の建言」における第十条「劍槍隊編成の事」、第二十条「兵農一致なさしむべき事」（農兵・商兵組み立て申すべき事）以来の軍制改革構想に沿ったものであった。

また当時、白河藩領は徳川氏直轄の領地であった。白河藩主阿部正外《まさとう》は老中となり、兵庫開港を決定したが、老中を罷免され、慶応二年六月十九日には強制隠居処分となり、跡を継いだ阿部正静《まさきよ》が同日、四万石減封のうえ棚倉への転封を命ぜられたが、財政逼迫、家臣団を迎える屋敷が手狭などの理由から延期を願い出、引っ越しに手間取っている間に、阿部家と交替で棚倉から白河へ移ることになっていた松平周防守家の白河転封が白紙となり、武蔵川越に変更された。白河は宙に浮き幕府直轄領となり、小名浜代官の支配下におかれることとなった。慶応三年一月、棚倉は幕府上使立ち会いのもとに松平家から阿部家へ引き渡された。以後、白河は藩主不在の地となり、白河城は二本松藩が城番となり、棚倉藩・三春藩・相馬藩・平藩・泉藩が交替で守備することとなった。

慶応四年二月、京都において、仙台藩士坂本大炊は会津を討つためには白河城は必要の地であるので、仙台藩への御預けを新政府の三条卿へ上願したところ、すぐに御承知になられ、同月十六日に二本松藩丹羽家へ御達しが出され、仙台藩の御預かりとなったのである。

十太夫が、白河藩領の須賀川町の女郎屋柏屋に「仙台藩細谷十太夫本陣」という張り紙を掲げて隊士募集を始めたのは、白河藩領が徳川家の直轄地であることと、主戦場である白河に近いと言う要因だけでなく、仙台領内では既に藩の方針として博徒隊の募集が開始されていたため、藩と重複しない仙台領外において募集を開始したと見ることができる。

そして、「隊士の装束を揃える資金はどのようにして調達したか」という問題についてだが、閏四月末日と思われる、坂執政からの命による江戸探索に際しての手元金が丸々使用されたものと思われる。

八、「鳥組」の組織と初戦

八人の一行は須賀川町（福島県須賀川市）に入り、柏屋と云う女郎屋の建物を借受け、表に「仙台藩細谷十太夫本陣」と大書した張紙を出し、付近に人を出して兵を募《つの》ったところ、応ずる者日に日に集まり来り、十日ならずして五十余名に達した。因《よっ》て先づ隊名を衝撃隊と名付け、専ら夜襲を目的とし、法被《はっぴ》は黒染の木綿を用い、義経袴（裾に細いくくりひもを通した袴）、紺の脚絆《きゃはん》に紺足袋、黒の兵児帯《へこおび》、紺木綿の手巾《てふき》すべて紺黒揃えの装束、恰《あた》かも忠臣蔵夜襲の扮装《いでたち》よろしくの体、又兵器としては長刀《ちょうとう》に鎗の外の武器を用いず。五月三日から同十五日まで募集した人員五十七名を率いて須賀川を出発し、矢吹駅まで隊伍整々《せいせい》（きちんと整っているさま）として行進した。

ここでも亦十余名の新付者《しんぷしゃ》（新たにつき従うもの）があって人員約七十名に達した。因て一番から六番までの小隊編制となし、各小隊には夫れぞれ頭立者《かしらたつもの》を小隊長となし、ここに始めて軍隊の体裁を整えた。即ち、これが後に「鳥組」と呼ばれた集団《かたまり》の濫觴《はじまり》である。即ち各番の小隊長は左の如し。

一番小隊長	武藤鬼一	二番同	渡辺武兵衛
三番同	新妻新兵衛	四番同	蓬田仙蔵
五番同	笠原安治	六番同	半澤丹蔵

『仙台戊辰史』には、五番小隊長の笠原安治までの記載しかないことから、当初は一番から五番小隊で始まったものと思われる。

写真31　須賀川の町屋風景

『戊辰白河戦争』によれば、「矢吹宿では、目明しの渡辺武兵衛が手下十二人を連れて入隊しています」と書かれており、二足の草鞋を履いた博徒の親分であったようである。また同書によると、西白河郡金山村（現白河市）にも出動しており、「えびす屋」に宿営した際の渡辺武兵衛ら隊員五十九人の名簿も残っているという。

仙台の龍雲院に建立されている「細谷鴉仙君墓碑銘」には、烏組について、「戊辰ノ春命ヲ受ケテ常野《じょうや》（常陸野州）ヲ視察ス、既ニシテ藩論西軍ト戦フニ決ス、君信達《しんたつ》（信夫伊達）二郡剽悍《ひょうかん》（動作がすばやく、性質が荒々しく強いこと）ノ壮丁《そうちょう》（働き盛りの若者）ヲ聚《あつ》メ衝撃隊ト号ス、腰ニ太刀ヲ帯ビ小銃ヲ携ヘズ服装皆黒ヲ用ユ、世呼テ鴉組ト云フ、戦フ毎《ごと》ニ刀ヲ揮《ふるっ》テ突撃ス、敵辟易《へきえき》（勢いや困難におされて、尻込みすること）セザルナシ三十余戦皆克《か》ツ」と記されているが、果たして「三十余戦皆克ツ」は事実であったか、以下じっくり見ていただきたいと思う。

三原良吉の「細谷十太夫と鴉組」（『宮城の郷土史話』所収）に、鴉組の組織等について、次のとおり書かれている。

ここで一隊を編成し、これを衝撃隊と名づけ、十太夫が隊長となる。一統に黒の筒袖、小袴、股引《ももひき》脚絆、黒足袋、夜間は黒覆面とし、各人に長脇差やドス（匕首《あいくち》、鍔《つば》のない短刀）を持たせた。これを五隊に編成し、追々十二名の侍を得て十分の者を隊長に任命、隊旗に一羽のカラスを染めさせ、十太夫は飴売りのガラガラを手にし、これを鳴らしたら突撃、また神社から持って来た鰐口《わにぐち》を鳴らせば退却と決め、十七日から行動を開始した。歩哨、斥候みな完璧で、下手な侍の隊などは及ばない。しかも行軍の途中、聞き込みをやらせて、隊伍を組んで乱暴を働く官軍を捕らえては小っぴどい目に合わせ沿道の治安にも当たった。

隊員の中にはマタギ〔狩人〕専門の者も数名いて、敵を狙撃して大活躍した。殊にヤブの中や嶮しい地形のところを飛ぶように歩いては突如官軍の背後を襲い、ただ一人で一隊の官兵を退却させたりした者もある。

『仙台戊辰史』に、白河の近村において、鶏の強奪や金銭を掠める行為等を行っている西軍の兵士を懲らしめた話が記載されている。

白河近村に西軍中より土方体のもの出でて毎日徘徊し、家鶏を強奪し、又は金銭を掠め、あるいは強媛（強姦）等を行い、人民の苦痛損害甚だしきを聞き、十太夫は兵五名を選抜して捕縛に向かわしめ、その活動如何を験《ため》せしに、翌日十一名の西人を捕縛し来りしが、故に十太夫はこれを糾問《きゅうもん》して罪科を白状せしめたる上、汝等は戦わんがために来れるならん、然るに戦わずして無辜《むこ》（何の罪もないこと）の人民を苦しむるは何ぞや、向後もし予の言を肯かずして人民を苦しむるに於いては直ちに捕縛の上斬首すべし、今回だけは武士の情を以て許すべしと、よって兵をして太田川まで送らしめ、これを訪還せり。

写真32　昭和46年当時の旧小田川宿入口

そのうち本藩からも続々軍隊を繰り出して来たので、これと合して総勢五千余名の軍団となった。折柄、上方勢も間近く押寄せて来たとの報告があるので、十太夫は部下の六小隊〔六十八名〕を引率して小田川《こたがわ》駅まで進発すると、上方勢は既に七曲の山上に陣を布いて居たから、十太夫は全隊に号《ごう》令を下し敵は如何に薩長土肥の精鋭たりとも毫も（少しも）怖恐《おじおそ》るること勿《なか》れ。予て訓練し置いた通り敵軍は銃隊である。銃は遠方に利あれども接戦には刀鎗《とうそう》に利あり、縦令《たとい》一人や二人討たるるとも我が号令の聞こゆる限り斬り入れと訓令した。

やがて、

「大隊進め！」

の号令と共に一斉に敵軍目がけて斬り入った。上方勢は此体を見るより銃を擬《ぎ》して発砲すれども、弾丸は　ヒユーヒユーと空を破って皆味方の頭上を飛び越え一人も其弾丸に中《あた》ったものはない。いよいよ敵陣、間近く斬り入ったところ、敵は何と考えたかグングン退却して戦わんとするものがない。追撃せんかとも思ったが折しも夕陽《ゆうしょう》西に傾き暮色《ぼしょく》

写真33　同右（小野薬師堂前）

四辺《しへん》を包《かこ》み、且つ応援の兵も続かないので、互いに相引きの姿で追撃を止めて太田川駅まで来ると、前面の山上から突然発砲されたが、此時折よく藩兵行進し来り、これに応戦して砲火を交《まじ》えたが、是れも暫時《しばし》にして止み、十太夫部下の兵は只一名負傷したばかりであった。これが十太夫の手兵、即ち烏組の初戦《はついくさ》であって五月二十一日の事であった。

右の烏組の初戦について、『仙台戊辰史』では次のように書いている。

写真34　同右（戊辰戦死供養塔）

五月二十一日、細谷十太夫本営へ斥候よりの報あり曰く、白河より多人数出兵の模様ありと、よって十太夫は兵を繰り出して小田川駅七曲に至りしが、この時西軍より来りしは大垣藩の斥候にて、泉田駅に駐《とど》まりしが漸く進みて小田川付近に来る。十太夫は予て示せる如く山立猟師《やまたちりょうし》(村の田畑の作物を鳥獣の害から守るため鉄砲所持を許された農民)等を山合の間道に配り、敵の山上にあるを見定め、号令を発して進撃せしむ。片倉小十郎の家来一小隊斎藤利右衛門これを率い応援として繰り出せしが、大垣兵は発砲しつつ退却せしを以て、十太夫急に追撃するの不利なるを察し退いて太田川に至るや、西軍は左右より突然発砲す。十太夫の隊はこれに対し備えを立て直して奮戦せり。西軍負傷四・五名、夜に入りて互いに繰《くり》引《び》きに退却せり。この日西軍は小田川駅に放火して白河城関門に走り入りたり。よって十太夫の隊は太田川に移りて警戒す。

『仙台戊辰史』は、続いて五月二十五日の細谷十太夫の隊の模様を次のように記している。

細谷は同二十五日、軍議のため矢吹の本陣へ早馬にて出頭せし時、急報あり、曰く白河より大軍襲来すと。よって太田川に引き返し、一隊を散兵として待つ。西軍は薩長および大垣藩の斥候隊にて小田川駅の北まで来れり。よって応援を矢吹に求めたれども、応援兵の達せざる間に敵はすでに太田川駅に入りたり。十太夫の隊は化地《ばけ》蔵辺りの山上に散兵し、西軍の主力と思わしきを認めて、大隊号令を発し各立場より発砲せしかば、三藩斥候隊もこれに応じ青葉茂れる小芝山の所々より発射せしも、待ち設けたる十太夫の隊に攻め立てられ、浮足立ちたるを見て急に攻撃せしが、この時西軍は進みて太田川駅内にあり。

十太夫の隊は左右山上に進みしこととて勝敗容易に決せず。その中に十太夫の隊中より青木松蔵なるもの出で、密かに駅の東端民家の厩に潜み、西軍の背後より発砲したるを以て、西軍は狼狽して退却を始めたり。

斯くて本道より進み来れる西軍は敗退せしも、左右翼の隊は依然進み来りければ、再び烈しき砲戦となりしも、西軍本隊の敗退せるに気付き二ツ坂にて相引きとなりたり〔仙台軍にては十太夫の兵一名軽傷あるのみなりき〕。

この時西軍は太田川駅に放火し、また鹵獲《ろかく》（敵の軍用品などを奪い取ること）と称して民家より財物を強奪せること夥《おびただ》しかりきという。

富田広重の「からす組後日物語―細谷十太夫の実歴談」には、烏組の戦い方等について次のように記されている。

阿鼻叫喚《あびきょうかん》（人々が苦しみ泣き叫ぶような、非常にむごたらしい状態）、血河屍山《けっかしざん》の修羅場の跡を、初夏の陽は斜《なな》めに射している。砲声流弾に脅威かされ、どこに隠れていたか鴉の一群れ、モー安心かと彼方の杜《もり》、こなたの山へ急ぐ影も淋しく見られる夕闇迫る丘陵の叢《くさむら》の中に、大円影《だいえんけい》を描いた黒い影、狼群《ろうぐん》の出現にはまだ早い時刻、

「これからが、真実のこちと等の世界だ、昼間の闘いもいいが、一暴れに多勢《おおぜい》やっつけるには夜討に限る」

「左様よ、これから何んでも中畑〔須賀川在矢吹付近〕に陣取ってけつかる西軍の一隊をやッつけるんだとか隊長がいってたぜ」

「うち〔自隊〕の大将と来たら我儘茶羅《がむちゃら》だからな、盲滅法《めくらめっぽう》な事にかけちゃ、お互い負けは取らねいが、うちの大将にゃあやまるよ、先刻だって左様ぢゃねいか、敵は多勢、味方は小勢、おまけに外《ほか》の味方は退却だろう。残ったのは此の衝撃隊、鉄砲玉は雨霰《あめあられ》と飛んで来る。こっちには鉄砲玉なんて器用なものはねい。この分ぢゃ鏖殺《みなごろし》にされるんぢゃねいかと思ったよ、退却の鰐口《わにぐち》が鳴るかと思ったら鳴らねい。大将、平気で……野郎共退いちゃいけねいぞ、一歩でも退いたら、ブッた斬るぞッ……てんだから驚いたよ……」

細谷十太夫を隊長とする衝撃隊七十余名の多くは、八方から狩り集めた博徒の群れ、一刀流も真影流もない。真実にこれこそ寄らば斬るぞの自己流だが、鉄砲の筒先きだろうが、槍尖きだろうが我無茶羅に突き進

み、手負猪《ておいしし》のように暴れ廻るので、手が付けられない。何《いず》れも紺の手甲に紺の脚絆、紺の鉢巻、紺の筒袖無尻《むじり》（筒袖で丈は短く腰が隠れる程度の仕事着）という黒装束に身をかため、昼間の奮戦でなお足らず、夜襲までするのだから、敵方官軍に取っては、全く油断も隙《すき》もならない魔神のような一団であった。それに進退懸引《かけひき》の合図が異なっている。隊長細谷は、恰度《ちょうど》、東京辺りでよく見受ける飴屋などの持っている竹で作った振子、廻すとカラカラと音を立てるのを持ち、どこの社殿から借用したものか、鰐口を胸にブラ垂げている。竹の振子がカラカラと鳴ったら「全軍進めッ……」、胸の鰐口がガンガンと鳴ったら「退却ッ」と定めてある。

「オイ……伊達の……まだカラカラが鳴らねいな」

「ウンまだ鳴らねい、早く中畑の奴等を叩ッ斬って、後はゆっくり勝負をしようぜ……」

「よかろう、勝負もいいが貴様、持ってるのか」

「実は懐中《ふところ》淋しくなったよ、だから早く斬り込んで、懐中の脹《ふく》れていそうな野郎を叩ッ斬って、小判の面《つら》でも拝みたいというのよハハ……」

初夏の日はトップリ暮れた。山際、森陰に散在する百姓家にも灯影《ひかげ》が見えない。戦禍を避けて此の付近一帯は無人の境に化しているのだろう。ただ半里評《ばか》り向こうに篝火《かがりび》が見ゆる。今夜中畑に屯営した官軍方の篝火である。突如、宵闇の帳《とばり》を破って響く竹の振子の音、

「ソラ出発だッ……お互い油断するなよ」

「大丈夫だ、官軍のヒヨロヒヨロ刀が、この哥兄《にい》さんの御尊体に触わってたまるものかい……」

魔物の様な幾十の黒い影は、闇に吸われて一間、一丁、篝火を目指して近寄って行く、恰《あたか》も狼の群れが餌物《えもの》に近づくように……。

「ソレ斬り込め……」

隊長細谷の凛然たる声が響き渡って、ワッとおめいて民家々々の雨戸を蹴破り、障子を突き倒して斬り込む

黒装束の三々五々、日中の戦さが終って中畑の各戸々々に分宿した官軍方の一隊は、住民の残して立ち退いた米や味噌を見つけ出して、夕餉《ゆうげ》の炊事最中であった。不意に襲われて散々の敗北、五十余の屍体や負傷者を遺棄して暗《やみ》の中に遁走した。

「集れ……長逐《ながお》いはするな、味方に怪我はないか検《しら》べて見ろ、篝火をドシドシ焚《た》け……」

火影《ほかげ》に光る血刀を右手に提げた隊長細谷の勇姿、大抵、無用の胸の鰐口も、この隊長なればこそ可笑《おか》しくも見られないのだ。

「隊長……死人は味方に一人もなし、ただ三春の吉野郎が左二の腕を削られたので手当をしています……あとは何れも甜《な》めても癒《なお》るかすり創《きず》ばかり」

「左様か、吉は気の毒だったな、大事にしてやれ……逃げた奴等が逆襲して来るかも知れない、疲れたろうが二三時間、用心していてくれ、後は交代に不寝番《ねずのばん》だ……」

そちらの木小屋の側《そば》、こちらの厩《うまや》の前などに、ゴロゴロ倒れている屍体を松焚《たいまつ》に照らして、懐中物を捜し始めた。

「この野郎、滅法沢山持っていやがる……」

「とんだ山崎街道だなハハハ……」

敵の懐中から分捕《ぶんど》った小判、朱金《しゅきん》、歩銀《ぶぎん》、銅銭、取交ぜ何百両かを隊長細谷の前に列《なら》べた。

「これで全部か……よし、いつもの通り、みんなで公平に分配しろ……分捕った鉄砲の弾丸《たま》と米俵は夜が明けたら、誰か五六人で本隊まで届ける手配をしろ……誰が捜し出したのか、此の一升樽の方は俺が貰って飲む、飲んだら俺は寝るから、あとは勝手にしろ」

隊長細谷は、一升樽を提げて一軒の民家に入った。篝火を囲んで早速賭場が開かれた。生命の遣り取りをしたことなどは、ケロリと忘れたかのように今度は分配された金の遣り取り。

「うち〔自隊〕の大将みていなのが、真実の大将てんだなオイ……分捕った金は綺麗に俺等に呉れて、鐚《びた》一文だって自分のポッポ　に入れねいんだからな……」

隊長細谷を褒めながら、自分達は一厘一文の勝負に血眼《ちまなこ》になるのも、この隊らしい光景である。

右に出てくる「とんだ山崎街道だな」とは、「仮名手本忠臣蔵五・六段目」の舞台となった京都府の山崎街道のことである。お軽の父与市兵衛は婿早野勘平を主君の仇討ちの一員に加えるため、娘お軽を祇園に身売りして工面した五十両を持って山崎へ戻る途中、横山峠で山賊定九郎に殺される。ところが、狩人になっていた勘平がイノシシと間違えて、定九郎を撃ち殺してしまう。この因縁の五十両が、ここからどんな形で、誰の手に渡り、誰を悲劇へと追い込んでいくのか、というお軽・勘平の物語である。

九、白河口本街道の開戦

これより白河口本道の開戦となり、五月二十六日の総攻撃、越えて六月一日、八日、十二日、十五日、二十日、二十三日、七月一日と引続き交戦した。

列藩の諸将相議して五月二十六日を以て白河城総攻撃を実行するに決す（『仙台戊辰史』）。

白河本道　仙藩中島兵衛之介三小隊、細谷十太夫百人、片倉隊斎藤利右衛門二小隊、会津大竹嘉内、辰野源左衛門二中隊、井深守之進、諏訪豊四郎、同左内百人

本沼口　二本松家老丹羽丹波、会津弥一、黒小路友次郎、萩権蔵四小隊

白河城西金勝寺口　仙台泉田志摩、中嶋分隊、芝多賛三郎、会津望月新平、國分辰次郎

応援大松澤掃部之輔〔七曲にあり〕

この日、仙将細谷十太夫は前夜より小田川駅入口八幡神社前に進み、未明に進撃の合図を守りて本隊の進出を待ちたれども、本軍は容易に来らず。夜すでに明け、日の出でたる時、徐々《じょじょ》（ゆるやかなさま）として来る。十太夫憤慨し、急に令を下し会津兵とともに金勝寺山の薩軍を攻撃せしも利あらずして十時頃に至り根田に退きたり。この手の西軍は薩藩にして勢い猛《たけ》く追撃し来れるを以て大松澤掃部之輔代わりてこれを引き受け防御せしも死傷多くして十二時頃永坂へ引き揚げたり。

次も『仙台戊辰史』より、戦況を引用することとする。

六月一日、西軍〔長州藩及び戸田采女正の隊〕は白河を発し本道筋を進みて七曲なる仙藩の哨兵線《しょうへい》（見張りの兵の線）に達せし故、細谷十太夫先ず大隊号令を発して射撃せしめたるも西軍屈せず猛進し来る。よって十太夫は兵六人を率い密かに和田山の方に廻り、西軍の背後より突然射撃す。大松澤掃部之輔また平田、小栗の隊を率いて進撃す。西軍忽ち《たちま》乱れ白河の方へ退却を始めたり。然るに西軍の後方部隊たる夫方〔人夫〕は重荷を負い縦列をなして進み来りしかば、十太夫等は夫方の中央を目がけ急射撃を加えしにぞ、一隊は蜘蛛の子を散らす如く右往左往に乱る。西軍の隊長制すれども肯かず。十太夫の隊は勢いに乗じて進撃し敵一人を生擒《いけどり》せんとしたるに、偶々《たまたま》横合いより射撃せしものありて、これを斃《たお》したり。斯くて西軍は散々になり白河へ退却せし故、十太夫の隊は和田山に本陣を移したり。

八日、西軍は富士見山へ大砲を繰り出し和田山なる細谷十太夫の陣に向け数十発撃かけたるも、十太夫の隊は胸壁に拠りて動かず、徐に《おもむろ》応砲するのみ。西軍これを見て四・五十人富士見山を下り、本道より根田へ向け進み来りしかば、七曲にありし仙兵は十太夫に応援して烈しく射撃せしを以て、西軍また敗れて午後三時白河へ退却せり。

十二日には列藩大挙して白河を攻むるに決す。棚倉口伴澤よりは会津純義隊渡辺綱之助等棚倉、相馬の兵と並び進み、根田和田山よりは仙台細谷十太夫の隊を先鋒とし、大松澤掃部之輔の大隊進出し、愛宕山方面よりは会津の遠山右衛門等進出、大谷口よりは仙台の中島兵衛之助、会津の高橋権太夫等進出、仙台藩の大立目武蔵《おおだつめぶぞう》、会津の原田対馬、赤垣平八等は前夜下羽田村に出で白坂口に迫り一挙して白河を援《ひ》かんとす。しかもこの時西兵大いに増加し勢力また前日の比にあらず。棚倉口の攻撃軍は忍《おし》及び薩州兵と戦いて勝たず。根田、和田山方面は先鋒細谷十太夫、朝六時を以て鹿島神社の後方まで進出し後続の隊を待ち桜山に上がりて戦いたるも捗々《ちょくちょく》(はかどること)しからず。その中に応援隊は引き揚げたる故、桜山に残りし部隊は非常の苦戦に陥り十二時頃に引き揚げたり。

十二日の戦いにおける細谷十太夫隊の死傷者は次のとおりである(カッコ書きは『仙台藩戊辰殉難小史』の表記である)。

戦死　大窪(大久保)良作、藤井敬(慶)助、本間駒吉、桜井謙吉、清水常五郎、朝日喜八、落合幸作

負傷　矢吹子之吉、五十嵐平吉

『楽山公治家記録』巻之二十八の慶応四年六月十三日の条に、次のとおり記載されている。

○十三日、細谷十太夫へ衝撃隊長、班證文預主立〔九十石高役料〕ヲ命ズ

この後の六月十五日、二十日、二十三日の戦闘については、『仙台戊辰史』に烏組と特定できる記事は書かれていない。そして『仙台戊辰史』には、六月二十九日からの記事が次のように書かれている。

細谷十太夫、大立目武蔵等は会津、二本松の軍と議し、白河の西なる米村口より討ち入るに決して同二十九日米村方面に進み、明日(七月一日)大挙して白河を攻めんとす。然るに同日、仙台藩の泉田志摩、増田歴治、会藩辰野源左衛門及び各藩参謀等小田川の陣営に会し相議して曰く、棚倉すでに陥り白河より東海岸に至る間、西軍充満す。守山三春は阿武隈川を隔て緩急相援《あいたす》くるを得ず。故に七曲、小田川、矢吹の三ケ所を捨て須賀川

を本陣とし時機を待て進撃するに如かずと。増田等（中略）矢吹は敵の陣所となるの虞《おそ》れありとて、居民に金を与えて放火し諸軍へ通知もせずして同夜深更《しんこう》退きて須賀川に屯《たむろ》せり。

細谷十太夫、大立目武蔵等は仙台参謀の須賀川に退却せるを知らず。七月一日、十太夫は天神町裏方面、武蔵は元天神に向かうべく未明隊伍を整え、斥候を放ちつつ進みしに、東方に当たりて猛火の炎々たるを見る。以て為く本道口の列藩軍進みて白河に火を放てるならんと、勇みて進発、阿武隈河岸に達し射撃を開始す。会津軍続いて進み、二本松の兵も進みて予定の戦線に就かんとするに当たり、西軍猛烈に攻撃し来り、右翼なる二本松の隊を撃破す。次いで左翼なる会津の隊もまた散乱せしかば、仙台軍は左右より挟撃せらるる状況となりしを以て、射撃しつつ退却せしに、西軍疾駆《しっく》して強襲し来る。細谷十太夫は大声叱咤《しった》夜叉の如き勢いにて奮戦し乱丸雨の如き間に飛躍す。部下安藤忠吉、武藤鬼一等これを見て、十太夫の傍《かたわ》らに進み徒《いたずら》に死すべからず、宜しく退いて後図《こうと》（今後のはかりごと）をなすべしと諫《いさ》め、強いて退却せしむ。しかも敵はすでに四方を囲み、遁《に》げるべき途《みち》なし。これにおいて三人同時に阿武隈川に飛び入り、泳ぎて対岸に達す。対岸にも西軍すでに迫り来りたれど、十太夫等を発見せざる模様なりし故、三人隙を見て山に走り登り辛うじて遁る、兵皆散乱す。

この日、仙台軍の死傷左の如し。

戦死　大立目隊農兵島根藤助、細谷隊志田金太郎、和田平助、卯三郎、清吉、泉鱗太郎隊木村圓太郎

負傷　大立目隊富田惣五郎、田鎖弥一郎、山崎嘉平、佐藤庄七、秋葉圓次郎、細谷隊田尾庄之助

『仙台藩戊辰殉難小史』の「白河口戦況（其四）天神山金勝寺山中山戦争」には、次のように記されている。

同年七月朔日、白河城を攻むべく衝撃隊長細谷十太夫、震撃隊長大立目武蔵、会将西郷頼母と合し、斥候を

放ち敵状を偵察しつつ進む。西軍亦之を牒知し逆《むか》い撃って二本松隊に殺到す。是に於て二本松兵先ず潰ゆ、為に仙台兵亦他左右より挟撃せらる。十太夫は天神山、武蔵は元天神山の胸壁を奪わんとす。西軍町裏より逃る。十太夫大声叱咤、弾丸雨飛の間を冒して進み、馬除堤《うまよけつつみ》を乗取り将に城に迫らんとす。会兵は金勝寺山上より四斤砲を以て白河城を狙撃し、形勢大に良好なりしが、本道口の兵は増田歴治の命により故なく矢吹駅を焼きて須賀川に走りし為め、西軍勢を回復し、我軍為に後援なくして敵地に入るを不利なりとし、兵を収めて那須原の西に退く。此日、仙台兵の戦死者左の如し。

米村口大谷地戦争
　大立目武蔵手農兵鳴波藤助
大原口中山戦争
　細谷十太夫手志田金太郎、和田平助、弾薬持夫卯三郎、同清吉
熊谷村愛宕山戦争
　石川大和家来泉鱗太郎手木村圓太郎

当方は会津、二本松、徳川の脱兵、米沢、仙台等の連合軍であって、本道口には仙台藩の増田参謀指揮の下に鮎貝、大松澤の両大隊長、登米館主伊達筑前の手兵これが当り、庚申坂《こうしんざか》口には仙台、棚倉の兵、米村口には会津、二本松、仙台三藩の兵にて守備し、先鋒には角田館主石川大和の家来泉鱗太郎の一小隊及び大立目武蔵の率いる秀兵隊、右翼には会津、左翼には二本松の兵を配《はい》置《ち》して厳重に固めたのであった。
最初敵軍は左翼二本松兵に向かって攻撃を開始したが、二本松兵脆《もろ》くも一戦をも交えずして退却し、右翼会津兵よく善戦したが本道口の敵軍大挙して進み来り、是れまた対戦利あらずして退却した。独り我が仙台兵の泉、大立目の隊兵最も勇敢に闘い、古天神山《こてんじん》を乗取り敵の山砲一門を分取り、勝に乗じて白河口

に出でんとしたが、敵軍背後に廻って我が軍を挟撃したので、進退度を失い退却するに途なく、止むを得ず森林の中に潜んで暫らく敵の動静を窺《うかが》った後、阿武隈川を渡渉《としょう》（歩いてわたること）して右手の山中に逃げ込んだ。此戦闘に十太夫の手兵三名戦死し、十太夫自身も戦死と覚悟を決したが、軍監安藤忠吉と二番小隊長武藤鬼一の両人の極諌《きょくかん》（厳しくいさめること）によって纔《わず》かに思い止まった。

戦死は暫らく思い止まったが、其手兵は皆チリヂリに四散して一名も姿が見えない。夜に入ってから何処からかポツポツ帰還して来たので、其員数を点検して見ると戦死したものが三名、行衛《いくえ》不明のもの七名だけで、外に負傷者とては一名もなかった。

写真35　仙台藩士戊辰戦没之碑（白河市女石）

十太夫直孫の細谷辰雄氏の「怪人細谷十太夫傳（壱）」（『新青年』昭和十二年十一月特別増大号所収）には、次のように記している。

> 五月以後の激戦に大功を建てた烏組も、大勢敗軍となっては、苦戦は度重って来た。眞山青果先生が幼少の折、十太夫より直接聞いた言によれば、本当の勝戦《かちいくさ》は両三度に過ぎなく、後は大抵苦戦が多かったと云う。

中に七月一日烏組は阿武隈河岸にて、右に二本松藩、左に会津藩を擁して共に両軍当ったが左右の両軍潰《つい》え、烏組は前左右より西軍の為に攻撃せられ、十太夫は大勢叱咤し夜叉の如き勢で敵陣へ斬り込んだが、部下の安藤忠吉、武藤鬼一等は之を見て、十太夫の傍《そば》より、徒に死すべきでない、退いて後図をなすべしと説いたが、背後は大河、前左右は敵の重囲《じゅうい》に陥り疲労困憊《こんぱい》の極に達した三人は運を天に委して阿武隈の急流に身を躍らせ、河勢《かせい》に押し流されるまま数時、漸く対岸に達して三人とも助かった。

右の「眞山青果先生が幼少の折」とは、何時頃のことであろうか。十太夫は天保十一年の生まれ、に対して眞山青果は明治十一年の生まれであるから、三十八年の年齢差がある。

田辺明雄著『再説真山青果』の「年譜」によれば、次のとおり書かれている。

明治三十三年（一九〇〇）二十二歳

文学没頭と前年より覚えはじめた遊蕩の味、両者会わせて、怠けの結果は贖面にたたり、落第、進んで退学となる。（中略）

これより三年有余、故郷仙台とその郊外を転々、伯父の家の居候、病院の薬局生、代用教員、医者の代診等を次々とめぐり、（後略）。

第二高等学校医学部を中退した眞山青果は、明治三十三年二十二歳の時から三年有余、仙台とその郊外を医者の代診などをして巡り歩いていたから、十太夫との接点は十分あったと思われる。

翌《あ》くれば七月二日、残兵を率いて矢吹駅に来て見ると、町家《ちょうか》は過半焼失して焼け出された町民はウロウ

口して居る。多分敵方の者が殊更《ことさら》に火を放って焼き払ったものであろうと思い、町民に尋ねて見ると豈《あ》に料《はか》らんや仙台藩の増田歴治〔後に繁幸《はんこう》〕と云う隊長の手によって焼き払われたのだと云う。十太夫大に驚ろき、増田が須賀川の本陣に居ると聞き、五名の兵隊を随えて一散（脇目もふらず走るさま）に須賀川に駈けつき、直ちに本陣に至って増田に面会を求め、正面から矢吹に於ける行動を難詰《なんきつ》（欠点を非難し問い詰めること）すると、増田は一言もなく暫らくあって、

「イヤあれは全く吾輩の過誤《あやまち》であった。就いてはこれから御本陣へ参って君命を待ち進退を決する所存であるから、暫時《しばらく》吾輩の罪科を寛恕《かんじょ》（度量が広く思いやりの深いこと）し給え」

との逃げ口上である。初め十太夫は増田に面会したならば、短（単）刀直入、其不当所為を難詰して何等かの返答あらば、直ちに一刀の下に彼を両断して仙台藩の恥辱を雪《すす》がんの意気込であったが、狡獪《こうかい》（悪賢くずるいこと）なる彼れ増田は申訳どころか吾輩過《あやま》ったとて毫《ごう》も争わないので、張切った気勢も自然拍子抜けとなり、斬るに切られず、白眼に睨《にら》みつけたままに見逃したのは、実に残念であったと後に彼の述懐談であった。

藤原相之助の「細谷鴉一夕話」に、明治二十九年（一八九六）の増田繁幸（歴治）の死に接しての十太夫の談話が、次のように書き留められている。

翁（十太夫）曰く、増田は奥羽には珍しい策士（策略の多い人）説客《ぜいかく》（遊説する人）で、蘇秦《そしん》（中国戦国時代の遊説家）張儀《ちょうぎ》（中国戦国時代の魏の弁論家）も斯くやと思われる男さ。智恵の働き過ぎる才人だから軍事参謀には甚だ不適任なのに、戊辰の年に若年寄（参政）の地位にあったために最初の軍事参謀になった。そのために仙台軍は連敗したのだ。なぜかというに、増田には自分の利害が余り明かに見え透てるので、作戦手配が出来

写真36　増田繁幸肖像画
（『戊辰戦争一五〇年』より）

て居ても、その実行に努力する気にはならなかったためだ。最初から真田喜平太を軍事参謀にして、増田を江戸から上方に出して応援〔外交〕に用いたら、戊辰の戦況もあんなことにはならなかったのだ。用い所が悪かったために戦が破れたばかりか、増田の立身のために有為の人才を数多殺しての外に、勤王を鼻にかけて居た連中もヤツと芽生《めば》えたままで、みんな萎びてしまったのだ。しかし奥羽にもこれ位物凄い才智のある人間が生まれたんだから、自慢にはなる。俺は戊辰の年には増田を一刀に斬ろうと思ったことも度々あるが、死なれて見ると、惜いよ。掛け替えのない人物だからと、ホロリ。

増田繁幸（家格着座、知行四百石）は、仙台藩士の中でもかなり特異な経歴の持ち主であるので、次に木村紀夫著『仙台藩の戊辰戦争』により書き記しておくこととする。

父増田繁育、通称主計《かずえ》は天保六年（一八三五）家格が着座以下で奉行（執政）に就任した唯一の人。藩主斉邦《なりくに》の側近中の側近で、天保の大恐慌を乗り切るため命を賭けて藩政改革を進めたが、頑迷な保守派の一門一家により改革を痛烈に批判される天保の伊達騒動となり、繁育は九年藩改革を主張して自刃した。行年四十八歳。

繁幸は文政九年（一八二六）、繁育の三男として伊達家江戸屋敷で生まれた。文武両道の達人となり、二十代の時家を出て下僕や行商となって辛苦しながら諸国を歩いて幕末の風雲を体感し、その時の体験が時局の判断を明確に捉え仙台藩政に貢献した。藩の漢学者岡千仞《せんじん》の推挙で学資金四百両を献納して士分に復帰し、慶応二年（一八六六）武頭となって脇番頭に上がり、新鋭の遠藤温《おん》を登用するなど多くの人材開発に努めた。慶応四年（一八六八）会津征討をめぐり、表向きは勅命に従いながら会津の放免を得て、奥羽人同士の戦争を避けるべく、勤王の名分を持ち遠藤温と和平策に走った。閏四月十七日、伊達郡半田銀山へ行き鎮撫府参謀醍醐少将に会い、会津藩の降伏謝罪を受け入れるよう夜を徹して説いた。しかし二十日未明世良修蔵を殺害すると全面戦争に突入。七月十五日の白河戦争で、執政坂英力の下、前線で軍の指揮をとったが大戦の末敗退した。

九月、藩は降伏と決まり、十三日に繁幸と一條十郎が二本松の政府軍宿舎に出頭し、奥羽追討総督府の渡辺清左衛門参謀に降伏を申し入れた。十五日の降伏と共に繁幸は若年寄（参政）に抜擢され敗戦処理の中心となる。明治二年議事局総裁、三年仙台藩権大参事、ついで大参事となる。四年一関県参事、水沢県令、八年磐井県権令、十二年初代県会議長、二十三年衆議院議員当選、二十五年功労により貴族院議員に勅選された。二十九年東京で病没、行年七十一歳。

十、「鳥組」の苦戦

斯くして十太夫は残兵を率いて福島まで引上げて来ると、真田喜平太は増田に代って参謀となり同地に到着して来た。


仙台藩参謀の真田喜平太について、少し説明しておかなければならない。

近習目付であった真田喜平太は、慶応三年十月十五日の将軍慶喜による大政奉還の情報に接し、十一月一日に、郡県政体にあらざれば真の王政復古にあらざるを論じ、朝廷に土地人民を奉還すべしという「郡県制建言」を行ったが、藩の取り上げるところとはならず、同月八日夜に脇番頭への転任を命ぜられた。

慶応四年一月二十三日に参政兼軍制係を命ぜられ、奥羽鎮撫使の到着後の三月二十三日には下参謀とされた。

藤原相之助の『奥羽戊辰戦争と仙台藩』において、一條十郎の談話として、喜平太が世良修蔵に自らが提唱した郡県制建言について話したことが次のとおり記録されている。


喜平太は、とても鼻柱の強い男で、世良に逢った時、貴藩(長州藩)と薩摩では王政復古の総元締のようにいってるけれど、真の王政復古というものは郡県制でなければならぬ、貴藩先ず土地人民を朝廷に返し奉り、三百諸侯に王政復古のお手本を示すべきではなかったか、そうさえすれば、絲毫《しごう》も野心のないことを天下に明示することともなる。拙者は去年(慶応三年)中、弊藩主まで、このことを建議して置いたといって、建議の草案を世良に示した。(中略)世良はただ目を見張るのみだった。その後世良は真田に対して先生先生と呼ぶよ

写真37　真田喜平太肖像画（真田徹氏所蔵）

うになった。

同じ『奥羽戊辰戦争と仙台藩』に、月日は不明であるが、真田喜平太から増田歴治への手紙に、次のように書いているという。

当節は世良参謀、御国家（仙台藩）に大害を醸すと恐れ憎む輩多く候えども、彼は左ほどの器量才幹ある人物にあらず。ただ位置が位置ゆえ、彼を害する時は大事に至るべく候。彼の如きは何様にか駕馭《かぎょ》（人を扱い使うこと）の術あるべく候。

とあり、藤原相之助は「真田は世良を眼下に見ていた」と記している。

世良修蔵の暗殺が白石本陣に報じられた閏四月二十日について、喜平太は「真田喜平太自伝草稿」に次のように記している。

君（喜平太）楽山（慶邦）公に謁し、名義の曲直、人心の向背、時勢の明暗より百事廟義なきを陳じ、伊達家の社禝既にここに墜つ、国家滅亡の時なりと陳述、強諌《きょうかん》し、既に後《おく》れたれども大夫但木土佐を始め肱近奸《こうきん》党を臣《それがし》（喜平太）に玉わらば、その首を切りて修蔵（世良）を暗殺するの罪を陳謝し、兵を返して討会せば、少しは補う処あらんを述ぶ。公（慶邦）、応えず。石田・大内等の大夫に迫る。事聴かれず。

真田喜平太は、閏四月二十三日白石を発し、二十四日に福島長楽寺内に設けられた軍事局に到着。福島に両三日滞留の後、同所を引き取り、帰藩のうえ病気を届け、議すべき術策なきを上言し、籠居して出なかった。

五月一日の白河口大敗以来、慶邦公からの度々の招請は、懇ろかつ切実であり、もはや藩主と家臣という関係の情誼ではなく、慶邦公個人からの救援の叫びであった。

七月一日、仙台城御座ノ間において慶邦公御出座のうえ軍評定が行われ、奥表詰以上の諸士が残らず召し出され、坂英力に名代を、真田喜平太に参謀を命じた。

七月三日、坂英力と真田喜平太は出陣につき御殿において慶邦公に謁見し、直ちに出発した。

この坂英力と真田喜平太の軍隊は七月十日に須賀川に到着していることから、福島への到着はおそらく七月六日ないし七日であろうと思われる。

十太夫は真田参謀に伴われて軍務局に出頭すると、屋形様の思召とあって、其方こと数度の戦争に軍功をあらわせしこと天晴《あっぱ》れの至りである。依って世禄百石を加増せらるるとの御沙汰あり。尚お此の上とも衝撃隊長として真田参謀の下に専ら盡力いたすようとの御言葉であって頗る面目を施した。

時に衝撃隊に新付者があり、人員更に増加したので一小隊を増して七番小隊となし、其小隊長として米沢丹三を挙げ、細谷隊長は全隊〔七十四名〕を引率して再び須賀川方面に進発した。

須賀川には水戸、笠松其他の諸藩から大分探偵員らしい人物が入込んで居るので、そのうち最も怪しと見込んだもの五名ばかりを捕えて訊問したところ、果たして探偵員であった。武士は何人《なんぴと》も其主《しゅ》の為めには身命を賭けて、或いは探偵となり間諜となることは当然の事で、素《もと》より敢て其人を憎むべき筋ではないから、一旦捕えたものの縛《ばく》を解いて哨兵線外に放ってやった。彼等は非常に有難がり、幾度となく叩頭《こうとう》〔頭を地につけておじぎすること〕拝謝《はいしゃ》〔うやうやしく礼を言うこと〕して立ち去った。

此時、棚倉藩から脱走して来た誠心隊と云う一隊が、須賀川へ来り十太夫に面会したいと云うので、対面して見ると、其部下に属して烏組に加盟したいと云う。仍《よっ》て承諾を与え、其一隊を八番小隊となし小隊長に太田〔大内の誤り〕友五郎と云うものを立てた。これで烏組の総人員は九十二名〔或いは九十名とも〕となった次第である。

〔付記〕前記、十太夫の組織した一隊は、もと衝撃隊と命名したのであるけれども、別に「烏組」の名称を有するのは、此一隊の服装が一斉に黒と紺づくめであって、山上などに屯集したところを遠望すると、宛《さな》がら鴉の群れ居るようであったので、さてこそ官軍から「烏組」と呼做《よびな》されたものであった。

当事地方の子守唄に、

細谷からすに十六ささげ
なけりゃ官軍高枕

「十六ささげ」とは、前記棚倉藩〔藩主阿部美作守〕の脱藩兵を指したもので、其人員は十六名であったと云う。尚お烏組は前記の如く黒装束であったので、官軍から烏の群のようだと呼ばれたものであったが、後日更に本ものの活きた烏を携帯したので、大に人気を博した。其烏は烏組が仙台へ引揚げ片平丁の鮎貝邸に屯《たむろ》して居た際に死んだ。

そもそも「十六ささげ」とは、東海地方、岐阜県・愛知県の地域ブランドの作物である。莢《さや》に十六個の豆が入っていることが名前の由来であるマメ科ササゲ属の作物であるという。莢の長さが三十から五十センチほどになり、柔らかいのが特徴。このようなことから、新政府軍の大垣藩兵あたりから棚倉藩の勇猛果敢で、しかも鎧兜を着した十六人組を呼称したものと思われる。

この「十六ささげ」について、白河市／白河戊辰一五〇周年記念事業実行委員会編集・発行の『戊辰白河戦争』には、次のように記載されている。

「十六ささげ」とは、棚倉藩の勇ましい十六人組のこと。十六個程の実をつけるささげ豆を連想させる一致団結した集団だったのでしょう。この部隊を率いたのは、慶応四年二月、藩主阿部正静に棚倉から白河への復封の沙汰があった際、白河城の受け取り役を果たした阿部家の一門阿部内膳〔者頭四百石〕です。

当事すでに洋式の軍装が一般的になっていましたが、頑としてこれを拒み、先祖伝来の甲冑に身を固め、槍や弓矢で戦いました。

五月一日、桜町関門を守って薩摩四番隊と交戦。優秀な火力と戦法を用いる敵の銃弾に内膳は斃れます。しかし、隊長を失った後も隊士たちはよく結束し、奇襲戦法を用いて戦い、「からす組」とともに西軍から恐れられました。

戦争後、明治政府は旧藩の戦争責任者を訴追しましたが、どの藩もそうであったように、藩主を首謀者とするわけにはいかず、棚倉藩は、すでに戦死していた阿部内膳の名前を届出ました。

右の『戊辰白河戦争』の記事は平成二十九年（二〇一八）のものだが、二重・三重に誤った記述がなされているので、要注意の文章である。

また、白河市向新蔵の常宣寺にある阿部内膳の墓碑の側に設置されているパネルには次のように記載されている。

阿部内膳

阿部正脩（秋風）の子、棚倉藩家老で戊辰の役に白河桜町口を守る。十六人組の隊長で甲冑に身を固め槍や弓矢の古来の武器で戦う。「仙台烏に十六ささげなけりゃ官軍高枕」と唄われ仙台藩の細谷十太夫と共に西軍に怖れられたが、不幸にして金勝寺にて敵弾のため戦死す。

十六ささげは豆の一種で十六人組をさす。

白河商工会議所　青年部

白河観光協会

次に、大正八年（一九一九）、福島県東白川郡役所内・編纂兼発行人東白川郡史刊行会が出版した『東白川郡史』には、次のとおり記載されている。

戊辰史

〔和蘭陀《おらんだ》式操練〕（阿部）正静の族《みうち》阿部葆眞、外国の事に通ず、従来の兵制を革め、和蘭陀式と為し、自ら、騎して、兵を操る、用ゆる処の砲銃を始め、服装を悉く洋風とし、一も古体を存せず、呼んで開化と云う。

閏四月二十五日、棚倉城、号砲を放って、兵を集め、白河に進発す。

〔棚城進発〕城内、十柵砲を放ち、令を四方に伝ふ、士卒、疾駆して集り、陣容、忽《にわか》に整はる。

総指揮阿部内膳、隊長高木與三兵衛、軍目印藤庄右衛門、副軍目海野甚蔵（後略）

すなわち、阿部内膳は、棚倉藩全軍の総指揮を担う重臣であり、その棚倉軍自体、すでに洋式軍制を整えていたことが分かる。

そして、『東白川郡史』は、いわゆる「十六ささげ」そのものについては、「別手組」として、次のとおり記載している。

〔古装十六士〕別手組隊長有田内記等、十六名、頑として洋化を斥け、特に乞ふて一家伝来の鎧甲冑を着け、金光燦《さん》として、蘭兵の間を縫ふ、最も衆目を惹きしと伝ふ。

別手組隊長有田内記、兵士富田熊太郎、弓須子鋭太郎、和銃有田大介、弓野寺均、同志村四郎、同山岡金次郎、和銃大輪準之助、弓阿部篤四郎、和銃岡部千柄、同村社勘蔵、同湯川賢九郎、同宮崎伊助、同梅原弥五郎、同鶴見瀧蔵、同川上直記。

右により、「十六ささげ」は甲冑に身を固めているが、武器は槍と弓矢ではなく、和銃（火縄銃）と弓矢の部隊であったことが判明した。また隊長は有田内記であったことも明らかとなった。

「白河戊辰戦争回顧録」の第七回〈阿部内膳と十六ささげ〉には、次のような記事が掲載されている。

唯一残された次のような記録がある。

棚倉藩砲兵隊長吉田国之進の実弟五十幡《いそはた》繁次郎が大正十四年（一九二五）、七十四歳の時に戊辰戦争当時の記憶をもとに書いた手記である。

これによれば、西洋嫌いの藩士たちが宇迦《うか》神社〈棚倉町〉に集まり、それまでの家禄をすべて返上して、一日玄米五合のみを受け取ることにした。隊の名前を「誠心隊」とし、隊長阿部内膳の指揮下、鉄砲組八人、弓組七人の和装十六人の別手隊を編成して出陣したという。

慶応四年（一八六八）五月一日の激戦の日、白河城下東の八竜神を守っていた阿部内膳は、狙撃されて重傷を負い戦死した。内膳は負傷したままに助けられて阿武隈川を渡って金勝寺に逃れた。あるいは負傷後に付近の畑の中に潜んで、その後に助けられて棚倉に移送された後死亡した、などの説があるが定かでない。

この五十幡繁次郎の手記が、阿部内膳を誠心隊、すなわち十六ささげの隊長とすることとなった原点であるようだ。しかし、そもそも棚倉藩を代表するような重臣である阿部内膳が、脱藩兵である十六ささげの隊長であるはずもないのである。

烏組の名称について、矢野顕蔵編の「白河口の烏組隊長細谷十太夫」に十太夫自身の談話が収録されているので、次に掲げることとする。

「烏組」の「烏」と付けた訳を話せって、そりゃ面白い話そう。

五月以来「白河口」の戦争に西軍は屡々《しばしば》本街道より進まんとして奥羽列藩の兵に撃退せられ又列藩兵は白河を取り返そうとして撃退せられた。

その時、我輩は懸命になって戦ったが部下の人達も生命を捨てて能くも火水《かすい》(つらく困難な状況のたとえ)と働いてくれたもんだが、我輩の隊は白河の山を死守して屡々官軍を撃退したので、聊《いささ》か敵味方の間に有名になったもんサ、その時のこった官軍の方で、

なんだあの山に何時も烏のように止まっちょるのは、どこの兵ぢゃ、なかなか強いやつぢゃのう

と囃《はや》されたもんだ。

そこで敵お味方も「烏」「烏」と言ったから、それが通り言葉となって、しまいには官軍が、

細谷烏と十六ささげ　なけりゃ官軍たか枕

とて「寝て暮らす」とか囃し立て、それがとうとう敵味方の間に流行《はや》るようになったのだが、本《もと》は「あの烏」のような山の上に止まってると言ったのだ。

それから「黒装束」も原因だ、「烏」のようだからネ面白いだろう。「黒装束」だから烏渡《とんと》わからんサ。

戦なんてものは一度勝つと敵味方の評判となって人気を引っ立てるもんだから烏渡《ちょっと》した事で「烏」、「細谷烏」が有名になったのだ。

我輩の隊は「衝撃隊」と言ったのだ。

我輩が星恂太郎を村田〔柴田郡〕に迎えに行く途中、菅生《すごう》〔名取郡〕で昼飯の時、「烏」が一疋さっさと座敷へ入って来て我輩の皿の肴を喰った、面白いだろう。飼ってた「烏」とは知らず、給仕の者に聞いたら、この辺の男童《おとこわらし》のものだというから、銭遣ってその「烏」もろうたネ。そして「烏」へ糸を付けて早駕籠へ付けて行ったが、これからというものは、この「烏」を連れて廻って行ったが、大の人気者になった。

写真38　からす組の旌旗
（『「明治の群像」２戊辰戦争』三一書房より）

写真39　烏組の旗
（石巻市教育委員会所蔵）

そこで白河の山の上の「烏」のような隊が「黒装束の烏」で広まり、仕舞いにはこの「生きた烏」でいよいよ本物になり、そこで「烏」だの「烏組」だの、やれ「細谷烏」だのと囃さるるようになったんだ。自分一人ばかりの戦ぢゃないのだからネ、みんなが火水と働いてくれたんだからなア。

右の「本物の烏」については、「細谷鴉仙上人の逸事」(下)に次のように書かれている。

この時、十太夫は村田へ行く途中、菅生駅の茶屋に休憩して昼飯を食べてると、鴉が一羽来て、十太夫の膳部の肴を喰らうので、これは不思議な鴉だと茶屋の亭主に訊ねると、何それは子供等の飼って置くのですという。そこで十太夫は世間でおのれのことを細谷鴉というそうだから、いっそ鴉を飼って見ようと思い、銭を子供に与えて鴉を買い、駕籠の上に結《ゆ》い付けて歩いた。常に本陣に飼って置き、行軍の時には兵士がこれを据《す》えて行く、丁度鷹匠《たかじょう》が鷹を据えるようであった。また三足鴉を画いた大隊旗をも作って行軍した。

右によれば、「三本足の烏の隊旗」が作られたのは、星恂太郎の額兵隊を呼び返すため向かった菅生駅以降のこととなるから、九月十五日以降となる。

そして、その「三本足の烏の隊旗」そのものについては、石巻市役所発行の『功績録』の「故細谷直英氏」に、次のとおり記されている。

松岩邑主《ゆうしゅ》鮎貝太郎平時に藩老たり、三本足の鴉を画きたる旌旗《せいき》(旗の総称)を与う、依て之を隊旗とす、是に於て鴉組と呼ぶ。

これにより「烏組の三本足烏の旗」は、鮎貝太郎平からのプレゼントであったことが判明した。

その「烏組の隊旗」であるが、浜田隼雄著「仙台藩の民兵隊—細谷十太夫とからす組」(『明治の群像』2戊辰戦争所収)に掲載する三本足烏の「からす組の旌旗」と、石巻市教育委員会が所蔵する毛利コレクションの「烏組の旗」の二種が存在するが、石巻市教育委員会が所蔵するものは絹地に乳も金地で豪華であり、しかも三本足烏が描かれていないことから、後日作製されたものである可能性が考えられる。

仙台藩坂英力・真田喜平太、会津藩田中源之進、二本松藩丹羽丹波その他を集め、七月十二日の軍議の結果、次のとおりの手配を定めた(『仙台戊辰史』)。

七月十四日子《ね》ノ刻(午前零時)夜襲すべし
棚倉口より細谷十太夫の一隊先手となり、次に小竹長兵衛の二小隊にて単独に働き敵陣中を駈け散らし、会津境へ駈け抜け同所胸壁に付く、この時会兵進撃の約(中略)
白河の艮《うしとら》(北東)隅なる月山口より大松澤掃部之助、大立目武蔵各手勢を引率し初・中・後三手に組み立て襲撃し、戦闘を敢えてせず、単に関門を破り関外に駈け出で速やかに根田左右の胸壁に付き、もし味方敗走敵尾撃せば、これを喰い止むべし（中略）

本道白河関門先鋒猪苗代城代田中源之進五小隊にて関門に迫り控え、細谷の合図にて大松澤の関門を開くと同時に入れ替わり襲撃すべし（中略）

白河乾《いぬい》（北西）の方山に添え、中島兵衛之介一大隊にて白河本道より会津境まで戦地綿々線路これあるに付き、要所要所へ控え討入りの虚勢を張る事

いずれも初・中・後の働き三段三手の備えを設け、合印《あいじるし》・合詞《あいことば》をも定めたり

以上の方策にて、軍の指揮は泉田志摩と増田歴治に任ぜられ、十四日夜九ツ時（午前零時頃）に宿陣を出発して根田（白河北東三キロ）に到着した。しかし、この日は大雨で、泥濘《でいねい》が脛《すね》を没するほどであり、行動が自由にならなかった。

斯くて十太夫の部隊は矢吹新田から進んで本沼村（白河市本沼）を経て、白河を襲撃するつもりであったところ、折悪しく天候俄かに険悪となり、車軸を流さんばかりの強雨となったので果たさず。

十五日未明に進出すべきはずの細谷十太夫・大松澤掃部之助は、大雨のため期に遅れ夜はすでに明けてしまった。さらに辰ノ刻（午前七時頃）には山霧も晴れてしまったので、真田参謀は戦いの不利を察して、引揚げの命令を発した。

しかし敵はすでに会津兵が関門に迫っていることを発見したため、交戦となった。これを見た増田歴治が単身退却を始めたため、諸隊も潰走《かいそう》した。

これにおいて真田参謀は、会津の軍監とともに乱軍の制止に努めたが、新政府軍の攻撃が猛烈であり、手勢をもって戦いかつ退き、小田川を去る四・五町の所に到った頃には主従三人になっていた。この時、真田参謀のランドセル（背嚢《はいのう》）を背負った一隊は大いに善戦したという。そして真田参謀は七曲に退き、さらに大和久（白河北東十二キロ）に退却した。『復古記』所収の「仙台藩記」によると、この戦闘における死者は十七人、負傷者は二十人であった。

『楽山公治家記録』巻之二十八の七月十八日の条に、衝撃隊の隊兵四十三名について次のとおり記載されている。

○十八日、衝撃隊兵粮方扶持人菊田武八、同小荷駄方扶持人佐藤喜太郎、各職ヲ守リ功アリ、衝撃隊扶持人鈴木新八、斎藤安五郎、藤井綱五郎、佐藤徳四郎、田村九二八、山本由兵衛、亀岡豊蔵、水野撰蔵、平山兼吉、駒木根青吉、幕田甚兵衛、幕田米吉、佐藤吉蔵、木村駒蔵、加藤新吉、棚木庄之助、斎藤長松、佐藤熊次郎、篭島金蔵、渡邊辰之助、石田春治、鈴木初吉、各屡《しばしば》進撃功アルニヨリ各俸金二方米三口ヲ加フ、吉田福次郎、鈴木虎吉、小村松太郎、長谷川菊之助、加藤東助、菊池良助、奥津辨吉、佐藤源治、吉田角助、天野重兵衛、武藤松五郎、渡邊覚治、佐藤熊吉、高橋東太郎、橋本房蔵、小野秀之丞、斎藤勉吉、藤沼近之助、坪井民吉（十九名農商ヲ詳ニセズ）本月朔白河口抜群進撃功アルニヨリ各扶持人ト為ス（中略）其他金帛《きんはく》（黄金と絹）ヲ以テ戦功ヲ賞スル前後数百人今略ス、且ツ戦死ノ者ヘ奠儀《てんぎ》（死者に手向《たむ》ける物）ヲ賜フ

阿武隈川の流れを渡って滑津《なめづ》（西白河郡中島村滑津）に出で、到るところ昼夜三日間小競合あったけれども互いに勝敗なく、そのうち三春藩と秋田藩とは同盟を裏切って上方勢に加担し、二本松を襲わんとする気勢あることを探知し、氏家（兵庫）参政に其事を告知したけれども、同参政の信用するところとなら

ず、半信半疑の間にありて別に之に対する準備もせずに居ると、果然翌三日、三春藩兵先鋒となり本宮方面に進出し、我に敵対行為を示して来た。

右の「三春反盟」については、『仙台戊辰史』に次のように書いている。

(七月十六日)列藩兵を須賀川及び郡山に引き揚げたる後、三春・守山二藩の挙動疑うべきものあるを以て、細谷十太夫は部下をしてこれを偵察せしめたるに、反盟の状顕然たり。列藩の諸将相議して三春、守山を討たんとせしに、仙台藩氏家兵庫曰く、確かに反盟の証拠なきにこれを討たんか同盟各藩の人心これより離れん、故に予はこれより三春に至り親しくその動静を偵察し来らんと。(中略)何ぞ図らん二十六日朝に至り三春は公然西軍を引き入れ、仙台藩石川大和の分隊を突然襲撃せしため散々に敗られ、僅かに二人辛うじて逃げ帰れり。仙台藩の戦死者は七名であった。

今まで同盟と思って居た三春藩の此反覆的行動に、仙台を始め徳川、二本松等の藩兵の驚愕一方《ひとかた》ならず、烏組は直ちに安積山《あさかやま》方面から敵軍の動静を探って見ると、本宮駅に駐屯して居ることを確めたので、安積山を迂回して西方の山手を過ぎて本宮の北方に出で、此処にて仙台魚(肴)町の侠客源吉の養子川村今助の率ゆる農兵隊と、仙台藩士三浦(源太夫)隊長との兵と合して南方に回り、本道から三春軍の攻撃を開始したが、伏兵の為めに高倉にて三浦、川村の両隊長ともに戦死を遂げ、烏組も亦敵の先鋒隊と三春軍とに夾撃《そうげき》(挟み撃ち)せられ、悪闘苦戦に陥りしが辛うじて山手の方に退却するの止むなきに至った。

斯くて我が軍は散々な憂目に遭うたので、十太夫は真田参謀等の安否を気づかい部下をも従えず、単身熱海温泉場(福島県郡山市熱海町)に行って見ると、其処には我が仙台藩兵も続々逃げて来たが、何れも

皆士気阻喪《そそう》して戦意あるものとては一人もなく、到底二本松に出づることの不可能なるを認め、止むを得ず石筵《いしむしろ》（郡山市熱海町石筵）まで退却した。

『仙台藩戊辰殉難小史』の「高倉、本宮戦況」によれば、その戦況が次のように記載されている。

列藩の同盟軍は白河に破れ、三春、守山の反盟のため棚倉を恢復すること能わず。依って二本松城を堅守するに若かずと決し、七月二十八日細谷十太夫等は安積山に至りて西軍の動静を窺いしに、西軍は三春より本宮に繰り込まんとする模様なるを以て、諸方敗残の兵を集合し再挙を図る。七月二十七日仙台侠客頭川村今助一隊を率い来り会す。三浦源太夫の隊亦来る。依て本道を避け山道より迂回し本宮北端に出でんとせしも、説行われず遂に本道より進み、細谷独り間道を取ることとす。翌二十八日斥候報じて曰く、三春愈《いよいよ》西軍に降りその先鋒となりて二本松を衝かんとすと。是に於て列藩急に兵を部署し、西軍本宮に迂回すと聞き、細谷先ず西軍と衝突し、鹽森・大立目隊も戦を開始せり。三春・守山の兵は地理を諳《そらん》じ西軍を嚮導せしかば策戦図に当たり、遂に西軍の勝を制するに至れり。

又二本松応援防御に向いし列藩の軍隊は高倉に於て西軍と奮戦したり。二ケ所の戦争に仙台兵の戦死したる者左の如し。

右の「高倉、本宮戦況」の仙台藩の戦死者は、五十九名であるが、細谷十太夫に関係深いと思われる者のみについて、次に記載しておく。

本宮に於ける戦死者

町兵聚義隊長小竹長兵衛、右長兵衛手幸八、大立目武蔵手農兵指揮役坂元小四郎、小隊長三浦源太夫

同日高倉に於ける戦死者

細谷十太夫手農兵

武藤鬼一指揮川村清兵衛、鈴木寅吉、林京松、侠客頭川村今助

十一、降伏謝罪

此夜(二十九日)、十太夫は鳥組をば熱海温泉場に残留し置き、単身石筵に行き真田参謀に面会して本日の戦況を本陣に報告すべく告げ、笠原某と両人にて福島への間道二本ケ嶽の麓から二本松城の西方に出ると、遥かに二本松城に火の手が揚り黒煙濛々《もうもう》として天に漲《みなぎ》って居ることを認めた。福島に近づく頃には男女老幼互いに手を引き合うて落ち来るもの幾百人なるを知らず。

藤原相之助の『仙台戊辰史』は、「二本松の悲壮なる落城は人をして正視する能わざらしめたり。仙台の細谷十太夫はその日記に特筆して曰く」として、二本松士民の惨状を伝えている。

この日(二十九日)二本松獄下通り二本松に出でんとして進み行きしに、二本松城の焔炎《えんえん》盛んなるを望見す。斯くては到底同地に出る能わずと思い、再び獄下に戻り荒井原通り福島に出でんとしたるに、二本松より逃げ来る男女老若のさまは実に見るに忍びず、聞くに耐えず。饑《うえ》に泣くもあり。疾《や》みて哭《こく》する(大声をあげて泣く)ものあり。幼児の手を携えかつ負いて走る女もあり。若き者の肩にかかり、喘《あえ》ぎ喘ぎ涙を流して来る老人もあり。中にも昨夜分娩《ぶんべん》せりという若き女が人の肩にかかり殆ど生色《せいしょく》なくしてトボトボと歩み来れる。げに悲惨の極みなり。自分も空腹耐え難くて畑の中の西瓜《すいか》を頻りに狙いては採り喰いけるが、その中の大きやかなるを晩食にせばやと、鎗の尖《さき》に貫きて担ぎ来りたりしに、饑えたる子供の跣足《はだし》にて今か倒れんさまに歩み来れるを見て、これを与えたり。子供は喜びに耐えざり兼、皮の儘《まま》に喰いつけり。聞けば昨夜より一粒も喰

写真40　二本松御城郭全図（二本松市案内パネル）

わず。庭坂まで落ち行くなりとぞ。

七月二十九日の二本松落城により、奥羽街道はまったく中断され、須賀川にあった同盟軍は前後に敵を受けることとなった。同日、坂英力・真田喜平太・泉田志摩・増田歴治・大松澤掃部之輔・鹽森主税・氏家兵庫らは軍議を開き、さらに二本松を衝こうとしたけれども、敗兵散乱する状況であったので、再挙を図るため、会津方面に退き米沢を経て福島、桑折に出て、本国に帰ることに決した。同日、仙台藩兵が会津石筵口に至り、仙台藩兵の大勢が宿営できないため、将校のみを仮営に入れ、兵士は火を山上に炊き暖を取ることとした。

翌八月一日、陣代坂英力らは保成関門を出発して、横向通りを土湯に至り、飯坂の険阻を経て、摺上川《すりかみがわ》を渡り湯村に到着したが、途中大雨に逢い非常の艱難《かんなん》（困難にあって苦しみなやむこと）を嘗《な》め、同月八日に桑折に到着した。

而《しか》して福島に着いて見れば、此処もまた城は既に明け放たれ家中の面々、町家の者ども皆難を避けて何れにか姿を隠し、町内多くは空家となって居る状

態なので、駕籠を僦《やと》わんとするも一挺もなく、漸《やっ》と人夫に頼んで捜して貰い、それに乗って白石の本陣に到って委細の状況を報告した。

藤原相之助の「細谷鴉一夕話」に、十太夫が福島で米沢藩の雲井龍雄と会ったときのことが、次のように書いている。

それで五月二十一日の初戦から七月二十六日まで、場所は小田川から二本松までの間を、着の身着の儘の死物狂いさ。福島へ引き揚げて来たときは、羽織も小袴もオンボロサンボロ、乞食よりも酷《ひど》い。顔も手足も垢《あか》と塵埃《ちりぼこり》で真っ黒、目ばかり光ってるのだ。その時米沢の雲井龍雄から俺への申し込みがあったのだが、雲井は天下の形勢から策を立てるのである。然るに俺にして見ると、貞山様（藩祖伊達政宗）以来の仙台の御家が如何なる、屋形様（伊達慶邦）の御身上が如何なるということで胸が一ぱいなのだ。それに俺の為に死んで呉れた手下や、これから先も命を投げ出して呉れる手下の奴等の前途が俺の双肩にかかる責任だ。なかなか雲井などの相談に乗っては居られない。俺の一身の苦楽からいえば、死んだ方が、どんなに楽だったか知れないのだがナ。

米沢藩の雲井龍雄は、六月に薩摩藩の罪科を訴えた「討薩ノ檄」を起草し、奥羽越列藩同盟の奮起を促した。雲井龍雄は、この後、上野と下野に潜入し西軍の勢力下にある諸藩に工作して戦いの勝機を得ようと画策していることから、雲井が十太夫に相談したのは、この件ではなかったかと思われる。

雲井は会津藩士原直鉄と二人で檜枝岐《ひのえまた》から尾瀬を越え、八月八日に上州沼田藩領須賀川村（群馬県片品村）に到着。ここで前橋藩、小幡藩を同盟側に引き入れようと、沼田藩を通じて工作しようとした。同月十八日、西軍の軍監姉川栄蔵から会ってもよいと呼び出しがあり、指定の場所に向かう途中で、西軍に銃撃された。一方、須賀川村

写真 41　龍雄雲井君之墓表（東京谷中墓地）

に残った同志三名は、西軍に取り囲まれ斬り殺された。

雲井は、明治三年二月、東京芝の二つの寺門前に帰順部曲点検所なる看板を掲げ、脱藩者や旧幕臣に帰順の道を与えよと政府に四回にわたり嘆願書を提出。新政府に不満を持つ旧幕府方の諸藩士が屯集した。これが政府転覆の陰謀とみなされ、明治四年十二月二十六日に判決、二日後に斬首刑に処せられた。享年二十七歳。

「仙台鴉組ト称スル者、博徒ヲ召集スル者ニシテ、尤乱暴ヲ極ムト云フ」という記事が、新政府軍側の公式記録にあることが確認できる。それは、東京帝国大学蔵版『復古記』第十三冊「白河口戦記」所収の土佐藩記録「山内豊範家記」の七月二十九日の項である。

是時、福島ノ城主城ヲ棄テ逃ル、福島ノ人民、官軍ノ城ニ入ランコトヲ請フ、且ツ下手渡、川俣ノ民モ亦頻リニ官兵ノ繰込ヲ請フ、遂ニ賊ノ首級ヲ携ヘ来リ信ト為ス、蓋《けだし》賊敗潰《はいかい》ノ余、諸村ヲ放火奪掠《だつりょう》シ、民患《わずらい》ヲ為ス甚シキ故ナリ、仙台鴉組ト称スル者、博徒ヲ召集スル者ニシテ、尤《もともと》乱暴ヲ極ムト云フ……。

次いで、福島藩記録「松倉家御歴代略記」（『福島県史』第三巻近世二所収）に、福島城下における鴉組の放火略奪行為について、次のように書かれている。

福島開城後、市民等ハ城下町放火セラレンコトヲ恐レ、各町協議之上左之面々ヲシテ惣代委員ト定メ、消防隊ヲ組織シテ昼夜怠ラズ、(中略)鴉組ハ屡々来テ福島ヲ襲フ、已ニ馬喰町入口ニ火ヲ放テリ、即チ消防隊ハ進ンデ火ヲ鎮メ、一方ハ兵器ヲ以テ之レニ当リ、北南町中央ニ而互ニ討合、鴉組数人ヲ討殺ス……。

一方、江北散士編『烏組隊長細谷十太夫』には、次のように記している。

この夜(二十九日)、十太夫は烏組をば熱海温泉場に残留し置き、単身石筵に行き真田参謀に面会して本日の戦況を本陣に報告すべく告げ、笠原某と両人にて福島への間道二本ケ獄の麓から二本松城の西方に出ると遥かに二本松城に火の手が揚がり黒烟濛々として天に漲って居たことを認めた。福島に近づく頃には男女老幼互いに手を引き合うて落ち来るもの幾百人なるを知らず。

右のとおり十太夫は、この二十九日には烏組の隊員を福島を隔てる郡山の熱海温泉場に残留させていたことを証言している。

次に、『仙台戊辰史』の二十九日の記事をみると、次のとおり書かれている。

二十九日福島軍務局詰仙台家老石母田但馬は若老始め諸役を召して存慮を問う。皆曰く、用ゆべき兵僅かに二小隊にすぎず、ここを守りて敵に退路を絶たれんか、国境を如何せん、退きて封界を守るに如かずと。但馬意を決して諸隊を集合し布施備前を先鋒とし雑人を中とし自ら後陣に連なりて福島を出発し桑折に宿陣す。同三日には福島を警戒するため布施備前瀬上駅に出張し、先ず宮代志津三郎、砂澤八郎兵衛等を福島駅に進ましめたるに、駅内に農兵一千余屯集し防虎隊と称し槍、太刀、鍬《くわ》、鎌を携え、仙台兵を攻撃せんとす。蓋し仙台農兵荒井丹宮が率いし猛虎隊〔博徒不良より成る〕が石母田の去りし後、制するものなきに乗じ乱暴を働ける故、町民蜂起してこれに対抗せんとするなり。その夜、防虎隊使者を西軍に遣わし福島に入らんことを請いしに、西軍怪しみてその使者を斬りしため、福島士民また仙台を慕う。是に於いて布施備前は猛虎隊を先鋒とし、国安彦兵衛、平田小四郎、須田堅吉をこれに属せしめ福島駅を去る十町余の所に屯《たむろ》す。平田、須田、宮代等先ず駅内に入り鎮撫せんとす。新布袋屋《しんほていや》前に至れば暴民鯨波《くじらは》（鬨《とき》の声）を作りて乱暴して須田を殺す。宮代、平田辛うじて免れ、桑折に帰りてこれを報ぜしため、大越文五郎の隊を繰り出せしが、農兵さらに瀬上まで進み来りして、討ってこれを退けたり。

右の福島農兵の防虎隊によって殺された須田堅吉について、『仙台藩戊辰殉難小史』には次のように記している。

　福島方面に於ける戦死者
　　一番大番組頭人数取締役　須田謙吉

これらの史料を総合すると、二十九日の仙台藩兵の福島撤退の後に福島城下を放火略奪したのは、烏組ではなく猛虎隊であったことになる。したがって、「山内豊範家記」の「仙台鴉組ト称スル者、博徒ヲ召集スル者ニシテ、尤乱暴ヲ極ムト云フ」という記述は、烏組についてのものではなく、土佐藩兵が仙台藩の博徒隊と聞いて直ちにこれを烏組としたのも、それだけ烏組の名が新政府軍側に十分知られていたことの証左になるであろう。

また、同盟軍の軍務局が置かれていた福島市の長楽寺の境内にある「細谷十太夫組戦死墓」の側に建てられている標柱に、「仙台藩烏天狗組之碑」と書かれていることも、細谷十太夫側が名乗ったものではなく、福島士民が呼んだあくまでも俗称であるから、たとえ烏組が烏天狗組になったとしても誤りとは言えない。

時代考証家の名和弓雄氏の『必勝の兵法忍術の研究』という著書に、「伝仙台藩からす組の制服」と題する写真が二枚掲載されている。そして、その写真には「格子鎖入、うるし掛け、外被、長袋」と注記されている。

一方、本文の中では、「徳川時代になると、忍びの者自身、窃盗という字をあてて、しのびと読ますことや、しのびという語感に、嫌悪を覚えたらしく、なるべく忍びという、字を避けているようである。早道の者。早足組。忍び目付。物聞き。黒はばき。小隼人組〔津軽藩、二百石取り藩士中川小隼人を首領とする忍び組〕。烏組〔仙台藩、忍び者細谷十太夫を首領とする遊撃隊〕など、忍びの者の集団と、おもえぬ呼びかたをしている。」とのみ記載し、烏組を仙台藩所属の忍者集団と誤認しているのである。

しかし、前に引用した「細谷鴉一夕話」に、「五月二十一日の初戦から七月二十六日まで、場所は小田川から二本松までの間を、着の身着の儘の死物狂いさ。福島へ引き揚げて来たときは羽織も小袴もオンボロサンボロ乞食より酷い。」とある位であるから、烏組の制服はもはや保存できる状態になかったことは明らかである。

斯る状況なので君公を始め各役人の人々も頓《やが》て本陣を引払って一同仙台へ引揚げられた。

それから十太夫は引返して瀬上駅に至り仙台から繰り出した新兵を指揮して同地を固めさせ、烏組は石筵から会津領を経て米沢領に入ると、此所を固めて居た米沢兵が三面から敵軍に掩撃《えんげき》（敵を不意に攻撃すること）され頗《すこぶ》る苦戦の最中であったが、烏組の到るを見て応援軍と思い引き止めて放さず、漸《よう》やく使者を遣て呼戻し福島に入らんとすると、此時、駒ヶ峰方面が危急の由《よし》が聞えたので、昼夜兼行で八月九日駒ヶ峰に到着したが、敵味方の距離極めて接近して僅かばかりの水田を隔てて互いに銃火を交えて居た。

十太夫は参謀と執政とに一種の謀略を献じたところ、最も然るべしとて直ちに採用された。其謀略と云うのは、是れまで山手方面には比較的少数の兵を置き、却って海浜に多数の兵を配って置いたのを、今回反対に山手には多数の兵を配り海浜に少数の兵を置くと、敵軍は策略を変更したことを知らず、手薄と見て山手方面に打掛って来たので、作戦思う壷《つぼ》に塡り、此時ばかりは意外の捷利《しょうり》（勝ち戦）を得た。

其夜また更に別策を献じて、是亦思う壷に塡った。即ち今回は駒ヶ峰方面に多数の兵を配り山手方面は幾分手薄となった。果して敵軍は其翌十一日海浜《はま》方面を手薄と見て攻めかかって来た。此時、駒ヶ峰は遂に敵軍に破られたけれども、山手方面は相変わらず捷利を得た。其夜駒ヶ峰の兵は新地まで退却したが、山手方面の兵は踏み止まって陣地を保って居た。

次に、『仙台藩戊辰殉難小史』の「第十三　駒ヶ峰、旗巻戦況一斑」を掲げ、戦況を概観しておく。

同年八月十一日西軍兵を分ち国境菅谷、曹善堂、駒ヶ峰に迫る。我兵奮闘す。十日崎と藤崎との間最も烈しく、敵は龍昌寺を焼きて我軍を挟撃す。此役斬首十五級、捕虜若干及び敵の輜重《しちょう》（武器と食料）を奪う。同月十三日軍議所を坂元に移す。同月十六日我軍兵を分ち三面より進撃す。又別に旗巻口より西軍の背後を突かんとす。登米亘理の兵を合して先鋒とし、駒ヶ峰を囲みて敵を撃退す。時に驟雨《しゅうう》（にわか雨）甚だしく尤も苦戦す。同月二十日総攻撃を画策して昧爽戦《まいそうせん》（夜明け方の戦い）を開始し、客将春日左衛門、仙藩今田小太郎と合し進撃す。鮎貝太郎平は大砲数門を以て旗巻峠より椎木大坪辺の西軍を瞰射《かんしゃ》（上から見下ろし射撃する）し兵を進めて、曹善堂より出でて敵の胸壁数ケ所を奪い、初野椎木間に在りて敵を襲撃す。又浜手に於ける松山勢は大戸釣師辺に激戦して敵の胸壁を奪い、西軍又激しく戦い勝敗未だ決せざるに、曹善堂破れ敵の挟撃を受け、遂に退却の止むなきに至る。此役に於て戦死者九十余人を出したり。

九月十日西軍旗巻を襲うの計画を偵知し、細谷十太夫今宵暗黒に乗じ逆襲せんと諸兵を合わせ、枚《まい》（声を立てないように軍兵の口にくわえさせる木）を銜んで秘密に出発す。西軍も亦た暗夜を利用して襲撃し来たるに逢う。両軍抜刀接戦多くの死者を出せり。翌暁、高城左衛門大砲を率い来りて戦勢を助く。両軍入乱れて激戦数時間に渉る。敵は新陣新手を替り来りて鬼石の胸壁を奪う。各方面の戦線我軍利あらざるを以て、九月十一日諸将本陣に集会し前日の敗辱を雪がんことを議す。時に菅野守人、君命を齎《もたら》し来りて休戦を諸軍に令す。

翌十二日、旗巻峠の戦いに一方の敵軍を撃破したが、此日双方相引きとなり、峠の上に守備兵を置いて敵軍の来襲に備えた。此時、十太夫は君公よりの御呼出とあって早打にて御前に罷り出ると、参政（執政の誤り）遠藤文七郎を以て仰せ出さるるよう、今回四條総督まで降伏謝罪の儀を申立てられ、朝廷よりの御沙汰を御待ちあそばさるることとなったにつき、一般休戦いたすべきようとの御沙汰であった。君命なれば今更致し方なく謹んで了承の上、其儘帰隊して大場にある敵軍に書面を以て休戦の旨を通知し、其後の情勢を監視しつつ本藩よりの沙汰を待って居た。

右の「大場にある敵軍に書面を以て休戦の旨を通知し、その後の情勢を監視しつつ本藩よりの沙汰を待って居た」に対応する記事が、『仙台戊辰史』に収録されているので、次に記すこととする。

十太夫以為く国論巳に一変して降伏に決す。戦闘を継続して彼我共に死傷するは無意味なりと。よって使者役斎藤勉に金山館主中島虎之助の臣某を添え、一書を西軍の陣に送る。曰く、

今般主人松平陸奥守儀軍門ニ於テ謝罪降伏寛典ノ御処置アランコトヲ四條殿下ニ嘆願シ候ニ付、謹慎能在候故、休戦致スベキ旨申シ渡シ有之、仍テ此方ヨリ御敵対不申候得共、御進軍之アルニ於テハ防御致スベク一応ノ御断リ迄此ノ如ク使者ヲ以テ申シ進ジ候也〔慶応四年九月十一日〕

仙台藩衝撃隊長細谷十太夫

〔名　不　明〕

大場御本陣御中

而して西軍よりの回答は左の如し、

御書面ノ趣委細承知致候也〔九月十一日〕

細谷十太夫殿

『楽山公治家記録』の巻之二十八の九月六日の条に、十太夫への辞令が次のとおり記載されている。

○六日（中略）細谷十太夫ヘ近習鉄炮組頭格〔二百五十石高役料〕ヲ命ズ

越えて八月二十日（九月十四日の誤りと思われる）、伊具郡金山の本陣〔中島虎之助居館〕へ参政大内尚之輔参着し、

「此度君公には遠藤文七郎を以て四條殿まで降伏謝罪の義を御上申あそばされたる間、各隊とも皆々仙台へ引揚ぐるよう」

と各隊長へ申渡した。

因《よっ》て各隊長は其旨を部隊部隊に告達すると、各隊とも忽《たちま》ち議論沸騰して紛々《ふんぷん》（ごたごたと乱れるさま）擾々《じょうじょう》（入り乱れるさま）、激怒するもの憤慨するもの嘆くもの悲しむもの、各隊とも異常に喧噪《けんそう》（人や物音で騒がしいこと）を極めた。此時、十太夫のみは黙然として一語を発せず、左の国風一首を本陣の柱梁《ちゅうりょう》に貼付《てんぷ》し、部下の兵を率いてサッサと仙台へ引揚げた。

梓弓《あずさゆみ》ひきてゆるすも君の為め

ここで、戊辰戦争の時期に仙台藩内で結成された諸隊について、『仙台市史』通史編6近代1が掲載するものを次に記載しておく。

〔隊　名〕	〔統　卒　者〕	〔構　　成〕	〔備考（人数など）〕
額兵隊	星恂太郎	長男を除く藩士の子弟	八〇〇～一〇〇〇人 一部箱館渡航
折衝隊	不明	農民	一六〇〇人
聚義隊	真田喜平太・早井亜幹	侠客・博徒など	一部箱館渡航
衝撃隊	細谷十太夫	侠客・博徒・農民	別名烏組
猛虎隊	不明	博徒	
勇義隊	牧野貞成	農民カ	一部箱館渡航
熊羆隊	不明	不明	
天伐隊	不明	農民	気仙地域で結成
震激隊	不明	農民	気仙地域で結成
飛竜隊	江馬亀之進	農民・猟師	
貫山隊	不明	領内の浄土真宗 寺院の僧侶	
飛行隊	不明	領内の修験	

抱義隊	不明	不明	降伏後結成
見国隊	二関源治	元額兵隊士など	箱館渡航
保勝隊	塚元誠之允	不明	
回天隊	小梁川敬治	不明	
機進隊	不明	不明	
竜虎隊	不明	農民・職人	

額兵隊と見国隊については後に詳しく記載することとして、それ以外の諸隊について情報を補充しておくこととする。

はじめに聚（集）義隊についてだが、『仙台戊辰史』には次のように記載されている。

討会軍の組織に関し尚一の伝うべきものあり。そは侠客今助なるものの集（聚）義隊是れなり。

今助は大町一丁目に居住する侠客の大親分にして畧《ほぼ》武術に達し意気を以て称せられ、近国の博徒侠客にして仙台領に来るもの今助の命を奉ぜざるなし。

然るに討会の役起らんとするや、士気振わず、薩長兵の来るに及びては之が為に嘲笑せらるること多きを見て、憤慨已《や》まず。縦令《たとい》町人なりとも国家（仙台藩）の為めに黙視するに忍びざるが故に、登城して太守公に拝謁し死を以て建言すべく、無礼の故を以て御手討となるか、若くは切腹して死するの覚悟をなして将に登城せんとするを聞き、藩士田邊覧《ママ》吉往《ゆ》いて之を制止したれども肯かず。今助が予て桜田春三郎（後に桜田桜麿）に師事して深く服従するを知るが故に、春三郎の弟東四郎を呼び告げて曰く、今助を説諭して服せしめ得るものは汝の兄のみ、往て阿兄に説き今助を説得せしめよと。東四郎之を春三郎に告ぐ。時に春三郎は米沢国境湯原口の軍監を命ぜられ居りしを以て公然今助方を訪るるに由なきが故に、日暮を待ち編笠に顔を隠して今助方へ行き別室に招き問うて曰く、聞く汝登城して太守公に建言し自刃せんとすと、果して然るか。今助曰く、奴《やつがれ》も亦仙台所領のものなり、国家の為に此際一命を棄てん覚悟なりと。春三郎曰く、好《よ》し汝の一命を棄つる覚悟は予よく之を知る、但同じく棄つる命ならば犬死せんよりも実功を奏して死するの道あらば汝之に従うか。今助曰く、謹みて命を奉ぜんと。是に於て春三郎容《かたち》を更《あらた》めて曰く、会津を討たんとの議は我等同志の昨年来語り合える事なり、但し昨年ならば千人位の兵を以て討ち得べかりしも、今や彼れ京都より悉皆兵を繰戻し国境を固め守備を厳にせしが故に、討て本城を抜くこと容易ならず、然れども彼元より孤立して兵粮弾薬に限りあり、若し敢死《かんし》の徒一両名彼の国に忍び入り兵粮庫と弾薬庫とを焼かば、必ず騒擾狼狽せん、其の機に乗じ攻め入らば之を降すこと易々たり、然るに此の事に任ずるものは士人にては不可なり、盗賊博徒の雄ならでは能くし難かるべし、汝の部下に其の人あらば之を許れ、是れ実に大任なり、汝死を以て此の事を果さば登城諫死《かんし》に優《まさ》ること万々《ばんばん》(絶対)なりと。今助呻吟《しんぎん》(うめくこと)して曰く、奴の配下に適任のもの一名あり、但し目下獄中にあり、如何ともするなしと。春三郎は町奉行に談じて其のものを出獄せしむるの手続をなすべ旨を告げしにぞ。今助は感激拝謝して必ず其の事に任ぜんことを誓えり。是に於て春三郎は更に町奉行を訪い、在獄中の囚徒某を仮に出獄せしめたき旨を語り、夫々の首尾をなして出陣せり。

依て今助は某の出獄を待ち、会津の関門より忍び込ますべき準備をなし居りしに、四月に至り軍事益々多端となり藩士のみを以て方面に任ずる能わざる為め、軍事参政真田喜平太は侠客博徒を以て一隊を作るに決し、桜田敬助の投機隊(三月十六日、剣槍の強壮を以て組織せる)に附属せしむることとし、敬助は同七日桑折に向け出発、喜平太は八日に出陣せしが、同十日山岡文助(投機隊員)早飛脚を以て白石より帰り、敬助の父良佐に面し速かに今助の子分を以て一隊を作り出陣せしめられたき旨を陳述せし為、良佐は今助を呼び山岡文助をして談ぜしめたるに、今助曰く、奴先約の大事あり動くを得ずと。文助百方説諭すれども約諾を変ずるは男児にあらずとて肯かず。更に及川三成をして厳談せしめたるに、十二日に至りて漸やく諾せしを以て、良佐は之を呼び刀一振金五両を与え、子分へ着せる為め稽古着筒袖仕立及び居合刀を与えしかば、今助は取敢えず鎌田金太郎外八人の子分を引連れ司日出陣、越河にて真田喜平太に面し桑折にて桜田敬助に附属せしが、更に子分を促がして順次戦地へ送りたり。尚其の着衣武器等は肴町の目明川村源吉之を周旋し、佐藤貞吉〔大町五丁目〕、境與三郎〔立町〕、関東又五郎〔本木町〕、斎藤佐七〔国分町〕、縫間繁次郎〔同〕、大垣潮九郎〔二日町〕、佐藤屋鶴五郎〔同〕、田妻庄八〔中新田〕、高橋周治〔涌谷〕、日妻辰五郎〔中新田〕、日妻愛蔵〔同〕、落合熊之助〔諸山〕、三國源蔵〔古川〕、鈴木伊四郎〔肴町今助の妹聟〕等追々走り向いしが、是等は何れも剽悍決死の徒にて追々其の数も多きを加え、今助は士分を以て遇せらるるに至り、之を集（聚）義隊と号して、国論一変後も各所に奮戦、異彩を放ちしこと、後に組織せられし細谷十太夫の鴉組と好一対なりき。

『仙台戊辰史』に、その後の川村今助の動向について、次のように記載している。

四月二十六日本宮にて仙台の侠客川村今助〔後に集義隊長となる〕怪しき虚無僧を認めて之れを取押え訊問せしに、之は会津藩にて兵術指南をなすものなりきという。如何なる目的にて来れるかと問いしも答えず。只「周旋」云々という書類を取出して之を示すや否や、一尺五六寸の小刀を抜き、今助へ斬り蒐りしかば、多勢にて之を押え大野屋というに連行き糾明せしに、彼曰く、国家の為にするのみ、武士は相身互《あいみたがい》、何ぞ責むるの急なると、瞠目して復た言わず。今助怒りて之を斬りぬ。蓋し此日本宮に放火し醍醐少将を生擒《いけどり》すべしとの流言もありしが為めなり。虚無（僧）の遺物として今助より桜田敬助へ届け出で、石母田参政の陣所へ差し出したるは、脇差一、南部釜一、金貳歩二朱、木綿袷《あわせ》一、足袋二、肌帯一丈、天蓋《てんがい》一、横葛籠一、白大風呂敷一なりしが、大野屋へ座敷を穢《けが》せし料として十両を、今助へは捕縛の賞として金五両を与え、醍醐少将を保護する為め、少将の乗馬を取換え三騎一組三段として中山口より本宮へ帰りき。

また、仙台町兵小竹長兵衛について、『仙台戊辰史』に次のように書いている。

（閏四月）二十二日世良の附属長藩松野儀助、白河口より逃げ去り世良の跡を慕いて福島に着し金沢屋に尋ね行き、参謀殿は何れへ参られしやと問うも答ふるものなし。仙台町兵小竹長兵衛出でて告げて曰く、世良修蔵は密書露顕、奸悪の証據歴々たるを以て昨日誅戮《ちゅうりく》（罪にあてて殺す）を加えらる。汝も與党として免がるべからずと。依て町裏へ連行き斬首せり。

しかし、『仙台藩戊辰殉難小史』の七月二十八日の戦死者としては、次のように記載されている。

本宮に於ける戦死者
町兵聚義隊長　小竹長兵衛
同日高倉に於ける戦死者
細谷十太夫手農兵
　侠客頭　川村今助

右のように聚（集）義隊長は川村今助から小竹長兵衛に交代されており、川村今助は細谷十太夫の指揮下の侠客頭として一隊を率いていたことになる。

また、『仙台戊辰史』には目明し川村源吉について、「源吉は小竹長兵衛の父」と記載されていることから、肴町の川村今助は源吉の娘婿であったため、聚(集)義隊長の座を小竹長兵衛に譲ったものと思われる。

聚義隊の統卒者の一人早井亜幹については、『仙台人名大辞書』に次のように記載されている。

ハヤイ・アカン【早井亜幹】将校。通称大佐春帆と号す、夙に西洋砲術を大槻龍之進に学び、又江戸に游びて洋兵を講ず、常に開国を主張して国事に奔走す、明治維新の初め陸軍大尉に任じ、監軍三好重臣に親任せらる、(中略)大正十三年一月一日没す、享年八十八、仙台堤町日浄寺に葬る。

(戊辰当時・三十歳)

猛虎隊の統卒者は不明とあるが、『仙台戊辰史』の八月三日の記事に次のように記載されている。

仙台農兵荒井丹宮が率いし猛虎隊〔博徒不良より成る〕が石母田(福島軍務局詰仙台家老石母田但馬)の去りし後、制するものなきに乗じ乱暴を働ける故、町民蜂起してこれに対抗せんとするなり。

また坂田啓編著『私本仙台藩士事典』によれば、荒井丹宮として知行一七貫一〇〇文(百七十石余)、虎の間番士と書かれている。

しかし、『仙台藩戊辰殉難小史』の「駒ケ嶺、旗巻戦況一斑」の「九月十日旗巻方面合戦に於て仙台藩の戦死者は左の如し」では、次のとおり、荒井丹宮は天伐隊を指揮し、猛虎隊は荒井良治が指揮しているが、両者の関係は不明である。

天伐隊荒井丹宮手農兵　吉岡　源次郎
　　佐藤　豊三郎
諱は延義遺髪を天神下徳泉寺に葬る法號釋義顕信士行年二十三
猛虎隊荒井良治指揮
　農　兵　高橋　安之助
　　佐藤　甚治
　　荒井　勝治
　　玉川　平治
　　菅野　藤八
　　中鉢　新蔵
　　豊田義右衛門
　　貝山　覚三郎
　　酒井　昌之進
　　藤枝　孝蔵
　　佐藤　吉之助
　　坂本　平助
　　加藤　銀蔵

勇義隊の統卒者の牧野貞成については、『仙台人名大辞書』に次のように書かれている。

マキノ・サダナリ【牧野貞成】志士。字は千里、通称大勝、遅堂と号す、戊辰の際青年志士を以て国事に奔走し、奇才を以て称せらる、西洋砲術を以て儕輩（ともがら）の間に鳴る、明治四十五年四月八日没す、享年七十一、仙台東九番丁考勝寺に葬る。

（戊辰当時・二十七歳）

天伐隊の統卒者は不明とあるが、『仙台藩戊辰殉難小史』の「駒ケ嶺、旗巻戦況一斑」の「同年九月十日旗巻方面合戦に於て仙台藩の戦死者」では、前出のとおり天伐隊を荒井丹宮が指揮を取っている。

貫山隊の統卒者は不明、構成は領内の浄土真宗寺院の僧侶と記載されているが、姉歯量平著『戊辰戦争と貫山隊（新発見）』によれば、概要次のように要約できる。

慶応四年七月に伊東相模組、御小姓頭手前、物書、佐藤文弥太に貫山隊長を仰せつけられ、浄土真宗系寺院の僧侶を召集して僧兵隊を編成し、八ツ塚正楽寺〔東本願寺系寺院〕と北山称念寺〔西本願寺系寺院〕の両所に集合し、丁（遇数）の日は称念寺、半（奇数）の日は正楽寺へ相寄り、軍事訓練を行い、隊員数六十名、その構成は六隊からなり、八月二十九日蒲生の警備に出動した。十月十日、伊東相模の厳命により解散したようである。

飛行隊の統卒者は不明、構成は領内の修験とあるが、『仙台戊辰史』には、飛行隊についてやや詳しく次のように記載している。

飛行隊は封内の修験者を以て組織せしものにて、良覚院管野諦眞の配下たり。桑島松之丞之を統轄して三小隊を編成し、川地十郎兵衛、長沼清三郎、梅村信太夫小隊長たり。五月より七月迄国分薬師堂に屯して操練を行い、七月二十九日に至り二本松恢復の目的を以て仙台を出発し、油井を廻りて此の役に参加勇戦せしなり、当日梅村小隊長の戦死するや、小隊司令佐々木舜永（巴渓）代りて指揮したりき。

此隊は二十三日松川へ出張せしが、九月十日に至り引揚の命あり、其中二十名は湯ノ原へ廻り、同二十八日帰仙せりき。

また、『仙台人名大辞書』には次のとおり書かれている。

ウメムラ・シンダユー【梅村進太夫】藩士。戊辰の役、飛行隊を組織し、之を率いて出征す、明治元年七月二十九日、二本松落城の時奮闘して戦死す。

『仙台藩戊辰殉難小史』には、七月二十九日に「二本松戦況」として次のように記載している（『仙台戊辰史』により補筆する）。

福島方面に於ける戦死者

飛行隊長　梅村進太夫

二本柳に於ける戦死者

飛行隊修験隊長桑島松之丞手

愛子林泉寺代事　藤倉榮之丞

中新田和善院事　鈴木貞治郎

狼河原覚明院事　佐藤順次郎（『仙台戊辰史』のみ記載）
国分正寶院（常法院）事　石川　登
栗原櫻目寺事　佐々木右近（佐々右門）
中村寶積院事　亀井　顕輔
谷津大寶院事　瀧田雄之進
姉歯三明院事　工藤鐵之進
眞坂大善院事　木村慶之進
清水目明喝院（明唱院）事　小山東之進

また『仙台人名大辞書』に、飛行隊第三小隊司令としての佐々木巴渓について、次のとおり記載されている。

ササキ・ハケー【佐々木巴渓】神官、書家。諱は守眞、通称舜永、巴渓また鶴巣松園と号す、もと仙台切通修験和光院主、准院家良覚院の家老なり、（中略）明治戊辰の役飛行隊第三小隊司令となり、兵を率いて福島八丁目二本柳等に戦う、役後王政一新神仏混淆を禁ず、（中略）明治七年復飾、国幣中社鹽釜神社主典となる、後ち縣社金華山黄金山神社々掌より社司に陞《のぼ》る、（中略）昭和六年四月八日没す、享年九十一、仙台通町光明寺塋域に葬る。

（戊辰当時・六十三歳）

回天隊の統卒者の小梁川敬治について、『仙台人名大辞書』に次のように書いている。

コヤナガワ・ケージ【小梁川敬治】志士。但木土佐の二男、戊辰の役回天隊長として西軍と戦う、役後猥りに賊論を唱えるに依って蟄居謹慎に処せられ、明治三年二月赦免せらる。

右の諸隊以外にも、『明治忠孝節義伝（一名東洋立志編）第三輯』（国立国会図書館デジタルコレクション）によれば、刈田郡白石町の義侠家上西甚蔵について次のように記している。

戊辰の役起るに当り甚蔵、国八（甚蔵長子）、伊達氏の軍政方を命ぜらる。是に於て農義兵一千有余を募り、之を二隊に分ち、藩主に請いて本藩士大立目重成、岡部雄之助を隊将とし、名くるに妙力、震撃を以てし、自費を投じて軍器軍装を調え、三男時之助を属将と為し、伊達氏の軍に従い白河関に至らしむ。甚蔵、国八、皆伊達氏の参謀部に在り力を盡くして職を奉ず。

また姉歯量平著『戊辰戦争と貫山隊（新発見）』によると、「佐々（久）先生（元宮城県図書館長）によれば、戊辰戦争の当時は上記の諸隊のほかに、飛行隊とその遊撃隊、農民隊その他の支隊もあって、細谷の衝撃隊や大立目武蔵の震撃隊は農民集団であったと申して居られる。」とあることから、震撃隊は大立目武蔵《ぶぞう》の指揮下にあったものと見られる。そして、大立目武蔵の実名は大立目重成であることになろう。

前出の『仙台市史』通史編6近代1に倣って記載すれば次のとおりとなる。

〔隊名〕	〔統卒者〕	〔構成〕	〔備考（人数など）〕
妙力隊	岡部雄之助	農民・町人	刈田地域で結成
震撃隊	大立目重成（武蔵）	農民・町人	刈田地域で結成

妙力隊の統卒者の岡部雄之助について、『仙台人名大辞書』には次のように記載されている。

オカベ・ユーノスケ【岡部雄之助】藩士。仙台藩医員岡部某の子、字は子飛、竹軒と号す、弘化元年三月生、農商務省に官して詩を善くす、明治末年福島県郡山に客死す。
（戊辰当時・二十四歳）

震撃隊の統卒者の大立目重成（武蔵）について、『仙台人名大辞書』に次のとおり書かれている。

オーダツメ・シゲナリ【大立目重成】代言人。仙台代言人の先輩にして其の業頗る行わる、明治二十八年五月三十一日没す、享年五十八、仙台新寺小路洞林寺に葬る。
（戊辰当時・三十歳）

しかし、『烏組隊長細谷十太夫』の「九、白河口本街道の開戦」に、「当方は会津、二本松、徳川の脱兵、米沢、仙台等の連合軍であって、本道口には仙台藩の増田参謀指揮の下に鮎貝、大松澤の両大隊長、登米館主伊達筑前の手兵これが当り、庚申坂口には仙台、棚倉の兵、米村口には会津、二本松、仙台三藩の兵にて守備し、先鋒には角田館主石川大和の家来泉鱗太郎の一小隊及び大立目武蔵の率いる秀兵隊、右翼には会津、左翼には二本松の兵を配量して厳重に固めたのであった。」の中の、他の記録では「大立目武蔵の率いる震撃隊」とあるべきところが、「秀兵隊」と記載されているのである。秀兵隊とは、初めて出て来た隊名である。

十二、星恂太郎の額兵隊

十太夫が部隊を率いて仙台へ引揚げる途中、名取郡中田（仙台市太白区中田町ほか）駅《しゅく》と長谷川宿との間にて、額兵隊長星恂太郎の赤服を着けた千余名の精兵〔額兵隊〕を率いて歩武《ほぶ》（足取り）堂々と進軍して来たのに邂逅《かいこう》した。互いに馬から下りて一礼を交して後、其進軍の趣意を尋ねると星は頗る激昂《げきこう》した態度で語る。彼の憤激するも一応道理、

「上方勢は自から官軍と号すれども、実は薩長の私兵である。それに対して降伏謝罪とは甚だ謂《いわ》れなきことである。のみならず吾輩これまで大金を費して訓練した精兵一千余名を率いながら、一戦も試みず空しく解散すること、隊長として実に口惜しき次第である。因《よっ》て是れから進軍して花々しく一戦するつもりである」

此時、十太夫は懇《ねんご》ろに彼を慰さめ、

「兎に角吾々は君命によって一先づ引揚げるところだから、仙台へ引揚げて後、何分然《しか》るべく取計うであろう」

と約束して南と北とに立別れた。

ここで、星恂太郎と額兵隊について、『仙台戊辰史』によって記しておくこととする。

恂太郎、名は忠狂、東照宮星道榮の子にして、台所人小島友治の養子となり、孝治と称せしも、包厨《ほうちゅう》の事

写真42　額兵隊出陣祝砲ノ図（伊達邦宗著『伊達家史叢談』今野印刷より）

に従事するを嫌い、生家に復《かえ》りて武芸を修め、元治中国を脱して江戸に走り、幕臣川勝、下曾根等の西洋砲術家に歴従して洋式の銃隊編制調練等を学び、頗る精通の聞こえあり。諸国を遊歴して各藩の兵備を視、さらに横浜へ至りて米国人ウエンリート（ヴァン・リード）に従い兵学砲術を研究し、江戸に出でて諸藩士に兵学砲術を教授し居りしに、西軍江戸に入り上野の戦争となるに及び、避けて横浜に隠れ居りしが、会津征討の事起こるに及び、松倉良輔等は星の用ゆべきを聞き、執政に上申し内命を下して帰国せしむ。（中略）四月下旬、参政葦名靭負の江戸に使して兵の訓練および器機の整わざるを嘆き、松本要人と計り別に一隊を組織し但木土佐の兵より士官たるべき者一百人を選抜してこれを城中に置き楽兵隊と号して訓練せしが、ここに至りて星恂太郎を以て教師となし二大隊を編成し靭負これが隊長たり。靭負・恂太郎共に新潟行を命ぜらる（中略）恂太郎等帰りて急に敢死《かんし》（思い切って命を投げ出す）の兵を募り、藩士中の家長および長男を除くのほか八百余人を得て、その中より百五十人を砲兵、二百人を土杭兵とし、他は楽兵となし、服色は英式に倣いて赤を用い、戦いに臨み裏に転じて黒色となすの方法となせり。武器精良にして訓練巳に熱し一藩大いに望みを嘱するに至り、恂太郎を新たに番士に列し四人口三両を給し額兵隊司令に任じたり。

引き続き『仙台戊辰史』によって、額兵隊の出陣の模様を記すこととする。

（九月）十五日いよいよ南境へ出陣するため、屯所養賢堂を発す。赤衣八百の兵を先ず屯所の前に整列す。公（慶邦公）これを聞き参政葦名靭負をしてこれを引き止めしむ。靭負馬を馳せて養賢堂に至れば、隊は整列して将に出発せんとす。公の命を伝うれども、奸徒君命を矯《いつわ》むるの結果なりとて聞き入れず。（中略）総勢一千余、列を正して進行し芭蕉ノ辻に至り、総軍西面青葉城に向かって捧げ銃の礼を行い、棒文を芭蕉ノ辻榜場《たてふだば》に掲げたり。

斯くて十太夫が仙台城下の入口五軒茶屋まで引揚げて来ると、只今御曹司様（宗敦君）の御出張と云うので松倉出入司（良介（輔））は同処まで出張して居り、額兵隊引戻しの御詮議中と聞込み、松倉出入司に面会を要《もと》め途中にて星恂太郎に邂逅したこと告げ、彼を引戻すことにつきての協議を遂《つ》げ、部下の兵は八幡町龍寶寺内に収容し了り、馬を飛ばして岩沼まで行くと、屋形様（慶邦公）も御曹司様ともども御出張あり、執政参政の役々を以て懇々星隊長を諭されたれど、星隊長は断然参政等の説諭を斥《しり》ぞけて南向《なんこう》し、最早槻木《つきのき》（柴田郡柴田町槻木）辺まで行進したであろうと云うことであった。仍《よっ》て十太夫は其後を遂《お》いかけ星隊長を引き止め、

「兎に角其隊を引揚げざれば、四條殿下（平潟口軍総督）に対して相済まぬと、屋形様には非常の御心配であるから、屋形様の御心中をお察し申し上げて、是れから本道を避けて横道に入れよ」

と説きすかし、漸《よう》やく柴田郡村田町に移らせ、此由《このよし》を岩沼に戻って復命に及んだので、屋形様御父子も大に御安心あって、其儘仙台城へ帰還された。

慶邦公の星恂太郎説得の模様については、『仙台戊辰史』に次のように書いている。

額兵隊出陣の報に接するや、公および世子は城下の鎮撫を大條（孫三郎）執政に命じ、即刻御供揃えにて岩沼へ向け出馬せらる。五時岩沼に着、松倉良輔等に手書を与えて鎮撫を命じ、さらに葦名靭負、大内主水、笠原中務の三人を槻木に差し遣わし公の親書を以て恂太郎を召す。恂太郎、君命を畏み岩沼に至り、公に拝謁す。公諭して曰く、「汝等国家のために敵を討たんとして出陣せし由を聞き、我等父子親ら跡を追いて来れり。已に国論一決軍を収めて謝罪を乞いし上は、汝等これを破る勿れ、速やかに兵を収め予に従いて府内に帰れ」。恂太郎謹みて答う、「臣等私《それがしらひそ》かに干戈を動かすを好みて出兵せしにあらず。西軍偽りて勅命と号し、猥《みだ》りに諸侯を暴虐し万民を苦しめ已に我国をも亡ぼさんとす。今彼が甘言を信じて降伏せらるる時は、彼の謀計に陥ることを憂う。願わくは一戦して国家に報ずることを許させ給え」。涕涙《ているい》潜々たり。公に侍座せる執政参政、口を揃えて曰く、「汝、君命を恐れず猥りに戦いを主張しこれがために和議を破るに於いては国家却って亡びん。若し尚命を用いずんば、追討を加えん」。恂太郎以為《おもえら》く、「君側已に一致せり。また一人の義を唱うるなし。今若《も》し強いて義兵を進めんか前に賊兵あり。後に奸軍あり、功成らずして同志互いに屠《ほう》るの惨を醸さん。一旦枉て従うに如かずと」。（細谷十太夫は）岩沼にて星に追い付き、引揚げの談判をなせしに、忽ち飛語《ひご》（根のないうわさ）あり、桜田敬助の投機隊より剣客三・四名を派し恂太郎を暗殺するの企《くわだ》てありと。恂太郎これを聞き奮然として曰く、「この上は何人《なんぴと》の言も聴くまじ」と。斯くて直ちに槻木に赴きしなり。

さて仙台へ引揚げてから役々の詮議では、額兵隊は十太夫の盡力で村田町まで引き揚させたけれども、同所もまた城南の地であって見れば同処に差置くことは矢張り不都合のようにも思われるから、更に仙台以北黒川郡宮床（黒川郡大和町宮床）に移すが然るべしと決議し、又々十太夫を煩《わずら》わして星隊長に交渉させることとなった。仍て十太夫は又々村田町に出張し種々説諭の上、漸《やっ》と星隊長を納得させ仙台城下外れの五軒茶屋まで引揚げて来たので、此処から十太夫の部下烏組を指揮して前後を警衛させ、北山町の町外れまで見送り宮床へ引揚げさせた。

この後の事についても、『仙台戊辰史』によって見ておくこととする。

然るに藩庁にては、四條総督仙台に入るべき達しありしため、仙台以南に額兵隊を置くは危険なりとの議あり。さらに細谷十太夫、宮内清二郎、梅津鼎蔵、男澤又左衛門等をして恂太郎を説諭し仙台以北へ移らしめんとす。（中略）

十太夫曰く、「国分郷六、志田郡松山、黒川郡宮床三ケ所のうち一を択ばれよ」

恂太郎曰く、「然らば宮床を択ばん」（中略）

同二十二日、村田を発し長町に宿す。細谷十太夫、兵を率い来りて国分下河原観水楼に屯して関門を守れり。（中略）

二十三日、長町を発して仙台城下を過らんとす。（中略）染師町にて旧幕隊長春日左衛門、和田傳兵衛等の来るに会し、恂太郎より下りて会晤《かいご》（会ってうちとける）これを久しうす。終わりて行進を続け北山に至り、菊田源兵衛が店にて烏組と額兵隊とは訣別を叙せり。額兵隊は日暮富谷新町に至り宿営し、同二十四日宮床に入り同地の覚照寺を本営とし、工兵隊と大砲隊とは別に宿営を求め、以て藩の成行きを観察したり。

十三、戎服《じゅうふく》の上に墨染の法衣《ころも》

この「十三、戎服の上に墨染の法衣」に書いていることは、その前段の話がないと、何のことか分からなくなってしまうので、まず藤原相之助の「細谷鴉一夕話」により、前段の話を補っておきたい。

相馬口の戦いは、これから本手を出そうという時降伏謝罪になったから、星恂太郎などは非常に口惜しがって、遂にあんなことになった「榎本武揚と共に函《ママ》館に楯籠もった」が、俺の隊は八幡町の龍寶寺に駐屯した。この時俺は藩の重役と大議論をした。俺は議論など大嫌いだが、あんまり訳の分からないからナ。重役たちの言うのは、こうだ。金穀逼迫の折柄で御家中の面々にさえも御手当が行き渉り兼ねるかも知れないと心配してるのだから、まして貴殿の鴉組などへ、今後手当が出来るか如何か分からない。尤も貴殿の組は戦場で御用を働いたというから格別の思召しもあろうが、しかし外にもヤレ農兵、ヤレ町兵といろいろの隊があって、それ等を解散させることは容易でない。一方に厚く一方に薄くする訳には行かないのだから、実に当惑してると、さもさも厄介ものだという口振りだ。そこで俺は言ってやった。各々方《おのおのがた》を始め我々へまで三百年来御家禄を下されて居たのは、イザ戦争という時お役に立たせるためでは御座らぬか。然るにそのお禄や御扶持を頂いてるものが些《わずか》ともお役に立たなければこそ鴉組のようなものも出来たで御座る。この者どもは米一粒御家から頂いたことのない天下烏合の輩だが、戦場では命を惜しまずに働いて呉れたので、聊《いささ》か御家の面目も施したというもの、それを今になって御家中の御取立てさえ六《むつ》(難)かしいから、余計なものなどに構って居られないと、厄介者扱いは沒義道《ぼつぎどう》(人の道にはずれてむごいこと)というもので御座ろう。それ程のことなら、なぜ当初農

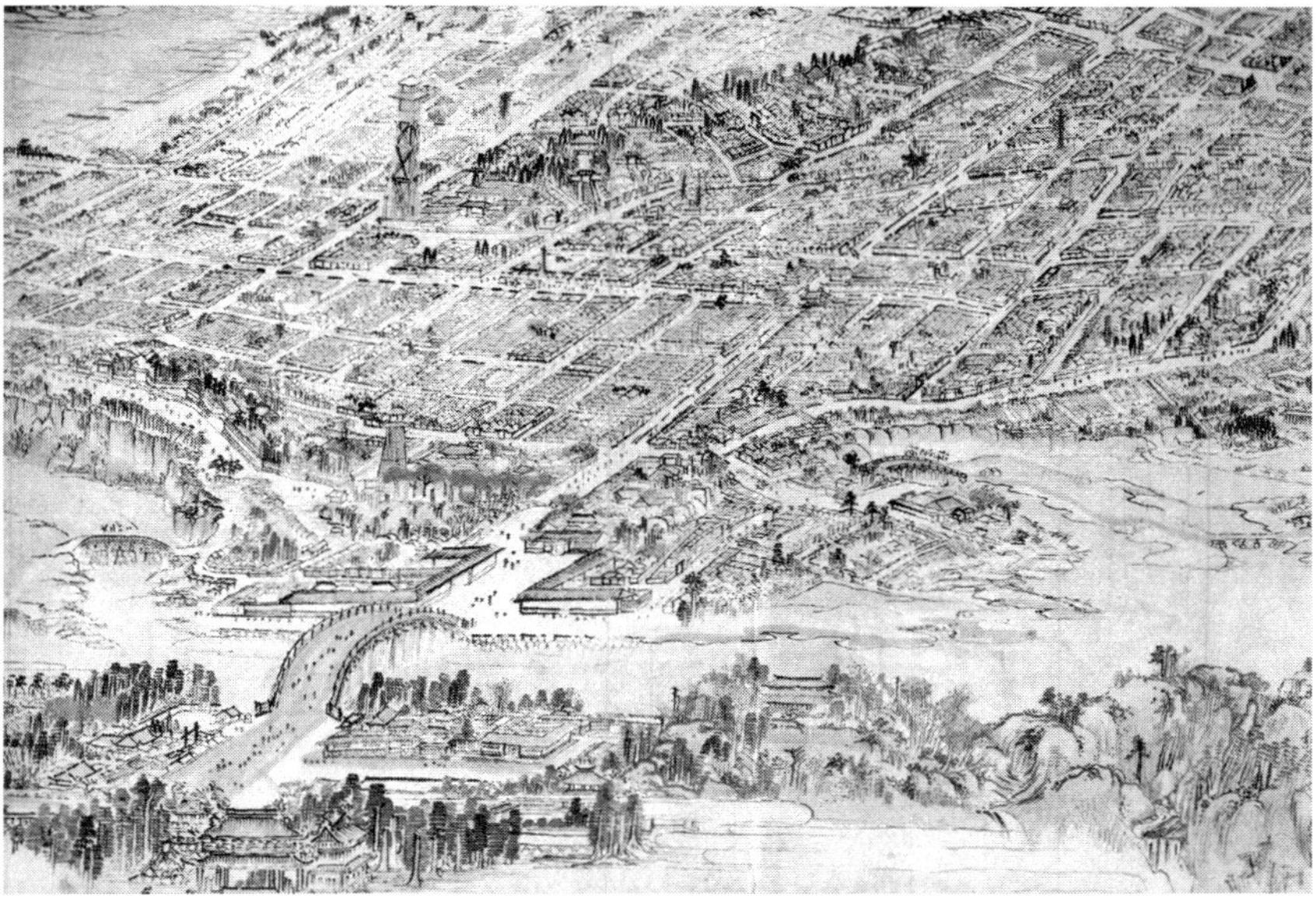

写真43　明治元年現状仙台城市之図（仙台市博物館所蔵）

兵を募る時に御差止めなさらぬ。但し拙者は浮浪の徒を集めて御家から恩賞を貧《むさぶ》ろうというようなさもしい心は微塵《みじん》も御座らぬ。よって拙者は今日限り永の御暇を頂き、出家入道して御領内の荒地に引込み、一には部下戦死者の亡霊を弔《とむら》い、一には生残りの部下を養うために半僧半農の生涯を送るつもりで御座る。御家の御厄介にも各々方の御世話にもなり申さぬとナ。その足で龍寶寺へ帰って法衣を着て登城して、屋形様御曹司様へ御目通りを願った訳だった。

その後は暫らく別段の出来事もなかった。一日《あるひ》、十太夫は戎服（戦に着る衣服）の上に龍寶寺の小僧から墨染の法衣を借りて着用し、異様の風体にて登城した。役頭や目付役等から其異装を怪しまれ、如何した訳だと聞糺されたが、この風体の次第は御前に於て直接に君公に申上ぐると断わり、役頭瀬成田《せなりだ》某によって君公に拝謁を願ったところ、早速御前に召されたが、君公にも十太夫の異様の服装を怪しまれ、如何したことかとの御尋ねに、十太夫謹んで言上すらく、

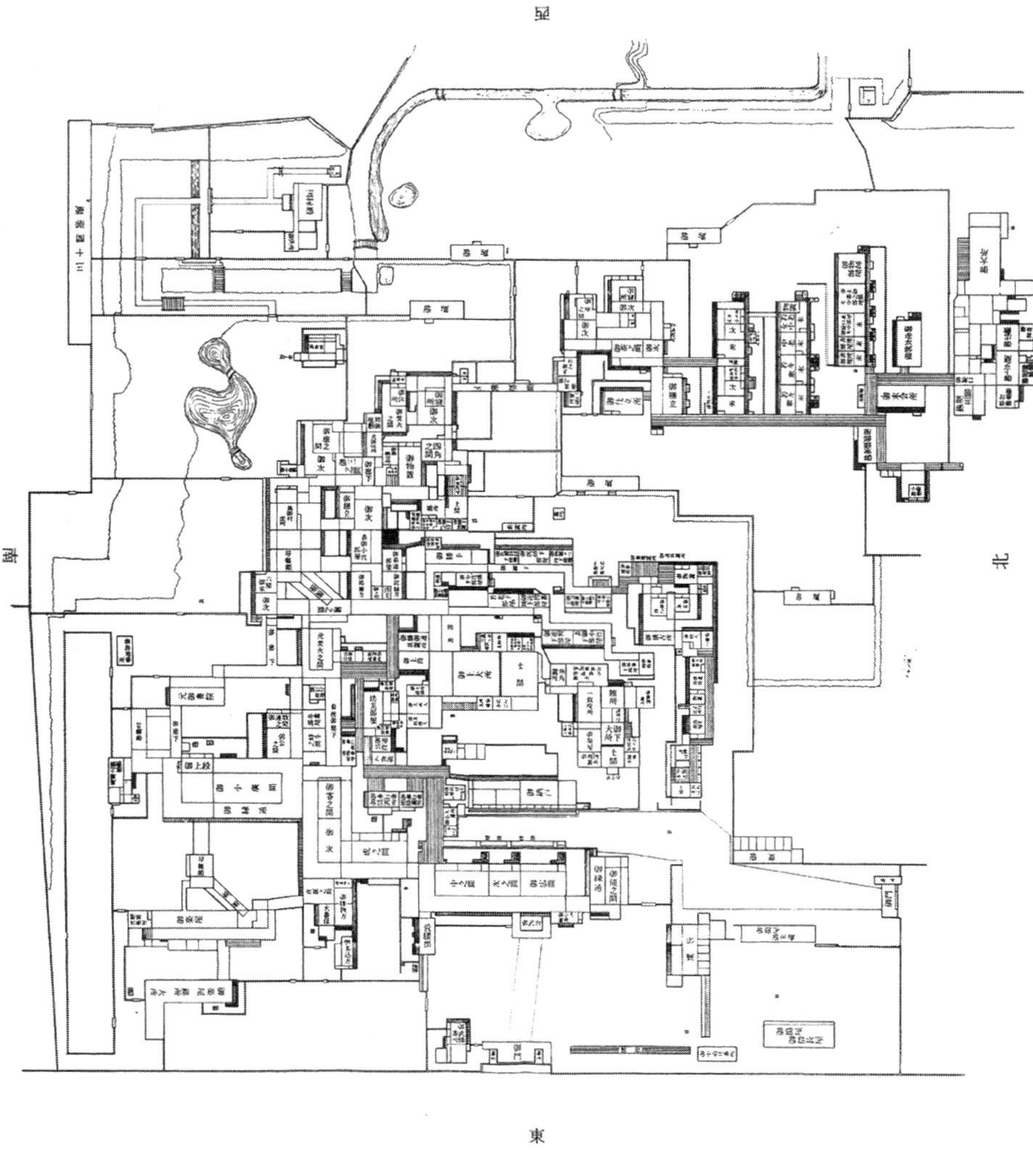

図表12　御二丸御家作永祓御絵図（『仙台城歴史散策』宮城文化協会より）

「私事三百年来の御恩択に浴し、これに報い奉るは此時なりと存じ、御下命に従い会津御追討の其砌《みぎ》りから数次《しばしば》上方勢と交戦いたしたれども、このたび降伏謝罪を仰せ出ださるるに至りしこと、是れ全く吾々御家来たる者の罪科であると恐縮の至りに存じ奉つる。拙者の率いたる兵は寄合《よりあい》烏合の徒にて世禄の武士にあらず、今や本藩世禄の武士すら今後如何にして生活すべきかに付き御苦心の折柄、かかる烏合の徒輩《とまい》までも御厄介に相成ること誠に心外の至りと存じ奉るにより、拙者の部下にて戦死を遂げたるもの二十余名に及びしも、残存者にて拙者と志を同うする者共は、今後いづれも仏道に帰依《きえ》して山間にわけ入り、荒蕪《こうぶ》（土地が荒れ果て雑草が茂ること）を拓《ひら》き露命を維《つな》ぎながら亡き戦友の後生《ごしょう》を弔わんとの覚悟を極《きわ》めたるにより、何卒永《なが》の御暇《おいとま》を賜わりたく此段御願い申上げ奉る」

と陳上すると、御曹司様〔宗敦君〕側《かたわ》らより、

「アイヤ十太夫よく承われ、屋形様には其方の一身に付深き思召あり、斯《か》く御書付まで御認《おしたた》め置かせられた。謹んで拝見いたせ」

と何やら書物を賜わったので、恐る恐る拝見すると、和歌一首、

是れこそは大和魂武士《もののふ》の
　　たゝかふことにいさほ見江《みえ》けり

右は奉書に認められたもので、外に奉書の紙切に、

「武一郎と改名遣《つかわす》」

とあり、いづれも御自筆である。斯《かく》の如き厚き思召のほどありがたきこと此上もなく、実に冥加《みょうが》に余る次第ながら、只今永の御暇を願った身であり、堅い決心した上のことであるから、右の御書を拝見したばかりで其儘御前を罷り下がると、

写真44　龍寶寺

右の御屋形様御曹司様への御目通りの一件について、「細谷鴉一夕話」に十太夫は次のように語っている。

罷《まか》り間違えば御前で切腹の覚悟だから、短刀を法衣の下に忍ばせて出たが、御二方とも誠に涙の出るほど有難い仰せであったために、即時出家も致し兼ねたばかりか、御前御用で降伏謝罪後の取すべに奔走するようになった。君前に出ると訳もなく気の弱くなるのは俺の性分だった。

（其儘御前を罷り下がると、）参政笠原十吉等から太《いた》く叱責され、御前の思召に戻る不忠の甚しきものと詰《に》じられ、彼是れ押問答中、再び御前に召されたので罷り出ると、四條総督当城へ御移り相成るに付ては、徳川藩士等の城下に駐屯し居ることは遠慮いたすべき筋により、今日中に城下を引払うよう、近頃城下へ乗込み滞在し居る榎本釜次郎等へ申伝えよとの使命を仰せ付けられ、君命今更辞し難く畏《かしこ》まって御受けをすると、君公には更に余が乗馬に騎《よ》って参れとの

御言葉に、御厩《おうまや》から栗毛の御乗馬を曳出し、それに跨《また》がって国分町の榎本の陣営に至れば、此時榎本は最早や出発した後であって、跡始末の為めに軍監人見勝太郎が残って居たので、同人に面会して君命を伝え即時引払わせた。

伊達慶邦公の御乗馬について、高草操著『人と共に生きる／日本の馬』の「御料馬・金華山号のふるさと―宮城県大崎市〔鳴子温泉鬼首《おにこうべ》〕」に記載があるので、次に要約して記すこととする。

東京明治神宮外苑の聖徳記念絵画館に一頭の日本馬の剥製が展示されている。それは明治天皇の愛馬だった金華山号だ。「栗毛」と表記されているが、見た目には河原毛のような毛色で流星がなく、体高一四八センチの小柄ながらスラリとした体型の馬である。金華山号は明治二年、宮城県玉造郡鬼首村〔現宮城県大崎市〕に生まれ、父馬は十三代仙台藩主慶邦公の乗馬だった「綾波号」の血を引く「玉手号」であり、水沢で教育し、明治九年、明治天皇が東北巡行された折に見初められて七歳で御料馬となった。明治天皇にことのほか気に入られ、明治二十六年まで百三十回もの公務を務めたという。明治二十八年六月、二十七歳で天寿をまっとうし、天皇の強い希望によって剥製となって天皇のお側に安置された。

金華山号は父が「仙台馬」、母が「南部馬」だったといわれる。

天正年間、藩祖・伊達政宗公がことのほか産馬改良を重んじ、家臣の支倉六右衛門常長がヨーロッパに遣わされた（慶長遣欧使節）際に、アラビア馬の輸入を命じた。主君の命に従ってスペインやローマを訪問した常長が馬を連れ帰ったその頃、日本はキリシタンの禁制が強化された時期だった。そのため政宗は仙台に馬をおくことができず、鬼首に馬を隠して馬産を進めた。これが軽種馬生産の始まりといわれている。鬼首には支倉常長が連れて帰ったアラビア馬の子孫である慶邦公の御乗馬の「綾波号」もいた。「綾波号」の血統は脈々と受け継がれ、やがて「金華山号」へつながっていったのである。

徳川藩士等の城下引き払いについて、『仙台戊辰史』には次のように書いている。

これより先、四條総督の仙台へ繰り込むことに決定するや、公は細谷十太夫を召して命じて曰く、「四條総督繰込みに決せるが故に、徳川氏の脱走人城下にありては不都合なり。汝はこれより榎本釜次郎方へ行き予の言を告げ、至急に城下を去らしめよ。予の乗馬に騎して直ちに行け」と。十太夫は国分町なる榎本の宿に至りしに、榎本は去りて塩竈に至れりという。よって人見勝太郎に面して、その旨を告げ、悉く城下を去らしめたり〔九月十九日なり〕。蓋し公は幕臣を去らしむるのみにて、これに追撃を加うるが如き本意にあらざりしなり。

榎本軍の軍監人見勝太郎について、次にその略歴を記載しておく。

天保十四年二條城詰め鉄砲奉行組同心の人見勝之丞（御家人十石三人扶持）の長男として京都に生まれる。慶応三年十二月に遊撃隊に抜擢され、徳川慶喜の護衛に当たる。慶応四年一月の鳥羽伏見の戦いにおいては伏見方面で戦い、敗退後は江戸へ撤退した徹底抗戦を主張する。遊撃隊の伊庭八郎らとともに房総半島へ移動し、鎮西藩主林忠崇と合流し、小田原・韮山・箱根などで新政府軍と交戦。六月に長崎丸で奥州小名浜（福島県いわき市）に上陸。仙台・磐城諸藩連合軍とともに出撃。榎本の旧幕臣の手で蝦夷地を開拓し、朝廷と日本国土のために北方の警備に当たる構想に賛同して、仙台東名浜から折浜に移動。十月十二日に蝦夷地へ向けて出航した。蝦夷共和国の松前奉行に就任した。明治三年三月に天赦の令で釈放。明治九年三月に内務卿大久保利通の推挙により明治政府へ出仕。明治十三年三月茨城県令に就任。明治十八年七月加波山事件の処理で責任を問われて非職。明治二十年十一月利根運河会社を設立、社長となる。大正十一年十二月三十一日死去、享年八十歳。

十四、煮売茶屋に預けらる

其夜九ツ時頃〔今の午前零時頃〕即刻登城あるべしとの急使が来たので、何事かと馬を馳せて仙台城に登城すると、森参政から額兵隊長星恂太郎事、兵を率いて宮床を脱走したとの急報あり、右は其方不取締りの為めではないかとの詰問である。十太夫はギクリと癪《しゃく》に障《さわ》ったので、

「如何にも星が脱走したとあっては拙者の不取締りの為めとあっても致し方はないが、然らば拙者に取締りを命じて置きながら、二人の刺客を差向けて星を暗殺せんとしたは何事であるぞ」

と反問すると、森参政もギャフンと参り言訳らしく、

「其事は自分の関かり知らぬことである。それは姑らく措いて、此場合彼等は如何なる挙錯《きょそ》〔動作〕に出でんも計られぬから、是れより宮床に急行して然るべく慰諭《いゆ》〔なぐさめさとす〕して貰いたい」

とのことであるから、捨ても置けず、其夜直ちに馬を飛ばして星の後を追い、小野〔東松島市牛網〕駅にて追着き、面会の上委細の事情を聞き、憤懣《ふんまん》せる彼を取宥《なだ》めながら、石巻まで同伴して同地にて額兵隊中にて仙台に引戻すものと、飽《あ》くまで星隊長に随従《ついじゅう》して松前〔北海道のこと〕に赴くものとを撰り分け、中町の街路に積んである炭俵に腰うちかけ、酒肴を呼んで盃を取交わしつつ、

「今宵の生別は恐らくは死別となるであろう。足下《そくか》は松前に渡って快ろよく打死にせよ。吾輩は故国に残って潔《いさぎ》よく刑に就くであろう」

と惨《さん》〔心がいたむ〕として数盃《すうこん》を傾け、流れて尽きぬ北上河畔にて互いに堅く手を握り合い、涙ながらに別離を告げたのであった。

星隊長を見送った後、十太夫は当時石巻に脱走して来て居る徳川藩兵の隊長春日左衛門の陣所を訪問し、官軍の先手は已《すで》に二里ばかり先の矢本（東松島市矢本）駅まで進んで来たとの報告があるから、貴隊も速かに当地を立退《たちの》かるるが宜かろうと注意すると、春日は、

「吾輩も左様いたしたく思えど、榎本の場合とは異なり殆ど進退に究《きゅう》し如何《いかん》とも致し方がない。榎本の場合は粮食《りょうしょく》も十分に、又、船の都合も付いてあったが、吾隊には一粒の米、一隻の船もないので全く立往生の姿である。故に官軍が愈々《いよいよ》当地まで乗込んで来たならば、是非なく北上川を挟んで花々しく雌雄を決する所存である」

と愁然《しゅうぜん》（憂いに沈んでいる様子）として語る。仍《よっ》て十太夫はその窮状《きゅうじょう》を察し、

「然らば手前の取計らいを以て米と金とをお貸し申そう」

と同地にある藩の米蔵から飯米二百六十石を出させ、更に御船蔵役所の下役村上忠蔵を説きて正金二百両を出させ、それを春日隊の会計方和田伝兵衛に交付し其夜のうちに悉皆《しっかい》同地を引払わせた。

藤原相之助の「細谷鴉一夕話」に、其の「石巻の一件」が詳しく書かれているので、次にその前段を記載することとする。

石巻の一件か。それはこうだ。降伏謝罪前に、旧幕陸海軍人は一万近く領内に入り込んで居たんだが、降伏謝罪の実効を立てろと仙台藩へ命令する。しかし彼等は徳川慶喜の命さえ奉じない旧幕人なのだから、仙台藩のいうことを素直に聞いて官軍の前に平伏する筈はない。然らば討ち取ろうかというに前々大砲小銃を悉皆召し上げられてるのだから素手で討たれるわけもない。俺は屋形様の御直命で仙台に居る幕軍を塩竈石巻方面へ避けさせた。これ等を榎本の軍艦で仙台領外へ立ち退かせる訳だったのだが、ここに困ったことは、榎本の海

軍は第一、運送船大江丸へ船料をまだ払って居ない。第二に、大砲〔六門〕と硝薬代をロシアへ支払う筈だが、それが未払いになってる。第三に、仏国士官の退役料も未払いになってる。藩では官軍へ極内々で食料や薪炭《しんたん》や日用品を夥《おびただ》しく積み込ませてやったから、早速発航すべき筈だと考えてるが、事情右の訳だから中々動かない。すると官軍参謀は然らば官軍自ら石巻方面へ出陣して幕軍を征討すると言い出したから、藩では大いに狼狽、古田、武田、男澤、櫻田など弁才のあるものや劔術の達人などを続々鎮撫説諭の名で石巻へ出張させ、立退きを促してるところへ、また星恂太郎の額兵隊が幕軍と気脈を通じて石巻方面へ行ったのだから、尚更面倒になって来た。櫻田、男澤等は星の一味を見当たり次第に斬り捨てると言い触らしたから、星の連中は、これア面白い一戦致そうと戦書を公布したから騒ぎがいよいよ大きくなって来たのだ。俺は鹽森左馬之介から星説諭を頼まれて石巻へ行ったが、星の気持ちは俺がよく知ってる。同藩のものと戦う気などない。早く榎本の軍艦で松前へ立ち退きたいが、軍艦発航には金穀が入用だけれど、それが弁じない。それでグヅグヅしてるのだ。仙台から出張している古田等の目端《めはし》の利《き》かないこと全く話にならない。彼此《かれこれ》してるうちに官軍が出張して来ると大戦争がオツ始まって、少なくとも石巻、湊は焦土になることは眼前だ。そこで俺は臨機独断で石巻の倉庫にあるだけの米を軍艦へ積み込ませ、津方役所にあるだけの金を悉皆幕軍会計方に渡して、春日左衛門の受取証を取った。それで幕軍の軍艦は十月七日に折ノ濱に集まって、八日は陸海軍とも総立払いになったのだ。

『仙台戊辰史』に、「十月七日、藩ヨリ彼等ノ船ニ積込マシメタルハ左ノ如シ」として、提供した物品名とその数量が記載されているので、次に掲げることとする。

酒一斗入千樽、沢庵三百樽、味噌二百樽、塩百五十俵、荏油《えごまゆ》五十樽、椿油二十樽、水油七十樽、胡麻油二百樽、上麻千貫目、中麻三百貫目、十匁蝋燭《ろうそく》三万挺、梅干二百樽、大水椀三千人分、塗箸一万人分、白木綿五百反、青竹千本、檜桐皮《かいとうひ》二十五貫目、椎茸二百貫目、鰹節五百貫目、鶏卵三万粒、鰑《するめ》三万枚、仙台糒《ほしいい》五十石、大豆五十俵、白砂糖三百貫目、醤油五百樽、白半切五万枚、料紙三千枚、炭十万俵、薪五万本、焼パン百箱、五升芋五十俵、飯杓子二百本、竹柄杓三百本、ミゴ箒五百本、竹ササラ二百本、竹箒《ほうき》百本、瓦三百枚、砥粉《とのこ》百斤、貝杓子二百本、番茶三百斤、上茶二百斤、渋団扇《しぶうちわ》五百本、杉手桶百五十、砂鉢三十枚、酢三十樽、薄縁《うすべり》千五百枚、角盆五百膳、米千俵

徳川藩兵隊長の春日左衛門の略歴について、次に記載しておくこととする。

弘化二年に永井勘兵衛の次男として生まれ、慶応元年に旗本春日邦三郎の婿養子となる。慶応四年の幕府崩壊後、彰義隊に加入し、五月十五日の上野戦争の後、輪王寺宮を擁し、江戸を脱し、船で平潟（茨城県北茨城市）へ上陸。陸軍隊隊長として常磐各地を転戦し、榎本武揚率いる脱走軍に合流。箱館政府では歩兵頭並陸軍隊頭となる。明治二年五月に重傷を負い、服毒自殺。享年二十五歳。

春日隊の引払った後、尚《な》お篤《とく》と調べて見ると、出立後《おく》れて残って居た者が十六名あった。今更見捨てる訳にも行かないので、其残留者を悉皆細谷の手兵として翌朝同地を立って仙台へ引揚げんとする途中、松島駅まで来ると後ろから一小隊ばかりの官兵が追っかけて来《きた》り。

「仙台藩の細谷十太夫と云う者が居るか」

と問うので、十太夫自身前方に進み出で、

「十太夫は拙者である」

と云えば、

「本隊に御用があるから本部まで参れ」

と云うので、小野駅の官兵本部まで引戻された。これは十太夫等を脱走兵の一味と思惟《しい》したものらしかった。

本部で訊問されて十太夫は、

「拙者は脱走兵ではない。本藩からの命令で脱走兵鎮撫の為めに出張したものである」

と云うたれど、本部ではどこまでも脱走兵と見て其言を信ぜず、数日間止め置かれ日夜訊問を繰り返し、十太夫の着衣等を改たむるうち、戎服のポケットから春日隊長に貸付した金穀の受領証が現われたので、取調は一層厳重となり何分申立の順序辻褄《つじつま》が合わなくなり、遂に手錠かわりに麻縄にて本縄に縛り上げられ、石巻まで引立てられて湊町の先発隊本部にて更に訊問を受けたが、十太夫の申立は何処までも最初の申立て通りで何等の異なったところがないので、本部でも持て余した末、同町の煮売茶屋三河屋に宿預けにされた。


藤原相之助の「細谷鴉一夕話」の「石巻の一件」の中段を次に記すこととする。

俺はこれで先ずよしと、十日に石巻を引き揚げて仙台へ帰る途中、石巻へ出陣の官軍先鋒に出逢って、心の中ではフフンと笑い乍ら行き過ぎたが、あれが鴉組の細谷だと誰か知らせたものがあったと見えて、いきなりフン縛られた。生憎《あいにく》に軍服のポケットから春日左衛門から渡された金穀の受取証が出たもんだから、空巣を掴《つか》ませられた恨みやら何やらで、ひどく拷問された上、石巻湊町の大工高橋甚七が家へ取り込め、兵士二十人が劔付鉄砲で昼夜監視するということになった。この春、本宮で泥棒の疑いで縛られた時は馬鹿馬鹿しかったが、今度は朝敵通謀《つうぼう》（ぐるになってたくらむ）という名だから、助かりツこはないと諦めた。

富田広重の「からす組後日物語」の「今度こそはと観念」の中の前段が右の話に対応しているので、次に掲げることとする。

物情騒然、明治維新の大革命の余炎はまだ全く鎮静していない。依然として各所に兵火が起こる。明治元年九月、石巻の街々は、将に兵燹《へいせん》（戦争のために起こる火事）に包まれようとした。それは春日左門（左衛門の誤り）の策によって官軍と兵火を交え、石巻の町を焼き払って立ち退くというのである。慶応元年の春から同三年の春まで（慶応二年三月から同年秋頃までの誤り）、「鋳銭方」として石巻に居た関係から、同地と非常に深い縁故を持っている細谷は、石巻焼払いの策に反対し、左門（左衛門）に会見してこれを諫止《かんし》（いさめてやめさせる）すべく、ある密書を携《たずさ》えて十一日石巻に向かった。松島の扇屋の前に差しかかった時、向こうから二・三十人位、隊伍を組んだ藤堂藩の官兵がやって来た。小野の官軍本部に行くのだなと思っていると、

「貴殿は細谷氏だろう、小野の本部まで戻って呉れ給え……」

護送するようにして、小野の本部に連れて往った。本部になっている福島屋において取調べを受けたが、細谷の懐中から、春日左門（左衛門）に渡すべきある重要な書類を押収した官軍の係役人は、細谷の弁明を耳にもとめず、矢庭に縄を掛け手錠を掛けた。そして抜刀やピストルを突き付けて散々に責め抜いた。責め抜いた揚げ句、小野から石巻に護送されて湊荒町の参河屋という餅屋に宿預けになった。この参河屋の亭主は甚七とて五十歳、女房は四十五歳のお辰という確乎者《しっかりもの》、煮売茶屋を営んでいる夫婦世帯である。相手が名代の猛者《もさ》とて警戒は頗る厳重、十四・五人の官兵が劔付鉄砲で一時間交代で見張り番という物々しさ、その晩、石巻の官軍本部平塚基威《もとたけ》方に引き出されて訊問となった。細谷の申し開きは、

「主君は恭順の意を表して謹慎中であるから、その藩臣たる者が、万が一にも官軍に対して抵抗がましい所業に及ぶような事があっては一大事である。故に自分は、左様したことのないように注意を与えるために石巻へ行こうとしたものである」

というのである。これで申し開きは立派に立っているのであるが、中々放免しない。相変わらず厳重な護衛の下に参河屋へ送り帰された。

右では、「春日左衛門から渡された金穀の受取証」が、「春日左門（左衛門）に渡すべきある重要な書類、密書」になってしまっているが、それ以外の情報はより具体的であるので、参考になると思われる。

十五、親類預け、烏組の移転

其夜四ツ時頃〔午後十時頃〕、又々細谷は本部に引出され細密な取調べを受けた末、追って何分の沙汰に及ぶべきにより宿舎にひかえ居れと言渡され、剱付銃の軍兵二十名ばかりに前後を取囲まれて、例の煮売茶屋に下げられた。其翌日も又々訊問を受けたけれども別段変った申立もないので、其儘宿舎に下げられた。

此日、同地に出張して居る仙台藩役人新田彦八と云う男から極めて内密だというて細谷の宿舎まで伝言《ことづて》があった。其伝言と云うのは、斯うである。

「貴殿はいよいよ死罪と決定し今夜丑ノ刻〔午前二時頃〕刑の執行がある様子、刑場は当地の町外れ砂山の波除《なみよけ》不動前の松原だそうだ。誠にお気の毒の至りだが、若しや御家内に申置くことでもあらば吾が手許《てもと》まで申越されよ」

とあった。そこで細谷は始めて処刑の決定したことを知り、吾兼て身命を君国に捧げたものであれば今更刑戮《けいりく》（刑罰）に遭うも驚ろくに足らず。勿論家族に遺言などは考えたこともないが、去りとて此期に臨んで辞世の一句も残さずてはと、昼食の際膳部に添えた白箸を宿のものに焼かせ絶命辞と題して左の一首を鼻紙に書きしるして、新田の使の者に渡し、必定受刑の命令が到来するものと心の裡《うち》に期待して居た。

絶《ぜつ》命《めい》辞《のじ》

欲攘洋気《ようふん》多年志　誰誤一朝属水泡
（洋気を攘《はら》わんと欲する多年の志）（誰か誤りて一朝の水泡に属す）
二十九年片時夢　為忠義鬼護皇基《こうき》

（二十九年片時の夢）

（忠義の鬼と為って国家のもといを護らん）

頃しも其夜の子ノ刻頃〔午前零時頃〕官軍の隊長十余名の兵を率い細谷の宿舎に来り、細谷に対して、

「御前《おまえ》は酒は飲むか」

と問うので、細谷は直ちに、

「酒は大好物だ」

と答うると、然らば酒を持って来い、肴も何か用意せよと旅宿《はたご》の者に命じ、同時に蒲団も二・三枚貸せとて取寄せ、隊長自から蒲団を布《し》き延《の》べ、

「畳の上では足が痛む、サア此の上に座すべし座すべし」

と強いて細谷を布団の上に座らせ、頻りに酒肴《しゅこう》を侑《すす》めるので、十太夫は何が何やら了解し兼ねるも、云わるるままに布団の上に座し、心の裡で旧来七北田《ななきただ》の刑場で死刑に処せらるる者は、途中堤町で馳走《ちそう》さるる格《かく》（しきたり）だなと合点しながら盛んに盃を傾けると、隊長やがて、

「此席では御窮屈であろうが緩《ゆっ》くりお上《あが》んなさい」

と云い捨て、其儘プイと引揚げて行った。十太夫は何が何やら今目前に処刑に逢うべき時刻も迫って居るのに、此待遇とはトント合点ゆかず。まるで狐に魅《ばか》されたような気持で独りグビリグビリ仰《あお》って居た。

其後数日間は本部から見廻りに来るばかりで何等の沙汰もなかったが、十九日の朝、仙台藩大（御）目付溝井《みぞい》一角外小人目付二人宿舎に入り来り、十太夫に対して身柄受戻しの為め出張した旨を告げ、官軍方の隊長三・四人立合の上、細谷部下の兵二十一人と共に溝井大（御）目付に引渡され、細谷は特に駕籠に乗せられて仙台城下まで差送られ、執政大條《おおえだ》孫三郎宅に於て親類預けの旨を言渡され、八幡町の烏組屯所龍寶寺に帰着すると、部下の者ども皆々手を拍《う》って其無事を慶賀し、直ちに盛んな歓迎宴を開いて祝福して呉れた。

右に対応する話が、「細谷鴉一夕話」の「石巻の一件」の後段に書かれているので、次に記しておく。

　夜に入ってから津方役人新田彦八郎から、ソット通知して寄越したところによると、今夜九ツないし八ツを期して砂山で斬首ということに一決した様子、御遺言でもあらば仙台の御邸へ取り次ぎますとある。この時だ、焼箸の消炭で鼻紙へ遺言を書いたのは、却って涼しい気持だった。鼻をかむにも小便をするにも甚七の女房の世話になるのだから、本宮のお米のことなども思い出した。

　九ツ頃になると兵隊を先に立て参謀官らしい男が来て、君は酒は飲むかと問うから、大好物ですと答えると、その人は甚七の女房に命じて酒肴を整えさせ、それを机の上に乗せ、その前に布団を敷き、三尺屏風を立て廻してサアここで緩《ゆっ》くりお飲みなさいと言って、兵隊二人残したまま「失礼する」と言って立ち去った。斬首の前の御馳走だろうと思ってグビリグビリ飲んで居たが、引き立てて行く風も見えない。そのうちに東が白んで来た。どうしたんだろうと首を傾けた。甚七の女房は新田さんさ行って伺って来すべとて出て行ったが、暫くすると新田からの密書が来た。「おめでたい、吟味変わりで殺さないことになりました」とある。それが知れ渡ったと見えて、方々から祝い品が来るやら、見舞人が来るやら混雑中、酒一樽と鯛一尾とを持ち出したものがあるとて、甚七の女房から見廻りの兵隊へ訴えた。その訴えの口上は「わたしテタクタしてるうちに、酒と肴ア兵隊さん持っていぎした」というのだから、訴えられた兵隊は何のことだか分からない（筑前藩の兵だということだった）。何度繰り返しても双方とも分からないで咳き込んでるから可笑しかった。俺は縄付きのままで通訳したのだったが、その持って行ったものも分かって後に弁償させたそうだが、それも盗んだと言う訳ではない。通りかかりの兵隊が店頭の酒と鯛を見て、これは売り物かと聞いたそうだが、甚七の女房は何を言われたのかよく分からない。分からず同志の押し問答をしたが、涯《はて》しがないので女房は台所へ行って立ち働いて居た。その間に兵隊の方では現品を持って行ったという訳だったらしい。開闢《かいびゃく》以来始めて西国人と接触した石巻の大工の女房、片や西国の田舎侍で、何方《いずかた》も国訛《なま》りたっぷりだから、間違いも起こり易い訳さ。俺はその後十九日まで九日間縄付きのまま取り込めて置かれ、十九日に網乗物で石巻仲町の登米邸へ移されて、ここで縄を解かれた。それから仙台へ送られて親類預けの処分を申し渡されて、久々で自分の家へ帰った。家か、家は北五番丁二本杉通り東南角のぶちこれ屋敷だったよ。十が十、死ぬと決まっても死なない時は死なないものだね。

こんな訳で鴉組の兵は龍寶寺に集めて置いたが、御城下に置いては御不都合だとて郷六へ移され、そこも御不都合だとのことで加美郡王城寺原に移されて戊辰の歳も暮れた。俺も無論兵とは放れないで一緒に寝起したので、その間八幡町の人々や中新田の人々からは親切な世話になったことは死んでも忘れられない。

『仙台戊辰史』に「十太夫は此時のことを自ら記して曰く」として、次のように記している。

見舞の為め酒肴を持来るもあり。物品を差入れにとて来るもあり。混雑の際、店に置きたる酒一樽と鯛一尾とを西軍の兵士に盗まれ其旨届け出でしに、巡視の兵士来りて子細を女房に問う。女房曰く「売てくないというよだけが、売りもんでがえんと云って、わたしゃてたくたしてる中《うち》、兵隊さん持っていぎゃした」。兵士は更に解するを得ず。押返して問うも、「てたくた云々」と云うのみ。依て予は縄付きの儘、通辨して曰く「酒と鯛を売って呉れと云われしも、売物にあらずと断わり、忙しく厨所《だいどころ》働きをなし居る中に持去られたり」と。兵士漸く事情を解し得て去り、間もなく犯人を検出し代金を以て辨償せり。

右の話のうち、筑前藩兵と甚七の女房との間の問答を十太夫が「縄付きのまま通訳できた」のは、十太夫が約二年間の京都暮らしの経験があったため、諸国の言葉にもある程度通じていたからと思われるが、永井義男氏が佐賀藩士・牟田《むた》文之助の「諸国廻歴日録」に基づいて記載した『剣術修行の廻国旅日記』によると、「武家言葉は一種の共通語であり、武家言葉を用いているかぎり、多少の発音の違いや訛り、聞き取りにくさはあっても、基本的に全国共通だったのである。（中略）武士同士、武家言葉を用いていればほとんど言葉の壁はなかったといえよう。（中略）ところが相手が庶民の場合は、そうはいかなかった。『日録』には各地で言葉が通じない難儀が書き留められている。」と記している。

此時上府中の君公御父子は御帰国あり。仙台城下に兵隊を屯させて置くことは朝廷に対して憚《はばか》るべきこととあって、諸隊は皆解散もしくは移転すべきこととあったので、細谷の烏組も城下を引払って加美郡王城寺村に移ることとなり、龍寶寺の屯所を引払って王城寺村に引移ることとなったが、頃しも四月に入ると季節は好《よ》し一隊いづれも屯所生活に倦《う》み果《は》てた兵どもは、退屈のまま花見心に誘《いざな》われて屯所を脱け出し、或は酒を呑んで乱暴を働らくもの、又は王城寺村を後《あと》に何処へか行衛をくらますものもあり、此時十太夫は左の如き一絶を賦した。

偶《ぐう》　吟《ぎん》

時罷戦争訪野郊《やこう》　伴来《はんらい》兵士事農桑《のうそう》
（時に戦争やみて野郊を訪う）（伴来の兵士農桑を事《ことと》す）
普天率土《ふてんそつど》是何地　人間柴扉《しひ》説禹王《うおう》
（普天率土これいずれの地）（人間柴扉禹王を説く）

兎に角此時一隊の取締りが立たなくなったので、一先づ同地を引揚げ、仙台城下片平丁の鮎貝屋敷を借受けて残留者を収容した。

明治四十二年十月三十日の「仙台新報」に掲載された「細谷鴉仙上人の逸事」(下)と藤原相之助の「細谷鴉一夕話」とに、ほぼ同じ話が伝えられている。十太夫にとっては、忘れられない一件であったようであるので、次に「細谷鴉一夕話」から引用することとする。

山寺で戦死者の亡魂《ぼうこん》を弔《とむら》ってやり、生き残りの自活のために百姓する計画なのだが、何しろ資本がないのに経験も乏しいから却々《きゃくきゃく》(かえって)旨《うま》く行かない。ある時、俺は急用で御城下へゆくこととなって、馬で駈ける途中、板橋の上から馬諸共《もろとも》川の中へ真っ逆さに落ちた。落ちる途端に太刀が抜けて、柄《つか》が砂の中に突っ刺さって刃の直立した上へ、俺の體が重なってブツーリ、串刺しになったと思ったね。ところが左の脇の下から脊《せなか》にかけて綿入着物を刺し貫いただけで、俺の身にはかすり疵もつかない。その綿入を記念として渡邊幸兵衛に呉れたが、幸兵衛は中新田の横田貞助に呉れたとか聞いた。死のうと思っても死ねず、殺されそうになっても殺されず、思いがけない危難さえも不思議と免れるから、俺は死神にさえ愛想を盡かされたと思った。

同じく「細谷鴉一夕話」に、一関源治の見国隊のことが書かれているので、次に記載する。

この頃、二ノ関源治が見国隊というのを集めて星恂太郎の跡を追って松前へ行き、榎本武揚に合体して働くことを企てた。藩士の二・三男で血の気の多い奴等が、吾も吾も馳せ参ずる。然るに藩では攘堂様が御跡見で、御謹慎中だから、重役達は蒼くなって鎮撫説諭するけれども、彼等はいうことを聞かない。ナニを洪水蝗《みずましばった》め！と軽蔑してるからだ。洪水蝗とは薩長の前にピヨコピヨコするというのさ。俺は塩森等にも頼まれたし、攘堂様の思召しを考えると、余所見《よそみ》も出来ないから、その連中二十余人が古川まで逃げて行ったのを引き戻した。俺は腹の中では彼等と同志なのだから、彼等も俺のいうことは聞いて呉れた。しかし俺は深入りはしなかった。俺だって鴉組の人数を抱えて居なかったら何をして居たか知れないのだからナ。男児三十の齢を迎えここ天を仰ぎ胸を叩いて、溜め息をつくことも度々だったよ。

『仙台戊辰史』には、二関源治と見国隊について次のように記している。

去りて北海道に至り旧幕の遺臣および額兵隊と共に団結し、国家の再興を計らんにはと、その主唱者は二関源治〔仙台藩〕、石川欽八郎〔旧幕臣石川良信の子〕、横尾傳左衛門〔仙台藩〕、鬼頭図書〔越後長岡藩士〕等にして、藩士の二・三男および浮浪ノ徒にして、これに応ずるもの数百人、二関自ら周防守と称しその隊を見国隊と号す。処々に集会せし末、石巻近傍の島嶼《とうしょ》を根拠地とし、桃生、牡鹿、宮城、本吉等の富家に軍用金品を徴発せり。(中略)二関等の一隊はさらに気仙郡綾里辺に屯集す。時に加賀家の持船駿相丸来たりて近海に投錨せしが、同船中に仏人三名乗り組みあり。石川欽八郎は仏人に趣意を告げて、これに乗り込み横浜に至り、英国商船に談判して兵器弾薬等を購入し、これを英国汽船イーレンフラクに積み込み、三月二十七日を以て気仙に帰着せり。(中略)二関等は、さらに隊を纏めて石巻に至り港内に碇泊の賑古丸、和適丸、大成丸、清続丸、ラカナラス丸の五隻に米穀を満載せるを見て、これを拿捕《だほ》し、米穀を沖合なる英船に移せりとの報あり。(中略)見国隊三百五十余名は列を正して元船に乗り込み北方を指して出帆す。実に四月八日第八時なりき。

十六、一網打盡、烏組の解散

四月七日のことであった。十太夫は擴堂様〔宗敦君〕へ御用伺《ごよううかがい》として罷り出ると、大〔御〕目付役星列之助、東儀平、大島三郎右衛門等が詰め居り、十太夫に対して、

「お手前マゴマゴして居ると官軍に捕まるぞ」

と云われた。此時官軍は苟《いやしく》も王師に反抗したものは、一網打盡的に引捕えて刑に処する方針で、当時名差されたものは左の人々であった。

和田　織部　　若生文十郎　　玉蟲佐《ママ》（左）太夫
松倉　良介　　大童信太夫　　斎藤安右衛門
遠藤吉郎右衛門　　安田竹之助　　栗村五郎七郎
後藤正左衛門　　黒澤亀之進　　朽木《くつぎ》五左衛門
江馬亀之進　　沼邊愛之助　　福江　源助
横田　官平　　竹内　某　　細谷十太夫

このうち和田、若生、玉蟲、斎藤、遠藤、安田、栗村の七人は牢前申付《ろうまえもうしつけ》〔牢獄前にて死刑〕られ、松倉、大童、後藤、黒澤、朽木、江馬、沼邊は逃亡し、横田、竹内は一旦捕えられて牢獄に投ぜられたが、後に刑を免ぜられて無事出獄した。

「細谷鴉一夕話」には、右の一件が次のように語られている。

俺はつくづく藩の有様を考えた。降伏謝罪を手柄にして今勤王家で売り出してる連中と、降伏を忌《い》ま忌ましがってヤケになってる連中とが、互いに募って来たら伊達の御家をメチャメチャにするかも知れない。山寺の開拓の方は後廻しにして、一先ず組の兵隊を解散して自由の身にならなければならない。それには、組の奴等が各自に活計《くらし》を取り続けるだけの金を工夫して分けて与えるより外はないと考え、鮎貝太郎平に相談して略《おおよ》その見込みもついた。明治二年四月に仙台へ引き上げて来て藩庁へ行って見ると、大(御)目付の星利之助や大島三郎右衛門、東儀平などが、ソソクサと落ち付かない様子、何だと聞くと、東京の太政官へ密訴したものがあって、久我大納言殿が御下りになり、御名指しを以て賊党を召し捕ることになって、貴殿の名もその中にあるが、召し捕られたら首がない。攘堂様も非常に御心配なさるが何とも仕方がないという。

明治元年(一八六八)十二月六日に仙台藩の新封を二十八万石にする旨の命令が発せられた。

明治二年(一八六九)一月の人事で参政和田織部を執政に任じた。和田織部は勤王派でなかったため、党派に拘泥《こうでい》せず能吏を挙げて削封後の難局に当たらしめようとし、三月には大童信太夫を出入司金穀係に、若生文十郎・太田盛を郡奉行に任じた。この人事に自ら勤王党をもって任ずる人々が憤慨し、氏家道以と鷲尾宇源太は東京に上り、「願わくは速やかに官軍を振発せられ、仙台の邪党を一掃せられたし、当時仙台在役のものにて正義の心得あるは増田斎のみ、他は悉く邪党なり」として、「勤王正義姓名」(二十四名)と「邪党」名前書(七十四名)を提出した。

四月二日、久我総督は六百の兵を率いて横浜を発し、五日に塩竈に着し、六日に仙台城に入城した。明治政府が再度の鎮撫使を下した理由は、藩内が紛乱騒擾を極め、容易に統一し難い状況と聞こえたために、官軍を下して鎮撫するというものであった。しかし、鎮撫使が来てみると藩内は静謐《せいひつ》(静かで安らか)そのものであり、騒擾などどこにも見られなかった。だが、久我総督は鎮撫使を手ぶらでは帰れないと、十四日に次に掲げる切腹七人、逼塞一人という残酷な処分を断行した。

切腹家跡没収　執政　和田織部
同　同　遠藤吉郎左衛門
同　近習兼養賢堂頭取　玉蟲左太夫
同　近習　若生文十郎
同　近習目付　安田竹之助
同　同　栗村五郎七郎
同　同　斎藤安右衛門
逼塞　参政　竹田杢介

翌五月十四日、帰京した久我大納言により、「叛逆首謀但木土佐、坂英力、刎首仰せ付けられ候条、其藩において処置致すべし」旨が命ぜられ、十九日に麻布の伊達屋敷の邸内に設けた刑場において刎首した。

同月十五日、藩は一門は百三十俵、一家・准一家・一族・着座・太刀上までは五十五俵、大番組百石以上は二十五俵、百石以下は十六俵、組士は十二俵、以下は八俵という大減俸を断行した。

六月二十九日、仙台において久我総督の帰京後の処罰が申し渡された。

家跡没収入獄　参政　葦名靭負
家跡没収禁固　参政　富田小五郎
同　同　学問所学頭　新井儀右衛門
同　入獄　修次父隠居　大槻平次（磐渓）
同　永預　刑法方役人　塚元　磨
同　同　参政　塩森左馬介

同　　　　　　執政　　　　　　松本要人
同　　家財欠所　御奉行　　　　松本要人
禁固　　　　　旧士族　　　　　松本要人
家跡没収家財欠所　元留守居大童信太夫改名　黒川　剛
同　　同　　　大番組出入司　　松倉　亘（良輔）
同　　同　　　衝撃隊長　　　　細谷十太夫

矢野顕蔵編「白河口の烏組隊長・細谷十太夫」（『仙台秘史戊辰の人物』所収）の「尺八ささない白井権八」に、次のように、十太夫が片平丁の鮎貝屋敷を屯所にしていたときの衝撃隊の幹部について記録されている。

凄《すさま》じかったもんだ官軍から名指されるなんてなア、この時我輩は「烏組」七十余人と仙台は片平丁の鮎貝屋敷に屯《たむろ》してた。今の監獄のとこだった。七十余人の「役付」や「添付」は、

矢野長之進〔長利〕、安藤忠吉〔俊蔵〕、柴田文吾、横山雍三郎

で小隊長は、

武藤鬼一、渡邊武平、鈴木新一郎、蓬田《よもぎだ》選三、笠原多十郎、半澤丹三、大内友五郎　外一名

で有ったが、すぐ「立退け」そしてめいめい覚悟せよと命じた。

そこで十太夫は敢て身命を惜む訳ではないが、兎に角烏組七十余名を率いて居る身であるから、自分が処分されたとなれば、彼等は差当り当惑するばかりか何れも前途の方向にまごつくことであろうから、其処置をせぬうちは、免《の》れる丈《だ》け免れんと決心して居た。或朝、友人から貰った赤縞《あかじま》の袷《あわせ》を殊更《ことさら》に着用して

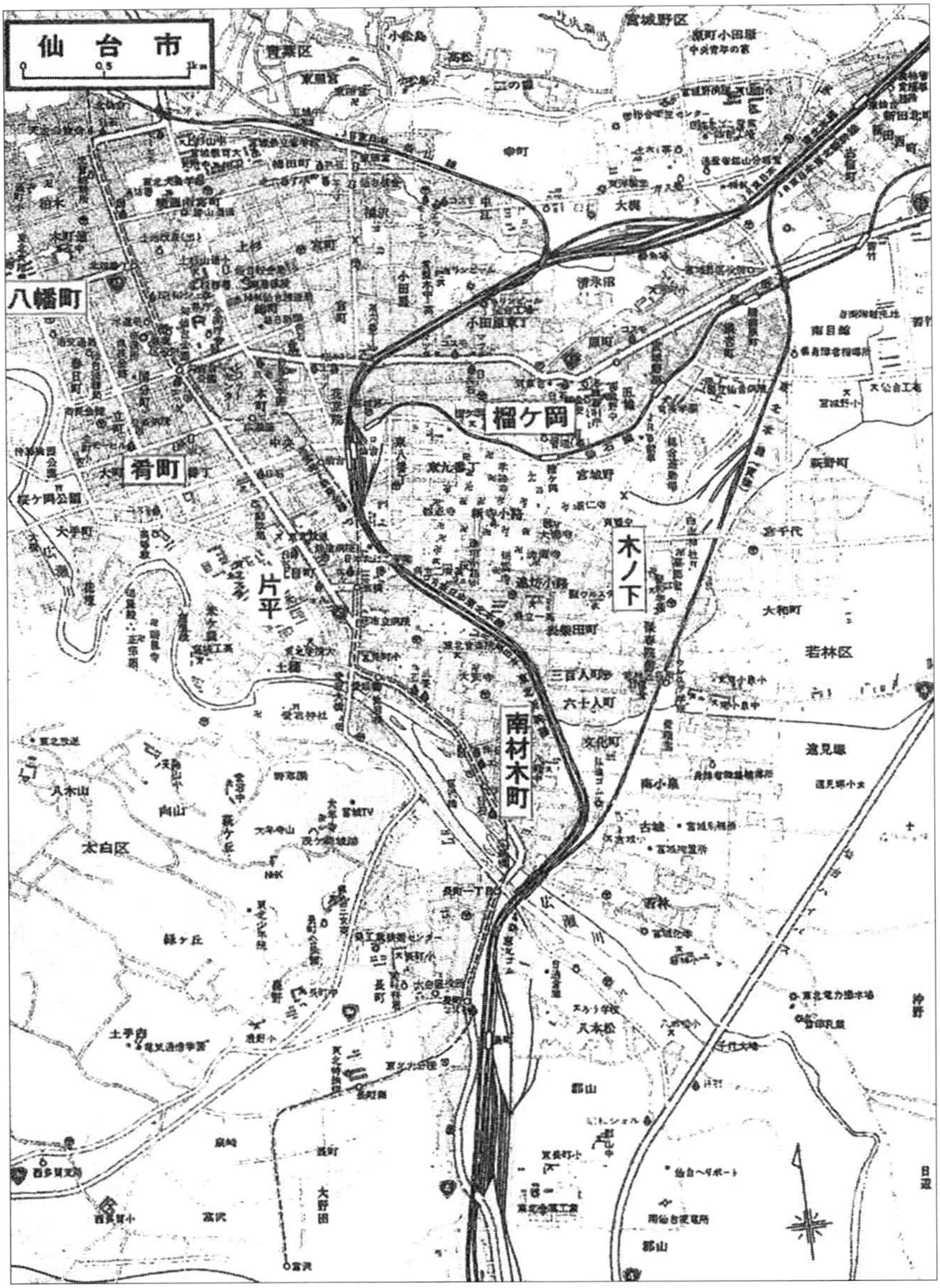

図表13　十太夫の仙台近郊逃亡劇関係図（その１）

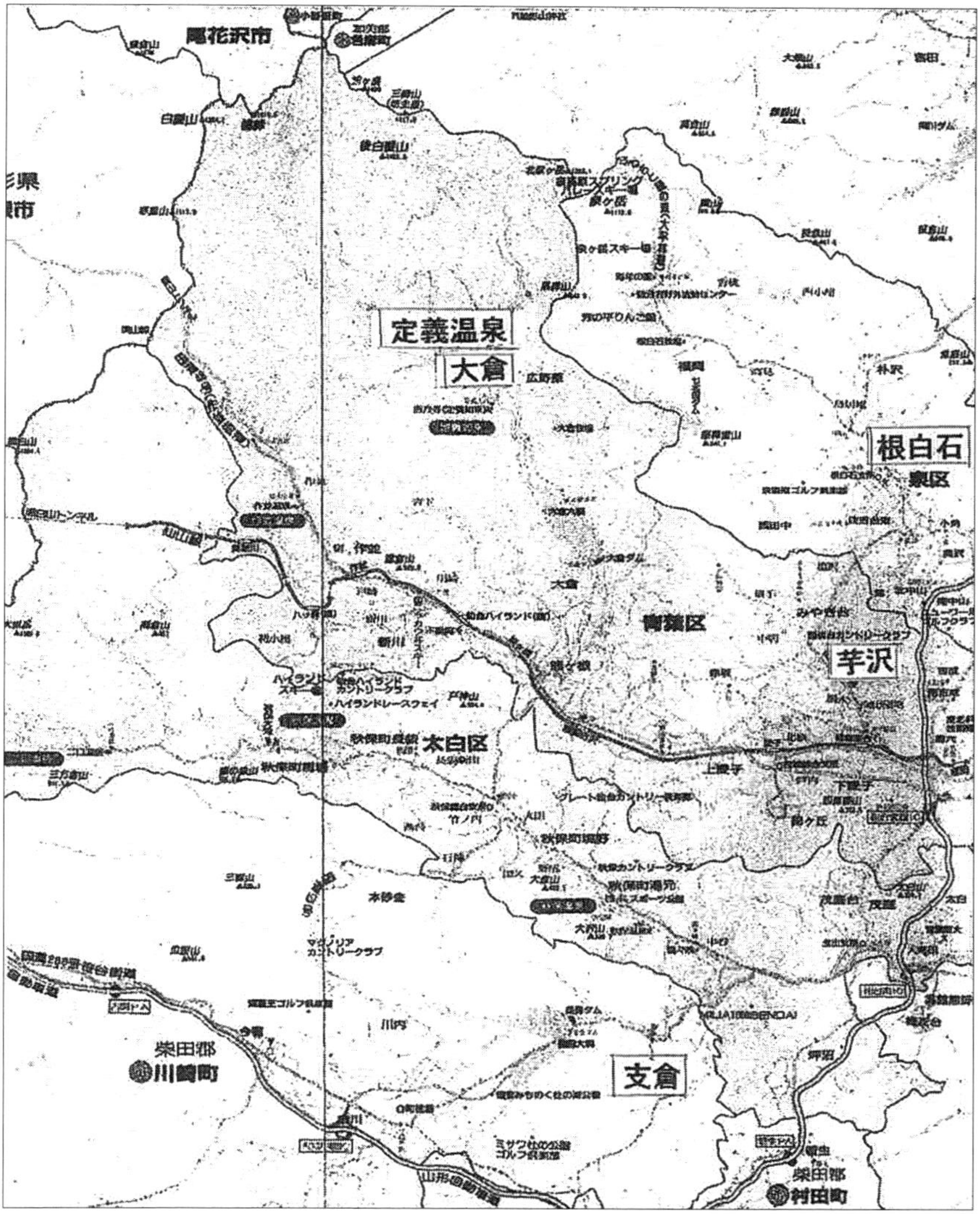

図表14　十太夫の仙台近郊逃亡劇関係図（その２）

ブラリと鮎貝屋敷の門を出んとする出合がしら六・七人の捕手にバッタリと出会うた。彼等は十太夫の顔を知らぬものと見え、現在の十太夫に細谷の屯所は何処だと尋ねるので、十太夫は空惚《そらとぼ》けてその角を廻って最初の門を入れば細谷の屯所ですと答えると、捕手等は其方に駈行くを認めてからスタコラ本荒町を三丁目横丁〔大町〕から下八軒〔肴町〕の目明源吉方へ駈け込んだ。

「細谷鴉一夕話」に右の捕手との一件が、次のように書かれている。

ソーラ来た、言わないこっちゃないと、その儘鮎貝の屋敷へ帰った。当時太政官は仙台藩をひどく疑って居たから、因州藩（鳥取藩池田家）の軍隊を養賢堂に駐在させ、召捕る者があれば、因州の軍隊から兵を出して仙台藩の役人に案内させ、御用御用と踏み込む。仙台の役人は案内して行ってポカンとして見てるだけだ。俺が鮎貝の屋敷へ入ったのを仙台の小役人どもが見つけて、因州藩へ告げたんだろうが、俺はそれとも知らないから、ノソリと鮎貝の屋敷へ帰って行くと、飼って置いた鴉がガアと一声啼いてコロリと死んだから、何かの前兆ではあるまいかなどと騒いでる。「前兆だとも」俺は点頭《うなづ》いて、平常着の上に、袴、羽織だけ

写真45　肴町の道標

写真46　南材木町の風景

改めてブラリと裏門を出ると、そこに因州兵らしいのが六・七人居て、「細谷十太夫が居るか」と言う。俺はその頃、屋形様から戴いた武一郎の名で呼ばれるようになって居たが、捕方の名前書には旧名の十太夫とあったものと見える。それで俺は、「十太夫、武一郎のことでしょう。それなら表門から廻って御聞きなさい」と言うと、その面々は「そうか」と言って急ぎ足で表門の方へ廻った。俺は袴羽織を手早く畳んで着流しになって、狐小路を廻って、その晩御蔵元手代安治精太郎（安住清太郎）から金千両受け取って、肴町の三木屋へ組の安藤、横山等を呼び出して、その千両を一同へ分配させることにして、プイと姿を暗まして世間の様子を見て居る。そのうちに親類の和田織部を始め若生だの、玉蟲だの、安田だのと目星しい面々が続々捕り押さえられて、牢前切腹だの斬首だのと血腥《ちなまぐさ》い騒ぎになったから、松倉、大童、黒澤を始めみんな高飛びしたらしいが、俺は高飛びをしない。仙台の御城下に潜伏して時々近村を廻ってまた戻る。俺の腹では捕まえるものなら捕まえて見ろ。済まないが探索なら俺の方が本家だぞという気だからナ。愚弄半分に、チョイチョイ姿を見せたもんだから、野郎ども業を煮やして駈けずり廻る。それを俺はフフンと鼻であしらった。

この源吉という目明は先きに白河口の戦争に名誉の戦死を遂げた仙台藩農兵隊長川村今助の義父で音に聞えた侠客である。十太夫が駈込んだ際は、役目柄何処かへ出張して不在中であったが、故今助の女房のお竹と言うは是亦中々の女丈夫《じょじょうぶ》で、十太夫の駈込むを見て、甲斐甲斐しく座敷に招じ、最も丁重に夜分まで酒肴を供えて馳走し、頓《やが》て四ツ時頃〔午後十時頃〕裏手の板塀の板一枚を引外《ひきはが》し、其処《そこ》から立町の方へ逃がされたので、其足にて南材木町の鍋屋嘉吉方へ忍んで行き、同家のものに連坊小路の或店から忍笠《しのびがさ》（遊里に通う者などが顔を隠すために被った編み笠）を買わせ、それを冠って尺八持たぬ虚無僧然《ぜん》とした姿で八幡町の鍛冶屋斎藤久吉方へ忍んで行った。

富田広重の「からす組後日物語―細谷十太夫の実歴談―」（『東北の秘史逸話』第二輯所収）は、著者の祖父である柴田郡富岡村支倉の大庄屋・富田珍平（廣信）の実体験がベースになっており、土地勘もあることから、他の追随を許さない好史料である。

富田廣信について、『仙台人名大辞書』には次のように書いている。

トミタ・ヒロノブ【富田廣信】官吏。柴田郡富岡村支倉の人、身を大庄屋手代に起し、維新後柴田、刈田郡長に任じ、在職三十年、名望地方に冠たり、郡長中の故老を以て官民に尊敬せらる、大正五年七月二十二日没す、享年七十七、同地圓福寺に葬る。

「からす組後日物語」の「目明しの家に逃げ込む」に、目明し源吉の娘で川村今助の女房お竹との話が書かれている。

【目明しの家に逃げ込む】

片平丁鮎貝屋敷の厳しい門前、岡ツ引きらしい男が六七人、八方に鋭い眼《まなこ》を配って往きつ戻りつ、何者かを捜し索《もと》むる様子、それと知ってか知らずか、門内からスタスタと街路に姿を現わした一人の男、赤糸竪縞《たてじま》の紬《つむぎ》の袷《あわせ》の着流し、バラバラと取巻いた岡ツ引き六七人。

「オイ……細谷の屯所を知ってるだろう、何所だ……」

「ヘイ……存じて居ります。角を廻って始まりの大きな門から入れば直ぐわかります……」

「左様か……」

迂散臭《うさんくさ》そうにヂロヂロ視《み》ていたが、これが当人の細谷と気がつかず、示された角を廻って姿を消した。危機を脱《のが》れた細谷は、駆け出すように元荒町を通り、大町三丁目横丁下八軒を過ぎて肴町に抜けた。そして目明しで有名な親分源吉の宅《うち》へ駈け込んだ。源吉も配下の者の姿も見えない。ただ一人、源吉の娘で、仙台で有名な侠客今助の女房になったお竹という、当時二十三・四の小粋な女が留守していた。細谷は源吉と昵懇《じっこん》な間柄だったので、お竹も細谷とは顔馴染みである。

「オヤ……隊長さんじゃないの、どうなすったんです、こんなところへ飛び込んでいらっしゃるなんて……タッタ今、隊長さんを召し捕るんだって、みんな出て行ったところなんですよ……」

「左様か……召し捕られに来たようなもんだな、マアいいや、戻って来るまで待っていよう……」

「エッ……待ってるんですって……」

「左様だよ……お竹さんも目明しの娘だ。親に代わって召し捕ったらどうだい。どうせ召し捕られるなら、美しいのに捕まった方がいいやハハ……」

「隊長さんは相変わらず呑気ね……サア召し捕って上げるから、早くこちらへいらっしゃい……」

お竹は促《せ》かすようにして、細谷を奥の一間に案内した。東と西の両方に入口があって、中に仕切りのある風変わりな座敷である。此処《ここ》は源吉親分の秘密の一間である。火鉢、茶道具、お菓子などが運ばれた。

「退屈でも夜まで我慢していらっしゃいよ。妾《わたし》が召し捕ったのだから、妾が放すまでジッとしていらっしゃい……よくって」

「ハイハイいかようにも御命《ぎょめい》のままに、ならばこの儘生命を召されても……」

「いやな隊長さんホホ……」

茶の入替え、夕餉《ゆうげ》の持ち運び、お竹一人がこの座敷に出入りしたきり、夜の四ツ刻《どき》まで待った。ソッと忍んで来たお竹が、肘枕《ひじまくら》にウトウトしていた細谷を静かに揺り起こして、

「何時までもこうして匿って上げたいのだけれども、宅は目明しでしょう。他人目《ひとめ》も多いし、十手の手前、まさか左様も行かないから、どこかへ身をお隠しなさいッて親が申しますのよ……」

「ウ、分かった。有り難う、源吉どんによく言ってくれ、お竹さんの親切は忘れないよ。じゃ直ぐ逃がしてくれ……」

この家の裏続きになっている立町の饂飩屋《うどんや》との間の板塀を一枚剥《はが》して、そこから隣屋敷に潜り抜け、陋地《ろじ》を通って表街路《おもてどおり》に出た。その夜のうちに、南木町《みなみきまち》の顔役鍋嘉吉の宅へ潜り込んだ。当時、連坊小路で「忍び笠」というのを売っていたが、それを買って貰って面《おもて》を隠し、着流しに結び帯、長い刀を落し差し……という姿で市中をうろつき廻っていた。

「細谷鴉一夕話」に、その目明したちの話が書かれているので、次に引用する。

実は仙台の捕方《とりかた》の中には、俺の世話になったものも多いから、其奴らは俺の隠れ家へ来て、一緒に飲んで明日捕りに来るから、今日の中にどこそこへお出でなさいと云た言う調子だから、因州の捕方連中はいつも

俺の空巣ばかり掴《つか》むのさ。（中略）しかし俺がこうして高飛びしないのは捕方を愚弄《ぐろう》や悪戯《いたずら》ばかりではない。どうも伊達の御家の前途が心配でね。命を投げ出す機会が来るような気がして、仙台を遠く離れなかったのさ。ハヽヽヽヽヽヽ先やさほどに思やせぬのに、こちゃのぼりつめだアハヽヽヽ。

此久吉も目明の手先をするものだが、事情を聞いて大切に隠匿して呉れたので、しばらく此家に落着き、機会を見計い其頃まで藩の御蔵元をして居た炭屋彦五郎〔炭彦《すみひこ》〕の手代安住《あずみ》清太郎（塩蔵丁に居た）に委細を話し込み、烏組を解散するに付て入用の金千両を借り受け、安藤、弓田、柴田、武藤、渡邊、蓬田等の烏組の頭分《かしらぶん》を窃《ひそ》かに肴町の料理茶屋三木屋方に呼び集め、件の金子千両を前に置き、

「お前等仙台に居りたいと思うものは居るべく、万一居られぬものは立ち退くべし」

と申渡し、且つ甚だ軽少《けいしょう》（わずか）ながらと集まった者等のうちの頭分たる安藤に件《くだん》の金子を交付すると、安藤は流石《さすが》に、

「承知いたしました。このお金は頂戴の上に皆の者へ分配するでありましょうが、隊長殿にも定めて御入用でありましょうから……」

とて、其うちから金壱百両を差出した。十太夫はそれを押し返し、

「我輩は如何《どう》にもするから」

と辞退したが、それでもと云うので、全然彼等の厚意を受けぬも如何《いかが》と内金二十五両を受取り、残金九百七十五両を部下の者共に分配してやることとし、白河以来一致同心して生死の畛域《てんいき》（境界）を踏破《とうは》した烏組も、是れで涙と共に解散することとなったのは実に感慨無量であったろう。

この目明しの手先の鍛治屋斎藤久吉に匿われたことについては、「からす組後日物語」の中の「美人お仙の親切」に

詳しく書かれている。

【美人お仙の親切】

「ウヽなるほど、ようがす、分かりました。俺も八幡町の久吉とか何とか言われる男一匹だ、目明しの手先はしているが、人情は弁《わきま》えてるつもり、旦那……ソーラ何とか言いましたっけネ、窮鳥懐に入る時は……目明しも捕らえずサアハ……よがす心配しなさんな」

八幡町の鍛冶屋で目明しの手先、侠気と腕ツ節《ぷし》で人に知られる斎藤屋久吉方の裏の離れ座敷に人目を忍ぶことになった。

「時にお仙ちゃん……お前さんに更《あらた》まって頼みがあるがネ……あの離れの客人の事だが……実は俺にはのっぴきならねい恩義のある人なんだが、ある事情で暫く世間を憚ってる身体なんだ。そこで、あの客人の世話を矢鱈《やたら》なものに頼まれねい。お前さんを見込んでの頼みだが、その心持ちで一切世話を焼いて貰いたいのだがネ……」

主人久吉が懸命の頼み、その頼みを聞いているのは、まだ二十歳には、二春《ふたはる》位間《ま》のありそうな美しい娘、どこやら婀娜《あだ》な色街育ちとも見られる容姿《かおかたち》。それは大町四丁目の松茂という小間物屋の娘であるが、如何なる事情からかこの家に預けられていたのである。お仙は久吉の頼みを呑み込んで、細谷の身の廻り一切を世話してくれることになった。

「お仙ちゃん……とは好《よ》い名だネ……笠森《かさもり》お仙（江戸谷中の笹森稲荷門前の水茶屋鍵屋で働いていた看板娘で江戸三美人の一人）も美人だが、あんたも美人だ、美人にお酌をして貰うと酒も一段うまいものですよハハ……」

「アラ……お口のお上手なこと……」

「俺の口も上手だろうが、あんたの御酌も上手だ、少々飲み過ぎたようだネ……」

細谷十太夫、相変わらずの磊落放胆《らいらくほうたん》、世を忍ぶ食客《いそうろう》の身を忘れたかの様に、若く美しいお仙を相手に晩酌の上機嫌、

「お仙ちゃんは松茂の娘さんだってな、好い人でも出来て一騒動、暫《しば》し人目を忍ぶ草……というお安くない事情なんだろうアハ……」

「アラッ……いやな方……そんなんじゃありませんわ、貴方こそ、人目を忍ぶお身の上でしょう……」

「イヤこれは参った。如何にも左様じゃ、然《しか》し、お仙ちゃん、後生だから暫くの間、他人にしゃべらないでいてくれよ、頼むからね……拝《おが》みますわい、これこの通りチチンチンチチチンチン」

両手を合わせてお仙を拝む真似、お仙は笑い崩れたが、真顔になって、

「そんなら、誰にも言わないから、どんな事情か教えて頂戴……教えなかったら言うわ」

「ホーこれは驚いた、脅《おど》かしなさるな、これお仙殿、今は何をか包み申さん、某《それがし》こそは平家の落ち武者、三位維盛《みいのこれもり》(平清盛の嫡孫にして美貌の貴公子、光源氏の再来と称された)の末裔にて味見只呑《あじみただのみ》……」

「好いわ好いわモー伺いません……その代わり皆に言い付けて上げるから……」

お仙は、可笑しさをグツと堪えてアタフタと勝手の方へ姿を隠した。三十分ばかり過ぎたと思う頃、今までのお仙とは別人かと思うほど真面目な様子で静かに入って来た。

「冗談のつもりでしたが、あんなことを申し上げて済みませんで御座いました……いま女将《おかみ》さんから聞かされて始めて分かりました。先刻は真実《ほんとう》に冗談で申し上げたのですのよ……」

「なんだい、大層改まってさ、ハハ……俺の身の上かね」

「エイ……本当にお気の毒ですことね、妾……官軍の兵隊さん大嫌い、いやに威張りくさって、その癖……ホホ……助平で、一昨日でしたか、どこかの娘さんがお墓参りの帰りに、酷《ひど》い目に逢わされたんですってネ、助平

ばかりじゃありませんわ、近頃では往来で女の髪から銀の簪《かんざし》なんか抜き取るんですってネ……」

「左様かネ、然し、それも当分の間だろう。今に穏《おだ》やかになりますよ……」

「左様だと好いんですが……何より助平なのが嫌らしいわネ……近頃、「草餅」を売りに来る近在の女を捕まえて妙な事ばかりするんですってネ……」

「左様左様……そんな話だネ、官軍さん鶏取る……草餅売り官軍さんのお金取る……って歌が流行《はや》るようだネ」

「ホ……」

細谷の身の上を知ったお仙は、同情と尊敬から、ますます親切に世話して呉れた。


右の「官軍さん鶏取る……草餅売り官軍さんのお金取る……」について、田村昭編著『仙台花街繁昌記』に記載があるので、次に記すこととする。

戊辰の変に際して官軍が城下に乗り込んできた時、つれづれを慰むるために、田舎の女が丁度季節が春であったところから、草餅をこしらえて官軍の宿舎を持ち廻ってこれを粥いだ。この草餅売りの女が、遂には官軍に淫を売るようになったので、いつとはなしに「くさもち」という名が、商品以外のある事を指すようになったのである。

当時流行の俗歌に

猫は鼠取る　官軍さん鶏取る
仙台「くさもち」　金を取る

というのがあった。鶏肉を余り食用にしなかった当時の仙台人には、官軍が鶏を徴発して食料に供するのを不思議がったものとみえる。

十七、探偵に眼《まなこ》を跟《つ》けらる

十太夫は八幡町の隠家も追々危険になったので、捕手等の気を抜くべく宮城郡の定義温泉《じょうぎ》（仙台市青葉区大倉）へ入浴《にゅうとう》と出掛けた。同行者は安藤忠吉の姉と大町四丁目の小間物屋の娘お仙と大黒屋の娘の外に女中一人と斎藤久吉の甥の清之丞と都合六人連れで、御前籠を担がせて大掛かりに押出した。此時、十太夫は島田髷《まげ》の鬘《かつら》を冠り、赤の褌《ゆもじ》をしめ町家《ちょうか》の娘風に化けた。其頃の十太夫は晩年の髭《ひげ》武者面《づら》と違い稍々《やや》優方《やさがた》（品よく、すらりとしていること）の好男子であったらしかったから、娘風も似合うたのであろう。

正式には「じょうぎ」であるが、地元では「じょうげ」とも発音している。

定義温泉の旅館は、奥羽山脈・船形山（標高千五百メートル）南東麓の湯川沿いに建っており、嘉永二年（一八四七）に石垣加茂之助が開湯した、仙台周辺では比較的新しい温泉場である。泉質は単純泉、効能は神経性疾患、婦人病、神経病、眼病、梅毒。

極楽山西方寺という浄土宗の寺院があり、平家落人伝説や子授け信仰がある定義如来（阿弥陀如来画像軸）が祀られており、地名の由来になっている。

現在でも観光客入込数は年間百万人前後の宮城県内有数の観光地であり、門前町の名物「三角あぶらげ」は常に行列ができるほど有名である。

「からす組後日物語」の「島田娘に化けて定義へ」に、定義温泉場へ行くことになった一件が次のように書かれて

写真47　定義の西方寺山門

いる。

【島田娘に化けて定義へ】

探索の手は依然として弛《ゆる》まない。官軍方の廻し者らしいのが、チョイチョイ久吉の店頭などに姿を見せるようになった。

「旦那……此処もどうやら怪しくなって来ましたぜ、手が入ってからじゃどうにもならない、こいつや一番、今の間に姿を変えて、どこかへずらかるより外に仕様がねいと思いますが……」

「本当に旦那……左様なんですよ、今日も午前《ひるまえ》、嫌な眼付きの奴が、紙屑のお払いは……ツて台所の方に廻ってキョロキョロしていましたから、妾《わたし》……ウンと剣突《けんつ》く(荒々しい小言)を喰わしてやりましたが……」

久吉夫婦が心配相に話している。黙って聞いていた細谷は、決心したらしく、

「左様か……どこかへ身を隠そう、身を隠すにしても下手に演《や》ると反《かえ》って人目に付く、イッそ思い切って賑《にぎ》やかな……といっても仙台を離れた温泉場のような所へ往って見ようか……」

「それも左様ですネ……」

「だがネ……」

久吉は暫《しばら》く思案に暮れていた。何か思いついたかポーンと膝を叩いて、

「定義〔宮城郡〕へ湯治とお出掛けなさい、それも一人じゃ反って気づかれる。多勢でお出掛けなせい、まさかお尋ね者の細谷十太夫が、女子供を連れて入湯とは気づくまい。お仙ちゃん、あんたも一緒にお出でなせい、それに自宅《うち》の女中も遣りましょう、俺の宅《うち》ばかりでも面白くねい、大黒屋の娘さんにも往って貰おう、安藤さんのお姉様もお誘いして……」

「女ばかりじゃネ……」

久吉の女房は口を入れた。久吉は「尤も」首肯《うなづ》きながら、

「清之丞を付けてやろう。彼奴《きゃつ》なら気転も利くし、度胸骨もあるからな」

清之丞は、久吉の甥で、茶屋町に饅頭屋を営んでいる若者だが、事があると久吉の片腕になる男である。

「それなら安心だわ……それは左様として旦那の姿をどうしましょう……」

お仙の提議に夫婦は再び思案に暮れなければならなかった。女連れでも素顔では歩けない代物である。

「俺の姿か……ハハ……道中だけ女に化けて行こう」

当人の細谷が女に化けて行こうと言い出したので、相談は悉皆《すっかり》出来上がった。

温泉場に着くと先以《まずもっ》てお仙の三味線で大黒屋の娘が踊る、昼夜大騒して居ると、何時しか十太夫が定義温泉場に逃避して居ると云うことが仙台に知れたと云う急報が来た。

次に、「からす組後日物語」の「捕吏と一緒に花牌遊《はなふだあそ》び」のうちの前段から引用しておこう。

【捕吏と一緒に花牌遊び】(前段)

年増二人に娘二人、女中一人に男一人、六人連れ、然《さ》る大家《たいけ》の保養とも見える一行の駕籠が、定義温泉湯守《ゆもり》の玄関先に着いた。何れも垢抜《あかぬ》けのした磨《みが》きの掛かった女客、ただ一人、裾をからげて赤い腰巻を出した背丈の高い島田娘の肩幅が莫迦《ばか》に張っていた。二階座敷に通されたら、女が一人減って男が一人殖えた。宿の女中は、剽軽《ひょうきん》なお客さん達と笑っている。温柔《おとな》しく構えて湯に浸っている連中ではない。お仙の三味線に大黒屋の娘お玉の踊り、飲めや歌えの乱痴《らんち》気騒ぎ、湯治場の人気はこの一行に集まった。安藤忠吉の姉と女中は二・三日で仙台に帰った。

尚お十太夫は中々に手強い奴だからと云うので、屈強《くっきょう》の捕手十六人をすぐって差向けて来た。十太夫は早くも内牒《ないちょう》によってそれと勘付いたが、表面故《おもてづらこと》さらに平気を粧《よそお》い、普通の遊客の振りして件《くだん》の捕手等にも酒肴を侑《すす》めながら、自分は素裸になってお仙の三味で踊り廻る間に、フト其二階から裏山へ飛び越えらるるところを見付け出し、踊る振りして裏山へ跳ね越えるや否《いな》、一目散に密林中に掻き分け掻き分け天狗橋のところに出で、側《かたわ》らの炭焼小屋の裡に潜んで其日の暮るるを待った。

「からす組後日物語」のうちの「捕手と一緒に花牌遊び」の後段、そして「捕手を巻いた羅漢踊」、「素裸体で炭小屋に」を一挙に記載することとする。

【捕手と一緒に花牌遊び】(後段)

ある日、婀娜《あだ》な年増と娼売人《しょうばいにん》らしい二人の女を連れた男が、この宿の客となった。婀娜な年増は三木屋の女将お傳で、連れの女は国分町田中屋の娼妓である。男客は、米沢の男で官軍の探偵を勤めている者であった。

細谷のいることを知ったお傳は、ソット細谷に注意した。

「あの男は探偵だから、油断はなりませんよ」

「左様か、よく教えてくれた。どうせ斯うなったら、こっちから押しかけて往って度肝《どぎも》を抜いてやろう……面白い芝居をして見せるから見物しろハハ……」

探偵という男は、二人の娼妓とお傳を相手に花牌に興じていた。そこへ湯上がりの濡れ手拭《てぬぐい》をさげて入って行った細谷は、無遠慮にドッカと胡座《あぐら》を組んで、

「お楽しみですね……お互い湯治場は退屈なもの、私も一番仲間入りをさせて下さいよ」

男は嫌な表情で細谷を睨むように凝視《みつ》めて黙っている。二人の娼妓は仲間が殖えて大喜び、お傳は気を利かして、

「サアどうぞ、至って無遠慮者揃いですから、その心算《つもり》で……」

「手前も御同様……」

斯くて花牌の仲間入り、夕飯近くまでこの座敷に遊んでいた。清之丞やお仙等は、細谷の大胆さに呆《あき》れていた。その夜遅く、八幡町の久吉のところから一人の若い者が飛んで来た。

「旦那……大変だ、一人や二人じゃ旦那を捕まえられねいというんで、明日、御小人〔巡査〕が十六人も乗り込んで来るッてんだ……今のうちに何とかしなさらねいと大変で……」

面色《かおいろ》を変えて急を告げる若い者の言葉を、黙って聞いていた細谷の眉宇《びう》（眉《まゆ》の辺り）の間に、何事か決心の閃《ひらめ》きが見えた。

「左様か、御苦労だった、……ナアーに大丈夫だ、ヘロヘロ野郎共に、この細谷が捕まるかい。ドサクサ紛れに俺はこの家を逃げ出して、天狗橋の茶屋へ隠れるから、長之丞（なぜか清之丞から変更されている）どんと一緒に女の連中は、ソッとそこへ逃げて来なさい、一緒になって山径《やまみち》を逃げるから……」

手筈をチャンと極めてその夜は早く枕に就いたが、女達は明日の不安に中々寝付けなかった、本人の細谷は安心そうな高鼾《たかいびき》。

【捕手を巻いて羅漢踊】

不安の一夜は明けた。細谷は相変わらず長閑気相《のんきそう》に、鼻唄がけで湯から上がって来た。朝餉《あさげ》の膳が列べられ、長之丞と女達は、先に箸をつけていた。

「お先に……腹拵《ごしら》えをして置かないと困るから……」

長之丞が細谷に挨拶した言葉が終わるか終わらない刹那《せつな》、ドカドカバタバタという騒々しい廊下の足音と共に障子がサツと開かれた。十手捕縄《とりなわ》の身支度厳重な捕吏十六人、険《けわ》しい眼で一座を睨めている。

「いや大《おお》きに御苦労……細谷十太夫、最早逃げも隠れもいたさぬ。潔《いさぎよ》く御縄を頂戴いたす……就いては一ツの御願いが御座る。此処にいる者は、みんな拙者の知人の家族、長い間、豪《えら》い御世話に相成ったもの、十太夫今生《こんじょう》の別れに快《こころよ》く盃を交わしたいと存ずる。お役目の手前、御目溢《おめこぼ》しもなるまいが、そこは裏と表、何と御聞き届け下さるまいか……それとも相成らぬ……と仰せあれば……」

素直に縛《なわ》は受けられぬと言わぬばかりの気勢、捕吏の面々も、斯うなっては魔神も袋の鼠、よもや逃走はいたすまい、ならば面倒なしに縛したいという腹から、細谷の願いを承認した。

「サア左様と話が極まれば、大いに飲み、大いに騒いでお別れとしよう。ナアーに遠慮は要らない、お役人様御立会いの送別会だ……ウンと騒ごう……」

長之丞の気転、早速お銚子が運ばれ、別に酒の肴も用意されて、朝餉の席は酒宴の席に変わった。お仙も大黒屋の娘お玉も覚悟を定めての酒宴、盃の重なるに伴れて、三味線をひく、踊る、歌うの大騒ぎ、廊下の辺りに頑張っている捕吏は、顔見合わせてテレている。

「サア……ど……どうです……お役……お役人様、ゲップウ……烏組の隊長細谷十太夫直英、今生の別宴……斯うなちゃ、逃げろ……とおしゃっても、モー逃げられねい……足はフラフラ眼はクルクルアハハ……サア一杯、元気をつけなさいよ……」

飄々《ひょうひょう》(世俗に拘わらず悠然としているさま)踉々《ろうろう》(よろめくさま)、捕吏の頭らしいのを座敷に引ッ張り込んで盃をつきつける。

「飲め……飲まないネ……よーし、細谷十太夫のさした盃を、受けぬとあれば覚悟がある。酔ッ払ッたりと雖《いえど》も十太夫……アハハ……得物はないかとお銚子をか……ハハハッ……」

銚子を掴んで喇叭《らっぱ》呑み、傍若無人の面魂《つらだましい》、捕吏は面喰いの態《かたち》でただキョロキョロ終《しま》いには引き摺《ず》り込まれて一杯二杯、若い美しい女の御酌《おしゃく》でやや陶然《とうぜん》となった様子、

「愉快だ、これで思い置くこと更になし、サ潔くお縄を頂戴する前にモ一ツ、今生のお別れ、踊り納め、十太夫十八番の踊りを御覧に入れる……サアよいか、弾いたり弾いたり歌ったり……」

酒気《しゅき》に紅潮した隆々たる筋肉美、褌《ふんどし》一本の赤裸体《あかはだか》、お仙の唄に踊る状《ありさま》は、真に羅漢の再来かと見られる。一座はヤンヤの大喝采、

「エイッ……」

鋭《するど》い気合と共に、羅漢の姿は二階廊下の欄干《らんかん》から、一間ばかり隔てた崖の立木にヒラリと跳び移った。真に飛猿《ひえん》の快技《はやわざ》、

「逃げたぞッ……」

「喰ったぞッ……」

我に返った捕吏は、バラバラと階段を駈け下りた。ホッと胸を撫で下ろしたのは、長之丞とお仙と大黒屋の娘……それに別座敷の三木屋の女将お傳であった。

【素裸体で炭小屋に】

宵闇は迫った。付近の山々渓々《たに》を隈無く捜索したが、遂々見つけかねた捕吏は、その儘、仙台に引き揚げて往った。お仙と大黒屋の娘お玉と長之丞は、宿に暇《いとま》を告げて仙台に帰るように装《よそお》いながら、人目を避けて山路に姿を隠した。細谷と諜《しめ》し合わせてある天狗橋の茶屋に行くのである。素裸体《すっぱだか》の細谷は、山の雑木林を潜りつ抜けつ、深い渓間《たにま》の炭焼小屋に身を潜めて陽の暮れるのを待った。長之丞等は、日没後の山路を辿って目指す茶屋に往って見るとまだ細谷の姿が見えないので、天狗橋の北側にある炭屋を訪ねて、其処《そこ》に休みながら、細谷の身を案じていた。その炭屋は、八幡町の久吉の家に長年出入りしている正直者であった。不安の闇は刻々に深くなって行く、現時《いま》なら十一時過ぎと思う頃、素裸体の細谷が、ヒョッコリ三人のいるこの炭屋に現れて、お互いに無事を喜び合った。そこで一夜を明かし、細谷はこの家の主人の着物を借りて、ほのぼの明けに出立した。女二人に男二人の一行は、大倉から山越しに根白石〔宮城郡〕に出て、中山から国見に抜け、日がトップリ暮れてから、八幡堂茶屋町の「うなり坂」を下りて、坂の下り口にある長之丞の宅に潜り込んだ。ささやかな饅頭屋渡世、屋根も破れ、壁も崩れ落ちているあばら家、泊まる事も出来ないので、お仙と大黒屋の娘は久吉方へ帰った。細谷は茶屋町の街端《まちはず》れにある丸屋天江《あまえ》勘兵衛の妾宅を訪ねた。

翌朝、大倉から山越しに根白石《ねのしろいし》に出で、中山から国見峠を抜けて八幡町に立戻り、同町の酒造家丸屋〔天江《あまえ》〕隠居の妾宅に辿り着き、座敷に通るや否《いな》、電光石火早くも捕吏が差向って来て、表戸《おもてど》を拗《ねじ》あけんとする音がする。妾おけさの機転で十太夫は台所の戸棚の中に押込められ、約一時間ほど呼吸《いき》を殺して我慢して居ると、捕吏は十太夫の姿が見えぬので立去った様子、頓《やが》て戸棚から出されて座敷に請じられ、夜半まで酒肴の馳走になり、裏口から送り出され、又々斎藤久吉方へ行って見たが、兎に角此町内は物騒なばかりでなく、この散髪《ざんぱつ》頭では人目に着くからと言われ、同家で散髪に髢《かもじ》を入れて町人風に頭髪を結うて貰

写真48　八幡町の元天賞酒造の建物

い、其名も急に牛松と変えて肴町の三木屋に至り同家の番頭ということになり済して居た。

次に、「からす組後日物語」のうちの「妾宅に身を陰す」、「天井裏の槍ぶすま」を引用することとする。

【妾宅に身を陰す】

玉木目《たまもくめ》の美しい欅《けやき》の長火鉢、南部霰《あられ》釜に湯がたぎっている。震い付きたいような襟脚《えりあし》に、崩れ掛かった櫛巻《くしま》きも婀娜っぽく、華奢《きゃしゃ》な茶箪笥の上に掛けられた三味線にその身の素性を語るこの家の女主人、年頃十八・九、今年六十二歳の勘兵衛老人が、孫より可愛いと額《ひたい》の皺《しわ》を伸ばす愛妾のおけさ、長火鉢の側にある高脚膳《たかあしぜん》の猪口《ちょこ》を取って、差し手もない一人飲み、

「オヤ……どなた……」

格子戸が静かに開いたのに耳を欹《そばだ》てた、開いた格子戸は静かに閉じられた。

「………」

障子が開いて、敷居越しにヌウと立った大男、

木綿の盲縞《めくらじま》をツンツルテンに着た裾から毛脛が見ゆる。

「アツ……泥……」

おけさは不意に闖入者《ちんにゅうしゃ》（断りもなく、突然に入り込んでくる人）に仰《の》け反《ぞ》った。闖入者はニッコリ笑って委細構わず長火鉢の側に胡座を組んだ。

「俺だよ……吃驚《きっけい》（びっくり）させて悪かったな……阿爺《おやじ》は……」

「アラッ……細谷さんじゃない、今頃、何しにこんな所に来たの、大変よ……貴方が定義に隠れているッて昨日から大騒ぎ、今日も多勢の捕手が向ったのよ、今に捕まって来るだろうッて街は大評判、自宅《うち》の阿爺さんも、心配して八幡堂の人達と八幡様（大崎八幡宮）に夜籠《よごも》りして、貴方の危難除けの御祈祷をしている騒ぎよ、……貴方……こんな所にいては危ない、早く何処かに隠れなくちゃ……」

「左様か……忝《かたじけ》ないことだ……」

「阿爺さんと貴方の仲だから、手が廻らないとも限らないッて、言ってましたよ……」

おけさの言葉の終わらないうち、格子戸の辺りに人の気配、「御免……」と訪《おと》う濁声《だみごえ》、

「ソラッ……早く……早く……」

突嗟《とっさ》の隠れ場所、細谷は台所の戸棚に潜り込んだ。ドヤドヤと入り込んだ十数名の捕吏、

「細谷が来たろう、どこへ匿った……」

「イーエ……見えませんわ……」

「白《しら》を切るなッ……主人勘兵衛はどこへ往った。この膳は何だ、誰と飲んでいたのだ」

白粉水《おしろいみず》に染まったおけさ、年は若いが度胸は据《す》わった。お膳の上の猪口を取ってグッと飲み乾し、細い指端《ゆびさき》の猪口をさして、

「旦那お一ツ如何、……主人は近所へ出掛けて留守なので……辛気臭《しんきくさ》い（重苦しい心持ちでいるさま）から一

人でやっていましたの……」

「家捜《やさが》しをするぞ……」

「御随意《ごずいい》に……」

幸い、戸棚までは検《あらた》めないで、ブツブツ言いながら出て往った。捕吏は引き揚げると入れ違いに丸屋勘兵衛が帰って来た。戸棚から出て来た細谷と無事を喜び合い、更《あらた》めて夜半まで飲み且《か》つ語った。若い妾一人の所にノコノコ居候《いそうろう》も気が引けるので、おけさを頼んで、窃《ひそ》かに斎藤久吉方の様子を探って貰った。「来ても大丈夫だと思うが、来る時は夜更けに裏口から来い」という返事なので、三・四日過ぎた雨の夜更けに斎藤屋に移った。相変わらず、お仙の親切な世話を受けていた。


【天井裏の槍ぶすま】

「遂々《とうとう》此処も嗅《か》ぎ出しやがった……早く……何処かへ隠れなさい……今度は抜刀《ぬきみ》などを持って来やがった……」

此処ばかりはと思っているところへ不意に喰った細谷は突嗟の隠れ場所に困った。不図《ふと》、思いついた天井裏、袋戸棚の中から鼠のように潜り込んだ。

「今度は逃がさないぞ……漬物桶の中まで捜せ、阿魔《あま》……貴様だな、定義にいたのは、……今度という今度は逃がしっこはない……」

再三再四の捜査失敗に業を煮やした捕吏は、押込み強盗か喧嘩の殴り込みでもあるかのように、戸障子襖《ふすま》を蹴放《けっぱな》しながら隈無《くまな》く捜したが身当たらない。

「細谷ッて奴は風のような男だ、栗鼠《りす》のように敏捷《はしこ》い男だ、……栗鼠……ウヽ天井裏にいるかも分からない」

穂尖《ほさ》きの燭《あかり》に閃《ひらめ》く手槍を持っている一人がブツリブツリ天井板を突き上げ始めた。お仙と久吉夫婦は、その都度自分の心臓を突き刺されるような感じに身を縮めた。天井板は灰篩《はふるい》のようになった。

「いないようだ。逃げたのかな……此処にゃいなかったのかも知れない。引き揚げよう」

「オイ久吉……匿ったりすると為にならないぞ、細谷が来たらヒョッ引くか、密告しろ」

捨て台詞《ぜりふ》を残して、手持ち無沙汰に引き揚げようとする捕吏の一隊を見送りながら久吉は言うた。

「ヘイ……私も目明しの端くれ……ヘマな真似はいたしやせん……細谷様が見えたらお知らせもいたしやしょう、それから御出役《おんしゅつやく》が願いたいんで……矢鱈《やたら》に天井板に穴を開けられたんじゃ、第一鼠の糞が落ちて困りやす……エ……へへ……」

当てつけた皮肉な言葉、ヘマな捕吏の一団は苦《にが》い面《つら》をして出て往った。天井裏から、頭の黒い大きな鼠が落ちて来た。

「今日ばかりは些《いささ》か蒼《あお》くなったよ、隅の方にいたから助かったようなものの……足の指二・三寸のところへ、ドキドキしたやつがズブリ……いや三年ばかり寿命を縮めたよ」

「妾共《わたしども》もヒヤヒヤしてましたわ、何処までも御運が好いんです……それにしても、変装でもなさらないと危険で、仕様がありませんね……」

「また女に化けようかアハハ……」

「あんなんじゃ駄目、町人姿になって、自宅《うち》の番頭さんという風にしたら……」

衆議一決して番頭に変装、紺の腹掛、浅黄《あさぎ》の股引、縦縞《たてじま》木綿の袷《あわせ》に白足袋、紺の前垂《まえだれ》に白緒《しろお》の草履《ぞうり》、頭髪はお仙と久吉の女房との合作、髢《かもじ》を入れて立派な町人頭になった。名も丑松(『烏組隊長細谷十太夫』では牛松)と呼ぶことにした。早速の試験、白昼大威張《おおいば》りで肴町の三木屋に往って見ると、女将のお傅さへ、暫時《ざんじ》は細谷と気づかなかったので、一同大安心。


三木屋にも頻りに探偵吏《たんていり》が出入するけれども、十太夫は例の牛松さんで探偵吏の来るたびに膳を運ぶ、

酒の相手をする、唄う、踊るなどの芸当を盡《つく》して彼等を待遇するので、誰もこの牛松さんを十太夫と勘付くものがない。斯くて数日間は無事であったが、折柄三木屋では娘のお安に婿を迎え、今晩結婚と云う其夜六・七人の探偵吏がやって来た。機敏な女将《じょしょう》お傳が手早く十太夫に島田髷《まげ》の鬘《かつら》を被《かぶ》せ、娘お安の寝床に押入れた。探偵吏は家中を探し廻ったが、十太夫の姿が見えぬより、女将に対して細谷は居らぬかと尋ねるので、女将はハイお出になりませんと答えた為め、探偵吏は手を空《むなし》うして立去った。

次は、「からす組後日物語」のうちの「番頭丑松のダンス」、「花嫁と枕をならべて」を引用することとする。

【番頭丑松のダンス】


　肴町の料理店三木屋の表口《おもてぐち》、岡ッ引き二人が供に細川藩の探偵頭、三木屋の酌婦おゑつと問答している。

「近頃、この家に細谷が来るそうだが、今日は来ていないか……」

「細谷さんて誰でしょう、存じませんわ……」

「嘘を吐くな……知らぬ筈はない……」

「アヽそれじゃ太政官という方でしょう……背丈が六尺ばかりあって、頭が大きくて、眼は天保銭位あって、口が耳まで裂けているように大きい、髪は肩まで垂げている鬼の様な恐ろしい人のことでしょう……」

　三木屋の女将を首《はじ》め、みな細谷贔屓《びいき》である。殊《こと》にこのおゑつという酌婦は、年はまだ十六だが、中々のしっかり者、細谷を探す探偵と知ったので、わざと恐ろしい人物のように語って脅威《おどか》したのだ。

「酒はどれ程飲むか……」

「左様で御座いますね……一度に三升は平気で召し上がります。それに何時でも五尺もあるような刀を持って……本当に恐ろしい方ですわ」

探偵はすっかり脅威された。この時、勝手茶の間から三味の絃《ね》に伴《つ》れて唄が流れて来る。

雨はショボショボ降りしきる、夜はしんしんと

今鳴る鐘は何時《なんどき》じゃ、そうさ八ツでもあるべい

アゝ痛ていな、そんなら此の瀬原の虫薬

アゝにげいした、国を去って恰度《ちょうど》三歳の春、御医者様の姿と為《な》り

御国の病がなおしたい

当時、流行の虫薬の唄を、女将のお傳と抱《かか》え妓《こ》連中が稽古をしているところへ、細谷の番頭丑松も交《まじ》って一緒に唄っていたのである。

「オヤ……いらっしゃいませ、歌の稽古に夢中になってチッとも存じませんでした……サアどうぞお座敷へ……」

「いやいや今日は此処でよい、お尋ね者の細谷が見えるそうだが……」

「ヘイ……あの太政官でしょう、近頃は少しもお出でがありません、いくら豪傑でも、旦那方に睨まれましてはネ……ホホ……旦那も一番、唄のお稽古をなさいませんか……」

女将お傳に煙に巻かれた探偵頭《かしら》は、スコテレの態《かたち》、

「此処であっさり飲もう……祝儀抜きの唄を聞きながら……」

勝手茶の間で酒が始まった。お尋ね者の細谷、変装番頭の丑松は、隅の方に固くなっている。

「旦那……番頭さんは踊が上手なんですよ、踊らせましょうか……女将さんと妾達《わたしたち》で、流行唄《はやり》に振付けたんですよ……」

「ソリャ面白かろう、踊って貰おう……」

番頭の丑松、いま稽古最中の踊、女将お傳の三味で踊り出した。抱え妓達は顔を見合わせてクスクス、探偵

頭は滑稽な踊りに腹を抱えた。互いに異《ちが》った心持ちで……、

「面白かった……いや御苦労御苦労……」

探偵頭は上機嫌、改正手形(仙台藩蔵元発行の藩札)五百文の祝儀を番頭丑松に与えた。一同は思わずドッと笑い転げた。探偵頭は怪訝《おかし》な表情をしたが、果ては釣り込まれて破顔、キョトンと、薄《うす》と惚《とぼ》けている細谷の容姿《すがた》を見て、一同はこみ上げて来る可笑しさを耐えている辛さ、番頭丑松の御礼心にと作ったお椀に舌鼓を打ち、御馳走だったと探偵頭は出て往った。

「マアよかった……」

「マア辛かった……」

「可笑しくって可笑しくって……」

「お安が噴き出したんで、妾《わたし》まで噴き出してしまったが、怪訝相《けげんそう》な顔をしていたよ」

お安と言うのは、女将お傳の妹、明後日が婿取りという十八の美しい娘である。危難を逸れたというので、一家挙げて水入らずの酒宴、夜中まで飲み続けた。

【花嫁と枕をならべて】

表《おもて》街路には、按摩《あんま》(もみ療治する人)の流しの笛も聞こえなくなった。向こうの町角辺りに夜廻りの拍子木の音が微《かす》かに淋しく聞こえたかと思うと、それも全く聞こえなくなった。

「遅くなり過ぎた、モー切り上げて床入りとしよう……どうだいお安坊……花婿さんの代理をさせないか……」

「いやな番頭さんホホ……」

表街路にけたたましい犬の声、お傳も丑松もキットと耳を欹《そばだ》てた。噛《か》み付くように吠える声はますます激し

くなった。お安は姉のお傳に擦《す》り寄って、

「姉さん……誰か来たんじゃないかしら……」

「静かに……黙って……」

番頭丑松の細谷は、盃を持ったまま、じっと何ものかを感知するように小首を傾けている。キャンキャン……酷《ひど》く殴りつけられたかのように悲鳴をあげて犬は表戸口の辺りから遠ざかったらしい、突如、戸口《とぐち》に人の声、

「今晩は……今晩は……」

お傳もお安も、お燗番《かんば》をしながらまだ起きていた。剽軽者《ひょうきんもの》(気軽で、ふざけて人を面白がらせるような性質であるもの)のおゑつも、刎ね上げられように起き上がった。丑松の細谷は、グッと襟《えり》を合わせて帯を締め直した。

「また来たようだ……おゑつ……お前が戸口へ行って、なるべく愚図愚図していておくれよ……サア……早く早く」

何か決心したらしく、お傳はおゑつに斯う言い付けてから、オドオドするお安の手と、丑松の細谷の手を取って引き摺《ず》るように奥座敷の方に姿を消した。

「開けろ……御用の者だ……」

「ハイ……只今……ハイ……」

戸外の険しい声を受けて、おゑつは優《やさ》しく応えた。そして固く鎖された大戸の側に寄り添って、

「誰方様ですか……まことにお気の毒様で御座いますが、火を落としましたので……」

「お客に参ったのではない、……御用の者だというに……」

戸外の人は焦れ気味に怒鳴りつけた。おゑつは直ぐ答えた。声を一層大きくして、

「料理番も休みましたので……本当にお気の毒様ですが、仕出しも出来兼ねます……」

戸外はざわめいた。そして扉が割れるように叩かれ、恐ろしい罵声《ばせい》が放たれた。

「御用だツ……愚図愚図すると扉を蹴破るぞ……」

「ハッ……お役人様デスか、これは失礼いたしました。ハイ……只今……直ぐ開けますから」

大戸の鎖鑰《さん》はコトリと外された、ガラガラと開いた潜り戸から、ドカドカと入り込んだ捕手六・七人、

「貴様は酌婦だな……女将はどこにいる……」

「ハイ……女将さんは奥に……」

脚絆草鞋掛けの捕手三・四人は、土足のまま茶の間から順次に部屋を検《あらた》めて奥へ進んだ。茶の間から三ツ目の座敷、盒燈《かんてら》(油用灯火具)の光に照らし出される塗枕、粋な櫛巻の中年増が、どんな夢路を辿《たど》っているか、切れ長の眼を瞑じてスヤスヤ眠っている。

「オイ……起きろ……」

切れ長の両眼は静かに開かれた。操り人形のように半身を起こしてキョトキョト顔、燃ゆるような緋縮緬《ひぢりめん》の長襦袢《ながじゅばん》が捕手の険しい眼に沁みる。

「オヤ……いらっしゃいませ……」

「何が、いらっしゃいだ。細谷が来ているだろう。包み隠せばために相成らぬぞ……」

「お役人様でいらしゃいますか……」

緋縮緬は、スックリ起き上がった。そして行燈《あんどん》に灯《ひ》を入れられた。水色のしごきをグルグル巻きにした長襦袢一枚のスラリとした女の寝乱れ姿、十手土足の男とは対照のよくないこの座敷の光景、

「お尋ねの細谷様は、お見えになりませんが、念のため御案内申し上げますから、どうぞ……」

手燭《てしょく》を片手に女将お傳は、先ず二階座敷に案内した。部屋部屋の床の間に、古遠州の流儀正しく控えている

花瓶、水盤の外、猫の児の影一つ見当たらない。階下の部屋に移った。女中部屋、抱え妓の合部屋《あい》、そこには寝姿の裾前を合わせて布団脇にキチンと座っている抱え妓、番頭の外、怪しい姿はなかった。

「部屋はこれだけか……」

「エイ……モ一座敷御座いますが……どうぞ其処は……決して怪しい者は居りませんから……」

「ならぬ……罷りならぬ……案内しろ……」

「でも……どうぞ……その部屋だけは……」

「成らぬというに……いよいよその座敷が怪しい……」

「それでは、御案内いたします……可哀想《かあいそう》に……」

女将の狼狽《あわてぶ》振り、悄《しお》れかえる状《さま》を見た捕吏の連中は、獲物に近付く猟師のような緊張と興奮を以て女将の後に続いた。裏庭に面した奥の一間、部屋の中の行燈に灯が入っている。障子に写る井桁《いげた》の影……、

「この座敷で御座います……どうぞ御願いで御座いますから御手柔らかに……」

捕手の十手は一様に構えられ、草鞋の爪先《つまさ》き強く廊下の板を圧《お》し付けた。

「御用だッ……」

障子は両方に広く開け放たれた。烏組の頭目、細谷十太夫直英、最後の猛闘《もうとう》、「無礼者ッ」とでも来るかと思えば、座敷の中は静寂、その静寂な空気の中に燃え立つような緋牡丹《ひぼたん》散らしの友禅の夜具、黒びろうどの襟掛《えりか》けの下に、ビッタリ寄り添って見ゆる二つの枕、黒塗には町人頭髪《あたま》、朱塗には水の滴《したた》るような文金高島田《ぶんきんたかしまだ》、紅白の水引きが美しく燭《あかり》に映《はえ》る。捕手の緊張は一時に弛んで、ただ呆気《あっけ》に取られた。

「ナアーんだ、これは……」

手燭持つ手も慄《ふる》えて廊下に立っていた女将のお傳は、オロオロしながら、

「これで御座います……今晩は妹お安の内祝言《ないしゅうげん》なので御座います……可哀想にこんなお恥ずかしいところを御

役人様方に……」

「ハハア……婿取りか……いや、これは気の毒なことをいたした。なるほど仰山な祝儀物だの……」

座敷の床の間には、鰹魚節、高砂の置物、絡り鯛、紅白の絹巻物など、何れも水引き熨斗のかかった品が山と積まれてある。明日に迫ったこの家の祝儀、捕吏の眼には今宵の床入りと見えたのである。

「とんだ騒がせをして気の毒だった。ゆっくり休むがよい……」

捕吏は、今までとは異った興奮に駆られてこの家を引き揚げた。暴風《あらし》の後《あと》のざわめき、

「あゝよかった……助かったわネ……」

女将お傳は二人の枕元に座って大きく溜息を吐いた。掛布団を刎《は》ねて、半身を起こしている花嫁、花婿、

「あゝ……恐《こわ》かった……布団を取られたら……妾……どうしようかと思ったわ……」

お安は上気したか、美しく頬を紅潮させて語る。俄《にわか》に花婿、番頭丑松の細谷は、極度の緊張から脱した直後のためか、何時もより顔色は蒼い。

「助かったのは女将のお蔭だ……今夜はとても駄目だ思ったよ……苦しかったろう、お安坊……」

「辛かったわ……呼吸もつかれないほど、妾を抱き締めるんですもの……」

「いいじゃないか、お婿さんだもの……ネ丑松ッあんホホ……」

喜劇を織り交ぜた危難の一夜は、斯《か》くして白々《しらじら》と開け初めた。

かく此家《このや》も油断がならぬので、夜明けぬうちに飛び出し、榴ケ岡《つつじ》（仙台市宮城野区榴ケ岡）の料理屋小梅林《こばいりん》に行った。此家には蔭座敷《かげ》があって、そこに隠匿《かくま》われたが、此家にも数次探偵吏が来たので、辞して他に転せんとすると、同家の女将が暫しと引止め、

「何処へ行くにしてもお金が入要《にゅうよう》ですから」

とて、二分判で金五両を胴巻に縫い込んで呉れたから、厚く其高意を謝して、木ノ下薬師堂（若林区木ノ下）の別当方に行って潜んで居たが、此処も追々発露《ばれ》そうになって来て永くは居られず、三日間ばかり厄介《やっかい》になって、宮城郡根白石（泉区根白石）の桜田新治が開墾場に行った。然るに桜田方の近所に一軒の百姓家があり、其家の老爺《おやじ》と懇意になり折柄の入梅季《にゅうばいき》になったので、田植の手伝いなどして居るうち、その家の娘に疱瘡腫《ぼうそうばれ》でブクブク腫れ上がりて目も塞《ふさ》がるほどの少女《おとめ》があった。こんな娘でも老爺の目からは可愛く見えるものと見え、朝夕鍾愛《ちょうあい》（特別に可愛がること）して居たが、一日《あるひ》十太夫に対《むか》い婿になって呉れと口説《くど》き出され、刎ねつける訳にも行かず、好い加減な返事を云って受け流して居た。

写真 49　榴岡天満宮の明神下の風景

一日、七北田橋（泉区七北田橋）側《わき》の煮売茶屋伊藤廣吉方に行くと松坂外一名が十太夫逮捕として宮床（黒川郡大和町宮床）方面に出張したと聞き、今は肝玉も据《すわ》って来て、ナニ構うものかと殊更に彼等の帰りを待ち受け、互いに知合いの中《なか》なれば、十太夫から、

「お手前方は此細谷を捜しに来たそうだが、マアマア久しぶりだから一ツ呑もう」

と三人で呑み合い微酔《ほろよい》機嫌となり、捕

写真50　木ノ下薬師堂

えらるるものと捕らえるものと三人一所になり、茶屋を立ち出で北山光明寺門前まで来て、十太夫は小用を便する振りして折柄の宵闇を幸い、田町横丁へそれて北九番丁を西に八幡町へ行き、復た又斎藤久吉方へ忍んで行ったが、兎角仙台城下は危険なので、夜道を駈けて宮城郡芋澤《いもざわ》の奥山太蔵方へ行って潜んで居たけれども、同所は仙台が近いので人目は多い為め、更に同郡大倉の林某方に行ったが、此年は大凶作（明治二年）の場合で米が一粒も取上がらぬので飯米に乏しい。食客《しょっきゃく》の身で家族等に気の毒だから、毎日山芋を掘ったり蕨《わらび》の根から澱粉《でんぷん》を取たりして纔《わずか》に食料に充てて居た。

次は、「からす組後日物語」のうちから、「疱瘡娘に惚れられて」、「庭の隅で藁打つ間抜け男」、「芋澤へ逃げて人助け」を記載することとする。

【疱瘡娘に惚れられて】

三木屋も危険だというので、その夜の未明、榴ケ岡神明下の料理店小梅林に逃げ込んだ。亭主は留守であったが細谷贔屓《びいき》の女将の親切で、廻し戸になっている蔭座敷へ隠して貰った。この家までは気が付くまいと思っていると、ある日、細谷が二階座敷でチビリチビリ飲んでいるところへ捕物で有名な宮澤という捕吏が乗り込んで来た。しかし、三木屋のおゑつのような気の利いた女中がいたため、宮澤をうまく騙《だま》して追い返した。此処も危険になったので、薬師堂の別当大如という方丈《ほうじょう》（住職）のところに身を潜めた。大如は細谷の幼年時代、塩竈法蓮寺の小僧仲間であった。小梅林の女将が心付けて呉れた二分金五両が当時の細谷の小遣銭であった。城下近くは安心が出来ないので、根白石〔宮城郡〕の實澤《とみざわ》に逃げた。そこには細谷の友人桜田新治が開墾していた。篠竹《しのだけ》の薮の中に笹小屋を作って忍んで居た。その近所に一軒の百姓家がある。笹小屋の細谷と仲良しになった。

「俺の生れは相馬だが、俺の親が桜田の旦那に御世話になったので、俺はその御恩返しのつもりで、桜田の旦那の開墾の手伝いに来ているのだが、辛抱した甲斐があって田地も相当に出来た。あんな笹小屋などに好い若者がゴロゴロしているのは勿体ない、俺のとこの娘の婿になれ……」

　親切な百姓は、毎日のように細谷を婿にと口説き立てた。風呂に入れて貰ったり、味噌米や大根菜を貰うことは有り難いが、その娘というのは、疱瘡《ほうそう》（天然痘）上がりの二目《ふため》と見られない娘だったので、流石の細谷も有り難すぎて弱り切った。暫く此処に隠れてから、七北田街道の橋際にある茶屋伊藤廣吉方を訪ねた。座敷に通され酒の馳走になっていると、黒川郡宮床方面へ細谷の探索に往っての帰途だという細谷の知人松坂という御小人が仲間一人と共にこの茶屋に休憩した。見つけられてから騒ぐのも忌々《いまいま》しいと思った細谷は大胆にも、こっちから姿を現して、

「オイ松坂……俺を探しに往ったそうだが、何か用でもあるのか」

　出し抜けに呼びかけられたので松坂等は面喰《めんくら》い、それに細谷の腕ッ節を知っている二人は、反対に間誤々《まごまご》して、

「マア腹を立てるなよ……役目だから仕方がないじゃないか……」

「左様か……左様砕けて出られては俺も男だ。手向かいはしない、一杯飲んで一緒に仙台へ往ってやろう」

一緒に往ってくれれば、これ程手易いことはない。願ったり叶ったりとばかり、松坂等は細谷に酒肴を振舞った。充分傾けてからサア行こうかと、お尋ね者と捕吏が雑談に興じながら北山の光明寺門前に差しかかった、秋の陽は既に全く暮れて鼻を摘《つ》まれても解らない夜であった。立ち小便をするような風をして二人をやり過ごし、田町の角を素早く折れて、横丁の黒板塀にピッタリ身を寄せて呼吸を殺した。吸いついた蝙蝠のように……松坂等は暗《やみ》を透《す》かして捜している様子だったが、面倒とでも思ったものかそのまま往ってしまった。九番丁から本町通り八番丁に出て、土橋通りから八幡堂の斎藤屋久吉方に駈け込んだ。


【庭の隅で藁打つ間抜け男】

度々《たびたび》出入りするので、何時とはなしに斎藤屋久吉方も探偵側の睨むところとなったので、此処で長居の危険なことを知った細谷は、山越しに名取郡茂庭《もにわ》に出て、柴田郡に入り、玉造郡の鬼首《おにこうべ》と共に高原として知られている山村支倉《はせくら》〔現富岡村〕に隠れた。この村の大庄屋富田珍平〔筆者の祖父廣信〕と親しかったので、この家に忍んでいたが、細谷の知己《ちき》友人など少しでも縁故のある場所は片ッ端から探索している官軍側の探偵は、山村の隠れ家も決して見遁しはしなかった。果たして、ある日、手槍鉄砲などを携えた物々《たずさ》しい装束の捕吏十二・三名が、ドカドカと富田方に乗り込んで来た。そこは隣家に一・二丁もある田舎家《いなかや》のこんな場合には都合が好く、早くも探偵団の襲って来ることを知った富田方では、細谷を無尻《むじり》半纏股引という百姓風に変装させ、庭の隅で藁《わら》仕事をさせて置いた。

「オイ……此処に細谷十太夫の隠れていることを知って捕縛に来た。隠さず早く出せ……」

槍を突きつけて権柄《けんぺい》づくに脅《おど》威した。恰度《ちょうど》その時は、主人珍平が不在で、お千代という女房が留守していた

が、二十歳ばかりの若い女に似合わぬ気丈者《きじょうもの》、

「一向存じませんがね……お門違《かどちが》いじゃありませんか」

「嘘をつけ……慥《たし》かにいることを突き止めて来たのだ、包み隠すと為にならんぞ……」

「為になってもならなくても、居ないものは仕様がありませんね……」

洒々《しゃしゃ》(物事にこだわらない様子)と答える女主人お千代の言葉を聞きながら、庭の隅でトントンと藁を叩いている頬被《ほうかぶ》りの男をジロジロ眺めている探偵は、

「この男はなんだ……召使の者か、家族の者か」

さて気づかれたかと、一時はドキリとしたが気転を利かしたお千代は、

「六兵衛や……旦那方が何か御用があるとよ……」

六兵衛やと呼びかけられた細谷も人を喰った剛胆者《ごうたんもの》、早速、

「何御用《なにごよう》ですかね、俺アこの家の鍬頭《くわがしら》で六兵衛という者でがすがね……」

頬冠《かぶ》りを外《はず》して、ペコリと頭を下げ、キョトンとした顔でヂロヂロ探偵連の面を見渡している状《さま》は、どこから見ても烏組の猛将とは見えない。

「ウゝ……間抜け相な百姓だ……」

探偵連は、直ちに家探しを始めた。戸障子襖《ふすま》、戸棚、唐戸櫃《からとびつ》、長持、手当たり次第に槍で突き刺すやら、乱暴の限りを盡くした揚げ句引き揚げることになった。

「ソーレ……六兵衛や、旦那方の御帰りだ……御見送りをしなさい、なんて間抜けな野郎だろうね、ホホホ……」

「この六兵衛は間抜けかねハハッハ……」

皮肉なお千代と細谷に送り出されて探偵は去った。

【芋澤へ逃げて人助け】

この山の中も危ないというので、山道を通って、碁石《ごいし》から秋保温泉に抜け、さらに進んで宮城郡芋澤に入った。芋澤には奥山太蔵という細谷の宅《うち》へ炭を売っていた男がある。その男の家に二・三日隠れてから大倉（宮城郡）の葦沼《あしぬま》の林という百姓家に移った。老婆と後家《ごけ》と娘の女世帯、若い者を使って百姓をしているのだ。この歳明治二年は、非常に凶歉《きょうたん》（不作で穀物が実らないこと）で一粒の米も穫《と》れなかった。殊に山村は甚だしい不作で、木の根、草の根を掘って漸《ようや》く糊口《ここう》を続けている惨状《ありさま》であったが、一家は親切にこの食客を扱って呉れた。まだ幼い女の子が、米の御飯を食べたいと泣き叫ぶのを見た細谷は、自分の身の不安などは忘れて、芋澤の奥山方に往復して、米を貰って来ては一家の者に与えていた。どちらが食客か分からなかった。この山村も段々危険になったので、再び定義温泉の湯守の家に隠れることになった。

十八、北海道の開拓

其後も度々危殆《きたい》（非常に危ないこと）な目に遭《あ》うたけれども、辛うじて網の目を逃れて居た。当時もし捕らえられたならば、官軍に敵抗《てきこう》したものとして異議も非議もなしに処刑せられたことであろうが、幸いに免れ免れて生存《いきなが》らえて居ると、十二月に入り親類の者から殿様より御内命の次第があるから、急ぎ密かに立戻って来るようにとの秘報があったので、何等の御用筋かと取敢えず大倉の山奥を立出でて仙台城下に帰って来ると、殿様の御内命と云うのは水戸藩の脱走兵が仙台領内に潜伏して居る様子だから、それを探索するよう細谷に命ぜられたいとの思召であった。昨日まで探索されつつあった自身が今日翻《ひるがえ》って他を探索するようになったのも、実に仏者の所謂有為転変の世の中だと心の裡《うち》に悟ったのであった。

因て先づ例の如く服装を変じて、差当り仙台以北を探索すべく一ノ関方面から石巻、涌谷地方を遍歴したが、それらしい者も見当らないので、更に仙台以南を漁って見たが、是れまた徒労に帰したので、折柄の風雪を衝いて奥羽中間の大脊梁《だいせきりょう》を踰《こ》えて山形城下に至り、探索して見たが目的を果し得ず、徒《いたずら》に時日を費すばかりであったので、翌三年正月一先づ帰仙の上各地の状況を復命した。

【お尋ね者が浪人探索に】

右の記事に対応する事柄が、「からす組後日物語」の中の「お尋ね者が浪人探索に」に書かれているので、次に記載する。

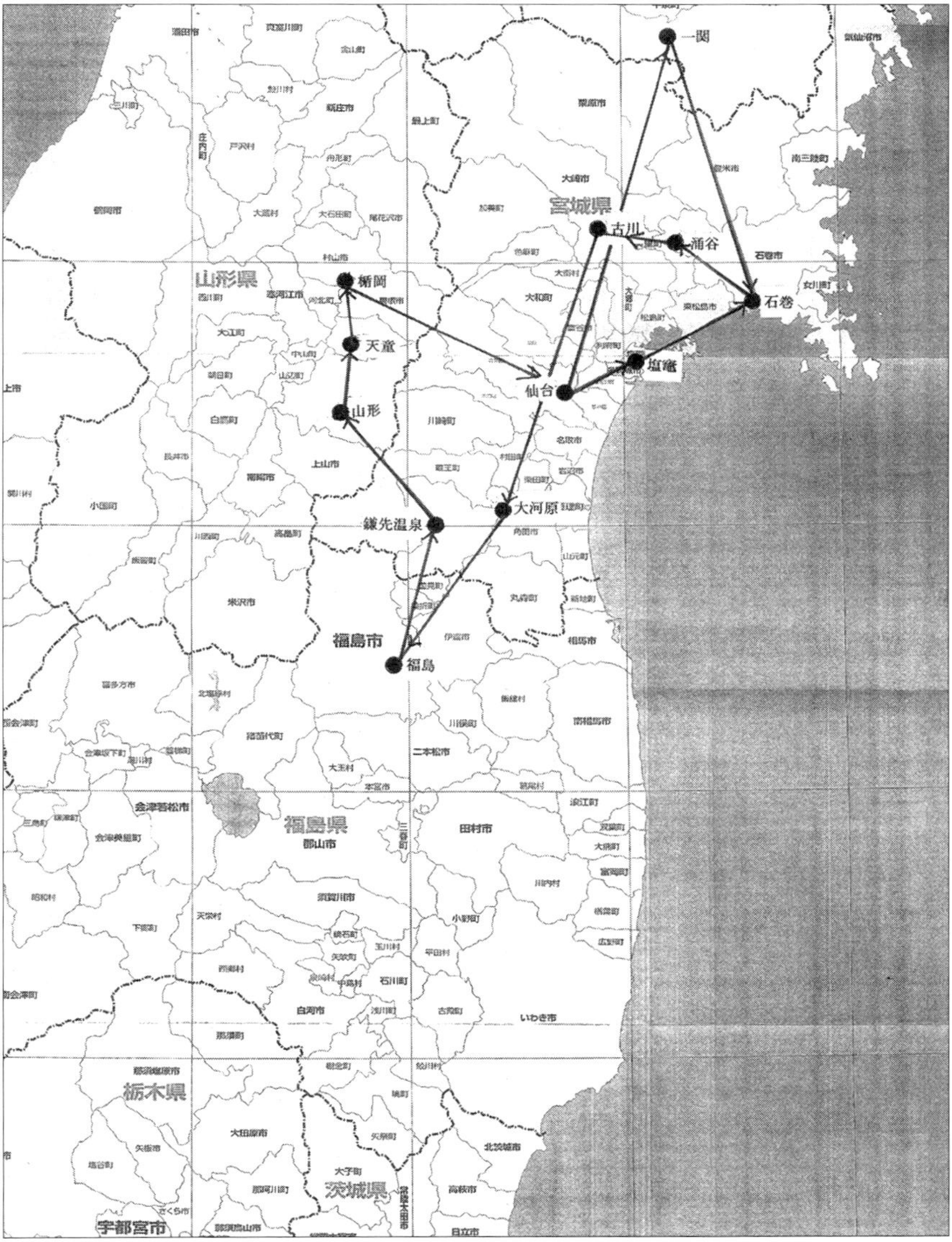

図表15　「十八、北海道の開拓」十太夫の探索経路

雨が降り続く、風が荒れる、寒さが例年より早来《そうらい》するという不順な天候、秋の収穫皆無という呪うべき明治二年も暮近くになった。関山峠は雪に通行が止まったとの噂、定義温泉も冬籠もりに淋しい。世を忍ぶ者には適当な場所となった。ある日、吹雪を冒《おか》して、細谷を湯守の宿に訪ねて来た若者がある。それは八幡町の饅頭屋長之丞(「十七、探偵に眼を跟けらる」では清之丞)であった。

「旦那、不思議な世の中になりましたよ。血眼になって捜し廻っている旦那に、是非頼みたいことがあるから、仙台に出て来て貰いたいというんです。涌谷玄恭とかいう御役人から叔父の斎藤屋久吉のところへ、是非、細谷を探して来て呉れという頼みなそうですよ、叔父は旦那の居所を知ってると思ってるんですね……」

長之丞の語るのを黙って聞いていた細谷は、怪訝《けげん》そうな表情で長之丞に問うた。

「ウゝ涌谷玄恭は俺を捕まえる役人だ。その人間が俺に頼みたいことがある……は可怪《おか》しい、素直に縄に罹《かか》って呉れってことだろう……莫迦《ばか》なッ」

「旦那……ところが左様じゃねいんで……叔父貴《おじき》も初めは左様考えた、いろいろ聞いて見ると、左様じゃねいんです。何でも仙台領に水戸浪人が潜り込んだそうです。この浪人を捕まえて引き渡さなくちゃならねいんだが、この水戸浪人てのは、大した腕前の侍で、御小人や岡ッ引きが何人罹ったって、とても手に負える代物じゃねいんだそうです。仙台の御役人衆も手古摺《てこず》った揚げ句が、この浪人をフン捕まえるには細谷の旦那より外にはないという訳なんで」

「ハハ……それで招《よ》んで来て呉れというのか……諾《よし》……俺も逃げ隠れは倦《あ》き倦きした。水戸浪人じゃ手耐《てごた》えがあろう、出掛けよう」

直ぐにも出立しそうな細谷の様子を眺めた長之丞、急に腕組みして何か思案に耽《ふけ》っている。

「旦那、水戸ッポーを捕まえるのも好いが、捕まえる者は捕まえさせて置いて、それからお次ぎは捕まえて旦那を捕まえる……急に風向きの変わったのが腑に落ちねい……」

「ハハハッ……長之丞、心配するな、急に変わる風向きに碌なことはないさ、しかし、この俺には風を喰って逃げ出す術があるからなハハハッハ……」

細谷は長之丞と一緒に堂々と仙台に入った。そして涌谷玄恭に面会して水戸浪人逮捕の依頼を受けた。その時は黒表人物《こくひょう》検挙の手も非常に緩和されていたのである。明治二年の四月七日から十二月七日まで、追われつ、逃げつ、生死の境をここまで潜り抜けてきたのである。昨日の我が身の上、今日の水戸浪人の身の上、世の中は面白いものだと、寒風を凌《しの》ぎながら水戸浪人探索の旅に就いた。塩竈から石巻へ、石巻から古川から大河原へ、捜し廻って福島に入った。

右に出てくる涌谷玄恭については、『仙台人名大辞書』には次のように漢方医と書いているが、十太夫との一件でもう一つの顔があったことが判明した。

ワクヤ・ゲンキョー【涌谷玄恭】医。本道（漢方医術で内科のこと）並医師、仙台藩医員、慶邦公時代の人なり。

宿屋の者や近所の床屋などで探ってみると、福島のある博徒の用心棒をしている浪人侍がそれらしいということを耳にした。違ったらそれまでだと、当たって砕けろの細谷式を発揮して唯だ一人、脚絆甲掛《こうが》けの身支度充分に固めて宿を出た。

「御免……オーイ誰かいないのか……」

乱暴な来訪者に、「誰だい」とこれも乱暴な応接者、此処は博徒の親分の表口である。来訪者は細谷、応接者は此処の乾分《こぶん》の一人、

「貴様のところに浪人者がいるだろう」

洗い晒《ざら》しの丹前を素肌に着た眼の凄《すご》い男、細谷の旅姿をギロギロ眺めている。

「何をキョロキョロ見ているのだ。浪人者がいるかいないか聞いているのだ。唖《おし》(言語障害者)か貴様は……」

「ナーンて乱暴な客だ……唖じゃねい、唖どころか……」

「唖でも聾《つんぼ》(聴覚障害者)でも貴様の事を尋ねているのじゃない、浪人者がいるかというのだ」

「知らねい……居たらどうするッてんだ……」

「用がある、出せッ」

丹前の男は、相手が二本差しと見てか、固めた拳《こぶし》で水鼻液《みずっぱな》を啜《すす》りながら、奥の方へ姿を隠した……と思うと、ドヤドヤと姿を現した五・六人の似た様な男、

「この客人だよ、浪人者がいるかッてのは……」

「賭場荒らしだな此奴《こやっ》は……畳んでしまえ……」

「合点だッ……」

喧嘩に馴れた博徒の群れ、抜刀、匕首《あいくち》の切っ尖き鋭く細谷を取り囲んだ。戦に馴れた烏組の隊長、戦場で号令でも掛けるような大声、

「馬鹿野郎……賭場荒らしとは無礼千万、仙台藩士、烏組の総大将細谷十太夫を知らないか……」

「エイッ……」

「烏組の親分ですか……」

「存じませんで、とんでもない不調法を……」

博徒仲間における烏組の人気は殆ど信仰に近いものであった。座敷に招じ上げられて、非常な優待を受けた。水戸浪人探索のことを話すと、その浪人らしい侍が十日ばかり前まで食客《いそうろう》していたが、最上(山形県新庄市・最上郡)の方へ行くというて旅立ったことが分かった。一朱金で拾両の餞別を貰って福島を出立し、霊湯《れいとう》

の名高い鎌先温泉(宮城県白石市福岡蔵本)まで引き返し、一條一平方(「湯主一條」として現存している。)に世話になり、山越しに最上に出た。

右の一條一平について、荒武賢一郎氏の「近世の温泉経営と村落社会―鎌先温泉一條家の記録から―」(『古文書が語る東北の江戸時代』所収)に、次のように記述されている。

一條家の社会的地位については、蔵本村の百姓で、片倉家中の武士であるとともに、主たる生業である温泉経営をおこなう「湯守」という役職であった。仙台藩では、実質的に温泉経営を担う百姓に湯守という役職を与え、その収入から「湯役」という税を藩に上納させていた。これは村を領有する片倉氏ではなく、仙台藩から任命されている。温泉に設けられた建物・敷地は藩主のもので、実質的に所有しているのは一條家となる。ここで湯守に関する支配の序列からすると、頂点には藩主がおり、その次に奉行〔家老に相当〕、そして実務面を司る金山方という藩内の鉱山および資源開発を担当する役所があり、その配下に湯守は配置されていた。

山形には、細谷の部下となって共に戦場で暴れ廻った「丸萬」「角《かど》」などという指折りの顔役がいるので、其処《そこ》を訪ねて大歓待を受けた。此処でも多大な餞別を貰って、天童(山形県天童市)に赴いた。冬の夜道、冲天《ちゅうてん》高く月が冴えている。

故郷《ふるさと》をいでしこのかたしるべなく
今宵も月に宿をかるらむ

この時の細谷の感慨である。天童に着いた時刻が遅かったので、一人旅の夜泊りは御法度とばかり、何処《どこ》の宿でもお断りを喰って、楯岡《たておか》(山形県村山市楯岡)まで往った。蒼白い月光に照らされる夜の街は真昼のように明るいが、凍りつくような寒さに往来の人影は稀《ま》れである。どこか料理屋でもあったら、寒さ凌ぎにそこで夜を明かしてやろうと、向こうから急ぎ足に来る女に声をかけた。

「一寸お尋ねいたすが、この近所に、料理屋のようなものがありますまいか……なければ宿屋でもよろしいのですが、旅の者で道不案内のため、夜道に間誤《まご》々いたして居る次第……」

女は足を停めて凝乎《じっ》と細谷の姿を見つめている。女は黒繻子《くろしゅす》の襟掛《えりか》け絆纏《はんてん》を羽織っている粋な姿、凍《こお》りついたのではないかと思われるほど身動きもしないで、無言で細谷の旅姿を見つめている。

「怪しい者じゃありません、全く夜道に困っている者で……」

「マア……貴方は細谷様じゃありませんか……」

薮から棒に自分の名を指されて細谷は吃驚《びっくり》した。相手が男なら、刀の鞆へでも手を掛けなければならないところ、

「シテお前さんは……」

「妾は大黒屋のお玉ですよ……」

意外な場所で意外な人に意外な邂逅《かいこう》(思いがけなく出会うこと)、二人は暫時《しばらく》無言、こんな往来中で、話しも出来ないからと、お玉に案内されて遊女屋に往った。お玉は、この地方で羽振りの好い顔役の囲女《めかけ》になっていることが分かった。定義温泉で、羅漢踊りの一件など思い出されて二人は無量の感慨に打たれた。盡《つ》きぬ話しも終わって、賑やかな酒の座敷になった。おばこ節(山形県庄内地方で唄われていたもので、旅の商人と村娘の逢瀬を村人がはやした唄)などの名物唄の外に、

細谷鳥と十六ささげ、なけりゃ官軍高枕

と唄い出した妓がある。無論、今宵の座敷のお客が、この歌の本尊だとは知らない筈もない。お玉と細谷とは顔を見合わせて微笑し、言い知れぬ感慨に打たれた。

時に新政府は北海開拓の目的にて仙台藩には日高国沙流郡《しゃる》を割り当たので、藩では開拓長官として藩士三好五郎〔清篤《せいとく》〕を任命し、属官（部下の役人）数名を付して同地に出張せしむることとなり、十太夫も其出張員の一員として差加えられた。元来、十太夫は曾《かつ》て開拓事業には多少の経験を有して居るので、今回の北海開拓事業の如きには相当重用せられるべき筈で、属官として採用せらるるは当然の順序であるけれども、何分彼は今尚お其筋の注意的人物となって居るので、都合上、開拓地へ到着してから任官せしむべく、途中は其筋の嫌疑を避けしむる為め、何分目立たぬようにして連れ行くべしとあって、名も特に英透《えいとう》と変改し、同年正月二十四日三好長官等一行と共に仙台を出発し、陸奥国三本木（青森県十和田市）に至りここにて始めて司長《しちょう》と云う役目を申付けられ、属官同様の待遇を受くることとなった。

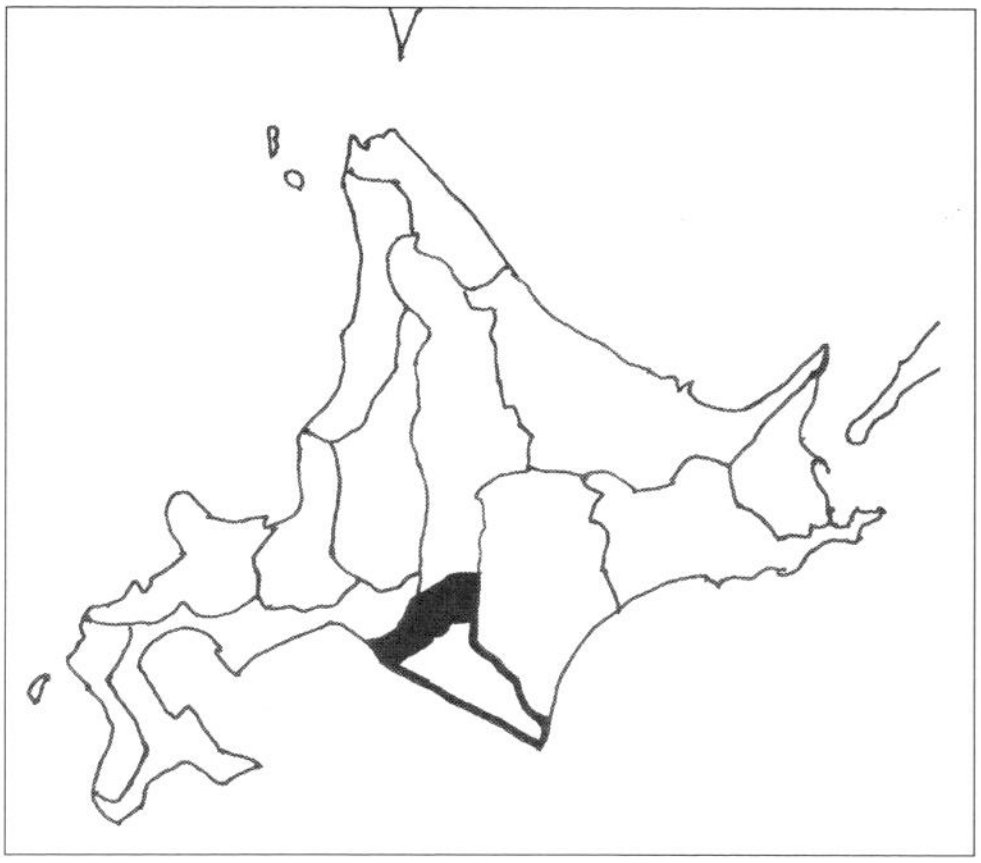

図表16　北海道日高国沙流郡

三好五郎〔清篤〕については、『仙台人名大辞書』に次のように記載されている。

ミヨシ・キヨアツ【三好清篤】画人。通称五郎、松柏また雲峰と号す、監物清房の子、兄三郎早死の故を以て其後を承く、戊辰後勤政庁議事局の副議長となる、蓋し父蔭に依るなり、後ち開拓使に官す、一官伸びず、罷《や》められて画を業とす、宮城県知事船越衛其の勤王家の裔にして落魄せるを憐み、挙げて県の雇員となす、晩節振わずして歿す。

ここで、子母沢寛の「「からす組」あとがき」から、十太夫が北海道に赴くことになった経緯について見て置くこととする。

十太夫は明治三年一月富田珍平と共に五十沢から仙台へ帰ってその先はどうなったか。（中略）が、それから間もなく、家来を三人つれて通りかかった三好五郎にばったり逢って終《しま》った。勤王家で、先に切腹した三好監物の一族だが、ひどく気短かな、お負けに妙に権式張るところのある人物だ。

「二十四日早朝出発の予定だ。とにかく屋敷へ来てくれ」

忌やも応もなかった。

富田も一緒に三好屋敷へ随いて行くと、

「富田さんにももらさなかったが此度蝦夷日高の国沙流郡内に藩の開墾場が出来るについて、自分はその長官になったのだが、細谷は長く土木方などをやり開墾にも経験があってこういう事には最も適当だ、それで官辺へ運動して赦免になったのだ。しかし未だ多少の遠慮というものをしなくてはならん。属官に採用するが、当分仮雇として変名にしなくてはいかん」（中略）

その日から十太夫は英透と仮名を使った。たった間が一日、十太夫は三好の一行五十人に加わって陸路仙台を出発した。（中略）

「細谷さん、相談がある」

八戸（青森県八戸市）から十里、三本木の宿所へついた時、今迄の権式ぶった様子をがらりと変えて、笑顔でこういった。

「ここ迄来れば、もう官辺をはばかる事もあるまい。只今から、あんたに司長になって貰う」

「司長というのは何んでしょう」

「属官の筆頭だ」（中略）

写真51　長髪髭面の細谷十太写真
（橋本虎之介著『仙台戊辰物語』歴史図書社より）

やがて蝦夷の沙流郡へ着いた。元よりひどい雪だ。

沙流郡沿岸地方両岸十数里ノ間、狭キ平地アリ、良好ナル農業地ナリ。平取地方ハ土地概ネ旧土人（先住民）ノ所有ニ属シ開発遅々タリ。

とある。農業地といっても、六ケ月乃至七ケ月は雪に埋れるところである。辛うじて大小豆蜀黍《しょくしょ》（コウリャンの別名）蕎麦ぐらいがとれるだけであった。

しかしアイヌ（アイヌ民族）の撫育は手に入ったものだった。この頃、頭髪はさんばらして肩まで垂れ、鼻の下も頬《ほお》も顎《あご》もぼうぼうと髭《ひげ》を延ばして、アイヌ人（民族）のアッシという麻に縫取模様のある衣服を着て、好んでアイヌ人の小屋などへ泊り、一緒に物を食って生活した。写真が残っている。

十太夫が三男辰三を旧幕臣の小杉雅三へ養子に出すこととなった経緯について、橋本進著「旧幕府艦隊の蝦夷地渡航を援けた仙台藩士細谷十太夫」（『旅客船』二四六号）により、次に抄記する。十太夫が石巻において旧幕府艦隊の蝦夷地渡航を援助したことが、春日左衛門を通じて旧幕府艦隊中に広く知られていた証左と思われる。

明治三年になると新政府は北海道開拓の目的で、仙台藩に日高国沙流郡を割り当てた。細谷直英（十太夫改め）はその出張員の一員として、同年二月秘かに北海道に渡った。その途中、直英は弘前の最勝院に小杉雅三（雅之進改め）を訪ね、この時に直英の三男辰三を小杉家へ養子に出すことを決めたと思われる。このことは、後述する大正七年（一九一八）十一月七日付の河北新報の、「……辰三氏は三歳の時、烏組の隊長たる猛士十太夫の手から小杉家に呉れられた人で……」の記事からもうかがえる。

小杉雅之進は父直方の三男として天保十四年（一八四三）十月一日に出生した。安政四年（一八五七）九月、雅之進十四歳（満年齢、以下同じ）のとき長崎海軍伝習所へ幕府伝習生第三期生として入所し、オランダ・ロッテルダム造船所から派遣されていた機関士官ハルデスのもとで蒸気理論・蒸気機関の運転法・機関修理の方法等を学んだ。

日米修好通商条約の本書を交換するため使節を米国ワシントンへ派遣することとなり、安政七年（一八六〇）正月十三日、咸臨丸の蒸気方教授手伝として乗り組み、品川沖を出航し、同年五月六日に帰航しその大任を果たした。

慶応三年（一八六七）三月二十六日、オランダに発注していた開陽丸が横浜に到着。小杉雅之進は開陽丸乗組みを命ぜられた。

慶応四年（一八六八）八月二十六日、開陽丸はマストを折り、舵に損傷を受けながらも石巻に入港した。このとき仙台藩と開陽丸の連絡係になったのは藩主伊達慶邦に信任の厚かった細谷十太夫であった。

十月十二日、旧幕府艦隊は石巻湾折浜沖を出航した。

明治二年（一八六九）五月十七日、旧幕府軍と新政府軍による箱館戦争は旧幕府軍の全面降伏によってその幕を閉じた。五月十八日、江刺奉行並であった小杉雅之進は徐族、つまり氏族の身分を剥奪されて津軽弘前の最勝院に幽閉された。

明治三年五月、雅三は徳川家とともに駿河国に移り住んでいた小杉家当主直吉にお預けの身となり、妻由と養子辰三を沼津に呼び寄せた。

明治五年三月六日、雅三は赦免され戸籍も復帰した。

明治七年八月、雅三は榎本の熱心な勧めに抗しきれず内務省駅逓寮に出仕した。

明治二十四年八月管船局船舶課長、同二十六年九月大阪船舶司検所長、同二十九年六月退官した。

退官後の雅三は、同年九月大阪商船会社の監督部長に迎えられ、明治三十一年暮れに退職した。

明治四十二年八月二十一日、死去。享年六十六。

『日本正教伝道誌』には、「ニコライ司祭は、（中略）一千八百六十八年〔明治元年〕も暮れて、その翌年となりしが、この間にニコライ司祭は、仙台の脱藩の士と相識るの便を得、これより将来の伝教師たるべき者を、仙台の旧藩士より得るの機会を得たり。」と記している。そして明治三年のこととして、次のように書いている。

パウル澤邊（琢磨）は、（中略）新井（常之進）と謀りその紹介状を得て、去留（沙流）〔仙台藩の開拓所〕に在住する細谷十太夫なる者を訪わんと欲し、直に結束して同地に赴きたり。去留は函館を去る七十余里、舟車の便あるにあらざれば、数日間を要する長途の旅にて、決して容易の事にあらず。然るにパウル澤邊は、単身この北海の山河を跋渉《ばっしょう》して同地に着し、それより開拓所の役場に至りて細谷の在否を問いたり。

ところが細谷は不在であり、役吏は澤邊が土佐人であったためその言語風采より関西人であることが察知され、探偵ではないかと疑われて、細谷との面会を頑として応じなかった。

澤邊は（中略）新井より得たるこの紹介状を空《むな》しく持帰らんよりも、（中略）もし細谷の当地に在るあらば、この書状を渡されよとて、これを托し、直に同地を出発して函館に帰れり。然るに澤邊琢磨の去留を去りたる後、同地に在りたる細谷は、新井よりの紹介状を見て、来訪者は新井の同志なる澤邊琢磨なりしを知り、面会を得ざりしを遺憾とし、直に去留を出発して澤邊を追いて函館に至り、澤邊来訪の目的はハリスト正教を伝うるにありし事を知りたり。〔細谷十太夫〔直英〕は、自ら教を信ぜざるも、斯くの如くにして最初より函館に於て正教を聴きて後、仙台出身の伝教師、教会の生徒等に便益を与えたるもの尠からず。〕

右に出ている新井常之進とは、新井奥邃《おうすい》の名で有名であり、その履歴は次のとおりである。

弘化三年、仙台に生まれる。藩学養賢堂に学び、秀才の誉れ高く、慶応二年抜擢されて江戸に遊学し、昌平黌に入り、安井息軒の塾に移る。戊辰の乱となり藩議降伏に決するや榎本武揚の軍に投じ五稜郭に拠る。明治四年十二月、森有礼の知遇を得てキリスト教を深く学ぶため渡米。トマス・レイク・ハリスのコミュニティ新生同胞教団に入団、田園を耕し労働の傍らハリスの教導を受け米国各地にある　と殆ど三十年。明治三十二年八月に帰国。奥邃に親炙《しんしゃ》また私淑《ししゅく》した人物に、田中正造、高村光太郎、柳敬助、野上弥生子、森信三、林竹二らがいる。大正十一年六月十六日歿す、享年七十七。

沙流到着後、先づ開拓所を置き、三好長官は方面々々に従ってそれぞれ各係を置き、十太夫は開拓事業係兼土人撫《マ》育《マ》係を命ぜられた。然るに同年四月に至り、先きに同道に脱走した幕臣榎本釜次郎外部下数十名は、徳川藩に引渡さるると同時に仙台藩の脱走兵星恂太郎等八十五名も仙台藩に引渡さるることとなったので、本藩より右人員受取の為め伊藤文吾、鹿又熊治の両小監察役出張し、受取った人数は其儘開拓所に引渡さるる為め、開拓所から受取人を出張せしむべき都合になって居るが、当時、三好長官上京不在中なので、受取方に関して彼是れ議論紛起し、協議容易に纏まりそうもないところから、十太夫は其中間に立ち、「吾輩《われら》責任を帯びて受取らん、万一後日問題の起こった場合には何人にも迷惑を懸けぬことを誓う」

と断言して本藩から出張した両監察役と共に函館に赴き、星を始め八十六名を受取った。

当時の北海道は未だ道路も開けて居らぬので、受取人は海路を沙流郡まで護送する為めに、和船二艘を傭い入れ右の人数の外に、開拓所用の一ケ年分の糧米と日用必要品等を購入してこれを積載し、無事に開拓所に帰還し、先づ八十六名の人数をビラトラ村と云うところに移し、取敢えず開拓事業に従事させたので、日ならずして此処に数反歩の耕地が拓かれた。

沙流郡と云うところは、面積も広大にして原野の外に、鉱山もあるので鉱業にも着手することになって居り、且つ海浜に臨んで居る為め、製塩業をも開始するの計画であったが、折しも三好長官と本藩との間に意見の衝突が起り、三好長官は立腹して仙台に引揚げんと云い出した。これに共鳴して同じく仙台に引揚げんとする者と、星恂太郎等の如き一旦脱走して来て今更オメオメ引揚ぐるは男児の所為ではないと残留を主張する者との両派に分かれたので、乃ち仙台に引揚げんとする者は引き揚げさせ、残留せんとする者には夫れぞれ手当を支給して居残らせることにした。

十太夫は所謂残留組の方に組して居残りつつ、いよいよ製塩事業を開始すべく同年十一月資金借入れの為め七百石積と八百石積の二隻の風帆船《ほかけぶね》に塩鮭約二千石の積込証を携帯して東京に上った。不幸にして二隻の風帆船は途中暴風雨の為めに破船し、積荷全部を流失したので、携帯した積込証は自然空券となり大に当惑したが、それでも若しや相談になるかと諸方を持回って見たけれども、空券では何処へ行っても相手にされず、果てはペテン漢《もの》と見做《みな》されて散々に罵倒悪口《ばとうあっこう》を浴せられ如何《いかん》とも詮方《せんかた》なく途方に暮るるばかりであった。

何等か良策もないものかと種々思い煩《わず》らいつつあるうち、一日横浜にて偶然曾て面識のある河津寛通と云う男に邂逅した。この男に今回の一伍一汁を語って金策を相談すると、

「左様な大金では今日内地人《ないちじん》に相談したところで駄目である、幸い我輩は英国の某という商人と懇意だから、一応それに話しをして見てやろう」

と云うので、彼の紹介によってその英商に会見して融通問題を話して見たところ、

「担保物品さえあれば何万円でも融通してやろう」

と云われ、渡りに船と生糸、赤銅《せきどう》、大豆、干鱈《ほしだら》、干海鼠《ほしなまこ》等の直売込を契約の上、金五万円を借入れることに談判を取極めた際、新政府は行政制度に大改革を行い、藩を廃し県を置き、北海道には開拓使庁を設けたので、仙台藩の開拓所は自然開拓使庁に引継がれることとなった。

山下須美礼氏の「細谷十太夫と仙台のハリスト正教会」（『弘前大学國史研究』第一四八号所収）は、仙台藩の医師である涌谷繁が明治十一年と十二年の二年間執筆した『家翁録』と題する記録をベースにした研究である。涌谷繁の『家翁録』執筆時は仙台柳町通りに居住し、町医者を開業しており、仙台にハリスト正教会が成立した際の中心幹部の一人で、妻子も洗礼を受けていると記されている。

涌谷繁について、『仙台人名大辞書』は次のとおり記載している。

ワクヤ・シゲル【涌谷繁】医。字は交孚、通称源太郎、後ち玄叔、訥斎また梅花書屋主人と号す、世々仙台藩医員、医を河野杏庵―、辻元崧庵に、経史を斎藤竹堂に学びて当時に名あり、明治十八年八月三日歿す、享年五十七、仙台新寺小路阿弥陀寺に葬る。

『家翁録』の明治四年の記事に、次のようにあるという。

涌谷繁〔後、イオアン〕は高屋〔仲、イアコフ〕を訪ひ、函館行の目的を質されしかば、告ぐるにハリスト教研究の目的を以てしたるに、涌谷繁は其長男及び今田直胤〔後、イヲアン〕の長男をも同行せん事を依頼し、且細谷十太夫は今回松島丸と号する帆船にて、初航海を試みる由なれば、同船にて出発せられてはいかんと相談せられたり。高屋は細谷に便乗の相談をなして其許諾をうけ、且涌谷繁より其長男をして散髪ならしむる事、ハリスト教を学ばしむる事等の承諾をも受けて出発する事に決定せり。

さらに、この一行には、ほかにも細谷の声掛けにより、「阿部章治郎・牧野守之佐・柴田文吉・石森八兵衛」など、何人かの仙台藩の若者が加わっており、函館に到着した彼らは「ハリスト教専攻の目的にあらずして、専ら語学研究の目的なりしを以て、敢てニコライ師の塾に入らず。館外に在りて語学を研究せり」という状況にあった。彼らに関して「細谷は事業上に違策を来したるため、この書生に学費を給助する能はざるに至り」という記述が続くことから、志は途絶したとはいえ、細谷は仙台藩の若者たちに函館で修学する機会を与え、学費を支援しようとしていた様子が読み取れるとされており、十太夫の新たな一面が伺われる貴重な記録である。

最後の「新政府は行政制度に大改革を行い、藩を廃し県を置き」とは、明治四年七月十四日、天皇が大広間に出御し、在京中のすべての藩知事が呼び出され、廃藩置県の詔書が宣せられた。廃藩置県の断行である。この廃藩置県により、藩の債務の処理も行われたのである。

十九、貨殖の算段、西南戦争

政体の改革は今更止むを得ずとしても、一旦《いったん》英商と契約した借入金の件は、契約条件の条文中にある如く、万一破約するときは、利子や手数料をムザムザ支払わねばならぬことになって居るので、十太夫は其跡始末にギックリ行詰り、種々考案をめぐらした結果、これを其儘、藩の窮民救済に振り向けようとの苦計を案出した。其方法として差当り、生糸取扱所を設け契約した五万円の外に更に二万五千円を借り増し、これを以て運漕用に供する風帆船を購入し自分で其船長となり、仙台東京間の運輸業を開始し、海陸両方面にて活動せば、国を富まし民を賑わすこと必然であるとの旨《うま》い見地から、其方面に対してそれぞれ準備を進めつつあったが、是れも廃藩置県の為めに計画全く喰違いとなり、彼《か》の借入契約問題は遂に訴訟沙汰となったので、大蔵省から伊達家に対して其理由の尋問となった。要するに彼の契約は藩の開拓所の名を以て借入れんとしたので、当初は藩の義務に属するものであったけれども、今や藩が廃せられたので、結局其義務は日本政府に移った形ちとなり、自然大蔵省の負担となって解決を告げた。

仙台藩として生糸貿易を行うことは、明治二年六月に明治政府が布令した藩営貿易禁止の政策に反してしまうため、講の形をとって、旧仙台藩の蔵元升屋を立てた対策について、難波信雄氏の「解体期の藩政と維新政権」(『幕末維新論集6・維新政権の成立』所収)には、次のとおり書かれている。

(明治)四年二月、仙台藩権大参事で農部寮・計部寮総判の地位にある松本儀次〔八郎〕と、北海道産物掛の任にあった細谷直英〔十太夫〕が中心となり、「士民救助」の目的による「養蚕講」設立をはかった。そのためファーブル・ボールン商会〔フランス〕から六一、二九三円余を借り入れている。生糸・蚕種の生産をはかり、輸送手段として船舶も購入している。講の組織をとり、表向きは旧藩時代の蔵元升屋の深川店手代を立てているのも、藩営貿易禁止の事態に対する苦肉の策であったであろう。この講設立も結局は失敗し、藩債処分にあたって問題化した。設置計画に当った責任者はすべて処罰を受け、債務は升屋の私債となって終る。

右の件がより詳しく分かる資料が存在する。それは、関山直太郎著『日本貨幣金融史研究』の「第十篇升屋の藩債」である。

明治四年七月廃藩置県後、中央政府が旧諸藩の債務を肩代りすることとなるや、政府は府県に令して其所管内旧諸藩の藩債を調査報告せしめ、又十一月一般に布告して広く債主よりも其貸付明細書を提出せしめたが、此等の書類は勿論現存していない。

右升屋が其時提出した書類も固より同様であるが、ただ同家は旧来の関係で仙台藩の外国負債に裏書保証をしていたため、大蔵省判理局〔旧諸藩の外国負債調査並に処分のため特に設けられたるもの〕の取調を受け、書類の提出方を命ぜられた。右に関する書類が、もと大蔵省所蔵の「旧藩外国債関係公文書類」〔写本十一冊〕中に輯綴《しゅうてい》保存せられていたのである。

元来仙台藩の諸外国債は実際は藩の負債でなく、同藩産物掛細谷武一郎（十太夫直英）等が士族救済事業として養蚕講を発企するに当り、その資金として明治四年正月仏商ファーブル・ボエルンより現金二万五千弗、および汽船購入費二万五千弗、砂糖買入代五千三百余弗を借入し、その借用証書に大参事松本八郎が情を知り藩印を押捺していたので、やむなく公債と認められ、政府が一時立替償却したのであった。而して升屋はその借入金の保証をしていたため当然後に返納義務を負うに至ったのである〔前記「公文書類」および判理局編纂「旧藩外国逋債処分録」〕。しかし同家は当時金融逼迫し、到底直にこれを履行することが出来なかったので、従来同家が諸藩に調達した金銀高を書上げて、追って政府の藩債処分が結末を告ぐる迄、右調達金を引当として、政府より借入金を為しその金を以て外借の分を返納せんと欲し、五年正月左の如き嘆願書を提出した。（中略）なお升屋の希望は一部容れられて、結局政府立替金を年賦償還することに落着した。

右の升屋が政府に提出した嘆願書の中に、「細谷武一郎」の名前の記載があるが長文であるため、掲載は行わない。右の件について升屋を中心に、宮本又次氏は「大阪町人列伝」（『宮本又次著作集』第八巻「大阪町人論」所収）に次のように記載している。

明治初年の升屋の当主は（山片）重明であった。（中略）明治四年、廃藩置県で藩債処分の成規《せいき》（決まりを成す規定）がなかった。（中略）しかし、天保十四年以前の旧債は棄損であり、弘化元年より慶応三年の中債は無利息五十カ年賦償還で旧公債を交付され、明治元年以降の新債のみ、元金三カ年据置、二十五カ年賦年利四朱の新公債証書を与えられた。（中略）

そのうえ、升屋は仙台藩の外国負債に裏書保証をしていたため、大蔵省判理局の取調べをうけ、書類の提出方を命ぜられた。これは実は仙台藩の産物掛細谷武一郎が士族救済事業として、養蚕講を企て、明治四年に仏商ファーブル・ポエルンからかりたもので、升屋が保証したため、返納義務を政府に負った。そこで升屋はその藩債の証書を引当として政府より金をかり、外債にあてたのである。偶然のことながら、不幸といわねばならない。わずかに旧藩債に代って、新政府から得べかりし国債をも、外国負債の償却にあてねばならなかったのである。升屋の明治以降振るわなくなった原因がこうしたところにあるのかも知れない。

其後、十太夫は北海道開拓使庁の吏員として採用されて勤務して居た。当時、開拓使庁にクフロンと云う御雇外人が居た。此クフロンと云うは農業教師で西洋農業法に精しいので、彼に就いて一通り西洋農業法を研究したが、（後略）。

北海道開拓使庁の御雇外人のクフロンとは、ホーレス・ケプロンのことと思われる。ケプロンは、アメリカ合衆国政府の農務長官時代の明治四年渡米していた黒田清隆の懇願を受け入れ、現職を辞して招聘を受け入れ同年八月訪日し、明治八年五月帰国するまで、開拓使お雇教師頭取兼開拓顧問として北海道の開発に大きな貢献を果たした。開拓使は、明治五年五月二十一日、北海道開拓に携わる有能な人材を育成するため、開拓使と同じ東京芝の増上寺の境内に開拓使仮学校を開校した。生徒の定数は、官費生五十名、私費生五十名、合計百名で、卒業後は官費生は十年、私費生は五年、北海道の開拓に従事することが義務づけられていた。開拓使学校掛の伺い出によると、不明四名を除くと平均十六・四歳であった。その後、この開拓使仮学校は、明治八年九月七日、札幌学校と改称して札幌に移転するまで芝増上寺内に存在した。

冨士田金輔著『ケプロンの教えと現術生徒』には、ケプロンの指導とその特長について次のように書いている。

一番御用地は青山南町にあって果樹や花卉《かき》（くさばな）の試験に、二番御用地は青山北町にあって雑穀や野菜の試験に、三番御用地は麻布笄《こうがい》町にあって牧畜、農具取扱となっており、いずれも旧大名の江戸屋敷を転用したもので、各御用地は四万坪〔約一二ヘクタール〕以上の広大な敷地である。生徒の教育はこの御用地での

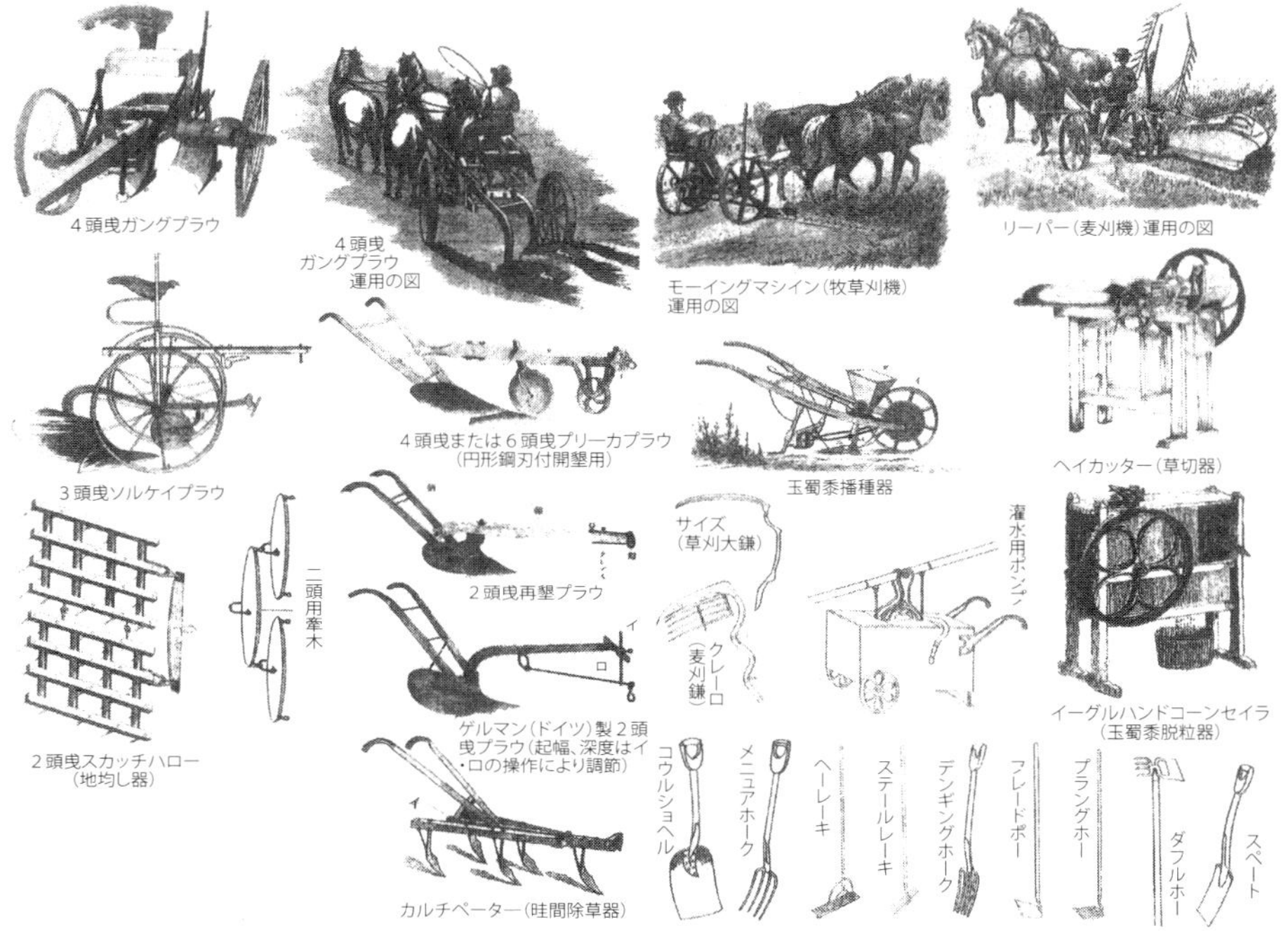

図表17　開拓使が導入した西洋農具のいろいろ
（冨士田金輔著『ケプロンの教えと現術生徒』北海道出版企画センターより）

実習から始まった。（中略）

日本では昔から偉い人は絶対に畑仕事をしない慣習があった。農業は卑しいというのである。ところがケプロンは、ついこの間までアメリカ合衆国連邦の農務局長であり、今は開拓使の最高顧問として北海道開拓の壮大な計画を立案し指導する責任者である。（中略）その人が馬を使い、農具を操り、土を起こし、種を蒔き、また接ぎ木もする。生徒らにしてみれば、ついこの間まで仕えていた殿様にはお目通りさえ許されなかったのに、その殿様より何倍も偉い人が、今こうして畑におりて農作業を教えている。（中略）こうしてケプロンは、農場こそが技術を学ぶ唯一の学校であることを生徒らに示すとともに、新しい農業技術を伝習するにあたっては、知識を口で伝えるだけでは当座の役に立たないこと、理論と実践を一体のものとして習得し、模範を示しながら指導することの重要性を、身をもって示したのである。

増上寺山内の良源院（現港区役所）は、仙台藩伊達家の支度所として藩主が増上寺参詣の際に使用されていたところである。また良源院は、慶邦公が明治元年十一月十日から明治二年正月十二日に日比谷の屋敷に移るまで、謹慎されていた場所であり、その後も仙台藩の出先機関によって使用されていたようである。したがって十太夫は、北海道の開拓使のみでなく、この良源院からの情報によりケプロンの開拓使仮学校の存在を知った可能性も考えられる。

いずれにしても、十太夫が一時的とはいえ、アメリカ式農法を勉強していたことは記憶に止めておきたい事柄である。

故ありて同庁を辞して本土に帰り、磐前《いわさき》県に奉職し勧業係専務となり、明治六年、同県が廃止せられた同九年まで在職し、（後略）。

磐前県は、明治四年（一八七一）十一月二十九日に概ね現在の福島県浜通りに該当する、平県（中村県、磐城平県、湯長谷県、泉県、三春県、棚倉県が合併）が磐前県に改名し設置され、明治九年（一八七六）四月二十二日に刈田郡、伊具郡、亘理郡および宇多郡のうち九か村（現新地町域）が宮城県から磐前県に入れ替えられ、同年八月二十一日に第二次府県統合により磐前県は廃止された。県庁所在地は平（現福島県いわき市平）に置かれていた。

昭和十年石巻市役所発行の『功績録』の「故細谷直英氏」によると、「六年磐前県に奉じ拓殖方を勤め、不毛を開き水利を便じ治績あり」と記しており、拓殖方としての治績があったものと思われる。

福島県農業史編纂委員会編纂の『福島県農業史』4各論Ⅱに、細谷十太夫が磐前県奉職時代の事績が大要次のように書かれている。十太夫のこの新規事業への進出には、ケプロンのアメリカ式農法の勉学がなければ考えられないものと思われる。

明治政府は、明治六年以降の地租改正、明治七年以降の官民有区分を行い、これによって財政的基盤を確立した。この財政資金をもって、いわゆる殖産興業政策が積極的に進められた。その中で一方では失業士族に対して資金を放出し、開墾、移住、養蚕などにあたらせるとともに、特に牧畜に力を入れた。この頃、政府の国有地払下資金によって牧場を開くための申請と、種畜貸与申請が殺到したといわれ、多くの企業的牧畜業が続出したといわれる。

この士族授産は、明治二十年に打ち切られたが、福島県では、明治八年十月「牧牛共立社」が、磐前の上小川村（現いわき市）で六八二円の資本金によって始められた。この牧牛共立社は、磐前県権中属の細谷直英と、士族で平駅区長大悲山重一の二人が、県から無利子の金三九一三円を借り受け、そのほか二六〇〇円の株を募集して始めた。この資金をもとに明治八年十二月、岩手県から牛六八頭、翌年一月には楢葉郡小丸村（現浪江町大掘）の山田秀朝から一二頭、上小川村（現いわき市小川町）の草野庄蔵などから二二頭、合せて一〇二頭を二九八六円で買い入れ、畜舎を新築して上小川村八茎山で飼育を始めた。

この牧場の飼養方法は、『畜養概表』に記されているが、これによると一月から三月末までの快晴の日は放牧、四月から十月までは放牧、十一月は飼料を与うとある。その飼料は牡牛には一日に乾草一・五貫、ふすま八升、わら三把、敷乾草三把（一把五〇〇匁位）、洋種牛には乾草一貫、ふすま二升、わら二把、敷乾草二把、和種牛には乾草一貫、ふすま一升、わら二把とある。

収入の面では、まともな犢牛《とくぎゅう》（牛子）の買手がなく、安価で売却され、生乳販売代金が社費（社の運営費）となり、募集した株の金も一時払いが少なく、資金繰りが困難となってきた。これを打開するため、本宮に事務所をつくり、犢牛と生乳の販売、さらに牛を屠殺し、肉の販売を行ったが、借用金返済に追われる状態であった。

この牧場も、他の牧場と同様に政府資金によって支えられていたが、当時の貨幣経済の未成熟と輸送手段の未発達による市場の狭さから、とうてい存続しうるものではなかったようであるとされている。

いわき市立いわき総合図書館の「レファレンス事例詳細」によれば、牧牛共立社は、明治二十六年の末、安達郡の株主たちから株券譲渡を請求され、翌二十七年一月八日、福島県に解社届が提供(出)され解散したとある。

子母澤寛の「「からす組」あとがき」に、十太夫の磐前県奉職時代について、次のように記されている。

明治六年、磐前県に奉職。これは今の福島で、十太夫はここへ帰って来た。北海道の頃のふさふさと垂れた顎の毛や、髭を切るのが惜しくて、よく子供がこれを見て泣く。十太夫は目尻を下げて、

「あいよ、あいよ」

と笑いかけて、これをあやすに骨を折ったという。

戊辰戦争当時、仙台藩軍務局が置かれていた福島市舟場町の長楽寺の境内には、「仙台藩烏天狗組之碑」という標柱が建てられている墓碑がある。

右の刻銘の下部に八行に亙って戒名が刻まれていると思われるが、摩耗して判読不能である。一人につき十文字前後の戒名であるとすれば、上下二段・八行で十六人分の戒名である可能性がある。これは白河総攻撃の際に戦死した

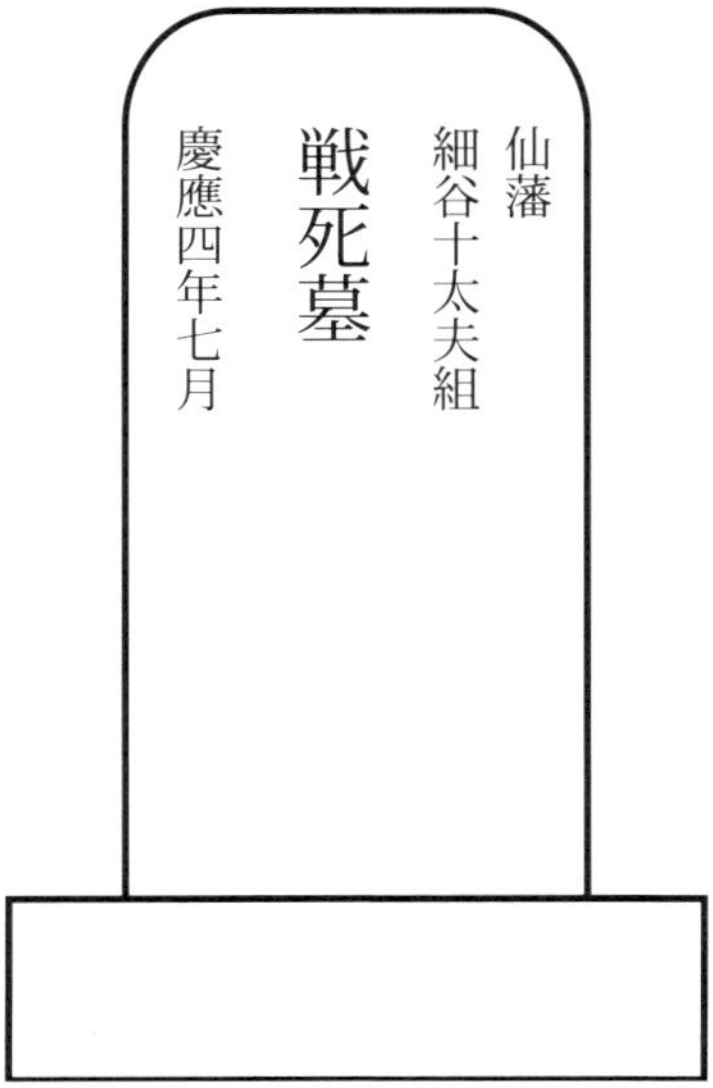

写真52　長楽寺（福島市船場）

写真53　仙台藩烏天狗組之碑

写真54　仙藩細谷十太夫組戦死墓（部分）

隊員を祀っているものと思われる。「慶應四年七月」と刻まれているが、墓碑の建立年月ではなく、戦死した年月であろう。建立された時期は、十太夫が磐前県に奉職した明治六年が「七回忌」に当たっており、最も蓋然性が高いと思われる。

　そして、ここに祀られている戦死者について、『仙台戊辰史』と『仙台藩戊辰殉難小史』により十六人の候補者を絞ってみると次のとおりとなる。

六月　十二日　戦死　大窪（大久保）良作、藤井敬（慶）助、本間駒吉、桜井謙吉、清水常五郎、朝日喜八、落合幸作（カッコ内は『仙台藩殉難小史』の表記）
　　　　　　　負傷　矢吹子之吉、五十嵐平吉（後日死亡との説あり）
七月　一日　戦死　志田金太郎、和田平助、弾薬持卯三郎、同清吉
七月二十八日　戦死　川村清兵衛、鈴木寅吉、林京松

写真55　西南役に出征した当時の細谷翁（『烏組隊長細谷十太夫』より）

其翌十年三月転じて警視庁少警部に就任した。

此年、九州に動乱勃発《ぼっぱつ》し、帰山中《きさんちゅう》の陸軍大将西郷隆盛を推立てて総帥《そうすい》となし、新政厚徳の大旆を振り翳して、天朝に上奏するところあらんとし遮二無二東上せんとした。政府は大に驚ろき熊本鎮台をして其東上を喰い止めんとしたが、流石に薩南健児《さつなんけんじ》の集団だけあって勢い猛烈にして到底一鎮台兵のみでは、喰い止むること能わざるの状勢となったので、更に警察隊を組織して急派することとなり、臨時巡査を徴集して彼の地に出張させた。

この警察隊の総督として川路大警視も出張することとなり、十太夫は其部下の小隊長として甲佐《こうさ》の戦闘の先鋒となり進軍した。同年四月警視隊は旅団に編入されたので、十太夫は陸軍少尉に任じ三等中警部を兼ね第三旅団第三大隊第三中隊第二小隊長となり、所々に転戦すること十余回に及んだが、遂に矢筈嶽《やたけ》の激戦に負傷して長崎に後送《ごそう》せられ同地の病院に収容された。

負傷した箇所は左まで重傷と云うべき程でもなかったので、間もなく全癒《ぜんゆ》して、又々鹿児島表まで出張した。此時、警視隊は新撰旅団と交代して引揚げることとなったが、十太夫は尚お鹿児島地方警察の必要ありとして、其方面の職務に従事することとなり、暫らく同地方に残留して居たが、果して賊軍再起して山塞《さんさい》に立籠り、皇軍に敵対せん形勢に見えたので、専ら阪野《さかの》、粟野《あわの》方面を警戒して居ると、流石に対抗不可能と見て取ったか、是れも九月二十四日に至り鎮定したので、警戒の任務を解かれ綿貫中警視と共に東京に凱旋した。

明治十年二月十五日、前の近衛都督非役陸軍大将の西郷隆盛が兵を鹿児島に挙げ、「政府に問うところあり」として一万三千の兵を率いて北上、まず熊本鎮台の熊本城を抜いてこれを本拠としようとして熊本城を囲んだ。明治政府は二月十九日に西郷隆盛以下の官爵を削り、有栖川宮熾仁親王を征討総督に任じ、賊徒征討の詔が発せられた。

内務省は二月二十三日、九州方面への巡査の大量発遣と天皇の京都行幸に伴う出張などによって、東京の警備が手薄になったとして、巡査千二百人を各県から募ることを申請した（二十七日に許可）。同時に茨城・群馬・福島・宮城の四県から、臨時召募として巡査二千人を徴募することが着手された。専ら士族層を対象として、旧藩時代の封建的結合に依拠しながら、「名望アッテ士族輩ノ信用ヲ得タル人物」を通じて徴募することを指示したのである。四県に適用された臨時巡査の徴募は、四月初めには東北諸県に拡大された。それは、予期に反して戦闘が長期化し、とりわけ陸軍の熊本城包囲により鎮台籠城部隊と征討軍との連絡・合同が阻止されているという戦局に対応して居た。（大日方純夫著『日本近代国家の成立と警察』）

この徴募に応じた士族は東北諸県で約七千人とのことであるが、宮城県の応募者は、『宮城県国史』明治十年の「兵制」の記事に、「鹿児島逆徒追討ノ際召集ニ応セシ人員弐千八百弐拾弐名ナリ」とある。このうち追討軍に従事し、「新撰旅団」に編入された者は七百名であった。（『宮城県史』七）

当時、石巻に居住していた真田喜平太は、「自伝草稿」に、「同年（明治十年）四月西南騒擾、旧藩士七百名を召募し、人望の士を以て是が指揮たらしむべきの命下り、県令（長州藩出身の宮城時亮《ときすけ》）、君（喜平太）を以て総長を命ぜらる。辞を受けず。」と記している。喜平太へ召募巡査総長の話を持って来たのは、細谷十太夫であったと伝えられているが、喜平太は老齢を理由にこの辞令を断ったという。

召募巡査部隊は、仙台五軒茶屋観水楼を三月十四日十三時出発、同月二十三日十三時三十分東京府旧備前邸臨時巡査屯集所に到着、同日十八時出発、新橋より汽車に乗り十九時五十分横浜着。同月三十一日十四時乗船出航、四月二日八時神戸湊着船。同月四日十八時三十分出航、同月六日十一時四十七分別府湊着船。（「あかとんぼ瑞鳳殿ガイド日誌」）

後藤正義著『西南戦争警視隊戦記』には、「矢筈嶽の戦い」について次のとおり書かれている。

新徴募隊千二百名の増援を得た川路少将は、五月二十五日、第三大隊を主力に矢筈嶽攻略を策した。

この頃、水俣口の薩軍は二方面に分かれ、一は佐敷方面から進攻してきた第三旅団に備え、辺見十郎太指揮の諸隊が久木野、山野方面を守り、熊本隊山崎参謀以下の二中隊と協同隊もこの方面に配備し、一は鳥帽子嶽に本営を置いた薩将仁礼新左衛門が大口街道、石坂、鳥帽子嶽、鬼嶽、矢筈嶽に守戦を配し、熊本隊池辺大隊長以下二中隊は木地屋に布陣して、水俣の別働第三旅団に対峙していた。

矢筈嶽には薩軍新募兵の和銃隊が塁を築き、本営を出水に置いた伊藤四郎左衛門がこれを指揮していた。

二十五日黎明、矢筈嶽攻撃の先鋒第三大隊第三中隊が進発、第一中隊一番小隊が援隊として続き、途上の薩兵を駆逐しながら矢筈雄嶽に進んだ。薩兵は銃を乱射して抵抗、二番小隊長細谷直英少尉が負傷したが、樹木がうっそうと繁っていて敵の所在がわからず、前進に苦しみながらも漸く頂上に達し、権現堂の傍らに屯集していた薩兵を打ち払い、権現堂を焼き、追撃して矢筈嶽中腹の薩塁を抜いた。薩兵は抜刀返戦してきたが銃撃で退けた。これより先、第二中隊は矢筈嶽側面の森林をよじ登り、夜明けになってはじめて一条の樵路《きこりみち》を得て南に進み、正面から薩塁を攻撃した。時に雄嶽絶頂を攻める第三中隊の戦いがたけなわであった。第二中隊も勢いに乗じて奮戦、薩兵は退いて第二塁に拠った。一番小隊巡査堀内和夫、同宮崎武夫の二名は第一塁を火し、この機に二番、三番小隊が進んで第二塁に突入、薩兵は古木場山に走った。時すでに日没となり、第三大隊は矢筈嶽を占領、防御線を張った。上田中尉に率いられた新徴募隊は一番、三番、四番、五番の四小隊がこの防御線の配備に加わった。

矢筈嶽の攻略戦で第三大隊に戦死者はなく、少尉細谷直英以下八名が負傷したが、うち三等巡査祇園定静は二十七日、同後藤広玄は六月五日、共に八代病院で戦傷死した。

矢筈山の攻防で負傷して八代病院にあった細谷十太夫〔陸軍少尉兼一等少警部〕は、郷里に次のように書き送っている〔友田昌宏著「西南戦争における旧仙台藩士の動向」(『東北文化研究室紀要』第五八巻(東北大学大学院文学研究科、二〇一五・三・三〇)所収)〕。

(新募の巡査、大分から出張の関震六隊は)何レモ長刀ヲ帯ヒ昔日ノ仙台兵トハ月鼈《げつべつ》(月とスッポンほどの)ノ違ニテ、勇気湧カ如ク相見得、此外仙台ヨリ徴募ノ巡査兵、即葦名〔蘆洲〕・伊達〔宗亮〕・鈴木〔権八郎〕ノ引率スル所モ追々戦地ニ向ヒ候処、何レモ壮猛、毎戦勝利ヲ得、実ニ戊辰ノ汚名ヲ雪《すす》クニ足ル。方今《ほうこん》死傷ノ多クアルハ若松人ト仙台人ナリ。

そして友田氏は、「細谷はここに戊辰の雪辱《せつじょく》がなったことを確認し、旧仙台藩士たちは戊辰以来はじめて勝者として優越感にひたることができたのである」と記している。

子母澤寛の「「からす組」あとがき」に、西南戦争の矢筈嶽の激戦のことが次のように書かれている。

肥後の矢筈山で左の掌《てのひら》を鉄砲で打ちぬかれたが、役鎮まって勲六等旭日章をいただいて仙台へ帰って来た。この時の疵痕《きずあと》を後年よく自慢した。

(中略)

前に書いた安藤忠吉は名門であの後アメリカに留学した。十年の役に、十太夫の檄を受けて帰って来たが、船が日本へ着かぬ中に、戦さが終わって横浜の埠頭で地団駄ふんで泣いたと言う話がある。

十太夫が西南戦争終了後に石巻の真田喜平太を訪問したときに、十太夫は喜平太が座す座敷の次の間の一畳目

写真56　弔魂碑

に平伏して、「仰せのとおりで御座いました」と報告したという、喜平太四女の萬寿《まほき》の談話が伝えられている。

おそらく喜平太は、西郷軍が九州全体の支配と補給路が確保できる長崎を占領せずに、わざわざ陸路で熊本城を包囲したとの情報に接して、まったく作戦がない反乱軍であり、自分が出向かなくとも、日ならずして征討されると明言したのだと思われる。

明治十年十月、経ヶ峰の瑞鳳殿境内に仙台藩戊辰戦争戦死者を祭る「弔魂碑」が建立された。当初、弔魂碑を宮城野榴ケ岡に建てるべく富田鐵之助・佐和正・木村信卿・大槻如電らが資金集めに走ったが、伊達家家令の佐藤素拙は当主宗基の成年まで建碑を待つよう申し入れたが、富田鐵之助ら有志は聞かなかった。弔魂碑を建てるなら、戊辰の雪辱がなったこの機をおいてほかにないという焦りが彼らにあったものと思われる。すなわち、西南戦争によってはじめて戊辰戦争の戦死者の慰霊が可能となったのである。戊辰戦争の弔魂碑なれば伊達家にてするべしと全額を拠出することとなった。それならば有志で鉄製の欄干を寄付することとなり、黒川剛が回文を回した。此の碑には、仙台藩士と米沢藩の仙台応援隊士らを含む戦没者一二六〇人の霊が祀られている。（友田昌宏著「西南戦争における旧仙台藩士の動向」前出所収）

山下須美礼氏の「細谷十太夫と仙台のハリスト正教会」に、仙台のハリスト正教会と西南戦争について、次のように書かれている。

明治十年、西南戦争が起こると、宮城県では臨時巡査の募集が行われ、仙台福音教会に所属する士族ハリステアニンのなかにもこれに参加する者が現れた。当時東京にいたペトル中川やアレクセイ樋渡はそこで募集に応じ、その後仙台に戻り召募に携わったという。しかしながら、一等少警部となったペトル中川操吉は、別働隊第三旅団付として従軍中の九月一日、鹿児島米倉〔現鹿児島県鹿児島市山下町〕において三十四歳で戦死した。このペトル中川操吉は、イオアン涌谷の長女つる〔ソフィア〕の夫であり、信一〔ニコライ〕と望〔イオアン〕という幼い二人の子供が残された。

そして、イオアン涌谷繁の明治十一年一月および二月の『家翁録』の記述からは、戦争終了後の細谷十太夫は、東京で修業中の繁の長男涌谷和志理〔ワシリィ〕のごく身近なところにいたことが読み取れる。涌谷和志理にとって戦死したペトル中川は姉の夫ということになるが、二十歳になったばかりの学生である和志理を補佐する形で、ペトル中川に支払われた旅費や遺品の扱いをはじめとする諸手続きを、東京にいる細谷十太夫が代行していたことが推測できるとしている。また、中川操吉の顕彰碑の建立についても、細谷が積極的に働きかけていたことがわかると記している。

明治十一年の『家翁録』の冒頭には、イオアン涌谷繁の家族の記事と、「文久二年七月十三日生、十五年七ケ月、直、細谷直英ノ女」という記述が並んでおり、この「直」が仙台の涌谷家で家族同様に暮らしていたことがわかる。実父の細谷はこの時期東京に居り、仙台に戻ったのは同年三月（東京七日発、十日着船）のことである。

また、「直」が「マリナ」という聖名で記載されるのは、明治十一年三月五日からであり、同年五月三十日からは細谷十太夫の妻「近」が「ワルワラ」の聖名で記載されていることから、ハリスト正教会の信者になったことになる。

細谷十太夫夫妻は、仙台滞在中は椌木(現仙台市若林区)という場所に居住しているようであるが、そこはロマン柴田文吉という人物の住居でもあると読み取れる。ロマン柴田は、明治初年に細谷十太夫の誘いにより函館に修学のため向かった若者の一人であり、マリナ細谷直の叔父であり、十太夫の妻ワルワラ細谷近の弟であった可能性を考えることができるとしている。

そして、山下須美礼氏は、「自身は正教の信仰に距離を置いていた細谷十太夫の妻と娘、そして義理の弟がハリステアニンであり、十太夫もそのコミュニティのただなかにいたことは間違いない。」と結論付けている。

引き続き、山下須美礼氏の「細谷十太夫と仙台のハリスト正教会」から、マリナ細谷直の動向を中心に引用することとする。

『家翁録』明治十一年七月九日条に「直女仙台師範学校三等卒業証書受取ル」との記述があり、さらに十月十二日条には「マリナ培根小学校へ手伝ニ雇ワル」とあることから、師範学校を卒業し、小学校の教員見習いのようなことをしていたことが推測できる。宮城師範学校に女子師範科が併設されたのは明治十年のことで、朴沢三代治や甲田みどりが裁縫科の教師を務めた。マリナが通ったのは、この宮城師範学校の女子師範科であったと考えられる。

そのマリナ細谷直(十六歳)は、イオアン涌谷繁の次男で松井家に養子に入っていたアレクサンドル松井寿郎(十七歳)との結婚話が進められており、寿郎は東京にニコライが設立した神学校の一期生として学んでいた。そして、翌明治十二年一月二十五日にマリナの松井家への「送籍届」(現在の婚姻届に相当するものか)が提出されたと記している。

明治十一年十一月。西南戦争に出征した仙台藩関係の戦死者を追悼する「西討戦死之碑」が、河田安照(三等少

写真57　西討戦死之碑

警部）・戸澤精一郎（警部心得）・茂貫利（警部補）らの発起人によって、当初榴ケ岡に予定したが連隊があることから認められず、瑞鳳殿の参道横に建立された。撰文は旧仙台藩士で当時少警視兼太政官少書記官だった佐和正の筆になるものであり、「誤りて王師に抗す（中略）是に於てか旧垢洗蕩《きゅうこうせんとう》し俯仰《ふぎょう》（公明正大でやましいところがないこと）して愧《は》づること無し。快事と謂ふ可きなる哉」（原漢文）と西南戦争によって戊辰の雪辱がなったことを高らかに宣言するものであった。建碑には六五人から寄付金六八八円と、警視隊に従軍した旧仙台藩士の寄付金が充てられた。碑の裏面には、警察関係一〇八人と陸軍関係三九人の合計一四七人の名が刻まれている。（友田昌宏著「西南戦争における旧仙台藩士の動向」前出所収）

二十、南洋探検、千人長

宇野量介著『仙台獄中の陸奥宗光』に、「鹿児島国事犯囚出迎え」として、次のように記している。

国事犯囚八十五名が到着したのは、(明治十一年)二月二十八日大雪の日の正午であった。十等警視属前島実純から、人頭調査の上で請け取った。

前記「配置人名簿」には九十一名とあるから、病気等で落伍したものがあったのであろう。

三月十一日警視局の小野田大警部〔名は元熙のち宮城県知事〕、石沢権大警部〔のち宮城集治監典獄〕、細谷三等中警部、内務省御用係吉田市十郎らが監獄点検に見えた。悉皆目撃して、諸般行届きたりとの感賞を受けた。

次に、山田野理夫著「西南ノ役始末」(『奥羽の幕末』所収)に基づき、十太夫が宮城集治監の建築委員になっている事実について、記すこととする。

(西南戦争に)敗れた鹿児島県人達は国事犯として捕らわれた。約二千七百六十四名である。この国事犯達は、東北・関東・北陸などに分禁されることになった。(中略)

西南ノ役の国事犯は懲役百三十六名、禁固百六十五名と、計三百一名が送られてきた。(中略)で、仙台に護送された国事犯は、片平丁の宮城県監獄に収容されたのである。この監獄は改良されたものでなく、旧式のものである。

ここで内務省は、この国事犯のため宮城県に監獄を新築することになった。予算は十六万円であった。

新築事由は、「今般九州国事犯人各府県へ配置相成り候に付ては、獄舎役場に差し支え候趣を以て、追々建築営繕の儀伺い出（中略）候処、元来各地方監獄の儀は多く旧藩在来の建造に係り陰暗卑湿（土地が低く湿気が多い）頗る汚穢《おあい》（きたない）を極め到底永久保存の見込み無きものに付き、今日多少の金額を費し建増し修復等を差し加え候とも、無益に属し申す可くに付き、此の際此等は其の儘据え置き、更に監獄改正目的を立て一監を新築し、当省より獄司を派遣して之を管理し、一体の獄則及び工作の方法等実際に付て漸次整理致し度云々」〔東京及び宮城集治監設置等に関する書類宮城県下小泉村に監獄新築の件〕である。これはフランス中央監獄メーゾン・セントラールの制に倣《なら》い、日本における代表的監獄建築にならしめようとする意がある。（中略）

宮城集治監の地所選定は明治十年十二月のことである。これは伊達政宗隠居所若林城北南小泉村である。辺り一面杉林に囲まれた、狐狼野犬の棲家《すみか》であった。政宗の計画によって築かれた土居をそのまま利用して構築したため、いまその規模を残している。

この宮城集治監の建築着手は十一年三月のことで、建築委員は、間根山啓弥氏によると、次のとおりである。

一等警視補　小野田元熙　　傭　中山　吉造
三等警視補　石沢　謹吾　　建築受負人
四等警視補　瀬島　常篤　　地形建方　大倉喜八郎
中等部　　　細谷　直英　　鉄物一式　木下平四郎
十等警視属　小林　孝蔵　　ペンキ塗　大石清右エ門・粟野隆七
傭　　　　　真田　太蔵　　石一式　　黒田八兵衛・佐藤忠内
傭　　　　　荻原　喜平

開庁は（十二年）四月だが、落成は八月二十七日である。

同十一年（十二年の誤り）五月宮城県属に任じ、士族授産場係を命ぜられ専ら開墾事業の勧誘と奨励とに従事した。間もなく官を辞して開墾隊長として自ら開墾に従事すること七ケ年、（後略）。

度々引用している涌谷繁の『家翁録』の明治十二年五月二日の条に、次のように記載されている（山下須美礼著「細谷十太夫と仙台のハリスト正教会」）。

陸軍少尉兼中警部勲六等細谷直英
兼任宮城県五等属
土木課地理事務申付候事、
右本日拝命ニ付来ル、

『石巻市史』第四巻の「第十八篇大街道《おおかいどう》開拓史」により、十太夫と大街道開墾事業との関わりについて、記すこととする。

士族授産事業の計画としては、石巻門脇《かどのわき》大街道の開墾と宮城郡三居沢の桑園、同愛子原開墾、外に製炭、製陶四施設を目途とし、これらの全部の事業に収容すべき授産士族二百三十八戸を予定した。県が授産事業遂行につき政府の許可及び助成を必要としたため、明治十二年十月提出した上申書及び計画書は次の如きもので、それに対して許可の指令があったのは翌十三年の六月であった。

大街道開墾計画は、時の県令松平正直の手腕によって行われたものであるが、しかし同地開発に逸速《いちはや》く着目して、同県令に進言したのは実は細谷直英十太夫であった。県庁に勤務中、北海道に派遣され、開拓管理指導に当たったが、任期満ちて帰県後恰《あたか》も野蒜築港と北上運河の開鑿《かいさく》工事が始まったので、細谷は県の五等属として夫役監督となり、現地に出張滞留し一意任務に服しているうち、蛇田村新橋から南方大街道にわたる一帯、ここは古来牡鹿原《おしかはら》と呼ばれた湿潤の野地にして見渡す限り茫々《ぼうぼう》たる草原であったのが、運河工事の進捗するにつれ、次第に乾燥地帯と化するに至ったのを目撃し、ここを開墾すれば将来有望な農耕部落の建設が可能であることを看破して、この旨を松平県令に進言、極力その実現方を要請したのであった。そこで県令も率直に細谷の発意進言を採択し前記の如き計画を立て、明治十三年十一月牡鹿士族開墾場を開設、立案者細谷直英が初代場長に任命されていよいよ事業に着手することとなった。開墾の対象地は、最初大街道の北上運河を挟んだ東西両岸の官有地荒蕪《こうぶ》原野にして、そのうち面積二百九十町歩の貸下げをうけたが、翌十三年十二月石巻の豪商戸塚貞輔が、その所有にかかる田畑、宅地荒蕪地、左記反別を開墾地に利用することを条件として政府に献納した。県官を辞し、自ら志願して開墾授産の難業に飛び込んだ細谷直英の悲壮な決意と任侠と、先見の明識に対して深く傾倒した結果の挙措《きょそ》(立ち居振るまい)であった。

開墾場としては、当初の方針を入植定員百名程度に予定したが、入植者は志操堅固、品性善良にして、将来永く農耕に耐え得る健康者という厳重資格を制限したので、多数応募中一応適格者として許可されたのは四十九名あったが、更に詮考《せんこう》の結果決定したのは左の四十三名に過ぎず、これら士族達が帰農の希望に燃えながら相次いで大街道の現場に移り住んだのは実に明治十四年三月であった。

農場には洋式馬耕機《ばこうき》、剪草器《せんそうき》を始め多量の耕鋤《こうき》、開墾用具を準備し、かくていよいよ明治十三年の春、草深い曠野に歴史的開発の第一鍬を打ちおろしたのであった。

子母澤寛の「「からす組」あとがき」に、十太夫の大街道士族開墾について、次のように書いている。

明治十二年、宮城県五等属、翌十三年は牡鹿郡門脇村の旧士族開墾場長を命じられてここへ行った。後世これを「大街道の開墾」といって今もなお有名である。「農業史」を研究している人の話によると、この時十太夫は、実に驚くようなアメリカ式の新器機を沢山移入してこれを使用している。大農式の開墾で、どうしてあんなところへ目をつけたか不思議だといっていた。

右の記述は子母澤寛が、十太夫が明治五年五月にホーレス・ケプロンの開拓使仮学校においてアメリカ式農法を勉強したこと、また、奉職した磐前県で、明治八年十月に平駅区長の大悲山重一と「牧牛共立社」を設立し、牧畜業を開始していることへの認識がないためのものと思われる。

高橋昭夫著「神学生松井寿郎小伝」(『仙台郷土研究』通巻二七六号、二〇〇八年六月　仙台郷土研究会所収)には、『宣教師ニコライの全日記』によりニコライ師が仙台に巡回してきた時について、次のように書かれている。

一八八一年(明治十四年)五月二十日〔西暦六月一日〕水曜。仙台。

「イオアン涌谷(繁)のところに行ったときのことだが、突然に、わたしの教え子、アレクサンドル松井の花嫁となる女性(十太夫の娘細谷直と思われる。)というのに引き合わされた。父親の涌谷は長男のワシリイ(涌谷和志理)の結婚話をまとめてしまったが〔しかも異教風に〕、このときワシリイはわたしの学校にいたのだ。またしても同じ事を弟のほうについてもやろうとしている。しかも、別の家に養子に出したにもかかわらず、だ。……わたしはこのかれをペテルブルクの神学大学に遣るつもりだったのだ!これでは勉学もなにもあったものではない。まったく異教そのものだ。」

ニコライ師にとっては息子の嫁を親の一存で決めることが理解できず、異教の風習を嘆いたのであろう。

明治十四年六月十九日、松倉恂、黒川剛、金成善左衛門、細谷直英、若生精一郎が奔走し、東二番丁の東本願寺別院に於いて、箱館五稜郭で戦死した「旧仙台藩士百余名旧幕士十四名及び新政府軍鹿児島藩士内山伊右衛門西田十太郎僕太郎の十三忌大法会」を施行し、遺族等百七十人が参列し法要を営んだと、翌日、陸羽日日新聞が報道した。
(木村紀夫著『仙台藩の戊辰戦争―東北諸藩幕末戦記』)

石巻市役所発行の『功績録』の「故細谷直英氏」に、大街道開墾について記載しているので、次に抄記することとする。

十四年、聖駕《せいか》東巡し左大臣　有栖川熾仁親王勅を奉じて場に臨み、酒肴料を賜う。(細谷)直英氏感激措く処を知らず、益々奮励鴻恩《こうおん》(大きなめぐみ)に酬《むく》え奉らんことを期し経営大に努めたり。

第二回奥羽地方御巡幸の際に、大街道士族授産開墾場が視察されたという記録がある。宮城県が発行した『明治天皇聖蹟志』によれば、次のとおりである。

明治十四年八月十三日(雨午後四時過ヨリ晴)野蒜築港工事等御巡視トシテ御代巡有栖川宮熾仁親王殿下、大隈参議、(中略)儀仗兵《ぎじょうへい》四騎其他判任官総員五十名、県庁ヨリハ(中略)随行シテ午前六時仙台御発車(中略)午後十時過野蒜《のびる》村御旅館尾形正三郎方ニ御着御一泊。

八月十四日、晴、(中略)西突堤際ニテ屋根船ニ召サレ一号ヨリ三号マデ三艘紅白ノ幕ヲ張リ船中ニハ椅子テーブルヲ備ヘ水、ビール等ヲ用意シ船溜ヨリ運河筋ヲ北上丸ニテ右三艘ヲ牽キ大街道橋筋ニ着船茲《ここ》ニテ御上陸、御馬ニテ細谷直英経営ノ士族開墾地御覧ノ後、運河堤防通石井閘門《こうもん》番衛所ニ御休憩、大閘門扉の開閉等ヲ御覧、午後七時一行残ラズ北上丸ニ乗込ミ石巻ニ御着ナリシハ九時頃ナルキ、戸塚貞輔方ニ御一泊、閘門ヨリ北上川ヲ下ル時住吉辺ヨリ数万ノ流燈群星ノ流ルガ如ク碇船ノ船ハ何レモ国旗ヲ掲ゲルナド非常ニ賑ヒタリ。

明治十五年五月二十四日、瑞鳳山で有志二百人余により「戊辰西南役戦死の招魂祭」を行い、主唱の細谷直英が祭文を朗読し、警察官一同より寄付のあった饅頭一万余を参詣者に与え、植木亭にて宴席を開いた、と陸羽日日新聞は報じている。（木村紀夫著『仙台藩の戊辰戦争―東北諸藩幕末戦記』）

宇野量介著『仙台獄中の陸奥宗光』によれば、西郷従道農商務卿が明治十五年十月九日、大街道の士族開墾場を訪れた事実を次のように記載している。

西郷農商務卿の日程を新聞記事から拾うと、十月七日山形から仙台着、八日野蒜築港工事視察、石巻泊、九日大街道、品井沼視察、仙台泊、十日仙台区内視察、午前中に小田原苗木場、県庁、県会議事堂、師範中学校、警察署、始審、治安、軽罪裁判所を巡視、都川で昼食、午後東一番丁勧工場、大町四丁目勧工場、花壇種畜場、宮城県監獄署、宮城控訴裁判所、農事講習所、宮城集治監を巡視、山家別荘での県令招宴にて宿舎梅林に帰泊、十一日早朝発、福島へ。

十月十日付の『陸羽日日新聞』に「野蒜通信」として、次のように特記している。

此日（八日）尤も見物《みもの》なりしは、大街道士族授産場の細谷直英氏等五名が市街地に於て催ふせし競馬と、築港工夫十四五名が二艘の舟に取乗り東突堤近傍に於て石投を為し巨大なる石を首尾よく海中へ投ぜしとの二事なりしと。

日本最初の近代競馬場は、慶応二年に横浜居留地の外国人遊歩道に沿う根岸の丘の上に横浜競馬場として設置され、翌三年に第一回の競馬会が開催されたのが始まりであるという。

十太夫は明治三年、日高国沙流郡の仙台藩開拓所にいて、製塩事業を開始するため風帆船二隻に塩鮭二千石を積載して東京へ上る途中、暴風雨のため全てを流失し、横浜で金策に奔走していたから、横浜競馬場を実見していた可能性がある。

一方、明治八年秋、西郷従道が日本人として初めて横浜レース・クラブの会員となり、十一月四日のレースで、この日の第二競走未勝利八百メートルに愛馬ミカンに騎乗して出場、一分三秒というタイムで十一頭のなかで見事優勝を飾っている。

このような西郷従道自慢の情報を何処からか入手した十太夫なればこその趣向で、西郷従道を饗応したのだと思われる。

十月十二日付の『陸羽日日新聞』に、十日の農商務卿の動向が次のように伝えられており、またまた細谷十太夫が登場している。

表小路なる県会議事堂に臨まれ、二階に飾付置れたる羅馬《ろーま》法王並に支倉六右衛門油絵の像及び支倉が遺器、古銭、古刀類（此中には羅馬法王より伊達政宗公に贈りたる古剣及び金剛天国其外名刀並に今回細谷直英氏の周旋にて諸家より集めたる刀剣種々ありたり」、管内各鉱山より採掘したる砿物《こうぶつ》等を細覧ありたる末、県庁へ車を寄せられ各課を巡覧せられたり。

石巻市役所発行の『功績録』および『牡鹿郡誌』によれば、大街道士族開墾場における十太夫と西郷従道との挿話が収録されている。

直英氏常に同志の家政身上に関しても、終始一貫すべく最善を盡し困難なるものを見れば嚢底《のうてい》（ふくろの底）を傾けて悔えず、病むものに会しては其親疎を問わず医薬の資を給し、又は懇切に枕辺を去らざりしと云う。されば衆よく悦服（喜んで心から従う）せり。故に付近の農夫も亦喜んで其の家に出入す。毎に茶を点じて之を款接《かんせつ》（喜びもてなす）し時に茶菓に代うるに沢庵漬の切断せざるものを以てし曰く『農家の茶菓は斯《かく》の如きのみ、余はこちらの一端を食うべければ、君はそちらの一端を食うべし』と、その行動人の意表に出づること往々比類にして、然も人をして歓喜措《お》く能わざらしめたるは実に偉なりと云うべし。

曾て西郷従道伯の開墾場に臨むや、之に饗するに豚肉の大臠《だいれん》（切り身）を大盤に山積し、酒盃に代うるに水呑を以てし、歓談時を移すと共に、忽ちにして斗樽を盡して尚泰然たり。時に公は直英に語るに開墾事業の頗る困難なる事を以てし、宜しく堅忍持久以て之に当るべしといいしとぞ。直英、公を誘いて鳥を薮林に狩り、その帰るや之を松島の旅館に贈れり。

これらの十太夫の西郷従道に対する接待は、視察視察で飽き飽きしている西郷の心を捕らえたものだったと思われる。

中央官庁の官僚が石巻に来訪すると、なぜか細谷十太夫が御機嫌伺いに出向いているから、「座持ちの名手」として珍重されていたようである。宇野量介著『仙台獄中の陸奥宗光』には、次のとおり記載されている。

（明治十五年）十一月二十四日、近く内務省監獄局から巡閲使《じゅんえつし》が来られるというので、看守の井野宗次郎を古川と石巻の両支署へ連絡のため出張させる。

巡閲使の内務権少書記官河井鱗三、内務五等属手島兎鬼二が仙台に着いたのは、十一月二十九日である。十二月一日、巡閲使が宮城監獄署百般につき点検を行った。

翌十二月二日から県内視察に同行する。この日は仙台から道を北へ取り、品井沼開拓現場を一見して観瀾亭で昼食、夜に入って石巻に至り、大須賀屋に一泊。集治監からも書記が同行したのは、雄勝の石切場で集治監の囚人が作業して居り、その工事現場を点検の予定があるためである。その夜石巻の安達警部補と、大街道士族開拓地の細谷直英も河合に面接に来訪する。大須賀屋の娘おとよの座作進退の温和さ、旅店には不似合と衆目をあつめた。年は十八だった。

引き続き、『石巻市史』第四巻の「第十八篇大街道開拓史」から次に引用する。

大街道授産場入場者の最も多かった時は四十九戸五十七人を算したが、その後減少し最後まで残留したのは僅かに十九戸に過ぎない。

県当局も当初の規則に改定を加えて、遂に明治十五年秋に至り、第一次新墾田畑宅地の分割配当を実施することになった。この場合における割賦反別は、田は三反六畝、畑は三反七畝、計田十二町九反歩、畑十三町三反歩であったが、土地配分決定に関する相談会が十二月九日を以て招集された。当日は折悪しく細谷場長病気にため欠席のまま開会、事務所案たる五等級分配案（耕地割賦は五等に区分し、区分は平素の勤怠と労力の多少とを以て順序を定むること）を付議した。採決に付したところ、平等派多数を制して、成立した。然るに原案指示派の一味は敗北に虫が収まらず、翌々十一日、十三名が反対派の各居宅に乱入して、暴力を揮い、それぞれ相手に傷害を与え、又は婦女を強姦せんとしたり、多数の家具、什器を破毀《はき》するなどの暴力行為を演じた。この報を受けるや細谷は病躯《びょうく》を押して現場に駈けつけ、暴徒一味を取り押さえると共に石巻警察署員の急派を請うて一同を検挙し、被害者一同も医師の診断書を求めて、全加害者を告訴した。

細谷場長は、この開墾場初めての不祥事件に、いたく責任を感じ、始末進退伺いを県令宛提出すると共に、暴行人一同に厳重謹慎を命じて、県の処分指令を待つこととした。十二月二十三日、県より処分命令が示達されたので、暴行団十三名は全員追放となった。細谷場長は、かかる事件を惹起《じゃっき》せしめたのは、場長不取締まりの結果であると深く責任を感じ、直ちに進退伺いを提出した。それに対して県は極力慰留したので一旦留任したが、然るに事業遂行の見通しも立ったこと、個人的な生活上の事情によって場長を辞任、取締となり、さらに十六年十一月取締を辞任した結果、開墾場の管理は専ら県属官の手に移されることになったが、翌十七年二月開墾場事務所は開設五年目に閉鎖となった。

石巻市門脇字青葉東にある「青葉神社」について、石巻市役所発行の『功績録』の「故細谷直英氏」には次のように書かれている。

十五年場員と胥計《あいはか》り、経営の功は偏《ひとえ》に藩祖貞山公神霊の冥護によるものなりとし、開墾場内に社を建設し田五反歩畑弐町歩を納め祭費に充て二十年八月青葉講を組織し、子孫をして当年の艱苦《かんく》を忘却せず、祖先の偉業を永世に伝え、同神社を中心として協同和衷隣保相扶《りんぽあいたす》くるの途を講じ民風の改善に資せんとす。爾来年々報賽を怠らずその用意の周到なる欽仰《えんぎょう》（敬いあおぐ）すべきにあらずや。

写真58　青葉神社（石巻市大街道）

なお、現在の社殿は、大正十一年（一九二二）の仙台市の青葉神社の社殿改築の余材を貰い受けて改築したものであるという。

伊達邦宗著『伊達家史叢談』に、祖廟瑞鳳殿の側に建立された「弔魂碑」の柵内に備え付けある「戊辰之役幕軍使用之大砲」について、次のように記されている。

　廟守石田常直曰く、弔魂碑柵内に備付ある大砲は、戊辰の乱に、海軍総督榎本釜次郎〔武揚〕大鳥圭介等が、艦の速力早からしめんが為め、其の積載せる物品中総て重きものをば、海中に投棄せしが、此の際右大砲も軍艦より引き上げしに、仙台藩よりの要求により、之を石巻日和山《ひよりやま》に据付け、敵船の通航を防ぐ用に供せんとなしたるが、何分重量多かりしを以て、同山下、門脇の海岸の砂地に投棄せり、爾来其の儘となりて、誰人の顧みるものなかりしが、明治十八九年の頃、時の郡長（牡鹿郡長）黒川剛〔大童信太夫〕及び細谷十太夫〔直英〕、闔某等、相謀り、郡より貰受け、此

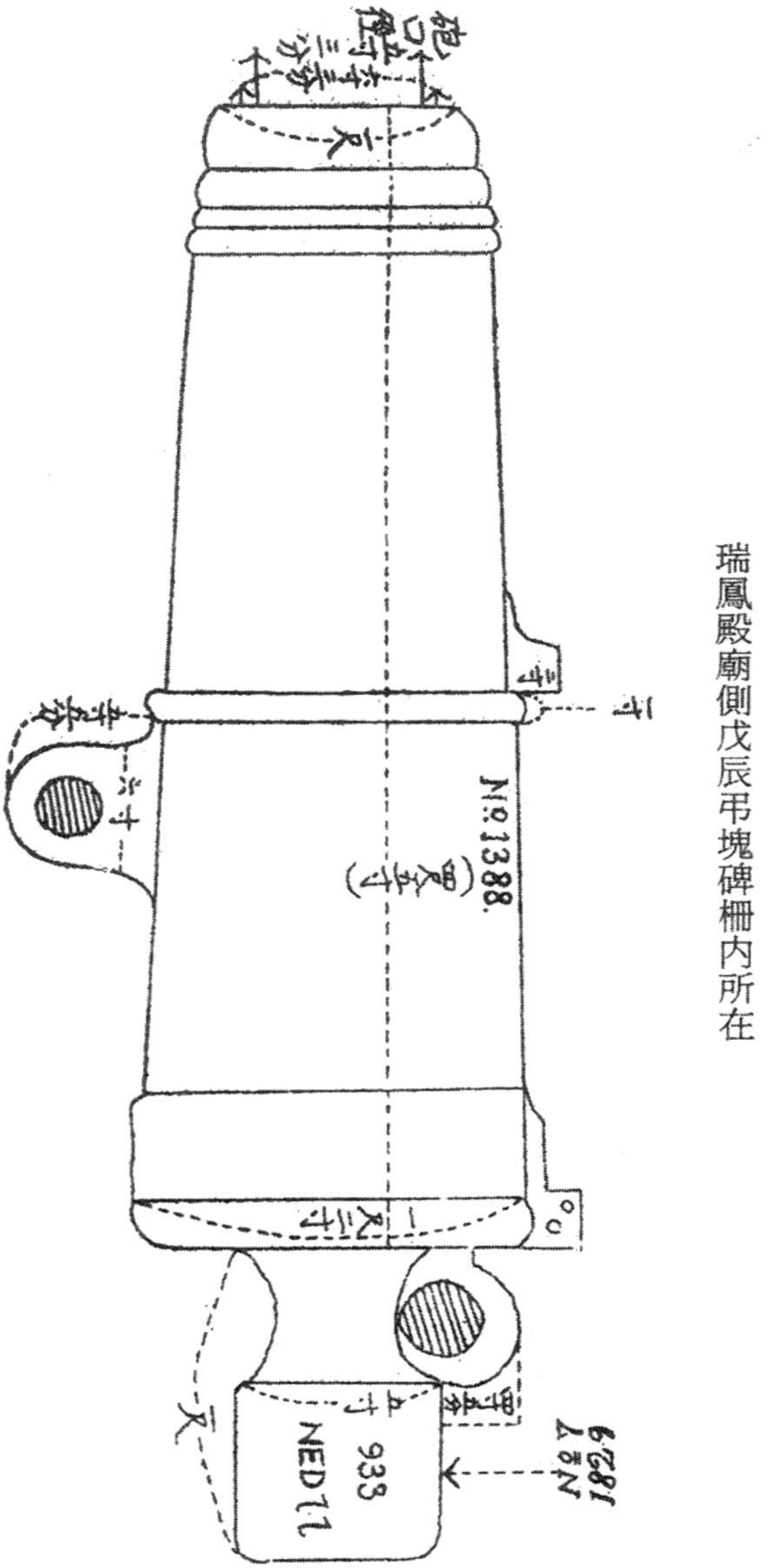

図表18　戊辰之役幕軍使用之大砲（『伊達家史叢談』より）

に備付け、永く戊辰当年の事を偲ぶの料《かて》となせり、砲長四尺七寸、内口径六寸三分、外口径回り三尺、砲太き分回り四尺、和蘭陀《おらんだ》製品と云い伝う、（後略）。

右の大砲が、『伊達家史叢談』が書かれた大正十年まで存在し、現在の弔魂碑の柵内にないことから、太平洋戦争時の金属供出の対象になったものと見られる。

明治十八年五月二十四日、瑞鳳山御廟祭典が行われ、細谷直英・草刈謙吉・虎岩省らの発起により、午後から「戊辰西南役戦死者の招魂祭」が行われたと奥羽日日新聞にある。また、この祭典は明治十九年、明治二十年、明治二十一年の五月二十四日に挙行され、明治二十二年五月二十四日にも細谷直英らにより執り行われたことが奥羽日日新聞に報じられている。(木村紀夫著『仙台藩の戊辰戦争―東北諸藩幕末戦記』)

十太夫の娘マリナ直と婚約した松井寿郎(アレクサンドル)は、明治十五年五月二十日東京を発ち八月二十一日ロシアのセントペテルブルクに到着。十二月十一日神学大学校に入学した。

ところが、明治十八年七月二十四日、医師は腸チフスと診断し、脈拍数、体温は軽症で、心臓にズキズキ痛む様子があり、永眠。そして、アレキサンドル・ネフスキー修道院内の墓地に埋葬された。享年二十五。留学第二陣の岩沢丙吉によれば、「病気の近因は風邪であろうが遠因は二ケ月余続いた試験の疲れによるものと思う」というものであった。(高橋昭夫著「神学生松井寿郎小伝」『仙台郷土研究』通巻二七六号、二〇〇八年六月　仙台郷土研究会所収)

偶々《たまたま》南洋無人島探検の挙起り大にこれに共鳴し、横尾東作と共に進んで南洋に赴いて見たが、其結果思わしからず、別に獲るところなくして空しく帰還し、(後略)。

まず始めに、横尾東作の経歴について、『仙台人名大辞書』により抄記しておく。

ヨコオ・トーサク【横尾東作】志士。天保十年加美郡下新田〔鳴瀬村〕に生る、父を友記と云ひ、医を業とす、東作十六歳の時仙台に出で、経史詩文を藩儒新井雨窓に学ぶ、二十三歳江戸に遊学し、大学頭林學斎の門に入り、仙台藩在都の学生を監督す、二十七歳藩命に因り、横浜の米人宣教師ジェームス・ブラオンに就いて

写真59　横尾東作之墓（東京谷中墓地）

英学を修む、（明治元年五月）同月末新潟開港の議あるや、参政葦名靭負に従ひて新潟に出張大いに斡旋する所あり、七月各国公使へ檄文送達の為め横浜に潜行す、西軍の物色甚だ急、五百両の金を懸けて之を捜索するに至る、已にして檄文を十一ケ国公使に送致し、漸く遁れて海路帰藩す、大赦の後、（中略）五年十一月神奈川県十等出仕となり、修文館校長を兼ね、教育に従事す、尋で警視庁四等警視に任じ、十九年二月非職となる、二十年十一月南洋探検の為め、火山三島を視察して帰れり、二十一年八月『南洋群島獨案内』を発行し、（中略）二十四年に株式会社日本興信社を起し、南洋貿易を企画し、三十二年五月横浜を発し、再び南洋行を企てたり、（中略）三十五年足尾銅山流毒地人民を南洋に移すの議を計画し、海軍省に廃艦貸下を請願せしも成らず、（中略）要するに東作は先見の明あり、創業開拓の人にして守成収功の器にあらず、（中略）三十五年七月二十一日、友人富田鐵之助を小石川の邸に訪ひて対談中病遽《にわか》に起り、翌日遂に歿す、享年六十五、東京谷中天王寺墓地に葬る。

横尾東作の南洋探検については、河東田経清編『横尾東作翁傳』の「六、南洋経営」のうちの「火山三島の探検」より、次に抄記する。

先年榎本（武揚）子爵が露国公使であった時に、西班牙（スペイン）から、南洋諸島売渡の交渉があったにも拘わらず、日本はそれを買取る程の勇気なく、遂にこの好餌《こうじ》（人を誘い寄せる手段）を空しく放任したことを、非常に遺憾に思いはしたものの、その時は官職に就て居たので、それをも振棄てて、遠征を試みると云う程でもなかったが、（中略）予て知遇を得て居た榎本子が逓信大臣となったので、屡之に意見を述べ、またその所信を語り、明治二十年十一月五日、遂に同省灯台巡廻船明治丸を借受けて、初度の南洋探検に出掛けることとなり、時の東京府知事高崎五六も、同じく一行中の人となった。翁の考えでは、この機会を以て遥かに南洋に向って遠航を試みる積りであったが、当時の日本官吏は、なお盛んに官尊民卑の風を振舞わしたので、痛く船長トーマスの感情を害したる為め、石炭の欠乏を名として、遠洋航海を拒絶され、止むなく火山三島のみを探検して帰ったことがある。

十太夫が、横尾東作の南洋探検に加わったことについてであるが、片倉信光著「南方開拓の先駆者横尾東作について」（『仙台郷土研究』通巻一三七号一九四二年四月　仙台郷土研究会所収）によれば、次のとおりである。

この旧来の知人榎本武揚が逓信大臣に列した時、彼の宿題の南進政策を献言する意見書を政府に提出したので、武揚はこの請を容れて逓信省燈臺巡廻船明治丸を貸し与えた。明治二十年十一月を期して南洋探検に出発、先ず小笠原に航した。渺漠《びょうばく》たる万里の波濤《はとう》の中に粟粒《あわつぶ》程の小島が点在する太平洋の中に、火山島三つを発見したのもこの時の事であった。二十四年九月この三つの火山島は南硫黄島、硫黄島、北硫黄島と命名されて日本帝国版図に加えられて小笠原島の所管に編入された。（中略）ヤルート島なども彼が探検して廻った島の一つであった。

二十一年八月には彼が巡航した南洋諸島に関する見聞を一冊の本に纏めて『南洋群島獨案内』と名付けて発行したが、当時甚だ稀であった南洋方面の案内書として南方航海者に便宜な本として非常にもて囃《はや》された。図書に依らず、足により船によって書かれた記事は真《まこと》の獨案内の価値を示して居た結果に外ならない。

このように、十太夫については何も記されていないものの、後に十太夫の長男十太郎のシンガポール、ニューギニヤの開拓に繋がるのかも知れない。

爾来《じらい》なすこともなくブラブラして居たが、二十一年六月北海道十勝国土人勧業奨励係となり、再び北海道に渡り十勝郡外五（四の誤り）郡に散在す三百十二戸の土人（先住民）等に耕耘《こうてん》（田畑を耕し草を取ること）の方法を指導しつつ、在留すること四年、二十四年開拓使庁廃止によって退職し仙台へ帰り、（後略）。

子母澤寛の「「からす組」あとがき」に、十太夫が北海道十勝国のアイヌ人の勧業奨励を政府から嘱託され、再び渡道したことが、次のように書かれている。ただし渡道の時期を「明治二十六年」としていることは誤りと思われる。

明治二十六年、北海道十勝国のアイヌ人の勧業奨励を政府から嘱託されて、再び渡道したのである。

十太夫は幻燈を持って行った。そして多くは寺院を利用してこれを映しながらいろいろと話をしたが、時にアイヌ部落へやって行って、野外映写などをやって、そのままアイヌの小屋へ泊ったりした。

当時十太夫はすでに五十の齢を越えた。しかし美しいメノコ（アイヌの娘）達は十太夫を慕って、寝ている小屋へ忍んで来る事が度々あった。十勝のトコムオロという部落へ行ったのは初夏であったという。山桜が咲いてその花弁と、何かしらいい匂のする白い花弁とが入り交ってゆっくり流れる深い川を下っていた。秋はこの川ではよく鮭〔アキアジ〕も穫れるところだと言う。

野外の映写が終って、酋長のところで持って行った酒を飲ませ、自分も飲んで別小屋へ引きとってねた。魚を貯蔵して置く小屋で、当時空だったが臭い事夥しい。

ここへ夜中に、メノコがやって来た。しかも二人、これが、入口の外でばったり出食わして、ひどい喧嘩になったので、眼をさました。

メノコは二人とも怪我をした。その為めに酋長も当惑をする。メノコの親達がどんな事になるか知らないので、部落の平和のために十太夫はその夜の中に一人の若いアイヌに送られて次の部落へ行ったという話が残っている。

苦しい事もあったが、その日々はやっぱり面白かったようである。

北海道中川郡の十勝平野の中央部よりやや南部に位置する幕別町の『幕別町史』によれば、その「入植者の経緯」に次のように書かれている。

記録のうえで幕別に住んだ最初の和人は、明治十五年の細谷十太夫直英である。酒井章太郎の『十勝史』では、「止若は旧土人語なりヤムワッカ〔清水の湧くという意義〕と言う土人の一小部落なりし、明治十五年宮城県人細谷直英〔現今居住せず〕武山土平氏〔現今土平氏死去、相続人武山松三郎氏猿別原野に居住〕等移住農業に従事せり」と述べている。細谷は明治二十年ころ利別村に住んでいたとも言われている。

一方、大正八年五月発行の『幕別村誌』には、越えて二十一年、釧路郡役所は函館の人、江《ごう》政敏なるものに土人(先住民)の農業指導監督を委託したるを以て、更に細谷直英を派し代わりて之に当らしめしが、同二十四年の頃より其委託を解き、釧路郡役所に於て直接指導監督するに至れり。

と書かれている。

『十勝史』に基づき、十太夫が明治十五年に幕別に最初に住んだ和人という記述が諸書に散見されるが、十太夫の事績を追跡して行くと、『幕別村誌』の明治二十一年が正しいものと思われる。

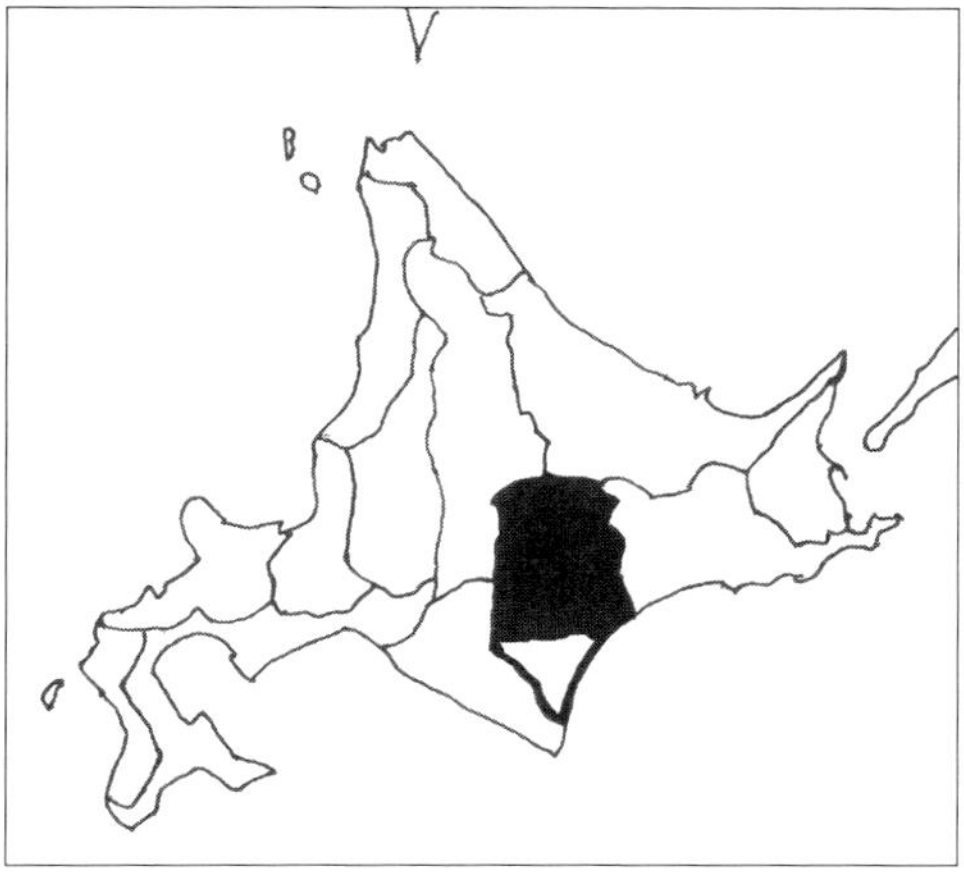

図表19　北海道十勝国十勝・中川・河東・河西・上川郡

以下については、不破俊輔・福島宜慶著『坊主持ちの旅―江政敏と天田愚庵』に基づき書き進めることとする。

明治十九年一月、札幌など三県は消滅し、北海道庁が発足し、北海道は札幌に本庁、函館と根室に支庁を置いた。明治二十年六月、釧路・阿寒・白糠・足寄《あしょろ》・川上・広尾・当縁《とうぶい》・十勝・中川・河西・河東・上川の十二郡が釧路郡役所の管轄となった。つまり、北海道庁札幌本庁の下に釧路外十一の郡があり、その下に各戸長役所がある。この組織変更とともに旧土人共有財産は釧路郡長が管理することとなった。当時の釧路郡長は宮本千萬樹《ちまき》である。

釧路郡長は明治二十一年の年明けに、十勝外四郡（中川・河東・河西・上川）の旧土人管理人を江政敏に任命した。旧土人管理人とは、北海道庁より八百円から千円の予算をもらってアイヌの勧農・授産・福祉の面倒を見ることが主な仕事である。これまでこの仕事は北海道庁で行われてきたが、松方デフレで役所予算が削られ、郡役所がこの仕事を行うこととなった。そして郡役所は旧土人管理人という者を任命し、その者にアイヌ撫育をさせることにしたのである。

しかし、江政敏は漁場経営等の事業が多忙であるため、旧土人管理人の代理人になるべき人物を探していた。そこで、札幌本庁から推薦されたのが細谷直英であり、明治二十二年六月に赴任した。旧土人管理人の代理人の業務内容が推定できるので、次に明治二十二年度と二十三年度の旧土人授産費の決算書を掲げることとする。

一金九九三円　元予算高〔明治二十二年度〕

内訳

金五〇円　大津病院薬価〔但し九月から十二月まで分〕

金一八八円　種物代・筵《むしろ》・鎌・その他

金一四〇円　給料

金五二円五八銭　事務所経費その他

金二六四円　備荒貯蓄米

金五〇円　寄宿舎建増し及び修理代

金一〇〇円五〇銭　食塩

金一一七円九二銭　一時手当米

金三〇円　賞与費

一金八〇〇円　元予算高〔明治二十三年度〕

内訳
金一五〇円　大津病院薬価
金五一円四〇銭　種物代・筵・鎌・その他
金二四〇円　給料〔一八〇円〕及び筆生手当〔六〇円〕
金一二〇円　事務所経費その他
金八二円五〇銭　食塩
金一五六円一〇銭　臨時費〔農産物品評会出品の出張費及び賞品〕

江政敏は嘉永四年生まれの磐城平藩士であり、明治十三年から北海道十勝の大津（現豊頃町）で漁場を持ち、開拓事業を行った。明治二十三年から道庁と結託してアイヌ漁場を全部自分で経営した。アイヌは漁場賃貸料をもらうだけで、自分で漁場を経営していなかったからである。ところが江政敏はあまりに大津川での漁場を拡張したため、同業者の反感を買って、アイヌや大津町民を巻き込んだ江政敏排斥運動が起こった。

この江政敏排斥運動が影響したためか、明治二十四年七月九日、江政敏は函館区会所町の自宅に細谷直英を呼び、旧土人管理人の代理人を辞めてもらうこととなった。江は個人的に細谷に貸してある金の借用書を書いてもらい、旅費として十五円を餞別代わりに与え、書類の引き継ぎについて念を押した。細谷は八月二十三日、仙台藩の一門亘理領主伊達邦成が植民している有珠郡伊達村に立ち寄った後、大街道士族開墾場がある石巻町に帰郷した。したがって、江北散士編『烏組隊長細谷十太夫』の「二十四年開拓使庁廃止によって退職し」の記述は誤りと思われる。

同年九月、十勝外四郡旧土人共有財産の管理をめぐって、宮本千萬樹郡長と橋口文蔵北海道庁理事官が非職に追い込まれた。

さらに、井上勝生著「十勝アイヌ民族の十勝川共有漁場自営・共有財産取り戻し運動史料」（『北海道大学文書館年報』第十一号二〇一六年三月所収）に、江政敏との関係で細谷直英が登場している。○明治二十五年二月四日付の江政敏前代理・細谷直英（宮城県石巻町字大街道）から大津蔵之助（北海道十勝国大津村）宛の「回答」であり、その内容は細谷直英代理解除後、細谷が清算引継がず、失踪、行方不明との江政敏の申立についての細谷の弁明である。次に、細谷直英の回答の要旨を掲げておく。

十勝外四郡旧土人管理・江政敏代理属托中、取扱上ニ付、御照会之趣、了承、明治二十四年八月八日、江政敏宅ニ於テ、突然、代理解除候間、本年請取タル金員、支払清算相立、引継可申旨、談判ニ候処、出先ノ事ニテ精細ノ調出来兼ルヲ以テ、大津ニ帰村ノ上、引継ヘキ旨、返答ニ及候処、数項目ニモアラサルヲ以テ、気憶ノ侭ニテ可然、大津ニ帰村セサルモ、一片ノ書面ニテ足レト云フヲ以テ、二十四年度ノ授産費ヲ算額、金九百九拾余円ノ内、三百八拾四円請取タル分支払、大凡内訳ヲ取調、函館区会所町五十弐番地、江政敏自宅ニ於テ、残金弐拾弐円〇弐銭ヲ添テ、引継タルハ明治二十四年八月十三日ナリ、然ルヲ清算セス、引継セス、無断失踪、或ハ帳簿携帯住所不分明ニ就キ、見当ルマテ猶予云々トハ、言語道断ノ申立ナリ、（後略）。

明治二十五年七月末、道庁と郡長は江政敏の旧土人管理人を解任し、八月に大津蔵之助が十勝旧土人の忽代人となり、共有金も大津蔵之助の名義となった。さらに同年末には、江はアイヌ漁場のすべてを失い、大津川と十勝川の自分の漁場だけを残して、東京に引き揚げた。

その後の江政敏は、別保炭鉱の試掘、パルプ事業、清水築港、札幌大紡績工場などの事業を行い、明治三十二年十一月十四日、五十歳で死去した。

其翌二十五年に再び牡鹿郡大街道士族開墾場長に推挙せられたので、従来の方針を樹直《たてなお》し三百町歩の原野を分割し、一戸当たり平均三町歩づつを割り当て約百戸を移住せしむる計画であったが、都合あって更に計画を変更し六十戸の同盟組合を組織し、開墾原野は組合の協定によって分配することとしたので、多きは十余丁（町）歩に及び、少なきも三・四丁（町）歩を配当するに至った。それが為めに組合員は今は何れも中産階級以上の地主となって居る。

『石巻市史』第四巻によれば、大正五年、大街道開拓田畑が有租地に編入された際、石巻町は左の如くその経過を報告して成功を祝福するところがあった。

右開拓地ノ起源ハ明治十一年本県士族細谷直英仙台士族ニ産業ヲ授クルノ目的ヲ以テ同志ヲ結合シ興業社ナルモノヲ組織シ当町大街道官有荒蕪地開拓ノ経営ニ始マリ同十三年細谷直英等時ノ知事松平正直君ニ稟議スル所アリテ士族ヲ移住セシメ多少経営方法ヲ改メ宮城士族授産場ト改称シ県ノ特別ナル保護ヲ受ケ鋭意開拓ニ従事セシモ爾来法令ノ改廃県当局ノ更迭其他社会一般ノ変遷ニ遭遇シ其間ニ於テ当初移住ノ士族大半死亡或ハ凋落《ちょうらく》シテ子孫其志ヲ継クモノ少ナキ傾向トナリシモ同二十九年払下ヲ得テ一旦所有権ヲ得ルヤ売買ノ自由ナルト士族授産ノ統治者ヲ欠キタルト開拓尚ホ成功ヲ見サリシ結果更ニ二十ケ年成功期限延長ノ許可ヲ得シモ所有者転々移動シテ今日ニ至リ漸ク成功ヲ見タルモノナリ而カモ開拓経営ノ創業ヨリ実ニ三十九ケ年ノ星霜《せいそう》ヲ経テ昔日ノ荊茨《けいし》荒原ハ優良ノ耕地トナリシ沿革ハ此機会ニ於テ本町ノ将来ニ伝フヘキ一事タリト信ズ

大正九年四月四日、石巻市門脇青葉西にある青葉神社内に建立された「仙台藩士牡鹿原開墾記念碑」については、その内容を『石巻まるごと歴史探訪』の現代語訳により読むことができる。

仙台藩士牡鹿原開墾記念碑

従四位伯爵伊達邦宗篆額

（本文　省略）

大正九庚申年四月念四日

石巻学院長　高橋鐵牛撰

伊藤萬壽書

亀山藤太刻

（裏面　省略）

写真60　仙台藩士牡鹿原開墾記念碑（石巻市大街道）

撰文の高橋鐵牛という人物を筆者は知らないが、何とこの大正九年の時点で、「明治十年西南の役が起こると、旧仙台藩士の細谷直英、関震六らは同志を糾合、鴉組と号し従軍、功を挙げて凱旋した。」（現代語訳）とあり、十太夫が鴉組として従軍したのが戊辰戦争ではなく、西南戦争になってしまっているのである。昔日の夢と言うべきか。

藤原相之助の「細谷鴉一夕話」に、新聞記者としての藤原が細谷翁の眼力に感心した話が書かれているので、次に掲載する。

細谷十太夫翁が長髪をふりふり以上のような話をしたのは、確か明治二十六年の春だった。翁が筆者（藤原相之助）にこの話をした因縁《いんねん》を、一寸記して置く必要がある。それは隠れたる翁の逸伝にもなり、政治運動史にも触れるからだ。翁は石巻大街道で開墾を始めた関係から、松田常吉と知合いだった。松田は宮城県改進党の先輩で、東北毎日新聞を主宰して第一期の国会議員候補者に打って出たが、改進党の面々は首藤陸三を擁立するために、東北毎日新聞の記者連中を密かに唆《そそのか》して社長松田の運動に不利益なことばかり書かせたので、松田は落選した。松田は大いに怒って改進党を脱すると共に、東北毎日新聞を東北新聞と改題して独立の旗揚げをした。すると改進党の面々は訴訟を起こして松田から新聞を取り上げ様としたから、松田は益々怒って南條文四郎、斎藤信太郎、松本儀三郎、松岡馨兒等と共に、国民協会に加盟した。国民協会は西郷従道、品川彌次郎等が主となって組織した政党で、自由党と改進党の連合軍を向こうに廻して、独逸流の国家主義を標榜したものである。筆者は今の船越男爵の父の衛という人が宮城県の知事だった時、そこの腰弁《こしべん》（安月給取り）から東北新聞にやられて躍起となって政論を書きまくって居たが、その頃の言論機関の大多数は民党の主張を支持するので、国民協会の主義主張を標榜するのは東北では東北新聞ばかり、東京には大岡育造の中央新聞と、外に朝野新聞が准機関の格だっただけで、外に味方がない。東京日々は民党に反対はしたが、元々これは伊藤博文、伊東巳代治系統だから国民協会の力にはならない。甚だ心細い。それに宮城県では民党連合が出来て居て、その機関新聞〔二つ〕で国民協会をやたらに罵倒《ばとう》する。中にも澤来太郎だの、佐藤卓治だのという急先鋒の面々は機関新聞の外に雑誌をだしたり、政談演説を開いたりして、毒々しく東北新聞を攻撃するので筆者は大いに憤激した。

ある時、東一番丁の松島座で、澤等が演説会を開いた時、筆者等はそれを滅茶々々に踏み潰してやる計画を立てたが、この方には民党のような壮士がないから、肴町の斎長という親分に談じて腕ツこきの乾兒《こぶん》二十余人借り受け、それを引率して会場へ行ったが、それは全然失敗だった。なぜかというに、斎長の乾兒達には政治のことが少しも分からないから、弁士が毒舌を揮《ふる》う時にポカンとして居て、さもない時に間抜けた力味方《りきみかた》をするなど、トンチンカンで、有効な妨害が一つも出来ない。幸いに福島県の白井遠平の子分の草野某という人が何かの用事で仙台に来た序でに傍聴して居て呉れて、これが大いに妨害して呉れたので、聊《いささ》か溜飲《りゅういん》を下げた（せいせいすること）のだったが、その晩、筆者がムシャクシャ腹で社へ引き揚げて行くと、細谷翁が来て居て「酒一斗只飲まれたべ」という。斎長へ一斗樽を送ったことを翁は知って居たのだった。

翁は「俺は無学だから政治の議論などは知らないがナ」とてポツリポツリ語った。

「御維新というものも好い加減なもんで、熱に浮かされた神官が、高天原《たかまがはら》の囈語《たわごと》を語るようなこと言っても、涙を流して有り難がる奴が多くなる、それが御時勢というものさ。しかし薩長の奴等は、自分たちの見識力量で天下を動かしたと自惚《うぬぼ》れてる。それが物の間違いになり、推参千万（必ず無礼なふるまいをする）な真似《まね》をするようにもなる。明治十年の乱だって、それだよ。俺は西南戦争で手疵を負ったほどだが、薩軍に当たって見て実は愛想が盡きたよ。大隈や板垣のよまいごとだって、俺から見ると草鞋《わらじ》大王の御信仰見たよなもんで、中身は何も有り難いことのあるわけでないが、それを謀叛人の言い草のように見て、叩き潰そうとしてる薩長政府は、いわば梅毒が癩病《らいびょう》を嫌うようなもんだ。どっちが勝っても、鼻もちがならないさ。そこへ持って来て薩の西郷従道と、長の品川彌次（郎）がまた国民協会だなんテ、疥癬雁瘡《かいせんがんそう》見たよなものを振り蒔く。先日、元田肇とかいう男の理屈をいうのを黙って聞いて、俺は指の又が痒《かゆ》くなったツけ。俺は、どこの何の政党だって賛成しない。手を握るときは手袋をはめるよ。伝染されないようにネ。しかし反対もしないよ。イヤどんな大政治家大学者が、どのような議論したって、西から吹く風を東から吹かせることは出来まいではないか。だがね、今や民党の野郎《やろ》めらは余り図に乗り過ぎてる。だから西郷や品川が来たら保護してやらなきゃなるまい。したが決して彼奴等《きゃつら》を力にしてはいけないよ。馬鹿を見るからね、と言った。ポツリポツリと仙台弁で語るのだが、時々骨を抉るような皮肉と灼熱した毒言を飛ばしてケロリとしてる。筆者はこの時始めてこの翁の決して尋常一様の人物でないということを知った。それから時々往復し、翁の寝乍ら話をメモに止めたのだった。

西郷と品川が仙台へ来た時は、仙台で演説会を開いた。西郷は演説会へ顔を出すと言って行ったが、品川は安場保和と共に旅館に残って居た。品川は感激と癇癪《かんしゃく》が烈《はげ》しいから公開演説には不適当、安場はチンバ（足に傷害のある人）だから危険だというのだった。細谷翁は黄色な衣服を着て、西郷について仙台座に行ったから、筆者は旅館で品川が明日の懇親会でする演説の草稿を手伝ったが、品川は自分で巻紙に一つ書きをして、その説明をするとて拳で机を叩き乍ら声を曇らして流涕《りゅうてい》するが、安場保和はその側でコクリコクリ居眠りばかりして居た。その晩、細谷翁に演説会の様子を聞くと、「ナーニ無事さ、俺がついてるではないか」と言う。翌日、社へ行くと応接室で社の水谷という男と壮士二人で大格闘だ。椅子が倒れる、火鉢が飛ぶという有り様、聞いて見ると、その朝の新聞に「民党のゴロツキどもが仙台座の木戸口で少々騒いだけれど、無事盛会だった」と書いてある。その「ゴロツキども」の用語について責任者を出せと壮士が暴れ込んだのだという〔万事がこの調子だから、総選挙にも棍棒《こんぼう》（太めの丸い棒）、ピストル、仕込杖が必要で、火縄銃さえ持ち出されたことがあったそうだ。その代わり金は案外かからなかったらしい〕。その西郷や品川を招待して把翠館《ゆうすいかん》で大懇親会を開いた時、細谷翁は例の黄色な衣服を着てユラリユラリと出て来た。品川の慷慨悲憤で理路のメチャクチャな演説が終わると、西郷は絽の紋付羽織に仙台平の袴で、その大きな体躯をヌッと擡《もた》げて立ち上がった。羆《ひぐま》の皮のような顎髭《あごひげ》をハンケチで撫でて咳一咳《せきいちがい》したから、どんな大演説が始まるかと会衆はシーンとなった。すると西郷は「これから大いに飲みますばい」と言って、前に居た芸妓の手を取ってワッハッワッハッ大口開いて笑って、会衆の席々を巡って献酬《けんしゅう》を始めた。細谷翁の席へ行ったときに、一つ頂戴と言って、しばらく翁を見つめてから、細谷さん、あんた仙台藩で有名なお侍なそうだ。あの節は仕合わせことには、掛け違って逢わなんだ。若し逢うたらと、平手で自分の頸《くび》を叩《たた》いて、これが無かったわい、ウワハッウワハッと咽喉仏まで見えるほど口を開いて笑ったので、流石の翁も一寸挨拶の詞《ことば》が出なかった〔当時、従道侯は兄の隆盛に呼ばれて北越に急行すると、直ぐ出羽へ行けと言われ、奥羽の桂太郎と海路秋田へ行くと、モハヤ総降伏ということになって居た〕。後で翁の話に、西郷という男は全く食えない男だ。聞けば今度の政治運動で大きな邸を二つ売り払ったとかいうが、あの男が何時まで品川と棒組みになって協会を担いでるか、それが見ものだよと言ったが、その歳の暮に西郷が入閣したので、国民協会の地方の幹部たちなどは呆気《あっけ》に取られたもんだが、筆者だけは何よりも細谷翁の眼力に感心したのだった。

斯くて専ら開墾事業に従事しつつあったが、同二十七年朝鮮の内乱から東洋の形勢必迫して、終《つい》に日清戦役となった。十太夫は早くも時局の容易ならざるを認め、自から進んで仙台義団なる一団体の組織を発起《ほっき》し、奔走周旋七千余名の団員を募集し、遂に其総代に挙げられ、団体を代表して従軍せんことを其筋に出願したが、当時、御詔勅の御趣旨もあり許容相成り難しとて、従軍願は其儘に却下となった。

去りながら仙台義団の従軍願は却下となったけれども、此時、仙台第二師団も出征することとなり、戦器は勿論粮食等を運搬する為め数千の軍夫を募集するにより、戦闘員にあらざるも軍団に尽すの道は同一なりとし、仙台義団を其方面に向くるべく第二師団司令部へ申出でたところ、速かに許可となり、十太夫は其千人長を命ぜられ、弾薬大隊付となって出征し、清国山東省榮城湾《えいじょうわん》に上陸した。そのうち威海衛《いえいかい》が陥落したので、更に旅順口《こう》方面に転じた。

この時、爆弾運搬は駄馬編成となり軍夫は皆金州《かいきんしゅう》方面に移されたが、二十八年七月第二師団歩兵第十七連隊付となり、転じて台湾島に派遣を命ぜられて南下することとなり、九月二十五日本隊と共に基隆《きりん》を出帆して布袋嘴《ほていいいし》に上陸し、塩水港《えんすいこう》より曾文渓《そぶんけい》を経て台南まで進軍し同島鎮定後、嘉義《かぎう》の守備を命ぜられ、二十九年四月まで同地に滞在し、勤務交代の為め同月二十九日安平《あんぺい》より仙台に帰還したのは同五月八日であった。

藤原相之助の「細谷鴉一夕話」に、日清戦争時の十太夫について次のように書いている。

日清戦争が始まると、翁は「いい死場所」が出来たと、従軍を志願した。昔の鴉組の副官長之進和子こと矢野長利が陸軍の中尉になって居たので、「お止めなえ」と諌めたが、「イヤ、汝の知ったことが(で)ない」とて利かない。この矢野長利の座談は有名なもので、この男の舌端《ぜったん》(口先)に翻弄されたらどんな大人物でも三文の値打もなくなるが、不思議なことにどんなにこき下ろしても、そこに少しも毒気も邪気もないのだから、こき下ろされたものが立腹しない。ところが口下手の細谷翁は、一言でザキリと人の息の根を止めるようなことを言ってケロリとしてる。そこで翁は長利を戒めて、「汝ア、へらつきさえなけりゃいい男だがナ」と言って居た。こうして翁は昔の副官が士官で出征するのに自分は軍夫の千人長で戦地へ行ったが、そこも死ねる場所ではなかったと見えて、凱旋隊の中に小粒な翁の白髪頭が淋しく見えた。何となく老驥伏櫪《ろうきふくれき》志在千里(曹操の詩。賢者が年とってなお世に用いられないことのたとえ)と言ったような話を思い出させるような晩年の風丰《ふうほう》(肥えてうるわしき風采)が人の目についた。

右の矢野長利について、『仙台人名大辞書』には次のように記載されている。

ヤノ・ナガトシ【矢野長利】将校。通称長之進、鐵槍と号す、陸軍歩兵大尉七位勲四等功五級、父丙吉、仙台藩出入司たり、長利戊辰の役細谷直英の衝撃隊に副将として勇名あり、維新後陸軍壮兵となり、西南役に従軍して薩軍の驍将貴島清を獲、功を以て将校に進み、日清役には後備中隊長として従軍し、台湾に転戦して殊功あり、功五級に叙せらる、後ち矢野顕蔵と共に五城尚武会を組織して陸海軍将校の養成に努力し、日露役には出征軍人の後援に力を盡くし、軍事上の功労尤も多し、長利気性豪岸にして劍槍諸技に熟達せり、明治四十三年十月二十三日歿す、享年六十三、仙台新坂通永昌寺に葬る。

多賀城市にある平成十一年（一九九九）開館「東北歴史博物館」の総合展示室の戊辰戦争コーナーに、「復元　細谷十太夫が着用した陣羽織」が展示されている。そのパネル説明文には、「仙台藩士細谷十太夫が戊辰戦争で鴉組を率いて活躍した時に着用。三本足の鴉は武勇の象徴。原資料龍雲院（仙台市）蔵」と記載されている。

しかし、十太夫が戊辰戦争時に着用した陣羽織とすることには疑問が持たれているのである。それは、『歴史読本』平成十年十二月号に「衝撃隊　黒装束を纏った少数精鋭のゲリラ隊「烏組」」という著作を執筆している日下龍生氏（しばたの郷土館長）のホームページ「タツの郷土史小話」の中の「細谷十太夫の陣羽織」である。

展示室で復元された陣羽織をみて、細谷十太夫にからかわれたのではないか、という疑問にかられた。そして、目を閉ざしていた問題点に気づかされた。

衝撃隊は五月後半に結成され、衝撃隊として活動したのは七月初めまでの一月半である。その後は他の部隊に組み込まれて、守勢一方の戦いを余儀なくされた。つまり、衝撃隊が衝撃隊としてありえたのは一月半なのである。

このことを念頭において陣羽織を見る。まず、これを作るのにどれくらいの歳月と費用を要したのだろうと

写真61　東北歴史博物館の復元細谷十太夫陣羽織

いう思いに駆られる。刺繍を施した陣羽織と短衣が一ケ月やそこらでできるものだろうか。しかも、短衣は綿が詰められているのだろうか、防弾を意識したのではと思えるような厚さである。これが真夏の着物だというのである。俄かには信じられぬ思いである。さらに、隊員の装束を揃える資金はどのように調達したのか、という現実的な、散文的な問題が浮かび上がる。このことを見極めなければ、この衝撃隊の本当の姿は見えてこないと思うようになっている。

平成十八年に刊行された大谷正著『兵士と軍夫の日清戦争』に、十太夫の陣羽織についての決定的な史料が紹介されている。大谷氏は、明治二十七年十月三日付の『奥羽日日新聞』の「細谷直英氏の背紋《はいもん》」と題する記事を掲載している。

　征清軍夫の千人長を命ぜられたる細谷直英氏は緋フラネルの軍衣を製し、其背紋には番《つが》ひ烏を黒絲《こし》にて縫《ぬ》はしめたりと、想起《おもいおこ》す戊辰の役、氏は剽悍無頼の徒を糾合し陣頭に烏を置きて縦横奮戦するときは、敵勢悉《ことごと》く風靡《ふうび》（風が草をなびかすように、なびき従わせる）して退かざるは莫かりしと、氏本年五十余歳猶《なお》この意気あり、荘《さかん》と云ふ可《べ》し。

右の記事の「番ひ烏」、すなわち「雌雄がいつも一緒の烏」は、「八咫烏」すなわち「三本足の烏」の誤りと思われるが、十太夫が着用していた背に烏を刺繍した陣羽織は、この日清戦争の時のものなのである。綿入りであることも、冬季の中国をめざした第二師団所属の千人長のものとして符合するものである。

大谷正氏によれば、軍夫の服装は和装・草鞋履《ばき》であった。季節によって違いがあり、六月に第五師団が募集した際には浅黄《あさぎ》（水色または薄い藍色）木綿の一重の法被《はっぴ》と股引に日よけの笠であったものが、冬季の中国をめざした第二師団の軍夫は紺の袷《あわせ》（裏地のついて着物）の法被と股引、それに鳥打帽《とりうちぼう》（平たくて丸く、一枚じたてで、ひさしつきの帽子。ハンチング）と、より防寒に注意していた。さらに冬季の行動のためには、藁靴《わらぐつ》、紙子《かみこ》（和紙で作った衣服）、綿入れの半纏・股引・下着、綿入頭巾も用いたという。ただし出発時の衣服は自弁であったので、服装はちぐはぐであったという。その中でも、「幕末の鴉組の旗印を緋色の軍衣に刺繍した十太夫ほど派手なものは例外であった」と書かれている。

以下も、大谷正氏の『兵士と軍夫の日清戦争』から、適宜引用することとする。

召集に先立って軍夫の組織化は進み、千人長、百人長、二十人長が任命された。宮城県の場合、百人長クラスには虎岩省之（仙台義団幹部）、三宅種信（自由党員）、菊地英助（名取郡千貫村の名望家慈善家）、大石篤実（退職陸軍歩兵大尉）などの人物がみられ、二十人長にも沼沢通（宮城撃剣社の沼沢与三郎の子息）がいた。トップの千人長には細谷直英、山口義輝（鹿児島県出身の宮城県警部、栗原郡築館警察署長、宮城県属を歴任し、県庁を退職して千人長になった）の両人が選ばれた。

『東北新聞』明治二十七年十月二十四日の「各千人長の受持部隊」の記事を整理すると次のようになる。

大高乙次郎千人長（福島）　輜重《しちょう》兵大隊・輜重兵馬廠《ばしょう》
早川直義千人長（福島）　小架橋縦列・兵站《へいこ》糧食縦列・弾薬大隊
川口広哉千人長（岩手）　砲廠監視隊・衛生予備隊・衛生予備隊患者輸送部
島田順貞千人長（山形）　輜重監視隊・野戦工兵廠・衛生隊予備廠

写真62　仙台芭蕉ノ辻錦絵・熊耳耕年筆（昭和36年復刻・筆者所蔵）

細谷直英千人長〔宮城〕　弾薬大隊・馬廠
山口義輝千人長〔宮城〕　大架橋縦列・野戦電信隊・兵站糧食縦列・野戦病院

『東北新聞』明治二十八年三月五日に、「細谷千人長一首を寄す」と題する次の記事が掲載されている。

当第二師団軍用人夫千人長細谷直英氏が戦地より当市長遠藤庸次・助役里見良顕其他の諸氏に宛て左の一首を送り越せしと、

敵人《てきびと》に物を請《こ》ふとは何事《なにごと》ぞ
憐《あわ》れ果敢《はか》なき唐《もろこし》の民《たみ》

また明治二十八年三月二十日付の『東北新聞』には、「細谷千人長の消息」として次の記事を乗せている。

第二師団弾薬縦列付軍用人夫千人長細谷直英氏の一行は去月二十三日午後三時三十分威海衛《いかいえい》を出帆翌二十四日午後七時三十分旅順口に安着《あんちゃく》せし旨、当市長遠藤庸治氏まで通知ありしといふ。

次も、大谷正氏の『兵士と軍夫の日清戦争』から、引用する。

第二師団は第一期作戦の最後に出動した師団で、明治二十七年十月二日動員を完了し、本来遼東半島の旅順攻略に参加する予定であったが、大山巌第二軍指令官の判断で広島に留まった後、明治二十八年一月末から二月にかけて行われた威海衛攻略戦の主力となった。その後、第二期作戦、すなわち直隷《ちょくれい》決戦（陸軍は当初、華北の直隷省に攻め込む計画を立てていた）が実施されなかったので、遼東半島警備の任務に就いて凱旋帰国を待っていた。ところが台湾占領に赴いた近衛師団が住民の抵抗に遭って危機に陥ると、七月から十月にかけて、逐次台湾に向かった。台湾での過酷な戦闘を終えて凱旋したのは明治二十九年三月末で、復員の結了は六月一日であった。この結果、第二師団は第六師団と並んで、最も長く戦地に留まった師団となった。

それだけでなく、戦死一二一人、傷死二六七〇人、変死一九人の合計二八一三人は、師団単位では最大規模の被害を被った師団となった。台湾で病死を中心に多数の死者が発生したことが原因だった。しかも、二八一三人は第二師団の死者の全部ではない。なにより第二師団に属した軍夫の死亡者数が参入されていないのである。

『東北新聞』の明治二十九年五月十五日の「恩給金について」という記事は、「第二師団に従軍せし軍人軍属の戦病死者は三千九百四十五名、内軍人は二千七百八十一名、軍夫は千百六十四名なるが、（後略）」と述べる。さらに、『東北新聞』の同年四月十九日号に、「師団の威海衛に出征し台湾に事ありて以来死者の員数は軍夫とも併算して総計九千六百七十三人となりと」との記事が掲載された。大谷正氏は、日清戦争の日本側死亡者は、軍人一万三〇〇〇人強と軍夫七〇〇〇〜八〇〇〇人、合計で二万人を超えると考えるが、この記事によると総死亡者の半分弱が第二師団関係で生じたことになると記している。

第二師団招魂祭は、仙台の榴ケ岡公園において、明治二十九年五月二十日と二十一日に開催された。その二十一日は招魂祠壇と仏式法場を設けて霊牌を置き、午前十時より西本願寺法主大谷光尊が大導師となり法要が営まれた。第一次法要終了後、沼沢与三郎と細谷直英千人長の祭文朗読があり、第二次法要は東本願寺大谷光演新門跡が大導師となった法要が行われた。法要終了後、前日と同じく撃剣野試合、競馬などが行われた。（木村紀夫著『仙台藩の戊辰戦争―東北諸藩幕末戦記』）

明治二十九年六月十五日午後七時三十二分、岩手県上閉伊郡釜石町の東方沖二〇〇キロメートルの三陸沖を震源とする、マグニチュード八・二～八・五の巨大地震が起こった。その地震に伴って、遡上高（陸を駆け上がって到達した高さ）が海抜三八・二メートルを記録する大津波が発生。この「明治三陸大津波」によって、次のような甚大な被害となった。

人的被害
　死者・行方不明者合計　二万一九五九人
　　岩手県一万八一五八人、宮城県三四五二人、青森県三四三人、北海道六人
物的被害
　家屋流失　九八七八戸
　家屋全壊　一八四四戸
　船舶流失　六九三〇隻

佐藤千尋氏の「明治三陸大海嘯と細谷十太夫」（『仙台郷土研究』通巻二八八号二〇一四年六月　仙台郷土研究会所

収）には、明治二十九年六月二十八日号の『奥羽日日新聞』に掲載された「細谷直英氏は人夫百二名を率い昨日被災地に向へり」という記事を掲載し、次のとおり書いている。

倒壊家屋からの犠牲者の救出、あるいは遺体の回収という作業には多くの人手を要したが、（中略）遺体は津波により損傷が激しく、時節柄腐敗も進んでいたため、その回収作業は人夫達が最もいやがる作業であり、遺体が出たとの声で一旦人夫を集めても、監督者の隙を見て逃げてしまうといったありさまであったという。（中略）注目すべきは、階上《はしかみ》村（現気仙沼市）での十太夫の活動を伝える七月七日の『奥羽日日新聞』の記事である。このむらの元の人口は約五百人。津波によって村人の大半、四百十五人の死者を出している。記事によれば、この村に細谷は「未聞の天災であり、村人に迷惑をかけるのは忍びない」と、米、味噌、醤油などの食料を数頭の荷駄に満載した上、調理を行う炊事婦まで連れて「一隊堂々として」入ってきたという。（中略）当時の記事も「流石は戊辰烏組の細谷十太夫当年の意気猶未だ消磨《しょうま》せずと云ふべし」と、細谷の活動を称賛している。

また佐藤千尋氏は、十太夫は八月に仙台に戻っているが、八月二十一日の『奥羽日日新聞』には、十太夫が三ケ月前まで滞在していた台湾への渡航を計画していると報じている。理由は書いてないが、被災地の住人を統治したばかりの台湾に移住させ開墾作業に従事させようという意見があり、十太夫がその実現に向けて渡航を計画していたのではないだろうかと推定している。

明治三十年十月、石巻市住吉公園内に川村孫兵衛二百五十年忌に際し、「川村孫兵衛紀功碑」が篆額伊達宗基、松倉恂撰、佐佐木舜永書、石井貞輔刻により建立されている。橋本晶氏は、「建立の発起人は当時の石巻町長（平塚茂八）以下二十六名だが、その行動力や説得力、金策の才能から推せば、町長のつぎに名を連ねた細谷十太夫こそが、実質的な発起人代表ではなかったか」(「港町石巻にのこる戊辰の面影」『歴史読本』昭和四十九年五月号)と推測している。

川村孫兵衛重吉は、もと毛利氏の家臣で、関ヶ原合戦後に浪人となっていたが、近江国蒲生郡(滋賀県)で伊達政宗に召し出され、慶長六年(一六〇一)に仙台に来て金山開発・製塩・新田開発・北上川改修工事に従事したといわれる。しかし、伊達政宗に仕えた年代については、慶長二年(一五九七)の金山奉行川村孫兵衛重吉署名の「宿送り半紙」の文書が見つかっているので、慶長二年以前、文禄年間(一五九二〜九六)にさかのぼると見られている。

川村孫兵衛の北上川改修工事は、(中略)北上川・迫川・江合川の流路を整理統合して真野川に合流させ、流量を調節すること、川幅を広げ、堤防を築いて洪水を防止すること、舟運を便利にすること、灌漑用水を確保することという新田開発に関連する工事であった。そして、川村孫兵衛による北上川改修工事の結果、河口に石巻の港町が形成された。天明八年(一七八八)幕府巡見使に随行して石巻を訪れた古川古松軒は、『東遊雑記』の中で、「石巻は奥羽第一の港で、南部・仙台の産物がこの地へ出て江戸に積み、大坂に廻るので、諸国の船が多数入る繁盛している港である」と述べている。(石垣宏ほか著『石巻まるごと歴史探訪』)

写真63　川村孫兵衛紀功碑(石巻市住吉公園)

明治三十年十二月五日、仙台市躑躅《つつじ》ケ岡天神社(現天満宮)で、額兵隊星恂太郎と見国隊二関源治の建碑式が行われ、「額兵隊見国隊戦死弔魂碑」「額兵隊隊長星恂太郎顕彰碑」「見国隊隊長

写真64　額兵隊見国隊戦死弔魂碑
（仙台市宮城野区・榴岡天満宮）

二関源治之碑」が建立され、両隊戦死者の霊を慰めた。この時榎本武揚が建碑の辞を、発起人総代細谷十太夫が両隊の顛末を述べ、数千人の参列者は今昔の感に堪えず当時を追想した。（木村紀夫著『仙台藩の戊辰戦争—幕末維新人物録二八二』）

「額兵隊／見國隊　戦死弔魂碑」は、両裾に建立者の名前が刻してあり、向かって右下が「額兵隊惣代　荒井悟」であり、左下が「見國隊惣代　針生物助」である。

碑の高一丈余、幅五尺余の「星恂太郎君碑」と「二関源治君碑」とが、明治三十年八月、仙台市の榴岡天満宮の境内に建立された。発起人の配列、文字の大きさ等が建立についての関わり合いを示していると思われるので、労を厭わず記載することとする。

鳥居に向かって左側に建立されている「星恂太郎君碑」は、〔題額〕海軍中将農商務大臣正二位勲一等子爵榎本武揚、〔撰文〕仙台　大槻文彦、〔書丹〕大内青巒であり、裏面に発起人として次の五名の氏名が刻まれている。中島高については、他の四名に対して数段小さな文字で刻まれている。

写真65　星恂太郎碑（仙台市宮城野区・榴岡天満宮）

鳥居に向かって右側に建立されている「二関源治君碑」は、〔篆額〕正三位勲一等大鳥圭介、〔撰文〕仙台　永沼秀實であり、裏面に発起人として次の五名の氏名が刻まれている。また、建立の趣旨が分かるので、碑文の冒頭部分のみ、書き出しておくこととする。

発起人
細谷直英　遠藤陸郎
中島高
荒井　悟　針生惣助

発起人
針生惣助　中島　高
細谷直英　遠藤陸郎
荒井　悟

我ガ仙台藩、戊辰ノ難ニ際シ、自ラ奮ツテ出兵屈強ニ西軍ニ抗セシ者三人アリ。曰ク星恂太郎、曰ク細谷直英、曰ク二関源治。三子資性ハ異ナルト雖モ、意気慷慨ニシテ能ク義声ヲ樹ツ。則チ未ダカッテ同ジデハナイ。而ウシテ源治君、独リ北海ニ戦死。其ノ志、亦悲シムベキデアル。旧友針生惣助、中島高、細谷直英等ガ謀ニ与カリ、仙台城の東、榴岡ニ碑ヲ建テ、以テ其ノ奇節ヲ表ソウト君ト親善ニ与カル余ニ碑銘ヲ求メテ来タ。（後略）

右の石碑に刻されている細谷直英以外の発起人である、中島高（仙台警察署高等刑事）、荒井悟（額兵隊頭取）、

写真66　二関源治碑（同右）

針生惣助（衝撃隊のち見國隊）、遠藤陸郎（額兵隊指図役）の経歴について、『仙台人名大辞書』により次に記載する。

ナカジマ・タカシ【中島高】探偵。永く仙台警察署の探偵巡査を勤め、数次凶賊悪漢を捕拿して名あり、後ち高等刑事となる、明治四十四年十二月二十三日歿す、享年六十、仙台新寺小路松音寺に葬る。

アライ・サトル【荒井悟】藩士。諱は宣行、平之進と称す、明治戊辰の役、額兵隊の会計を掌りしが、藩論降伏と決するや、深く其の処置を憤り、隊長星恂太郎と共に幕士榎本武揚の軍に投じて函館に戦い、乱後津軽及び函館に於て謹慎を命ぜられ、幽囚一年にして免さる、獄中に於て額兵隊の養賢堂を脱してより降伏に至るまでの顛末を記述し、題して蝦夷錦と云い、巻中和田萬吉の実見画を挿みて山河港湾の位置及び配兵海陸戦争の模様を詳記せり、行文雅ならずと雖も当時の真相を見るに足る、其書今宮城県図書館に蔵す、平之進後名を悟と改めて大悟徹底の意を表す、晩年千歳庵一叟と号して俳道に遊び、名取郡増田に退隠して子弟に教授し、同地の郵便局長となる。明治三十九年八月二十五日歿す、享年七十七、仙台北山町秀林寺に葬る。

ハリュー・ソースケ【針生惣助】侠客。仙台の妓楼中正楼主針生庄之助の義弟、初め鴉組の隊長細谷十太夫に属し、戊辰の役榎本武揚に従って函館五稜郭に拠る、赦後仙台に帰り、侠客を以て知らる、仙台桜岡公園に杷翠館〔今の仙台公会堂日本館〕を経営し、東京以北割烹店の白眉たり、明治四十年七月十九日歿す、享年五十八、仙台新坂通大願寺に葬る。

エンドー・リクロー【遠藤陸郎】写真師。仙台藩医員遠藤如幹の弟、旧名寅吉、戊辰の役額兵隊に属し、函館に脱走す、仙台写真師の元祖、業を仙台立町通に開き、当時技術の精妙を以て称せらる、後ち台湾に移住し、大正三年五月六日台南に歿す、享年七十、遺骨を仙台新寺小路愚鈍院に葬る。

宮城県伊具郡丸森町大内にある旗巻古戦場には、明治三十三年九月九日に三十三回忌供養慰霊祭が挙行され、「鴉仙居士書」と刻した「旗巻古戦場之碑」が建立された。子母澤寛の「「からす組」あとがき」には、「十太夫自ら筆を揮って「旗巻古戦場之碑」を鴉組血戦の跡旗巻峠の頂上へ建てたのは、〈掛田の〉善兵衛の力が大いにあったということである」と書いている。

写真67　旗巻古戦場之碑
（丸森町教育委員会提供）

幻燈は、十太夫が明治二十一年六月北海道十勝国土人勧業奨励係となって北海道に渡ったとき以来の、お気に入りのアイテムであったようである。佐藤和賀子著『戊辰戦後の仙台藩〈家老〉一族』の「Ⅲ次男坂琢治の生涯」によれば、次のように書かれている。

仙台藩執政の坂英力の次男琢治（一八六〇～一九二四）は、明治三十一年三月に仙台で病院を開業している。そして琢治は、毎月十九日を例祭日として旧仙台藩の古老を招き、酒食を共にして坂英力の霊を慰めたという。琢治の長男英毅（一八九六～一九四五）の記憶では、戊辰戦争で烏組を結成した細谷十太夫（直英）が日清戦争の幻燈を見せてくれたり、横尾東作は南洋土産のほら貝を持ってきたということである。

子母澤寛の「「からす組」あとがき」の最後に、十太夫と鴉組の隊員達とのその後の交流が次のように記されている。

十太夫が少し仙台に落着いていると、いつも何処からとなくやくざの旅人がやって来て泊り込んでいる。何処の奴か、何んという名か、十太夫はそれもきかず平気でおいて置く。

寺に入ってからもよくふらふらとやって来る奴があった。これも構わない。しかし二、三日もいると黙っていても、きっと奴らが煙のように消えて行った。晩年の千賀夫人の話に、

「こちらが貧乏なのに時々大切な物など持って行かれて困りました」

とある。どうしてこんな事になるかというと、十太夫は、何んでも不自由な物があると、すぐにその男に言いつける。

「おい、酒がねえ、五升ばかり見つけて来い」「寒くなった。羽織を一枚工面して来い」「おい、下駄が割れた、一足工夫しろ」

金はないから無論遣らない。居候はこれを得るために狂奔しなくてはならないのである。

ある男などは、

「戸棚が古くなったから新しいのと取り替えろ」

と言われて、方々で借銭をしても足りず、冬が来ているというのに、遂いに自分の着物を売って、やっとこれ

を買ってから、そのまま素っ裸で逃げ出して終ったという話さえある。が、金があると、前後の見境もなく、その名前も出生も知らないような奴にどんどん呉れてやる。当時陸磐《りくばん》(陸前磐城)地方には広くこれが知れ渡っていた。

その頃掛田の善兵衛は、知られた博労《ばくろう》(家畜仲買人)になっていた。只博労というよりは五十沢に馬小屋を幾つも作って、どんどんいい馬の種付をやり、何処の馬市でもこの人が顔を出さなくてははじまらない。勿論金もうんと出来た。

この人と、須賀川在の武藤鬼市が相談して、十太夫が困っているときくと、まるで金飛脚のように運んで来ては置いて行った。

「余り纏《まとま》っては差し上げるな。あればあるで散らして終うから」

写真68　武藤利直頌徳碑
(石巻市千石町・久円寺)

そんな事をいってちびちび運ぶ。十太夫は別に有り難いような顔もせず、時にはそのまま手もつけずに千賀夫人へ渡したものである。

千賀女は生涯他人の悪口を言わず実に情ぶかい、いいお媼《ばあ》さんとして大正八年十二月二十九日七十八歳で歿した。勝華院雪庭霊梅尼大姉。

十太夫が龍雲院へ入った頃は、鬼市も善兵衛ももうこの世には居なかった。

右において子母澤寛は「須賀川在の武藤鬼市」と記しているが、少し異なるようである。阿部和夫氏執筆の「武藤鬼一利直の頌徳碑」(『仙台郷土研究』通巻二九四号二〇一七年六月　仙台郷土研究会所収)に収録されている「武藤利直頌徳碑」の碑文(原漢文)の意訳文を掲げれば、次のとおりである。

武藤利直頌徳碑

君は実名利直、幼名辰治、中年に鬼一と改めた。天保九年九月十九日、岩代國安達郡鈴平村に生まれた。亡き父の名は甚助、君はその長男である。君は幼くして大志を抱いていた。生来穏やかで落ち着きがあり、人としての道を守り、文武に励んでいた。一時憤り嘆くことがあった。諸方を尋ねて学び、天下を論じる志士たちと交誼を結んだ。慶応元年川俣陣屋支配地の取締となった。早くから弟子を集めて学芸を伝え、武道を講じ、それによって民衆の心情を振い起こした。剛直であり信念を曲げず、決断し実行することを自らに課し、非常に昔気質な男気のある人だった。戊辰戦争が起こると、細谷十太夫とともに烏組を組織し、奮迅し存分に戦い、しばしば西軍を追い詰めた。当時の人々はその決断と勇気に感服した。藩公は君を抜擢して出撃小隊長・特別士の地位を与え、その功績を賞した。明治七年、水澤縣の等外一等となりその任についた。八年、聴訟課属となったが短期間で職を辞した。九年、試験に合格して代言人等になった。二十一年、公証人となった。三十五年五月二十七日、病のため家で没した。君は天性質実であった。そして侠にして、よく業務に励み、民は心から深く信頼した。根本氏と結婚し、三男三女をもうけた。長男軍太郎君が来て、君の墓に銘文を私に求めた。私は君とは長い間義を結んできたので、文章の下手を理由に辞退することはできない。それでこの銘を作って申し述べる。

鰐山の岡　緑の樹多く鮮やか　詞を刻んで石を負う　侠名永く芳し

後学　法学士嶺八郎撰

辱知　佐藤終吉書

右の「武藤鬼一利直頌徳碑」は、石巻市の鰐山墓地移転の施策に従い、平成七年九月に石巻市千石町の久円寺の墓地に移転のため土に帰し、新たに「武藤利直霊位」と題して同文の碑文が建立されている。

大和田芳雄著「仙台の代言人」（『仙台郷土研究』通巻二二一号一九八一年一月　仙台郷土研究会所収）によれば、次のように記載されている。

代言人とは弁護士の前身であり、代言人規則により明治九年四月、全国の府県で第一回の試験が行われ、宮城県の試験では、「宮城県士族武藤利直」がこれに合格、司法省から「宮城上等裁判所、宮城裁判所ニ於テ代言差許候事」（六月一日付）の辞令を受けた。宮城県の免許代言人第一号は武藤利直である。全国の府県第一回合格者は武藤を含め三十四名であり、東北では武藤のほか置賜県士族蔵田好水、同青柳四郎の三名であった。明治十三年七月二十六日、仙台代言人組合を結成し副会長に就任した。また仙台の代言人が東北各地の代言人に呼びかけ、第一回の宮城控訴院管内代言人会を明治二十一年四月二十八日、仙台榴ケ岡の梅林亭で開いた。その時の武藤については、〔管轄裁判所名〕石巻、〔会長〕武藤利直、〔総人員〕五名とある。

明治三十四年一月一日付の『河北新報』の紙面に、「侠友倶楽部」という団体の代表として十太夫が次の新年挨拶を掲載しているが、如何なる団体かは不明のようである。

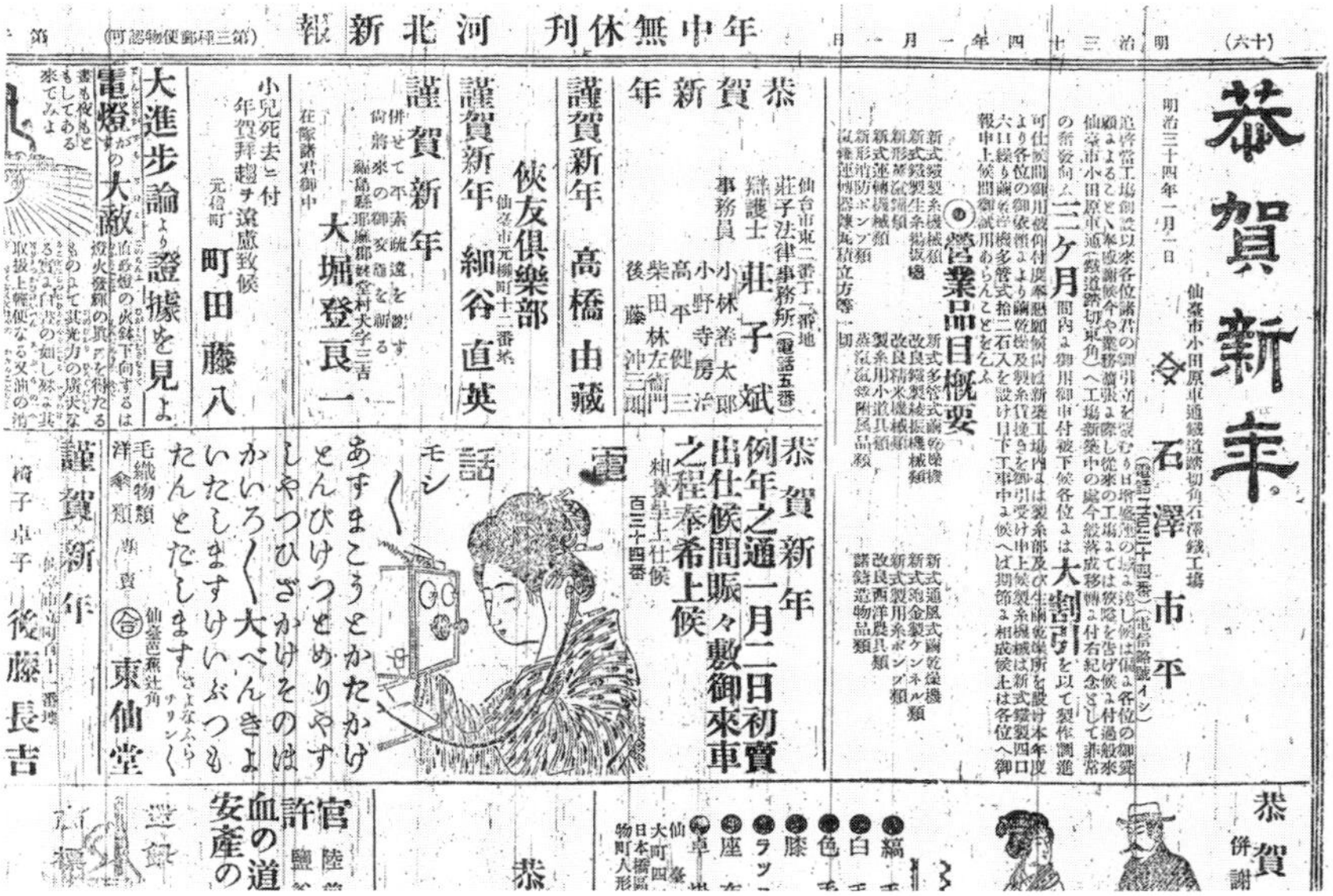

（十六）　明治三十四年一月一日　年中無休刊　河北新報　（第三種郵便物認可）　第

恭賀新年

明治三十四年一月二日

仙台市小田原車通鐵道踏切角石澤鐵工場

石澤市平

（電話二百三十四番）（電信略號イシ）

追啓當工場創設以來各位諸君の御引立を蒙むり日増盛況の域に進し候は偏に各位の御愛顧によることゝ奉感謝候今や業務擴張に際し從來の工場にては狹隘を告げ候に付過般來仙台市小田原車通（鐵道踏切東角）へ工場新築中の處今般落成移轉に付右紀念として非常の奮發向ふ三ケ月間内は御用御申付被下候各位には大割引を以て製作調進可仕候間御用被仰付度奉懇願候尚ほ新築工場内には製糸部及び生繭乾燥所を設け本年度より各位の御依賴により繭乾燥及製糸賃挽きを御引受け申上候製糸機械は新式鑵製四口六口繰り繭乾燥機多管式拾二石入を設け目下工事中に候へば期節に相成候上は各位へ御報申上候間御試用あらんことを乞ふ

◎營業品目概要

新式鑵製糸機械類
新式鑵製生糸揚返機
新形蒸氣罐類
新式運轉機械類
新形消防ポンプ類
滊罐連動器陳瓦積立方等一切
新式多管式繭乾燥機
改良鑵製綛振機械類
改良精米機械類
製糸用小道具類
蒸氣滊錢附屬品類
新式通風式繭乾燥機
新式泡金製ケンネル類
新式製用糸ポンプ類
改良西洋農具類
諸鑄造物品類

恭賀新年

仙台市東二番丁一番地
莊子法律事務所（電話五番）
辯護士　莊子斌
事務員　小林善太郎
小野寺房治
高平健三
柴田林左衛門
後藤沖三郎

謹賀新年　高橋由藏

謹賀新年　侠友倶樂部　仙台市元柳町十二番地　細谷直英

謹賀新年　併せて平素疏遠を謝す　尚將來の御交誼を希ふ　宮城縣耶麻郡姪室村大字三吉　大堀登良一　在隊諸君御中

小兒死去に付年賀拜趨ヲ遠慮致候　元信町　町田藤八

大進步論より證據を見よ

電燈すの大敵

恭賀新年　例年之通一月二日初賣出仕候間賑々敷御來車之程奉希上候

電話

モシ〳〵

あずまこうとかたかけ
とんびけつとめりやす
しやつひざかけその他
かいろ〳〵大べんきよ
いたしますけいぶつも
たんとだします
さよなら
リン〳〵

毛織物類　洋傘類　專賣　㊀　東仙堂

謹賀新年　椅子卓子　後藤長吉

官許

血の道安産の

恭賀

恭賀　併謝

写真69　謹賀新年侠友倶楽部

二十一、仏門に入り僧となる

仙台へ帰還後、一旦牡鹿郡大街道の開墾場に立帰ったが、追々年歯《ねんし》（よわい）も老境に入り、体気も何となく衰弱を覚えて来たので、寧《むし》ろ一切世間との複雑なる関係を絶ち、清浄無為の浄界に入り、徐《しず》かに余生を送らんとの菩提心を起し、その頃仙台石名坂大安寺の住職たりし白鳥励芳《しらとりれいほう》和尚の紹介にて、当時学徳の令聞（良い評判）高かりし西有穆山《にしありぼくざん》禅師に師事せんと欲し、横浜なる西有寺《さいゆうじ》に詣り禅師に謁して其得度を受け、其名も鴉仙《あせん》と改め、更に度牒《どちょう》（僧尼や道士になった者に政府から与える免許証）を得んが為めに東京世田ケ谷の豪福寺（豪徳寺の誤りと思われる）に入り、専ら僧律を修行し業了《お》えて仙台に帰り、北山輪王寺住職福定無外《ふくさだむがい》和尚の取計いにて、自ら望んで同寺の末寺北八番丁の春堂山《しゅんたいさん》龍雲院〔曹洞宗〕の住職となった。

彼が同寺の住職となったのは年来追慕して居った仙台の偉人海防の先見者たる六無斎林子平先生の菩提寺であるが為めである。

尾崎秀樹氏の「鴉仙居士の足どり」（『子母澤寛全集』月報第八号）に、十太夫が中心になって建立した日清戦争の弔魂碑について記されている。

日清戦争に千人長として従軍した十太夫は、戦後仙台の桜ケ岡〔現在の西公園、消防殉難者碑のあるあたり〕に、一丈余の弔魂碑を建てた。三府三十八県、北海道とあわせて二千百十七人の合葬碑である。彼が率いたのは、

写真70　西有寺（横浜市中区太平町）

「輜重《しちょう》輸卒が兵隊ならば、チョウチョ・トンボも鳥のうち」といわれた輸卒隊であり、各地の親分衆の骨折りで隊が編制された。大日本国粋会のボス的存在となった梅津勘兵衛もそのメンバーだったという。近衛師団に従って台湾にも渡っているが、戦死ばかりでなく戦病死する者も多く、供養碑建立を思いたったのであろう。

しかし竣工後まもなく、嵐のため傍《かたわら》の巨木が倒れかかり、碑は壊れてしまった。このことで悟るところがあった十太夫は仏門に入り、直英和尚鴉仙居士と名のって龍雲院の住職となった。

大谷正氏の『兵士と軍夫の日清戦争』によれば、「桜岡公園の碑〔征清紀念碑〕は明治三五年の暴風で倒れ現存しない。」と記し、弔魂碑が倒壊したのは明治三十五年としている。

右の十太夫は、「西有穆山禅師に師事せんと欲し、横浜なる西有寺に詣り禅師に謁してその得度を受け」とあることを手掛かりに、吉田隆悦著『幕末・明治の名僧西有穆山禅師』の「年譜」を見れば、次のように記載されている。

明治三十三年　明治三十三年横浜市太平町に西有寺を創建す、穆山師開山、太田治
一九〇〇　兵衛氏〔太田倉庫社長〕開基なり、万徳寺の末寺とす、同年三月二
　八十歳　十五日入寺式挙行
明治三十四年　明治三十四年三月十九日、一宗の公選により、大本山総持寺（能登）
一九〇一　貫首となる
　八十一歳
明治三十六年　六月十八日、大本山総持寺移転先を横浜市鶴見と内定せしむ
一九〇三
　八十三歳
明治三十八年　二月十五日、大本山総持寺移転再興を監院石川素童師に嘱して西有
一九〇五　寺に隠退す
　八十五歳

したがって、十太夫が西有穆山禅師に得度を受けたのは、明治三十三年三月から同三十四年三月までの間となるが、明治三十五年であれば西有穆山禅師は既に能登の総持寺の貫首になっているから、禅師が能登と横浜の間の往復の際に得度を受けたのであろうか。

西有穆山禅師について、『仙台人名大辞書』と吉田隆悦著『幕末・明治の名僧西有穆山禅師』に基づき、次に略記する。

西有穆山は、文政四年（一八二一）青森県八戸市湊町本町、笹本長次郎長男として誕生。天保四年（一八三三）長

龍寺において得度し金英と名乗る。天保十年（一八三九）仙台新寺小路松音寺悦音に随身すること三年、さらに江戸駒込吉祥寺、浅草木然寺、牛込鳳林寺に学び、加賀国大乗寺の結制に出会し、ついで湘南の海蔵寺月潭に参じ、月潭門下の尤物《ゆうぶつ》（すぐれている人）と称せらる。爾後上州龍海院、駿州如来寺、相州英潮寺、江戸宗参寺、甲州福昌寺に住し、護法用心集・山陰閑話の著あり。明治四年（一八七二）上州鳳林寺に転住し、大教院議員に選ばれ、永平総持両本山代理を命ぜらるとある。

また、江戸の宗参寺の住職のとき、彰義隊に参加した檀家の室賀甲斐守が追われて宗参寺に逃げ込んで来た。官軍二百余人来りて宗参寺を包囲し、代表七名寺内に侵入し室賀の引渡しを要求した。穆山は、「居らぬものは渡すわけにはいかぬから、衲《のう》（僧侶の自称）の生首を渡そう」と言った。この事件が縁となって西郷隆盛が西有穆山を知ることとなり、しばしば会見したという。

十太夫は、「明治三十五年十二月二十五日、寄贈者細谷直英君」と朱書きされた蔵書を当時の石巻尋常高等小学校に寄贈している。これは、十太夫の俗世における身辺整理の一環であったと思われる。

『石巻市図書館和漢古書目録』（平成十九年発行）によれば、後に石巻尋常高等小学校附属図書館は石巻町立石巻図書館となることにより、その寄贈された和漢書は石巻市図書館に継承されている。調査の結果、和書三十四点、漢籍九点が確認されている。和書は農業書が多く、それは大街道開拓に際し農業の知識を学んだものと思われる。漢籍については詩の本が多い。

堤防溝洫志　五巻　佐藤信有著　佐藤信淵校　写本　五冊

英国農業篇　十一巻　岡田好樹譯　刊本　明治十一年　勧農局

凶荒誌　梅森三郎著　活版　明治二十六年　東京　有鄰堂

耕作必用　二巻　（米）ボンネル原著　小倉勝全・小倉周蔵譯　大郷穆校　刊本　明治九年　敢為堂
斯氏農書　三十二巻（巻之一―一〇、一四―一七、二二缺）　岡田好樹譯　長川信吾校　刊本　明治八年　内務
　省勧農寮　十七冊
西洋開拓新説　二巻　（英）ラウドン著　スチーブンス補　緒方正譯　刊本　明治三年　東京　時中斎　一冊
草木六部耕種法　二十巻序目一巻　佐藤信淵著　写本　十六冊
田畯年中行事　二巻　佐藤信淵著　写本　二冊
農業三事　二巻　津田仙著　刊本　明治七年　大阪　前川善兵衛・東京　青山清吉　二冊
培養秘録　五巻　佐藤信季口授　佐藤信淵筆記　刊本　明治六年　織田完之　四冊
西洋果樹栽培法　刊本　明治六年　開拓使蔵版　一冊
葡萄培養法　二巻続篇二巻　小澤善平編　十文字信介校閲　刊本　明治十二年　（続篇）明治十三年　東京
　撰種園小澤善平　四冊
桑樹論　和賀平市郎著　松永伍作校閲　活版　明治二十六年　志田郡數玉村　尊農園　一冊
牛病新書　三巻　（蘭）布魯巴紐満原著　柏原学而譯　刊本　明治七年　東京　英蘭堂島村利助　三冊
宮城縣漁具圖解　宮城縣農商課編　活版　明治二十一年　石巻　山口徳之助　一冊
平かな片カナいろは字原考　森立之著　刊本　明治七年　東京　森立之　一冊
晩香亭詩鈔　（清）蔡邦撰　石印本　光緒十八年　天津　四冊
新増唐賢絶句三體詩法　二十巻　（宋）周弼撰　（元）釋圓至注　（日）後藤機點　刊本　安政三年　江戸　山城
　屋佐兵衛等　三冊

然るに同寺はもと前輪王寺住持久山光天《きょうざんこうてん》和尚が老後の隠居寺として開基したところで、檀下とても僅か

写真71　龍雲院（仙台市青葉区子平町）

に二・三名あるに過ぎず、而かも其二・三名の檀下も皆仙台藩士であるところから、維新後は何れも零落困窮して同寺維持の道を失い、今は殆ど廃寺に等しく本堂も庫裡も荒れ果てて、子平先生の墓所の如きも草莱《そうらい》（草の茂った荒れ地）の裡《うち》に没して其所在さえ殆ど不明に帰するばかりであったが、明治九年畏《かしこ》くも、明治大帝東北御巡幸の砌《みぎ》り、子平先生の功績を御追懐《ついかい》（過去の事を思い出す）あそばされ、忝《かたじけな》くも祭祀料を御下賜あらせられし上に、御贈位の御沙汰まであり、これによって当時の内務卿伊藤博文は墓側《わき》に一大豊碑を樹てたので、始めて此の偉人の墓所の存在が一般に知らるるに至った程のことで、それまでは本堂も庫裡も殆ど有るか無きかの俤《おもかげ》（弟は兄に似ているので、人と弟とを合わせて似姿の意）ばかり淋し気に荊棘《けいきょく》（いばら）の間に残存して居たのであった。

『仙台人名大辞書』で「コーテン【光天】」を引くと、次のように記載されている。

コーテン【光天】僧。久山と号す、羽州米沢の人、俗姓佐々木氏、慶長二年六月十三日、祥屋和尚の法灯を嗣ぎて曹洞宗金剛寶山輪王寺〔当時岩出山にあり〕第九世となる、同七年寺を仙台北山町に移すと共に退隠、同十一年〔一本同六年に作る〕同北八番丁に龍雲院〔林子平の墓所〕同新寺小路に清涼山西福寺を創建して其開山となり、同十二年四月示寂す。

右によれば、創建は慶長十一年あるいは同六年とあり、寺院の歴史は思いのほか古く、おそらく輪王寺の余光によって維持されていたのであろうと思われる。

同じく『仙台人名大辞書』により、「リューウンインノアマ【龍雲院の尼】」を引くと次のように書かれており、明治維新後から明治二十年頃までの荒廃した龍雲院の状況を伝えている。

写真72　飯沼明心墓碑（龍雲院）

リューウンインノアマ【龍雲院の尼】尼僧。尾張名古屋の産なりと云えど其の姓名を詳にせず、明治維新後仙台に来りて北八番丁龍雲院に住す、当時同寺は無住にて伽藍堂宇もなく僅に九尺四方許りの廃屋あるのみ、尼こここに起臥《きが》して七十余の老躯を厭わず、毎日紅蓮煎餅《こうれんせんべい》油揚などを市中に売り、僅少の利潤を得て香華を林子平の墓前に供し、其の冥福を祈ること多年一日も渝《かわ》らず、明治二十年頃同寺に往生したりと云う、同院本堂裏にある飯沼明心禅女、明治二十年四月二十七日、行年八十二とある小石碑は蓋し尼埋骨の所なり。

右の飯沼明心の石碑は、現在、龍雲院の歴代住職の墓所内に大切に弔われている。そして「世代碑」墓碑銘の裏面に次のとおり刻まれている。

無底聖迎上座
石山道雲禅士　明治十二年七月十三日　　行年七十八才
明心禅女　明治二十年四月二十七日　飯沼明心　行年八十二才

右によれば、飯沼明心より以前に、石山道雲という先住者が居たことになる。

『河北新報』平成三十一年四月七日付の「〈奥羽の義〉番外編・列藩同盟群像①多くの伝説、型破りな生涯」に記載する細谷十太夫によれば、「一九〇三年　仏門に入り龍雲院住職」とあることから、十太夫が龍雲院住職になったのは明治三十六年ということになる。

子母澤寛の「「からす組」あとがき」に、十太夫の龍雲院入山の模様が次のように書かれている。

破れ法衣で十六になるおかねという綺麗な妾の手をひいて微酔の頬で飄々乎として入山した。おかねは、豆腐屋の娘でふっくりとした色白の素直な子であったという。

十太夫歿後のその人を知る事は出来なかったが、故老に語りつたえられるその印象から何にかしら幸福な生涯を送ったような気がされる。

右の件について尾崎秀樹の「鴉仙居士の足どり」には、次のように記している。

なにしろ十六になるおかねというお妾さんの手をひいて入山したそうだから、十太夫の女好きもきわまったというほかない。豆腐屋の娘らしく、色が白かったというのも御愛嬌だ。

どんな所でも女の匂いがするところが、十太夫の特徴と言えるだろう。

筆者は、十太夫が林子平の菩提寺である龍雲院の住職になったことについては、度々登場している真田喜平太が関係しているのではないかと考えている。真田喜平太の母の林喜曽は、仙台藩士の林珍平友道の長女である。したがって林子平は、喜平太の外祖父である林珍平の伯父に当たっている。喜平太は維新後に石巻に移住し、明治二十年に六十四歳で死去しているが、大街道開墾場に関係していた十太夫が、度々御機嫌伺いに参上していたと伝えられている。そして喜平太から、林家の菩提寺である龍雲院の荒廃が気掛かりであることを聞かされていたのだと思われる。

写真73　松倉恂写真
（『戊辰戦争一五〇年』より）

明治三十七年五月五日付の『奥羽新聞』に、次のような黒枠広告が掲載されている。

父松倉恂　永々病気之處薬用不相叶五月三日午前一時永眠致候ニ付此段生前辱知諸君ニ御報告申上候
追而埋葬ノ儀ハ来ル五日午後二時自宅出棺北山永昌寺ニ佛葬相營申候

石巻市図書館長を勤められた橋本晶氏によれば、「明治三十九年五月の松倉恂の葬儀に際し、参列者に大きな感銘を与えたものは、細谷十太夫の弔辞であったという」（「港町石巻にのこる戊辰の面影」『歴史読本』昭和四十九年五月号所収）と記されている。

次に、『仙台人名大辞書』により松倉恂の経歴について記すこととする。

マックラ・ジュン【松倉恂】良吏。通称台輔また良助、後ち名を亘と賜う、晩香また文潭と号す、或は九鳥村舎主人と号す、父三右衛門町奉行を勤め、能吏の称あり、恂慶邦公に仕え、小姓より累進して公儀使出入司となり、一藩の財政を左右し頗る輿望《よぼう》（世間の人気）を博す、戊辰乱後、愛媛、岩手各県に出仕し、農桑（農業と養蚕）を勧めて功あり、又仙台区長〔奏任官待遇〕に任じ、従七位に叙せらる、老後伊達伯の家令となる、恂才識抜群変に応じて事に処し、大事前に横わるも毅然として動ぜず、致仕の後ち九鳥村舎を営み、風月に優遊して情を詩酒に遣り、復世事に関せず、明治三十七年五月二日歿す、享年七十八、仙台新坂通永昌寺に葬る。

山田野理夫著『奥羽の幕末』に、細谷十太夫の「死体解剖願」が収録されているので、次にそのまま掲載する。

死体解剖願

私儀死体御校に於て解剖の上遺骨医学研究の為御校に御備付相成候様致度　私身体の内左手大貫節銃創及右のカカトに銃創の打撲あり上部に疵は無之も折々痛事有之候且壮年より過度の労働も致候得共躰格も壮健の方なり聊か医学上の研究にも相成事と相考へ友人間にも医員も有之医学研究のため解剖為致候事に内約致置候処夫等皆死亡致候仍て更に御校に出願御採用相成度生前自書認め置候間此段奉願上候也

明治三十七年七月十二日認め

仙台市東三番丁九十番地の内寄留

牡鹿郡石巻町字大街道十六番地

宮城県士族

細谷直英

天保拾壱年九月九日生

仙台医学専門学校長

この願書をしたためて三年ののちの四十年に十太夫直英は亡くなっています。この願書のあることを私（山田野理夫）に教えてくれたのは菊地武一氏ですが、うまい書体では無いそうです。この宛名の書式などに十太夫の気骨が現れています。十太夫の願いは遺族の希望でむなしくおわったものです。

十太夫の鴉仙和尚は住職となってからますます子平先生の功績を偲ぶの余り如何にもして同寺の回復を計らんものと夙夜《しゃくや》（朝晩）苦心を重ね、博く世上の同情喜捨を得んとして奔走盡力しつつあったが、年来の放縦《ほうじゅう》生活から俄かに端粛《たんしゅく》（正しく厳かなこと）なる仏道に入った激変かや体力頓《とみ》に衰弱を来し、遂に病床の間に暫らく静養に務めたけれども、天、命《めい》を仮《か》さず、明治四十年五月六日六十八歳を以て遠く黄泉《こうせん》に

向って旅立ったのであった。因て親戚故旧《こきゅう》（古い馴染み）より集まり厳《おごそか》に法要を営み、遺骸を同寺境内に埋葬した。法号「当山八世中興鴉仙直英和尚」。

十太夫の辞世の句は次のとおりであり、「細谷地蔵」の背中の部分に刻まれている。

宵越しの銭ももたずに眠りけり　鴉仙

明治四十年五月十日付の『河北新報』に、次の「故細谷直英師」の写真と黒枠広告が掲載されている。

故細谷直英　葬儀の節は遠路
御会葬被成下難
有奉存候混雑の砌尊名伺洩も可有之候
に付乍略儀紙上にて御禮申述候
嫡男　細谷十太郎
嫡孫　細谷英郎

大正五年、細谷鴉仙翁の十回忌に龍雲院の境内に、十太夫の姿の座像「細谷地蔵」が、発起人助川軍平、千葉文五郎、亀井久六、安積利蔵によって建立された。その台石に刻された友部伸吉の撰文の「細谷鴉仙君墓碑銘」について、『増補六無斎全書』に掲載の伊勢斎助による読み下し文を次に掲げることとする。

細谷鴉仙君墓碑銘

友部伸吉

君諱ハ直英通称十太夫鴉仙ト号ス、其先伊達郡細谷村ニ住シ、藩祖公ニ随テ仙台ニ移リ世々大番士タリ禄五十石ヲ食ム、考諱ハ十吉母ハ和田氏君幼ニシテ父ヲ喪ヒ、母亦大帰シ、零丁孤苦艱楚《かんそ》備ニ嘗ム性《こころ》豪放胆気人ヲ圧ス、剣槍弓銃ヲ善クシ尤モ撫御ノ術ニ長ス、嘗テ郡村普請方役人タルヤ私財ヲ散シ酒食ヲ人夫ニ与ヘテ之ヲ励ス、故ニ皆喜テ業ニ服シ、功程毎ニ他ニ倍ス、戊辰ノ春命ヲ受ケテ常野ヲ視察ス、既ニシテ藩論西軍ト

写真74　故細谷直英師写真

戦フニ決ス、君信達二郡剽悍ノ荘丁ヲ集メ衝撃隊ト号ス、腰ニ太刀ヲ帯ビ小銃ヲ携ヘズ服装皆黒ヲ用ユ、世呼テ鴉組ト云フ、戦フ毎ニ刀ヲ揮《ふるつ》テ突撃ス、敵辟易セザルナシ三十余戦皆克ツ、功ヲ以テ小姓組頭ニ進ミ禄二百石ヲ加ヘ、楽山公名ヲ武一郎ト賜ヒ和歌一首ヲ添ヘラル

　これこそは大和魂武
　士のたたかふ事にい
　さを見えける

闔藩之ヲ榮トス、匸《けい》幾藩

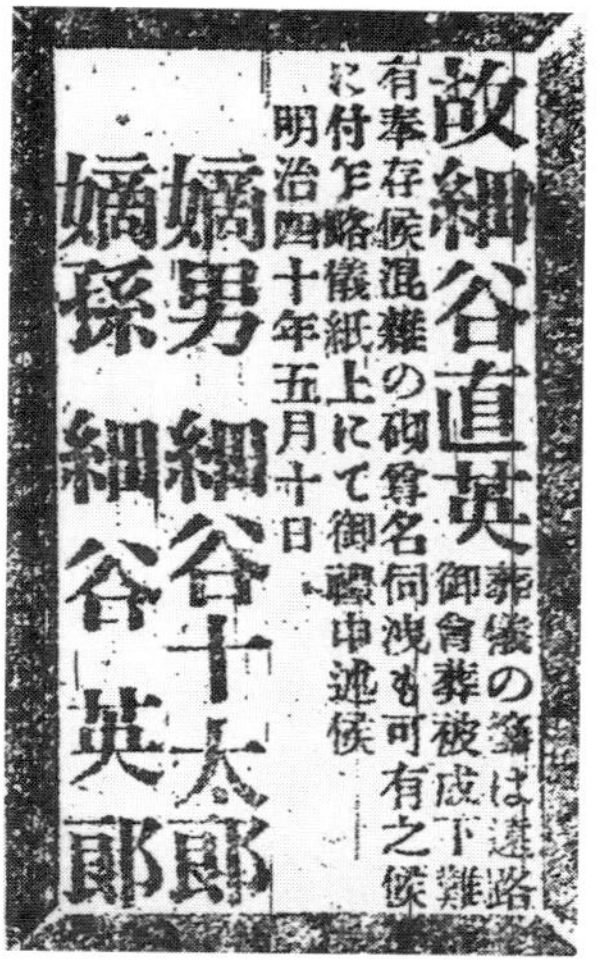

写真75　故細谷直英黒枠広告

論帰順ニ決シ脱走兵鎮撫ヲ命セラレ、而シテ榎本武揚軍艦ヲ率テ寒風沢ニ寄港スルヤ、榎本及ビ大鳥圭介春日左衛門等ニ面シテ、仙台領内ニ於テ西軍ト干戈《かんか》ヲ交ユルノ非ナルコトヲ痛論シテ引退セシム、明治二年日高国沙流郡仙台藩開墾場司長ヲ命セラレ、北海道ニ赴ク五年開拓使権少主典ニ任ス、六年磐前県ニ奉職ス、十年西南役起ル君踊躍《ようやく》シテ曰ク、報復ノ時機至レリト郷党ノ子弟ヲ率イテ召募巡査隊長トナル、尋テ陸軍少尉ニ任ジ、警部ヲ兼ネ各地ニ転戦シテ驍名《ぎょうめい》アリ、肥後国矢筈ニ於テ負傷ス、乱平キ後功ヲ以テ勲六等ニ叙シ、旭日章及ビ金若干を賜フ、十二年宮城県五等属ニ任シ、十三年牡鹿郡門脇村士族開墾場長ヲ命セラル、十四年　龍駕北巡左大臣熾仁親王勅ヲ奉シテ場ニ臨ミ酒肴料ヲ賜フ、二十二年十勝国旧土人勧業奨励ヲ嘱託セラレ、北海全道ヲ漫遊ス、二十七年王師清国ヲ征ス謂ヘラク、是レ丈夫国ニ報スルノ秋ナリト、軍夫ノ千人長ヲ以テ満州台湾各地ニ服務シ、功労頗ル多シ役了リテ郷ニ帰リ、部下陣亡者ノ為メニ丈余ノ弔魂碑ヲ桜ケ岡西公園ニ建ツ、一日暴風大樹ヲ仆《たお》シ碑為ニ粉砕ス乃《すなわ》チ豁然《かつぜん》トシテ覚ル所アリ、西有穆山禅師ニ従テ僧トナリ、精苦衆ニ超ユ、後仙台龍雲院ニ住ス、寺ハ林子平埋骨ノ処荒廃年久シ、慨然再建ノ志アリ未果サズシテ歿ス、実ニ四十年五月六日ナリ享年六十八、柴田氏ヲ娶リ三男一女アリ、長十太郎家ヲ承ク、次夭シ、次辰三出テ小杉氏ヲ嗣ク、女小野直行ニ嫁ク、君嘗テ地蔵菩薩ノ石像建立スルノ志アリ、今茲其十回忌辰ニ値フ諸友ト謀リ、此像ヲ造テ其墓門ニ建ツ、蓋君ノ志ヲ成スナリ銘ニ曰ク、銃剣報国、北伐南征、惟忠惟義、不顧死生、晩年帰仏、龍雲是塋《えい》、何憂寂寞《せきばく》、居隣子平、
大正五年五月六日仙台伊達松園書、発起人助川軍平、千葉文五郎、亀井久六、安積利蔵、石巻井内亀井石材店製作

写真76　当山八世中興鴉仙直英和尚墓碑（龍雲院）

写真77　細谷地蔵（同右）

昭和三年二月、戊辰六十年忌を祈念して、龍雲院の境内に高一丈余、幅五尺余の「細谷鴉仙和尚遺徳碑」が建立された。〔篆額〕正四位男爵伊達宗経「回首神仙」、〔撰文〕仙台処士篁州今泉彪、〔書〕五橋佐藤順、〔発起人〕丹野清、河合文應、〔後援者〕安藤譲治、星恂一郎

伊達宗経（一八七〇～一九三六）は、父の伊達宗敦（伊達宗城の五男）が明治四十年一月六日に年六十で逝去されており、その跡を継承した宗敦の長男である。

江北散士編『烏組隊長細谷十太夫』（昭和六年発行）は、〔附記〕として、次のとおり記載している。

〔附記〕十太夫慶応元年柴田氏を娶りて三男一女を挙ぐ。長男十太郎（六十八歳）今南洋蘭領ニューギニア・マノクワリにあり、次男胞次郎（二十五歳亡）、三男辰三（六十四歳）小杉家を継ぐ休職海軍少佐、長女なほ（七十歳）亡小野直行《ちょくこう》に嫁し仙台市東二番丁に住す。

写真78　細谷鴉仙和尚遺徳碑（同右）

右のうち次男胞次郎については、石巻市役所発行の『功績録』によれば、「次男胞次郎、旧藩額兵隊星恂太郎の養子となりしが早世し」と記載されており、『烏組隊長細谷十太夫』に「二十五歳亡」とあることから、慶応元年生れで、明治二十二年（一八八九）頃に死去したものと見られる。

橋本進氏の「旧幕府艦隊の蝦夷地渡航を援けた仙台藩士細谷十太夫」に基づき、小杉辰三と龍雲院の復興について記すこととする。

【小杉辰三と神戸製鋼所】

小杉辰三は仙台藩士細谷十太夫の三男として明治元年（一八六八）二月十九日仙台で生まれた。三歳のとき小杉雅三の養子となり、長男として入籍した。

明治二十二年（一八八九）四月海軍兵学校（十五期）を卒業、同期に広瀬武夫や岡田敬介がいた。

辰三は明治二十五年（一八九二）東京麻布の山田昌邦の長女光（光子）と結婚したが子に恵まれなかった。

明治三十六年（一九〇三）海軍少技監（海軍造兵少佐）として呉工廠に勤務し製鋼事業に携わっていた。その頃、鈴木商店の小林清一郎に会い、将来躍進が期待される鉄鋼業の経営に乗り出すよう説得、辰三は企業計画が出来上がると呉工廠を退官してイギリスに渡りビッカース製鋼会社において一年余の研究実習に従事した。

翌三十七年暮れに帰国、小林製鋼所を設立して所長に就任し、工場は神戸東端の脇浜に建設した。

小林清一郎は製鋼業が容易な仕事ではなく、多年の技術訓練と巨額の資本を必要とすることを悟り、ついに操業一か月足らずで工場を身売りする決心をした。鈴木商店は多額の融資をしていることもあってこれを引き受け、神戸製鋼所と改称して明治三十八年(一九〇五)九月一日に新発足した。辰三は初代技師長として迎えられたが所長田宮嘉右衛門と意見が合わず翌三十九年に辞職した。

小杉辰三は発足後わずか一年で退所することになったが、彼の残した技術は神戸製鋼所の今日に至る基礎をなすものとして高く評価されている。

辰三の妻光は明治四十二年五月大連で病没した。

その三か月後に小杉雅三も死去した。


【龍雲院の復興】

小杉雅三の没後、辰三は亡父細谷直英が復興に尽力していた林子平の墓所のある龍雲院へ匿名で二万円を寄付した。このことについて、大正七年(一九一八)十一月七日付の河北新報は次のように報じている。

(見出し)匿名で金二萬圓
林子平の龍雲院へ寄附
實は鴉仙入道の遺志で
目下本堂庫裡の新築中

千古の偉傑林子平の墓所として余に貧弱な龍雲院の境内に一月許り以前から頻りに手斧の音が響きわたり狭い堂宇の前には木材類が山積され十余名の大工の姿が現るるようになった。(略)而してその新築費用一切は或る亡者の寄進だと伝えらるるのみで、堂宇も大工も判然と解らずに居る。(略)記者は更に一入の感興を以て自

写真79　大雄寺の小杉辰三墓碑
（東京都台東区谷中）

写真80　当院中興開基／小杉辰三之墓
（龍雲院）

ら亡者と称する此の奇特家の探索を始め、漸くこれだけの事実を突き止めた。それは境内左側に地蔵として「宵越しの銭も持たずに眠りけり」なる辞世の句を背に刻んで祭られてある戊辰役の猛士晩年の鴉仙入道細谷十太夫の三男小杉辰三なる人が亡父の遺志を継いでの寄進と解った。

（略）辰三氏寄進の二萬金は立派に或る株券で某氏に渡れてあるがそれが株式の騰貴で二萬金を超過しているとは益々面白い。

辰三氏は三歳の時、烏組の隊長たる猛士十太夫の手から小杉家に呉れられた人で（中略）、亡父鴉仙翁が龍雲院の荒廃を慨して再建を志して未だ果たさざるに逝いたその遺志を承けての寄進と解った。鴉仙翁の未亡人が今回の辰三氏の挙について、亡夫が存命ならどんなに悦ぶ事だろうと追懐したという話もある。

亡父細谷直英の遺志を継いだ龍雲院の再建は大正八年四月に完成した。

昭和八年(一九三三)三月二十六日、辰三は六十五歳で波乱の人生を閉じた。法名は徳光院殿瑞巖昇龍居士、大雄寺の墓所に妻光とともに葬られている。

龍雲院では、改めて小杉辰三氏の偉業に感謝し、父「当山八世中興鴉仙直英和尚」の墓の左隣に、「当山中興開基／小杉辰三之墓」を建立して祀っている。

長男十太郎については、山本晃氏の「ニューギニヤ邦人開拓の先駆者細谷十太郎翁の事ども」(『仙台郷土研究』通巻一三七号一九四二・四　仙台郷土研究会所収)により、次に略記する。

十太郎翁は鴉仙和尚の長男として、文久二年に仙台に生れた。駒場の農林学校(現在の農大の前身)に学んだ。卒業後北海道庁開拓使に奉職して北地開拓に専心したが、幾許もなくして日清戦争が勃発し、台湾が我が領土となるや、翁は妻子を伴って渡台し、軍の嘱託となって活躍した。やがて厦門《あもい》(福建省同安県にある島の名)に渡ったが、一日翁は深く決心する所あって、「一寸、一二週間旅行して来る」と夫人に告げたまま飄然新嘉坡《しんがぽーる》へ赴いた。そして遂に夫人なみさんの許へ帰らざること幾年、夫人は嬰児を抱えて夫君の帰りを待ったが、何年経過しても帰っては来られなかった。その内に日露戦争が起った。夫人は最後の引揚船で母国に帰還した。

翁は初め新嘉坡に赴いて視察した結果、ゴム園が有望であることを知ったので、イギリス政庁へ土地租借の許可を出願したが、イギリス人は日本人にはナカナカ許可を与えない。翁は座り込み戦術に出て、三日間新嘉坡政庁に飯も食わずに座り込んだ。イギリスの役人も遂に閉口して特別にこれを許して呉れた。これが実に邦人が英領マレーで土地租借を獲得した嚆矢だったのである。親譲りの豪放磊落、金銭に淡泊な翁は、事業人として成功する筈はなく、悪い時には悪いことが重なるもので、当時黒水病といった猛烈なマラリアに罹った。

幸にして九死に一生を得たが、翁は茲に於いて深く考えざるを得なかった。こんな悪疫のある土地に愚図々々しているよりは、南洋は広いのだ。モット適当な土地があるに違いない、と新嘉坡に身限りをつけた翁は、スマトラ、ボルネオ、セレベス等の島々に転々足跡を印し、その間あるいは金鉱山の書記に雇われた事などもあり、セレベスのマカッサルからメナドへ、更にタルナテからニューギニヤへ渡った。

ニューギニヤは、当時殆んど無人島といってよい処である上に、気候がもことによく、此処ならば日本人の発展に申し分のないところだ。「ヨシ、俺は此処でガン張って、日本人の来るのを待とう」と考えた翁は、此処にドッシリと腰を落ちつけた。

赤褌に太刀を携え、輿を土人（現地人）に担がせて往来する翁の颯爽たる英姿は、宛然《えんぜん》（あたかも）王様のようであったということである。翁は土人（現地人）の栽培していた野生棉《わた》のカラボニカに着目してこれを始め、相当の成績を挙げた。明治四十五年には二十人の邦人移民が始めてやって来た。翁はこれ等の人々を指揮して棉花の栽培に努力したが、何せよマノクワリに運搬する方法が甚だ困難で、遂に折角翁が租借した三百町歩の土地は借金の為に持ち切れなくなった。斯くて翁のこの記念すべきニューギニヤ邦人最初の租借地は南洋貿易会社に肩替わりされ、更に南洋興発会社に継承されてしまった。

昭和七年六月、翁は三十九年振りで故国の土を踏んだ。翁の夫人はそれより七年前帰らざる夫君の俤を夢に見つつ逝った。翁は夫人に別れてから三十八年、ニューギニヤに滞留すること二十五年であった。当時の諸新聞は、翁や、翁を囲む家庭の写真を掲げ、『朗かに「父帰る」』、『二十七年ぶり細谷帰るーニューギニヤから』、『新版「父帰る」―親と子、三十余年振りの対面、ニューギニヤ帰りの細谷十太郎翁』などの大見出しで大々的に報道した。

翁は当時日本の朝野が、北大陸にのみ心を奪われて南方に何等関心を持たぬのに慨歎、八方奔走遊説に努めた結果、時の拓相永井氏、内ケ崎代議士等は翁の体験談に共鳴して後援会が設けられ、翁は再挙してニューギニヤに渡り大に事をなさんとしたが、天はこの快男児に寿齢を籍《か》さず、翌昭和八年一月二十一日発病、急性肺炎のため遂に二十六日午後四時忽焉《こつえん》（突然）として逝去された。葬儀は二十八日芝青松寺で執行され、永井拓相その他朝野の名士多数の会葬があり、盛儀を極めたが遺言により本葬は三十日午後二時から菩提寺龍雲院で行われた。

細谷十太郎
- 長女　向井英子　四四歳（四谷区麹町一一ノ一三細谷歯科医院）
- 長男　細谷英郎　三八歳（上海の三井洋行勤務）
- 次女　細谷貞枝　三三歳（静岡県三島市）
- 次男　細谷辰雄　三〇歳（松竹キネマ勤務）

昭和九年六月に、岡谷繁実著『名将言行録』を手本にしたと思われる『近世名将言行録』全四巻のうちの第一巻が近世名将言行録刊行会編纂（代表者小川多一郎）、吉川弘文館発行で出版された。この第一巻の内容は、戊辰から西南の役までの烈士五十二名の逸話の集大成である。その五十二名の内訳は、①薩摩十六名、②幕臣十名、③長州八名、④熊本四名、④会津四名（含む白虎隊）、⑥土佐三名、⑦長岡二名、⑦仙台二名、⑨佐賀一名、⑨日向飫肥一名、⑨柳河一名であり、仙台の二名は「星恂太郎　附　細谷十太夫」として八ページにわたり二人の事績が記載されている。

昭和十年四月一日、石巻市役所発行の『功績録』の「緒言」に、石巻市長の石母田正輔は次のように記している。

本市は昭和八年四月一日を以て県下第二の都市として市制を施行せられたり。（中略）本市の今日ある真に先

覚諸氏に負う所頗る多きを信ず。市政施行祝賀の式典を挙行するに当り、其の功績を顕彰して報徳の微衷《びちゅう》を披瀝する所以《ゆえん》のもの蓋《けだ》し茲《ここ》に存するなり。（後略）

そして『功績録』の「凡例」に、次のとおり、その選出経緯を明らかにしている。

一、昭和八年八月五日本市市制施行記念式典挙行に際し、市当局は故人たると現存者たるとを問わず、地方に於ける自治功労者表彰の美挙あり、維新前後より今日に至る本市の発達変遷に通暁《つうぎょう》せる故老の参集を乞いて諮り、或は前〔又は元〕町会議員、区長等に問い、其の当該者の申出を求め審《つまびらか》に其の事蹟を調査して三十名を表彰せらる。

附録の「地方功労者表彰式の記」によれば、市制施行祝賀の式典は、八月五日午後三時より、住吉公園広場において挙行されたとあり、「当日此の光栄に浴した故人の遺族と現存の方々の芳名を左に掲ぐ」として、次のように記載している。

故細谷直英殿　　遺族　　仙台市東二番町　　小野なほ殿

右の「小野なほ」について、橋本虎之介が昭和十年に「東京朝日新聞宮城県版」に連載した『仙台戊辰物語』の「西軍の心胆を冷やした細谷の烏組」に記載があるので、次に記すこととする。

細谷直英は美男で、小兵な体躯だが精悍《せいかん》（荒々しく鋭いさま）な性格であった。一旦こうと思い立ったら飽く迄もやり遂げろ、と云う豪気(壮大ですぐれた気性)を持っていた。三男一女の中タッタ一人生存している(昭和十年三月)小野直女史の語る「父細谷十太夫」は次の通りだ。

父は性質が非常に磊落《らいらく》(心が大きく小事にこだわらない)でした。また気丈な人で家庭を心配するより、家を外に国事に奔走するにはうってつけの人物でした。戊辰戦争には殆んど家へ帰って来ませんでしたから、烏組隊長としての活動はよく判りません。戦さが済んでから方々に隠れ忍んでいたが、当時七ツだった私がハッキリ覚えていることは、或日深編笠で顔を隠し、きのこ売りのふいご(ショイコ(背負子)の誤りか)を背負い、『キノコはえがすか』と云って素知らぬ顔で這入ったことです。また捕吏に途中で出逢い問い訊《ただ》されたが、相手が自分の顔を知らぬを幸い、『彼奴《きゃつ》も疾《とう》に逃げたろう。もう山形へでも行っているに違いない』と何喰わぬ顔で語ったという話も聞きました。石巻へ逃走したのは鋳銭場方に勤めていた関係で縁故が多かったためです。彼処《あそこ》で捕まって割箸を焼いて辞世を書いた手拭も見た記憶があります。

右において小野なほは、「石巻へ逃走したのは鋳銭場方に勤めていた関係で縁故が多かったためです。」と言っているが、「十四、煮売茶屋に預けらる」に書いたように、これは明らかな思い違いであり、十太夫は本藩からの命令で脱走兵鎮撫のため石巻に出張したが、官兵本部で十太夫が脱走兵へ提供した金穀の受領証が発見されたことから逮捕されたものである。そして死罪と決まり、割箸を焼いて手拭ではなく、鼻紙に辞世を書いたのが事実である。

十太夫の孫の細谷辰雄氏が「怪人細谷十太夫傳」と題して、博文館発行の月刊誌『新青年』の昭和十二年特別増大号(第十八巻第十五号)と十二月増大号(第十八巻第十七号)に執筆している。

○十一月特別増大号　「怪人細谷十太夫傳(壱)」

烏組結成とその奮戦のこと
○十二月増大号　「怪人細谷十太夫傳（前承）」
　烏組解散のこと

筆者の見たところ、細谷辰雄氏は、主に藤原相之助著『仙台戊辰史』と江北散士編『烏組隊長細谷十太夫』に基づいて書いているようである。特に、「真山青果先生が幼少の折、十太夫より直接聞いた言に依れば」の話は有用な情報であった。

細谷辰雄氏について「松竹キネマ勤務」と前述したが、映画の製作者としての作品名等が分かるので、次にその主なものを掲げることとする。

・昭和二十一年二月二十一日公開「大曾根家の朝」木下恵介監督、杉村春子出演
・同二十二年三月十八日公開「結婚」木下恵介監督、上原謙、田中絹代出演
・同二十九年十二月二十九日公開「名探偵明智小五郎シリーズ青銅の魔人第一部」穂積利昌監督、若杉英二出演（同じ監督、主演で三十年一月十五日公開の第四部まで製作）
・同三十年三月三十日公開「路傍の石」原研吉監督、坂東亀三郎、伊藤雄之助、山田五十鈴出演
・同三十四年十一月二十日公開「人間の條件第三・四部」小林正樹監督、仲代達矢、新珠三千代、佐田啓二出演
・同三十五年十月十九日公開「笛吹川」木下恵介監督、加藤嘉、織田政雄出演
・同三十七年九月十六日公開「切腹」小林正樹監督、仲代達矢、岩下志麻、石浜朗出演

なお、松竹株式会社発行の『松竹九十年史』（昭和六十年）によると、細谷辰雄氏は昭和三十三年四月から三十五

年十一月まで松竹の取締役に就任している。

子母澤寛の「「からす組」あとがき」には、細谷十太夫の五十年追悼祭について、次のように書かれている。

明けて去年（昭和三十二年）になりましたが、宮城県石巻の永巌寺で、五月六日山内同市長の主催で、細谷十太夫の五十年追悼祭が行われた。十太夫は明治四十年のこの日に、

宵越しの銭ももたずに眠りけり　　鴉仙

の一句を残して、仙台北八番丁の龍雲院に歿した。鴉仙はその号である。石巻はあの時に戦禍に消滅する危機一髪を十太夫に救われた。あの恩を忘れてはすまないという訳でつづいて八月十三日には不動堂下に高さ六尺幅三尺の顕彰碑を建てました。

追悼の句に、

花散るに何処を雀の杖ついて

とあり、これが碑面に刻まれた。

この永巌寺に建立されている顕彰碑には、次のように刻まれている。

「追悼　細谷十太夫直英／石母田正輔　先生」

細谷十太夫の五十回忌（明治四十年五月六日、享年六十八）と初代石巻市長石母田正輔の十七回忌（昭和十六年五

写真81　細谷十太夫直英五十回忌顕彰碑
（石巻市羽黒町・永厳寺）

月八日、享年八十二）を祈念したものである。裏面には建立者として、「佐藤貞治、浅野亭策、佐々木逸郎」の名が刻まれている。

ここで現在、龍雲院に建立されている「細谷家墓所」の墓碑について、次に掲げておくこととする。

十太夫の妻細谷チカ（近、千賀）の墓碑が、細谷家墓所の入口近くに建立されている。

勝華院雪庭霊梅尼大姉

大正八年十二月九日歿

鴉仙直英十太夫妻　細谷チカ子　行年七十八歳

十太夫の長男細谷十太郎の妻細谷なみの墓碑が、細谷家之墓の右隣に建立されている。

貞芳院蘭馨清薫大姉

大正十五年四月二十四日　細谷なみ　行年五十九歳

写真82　細谷家之墓全景（龍雲院）

細谷家之墓

圖南院鵬岳雄心居士

昭和八年一月二十六日　十太郎　年七十才

心操貞光大姉

昭和十八年一月二十七日　貞枝　年四十四才

直心院祖岳仙英居士

昭和四十四年四月三日　英郎　年七十四才

清順院宝貞芳大姉

昭和五十三年五月二十六日　康子　年八十一才

顕心院紅岳松影居士

昭和五十一年十一月七日　辰雄　年七十四才

随心院清潭光月大姉

平成十一年八月十二日　八重子　年八十六才

【資料】小説・映画等の「からす組」

一、小説の「からす組」

①大佛次郎著『からす組』

入手可能な書籍としては、徳間文庫の『細谷十太夫《からす組》』上・下である。原題は『からす組』であり、『国民新聞』の夕刊に、長谷川路可の挿絵で昭和四年一月二十九日から同年十二月二十日まで連載された。この新聞小説はすぐ単行本として出版されており、改造社から前篇が昭和四年十二月、後篇が翌五年三月に四六版・函入で発行されている。

ところが、大佛次郎の同名の「からす組」と題する作品が、博文館から発行されていた娯楽雑誌『ポケット』に大正十五年八月から昭和二年三月まで、八回連載されていたのである。その掲載誌『ポケット』そのものが、「からす組」の連載最終回の二年三月号をもって廃刊になっていることから、大佛次郎としては不本意な形で連載を終了したものと思われる。そう考えれば、それから丸二年と経っていない昭和四年一月から、同一の題材で、しかも一年間におよぶ長期の新聞連載を始めたことも納得が行く。

徳間文庫の福島行一氏の「解説」によれば、『国民新聞』夕刊への掲載前日に、大佛は、からす組〔衝撃隊〕の概略を説明したのに続け、次の言葉を書いたという。

細谷十太夫が一剣をひっさげて敵に当るに際し、十太夫の平常畜《か》っていた烏が乱刃の空をいつも舞っていたというなどは、それだけでもそんな小説風な事件があったかと我々を疑わせるくらいです。確かに筆を執らせる感興《かんきょう》(感じる心がわき起こる)を与えたのも、この史実のもっている凄壮《せいそう》(すさまじくて痛ましい様子)な詩情です。

主人公の細谷十太夫は紙人形の剣侠《けんきょう》(剣術にすぐれた勇気のある人)ではありません。まさに崩壊しようとする封建の時世に「最後の武士」として、憂鬱月光に似た武士道を歩む憂い顔の武士です。

大佛次郎が『からす組』を執筆した当時、史実としての「からす組」あるいは隊長の「細谷十太夫」自体が、一般に知られた存在ではなかったのである。先程引用した福島行一氏の「解説」によると、次のように書かれている。

二回(大正十五年の『ポケット』と昭和四年の『国民新聞』)とも藤原相之助の『仙台戊辰史』を史料として使っている。大佛次郎は、この本が気に入ったとみえ、昭和三年の「芝多民部の失脚」、八年の「からす組遺聞」、そして昭和四十二年からの『天皇の世紀』でも使った。

この『仙台戊辰史』は、明治四十四年に仙台の荒井活版所から刊行された千頁を超える大著である。著者は、慶応三年に秋田で生まれ、幼少時に戊辰戦争の余燼を目のあたりにして育った。成長後、史書を読むようになった時、戦争の記事が何処にも載っていないのに不審を抱き、祖父に尋ねると、

「それはまだ歴史に記されないのだ。原因も結果も複雑で、是非曲直が分かち難い。今はかえって知らぬほうがよい。大きくなって自分で研究してみよ」

と諭されたという。

その後、仙台に出て新聞記者となった藤原は、明治三十九年のある日の夕方、家にほど近い東照宮のあたりを散策している時、突如として祖父の言葉を思い出し、資料収集後、戊辰史を『東北新聞』に連載したのだっ

た。書き終えて得た結論は、「奥羽同盟軍は、賊軍にあらず」という確信であった。（中略）

藤原相之助に代表される東北人の抱く公憤の思いは、多分『仙台戊辰史』をひもときながら大佛次郎も感じたものだった。からす組を取り上げ、これにこだわり続けた作者の態度には、権勢の壁を前に、いわれなく潰え去った敗者の美しさと、その復権の思いが読みとれるからである。

新潮社発行の『文学時代』昭和四年十一月号に、大佛次郎は「史實調査のいろいろ」と題するエッセイを掲載し、「からす組」の取材旅行の状況を書いている。

私は又よく旅行もする。これは、当時の道中記を読んだり、地図を集めたりしただけでは物足りない。地理の知識を補うためでもあるが、又、そこでは中央でももとめられない、重要な史實を得ることが出来る。

先日も、国民新聞に連載中の「からす組」の史實調査のために、仙台に行って来た。からす組の一人で、まだ生きてる人があって、その人からいろいろ参考になる話を聞いて来た。生粋の東北弁なので聞くのに骨が折れた。その時、からす組の大将で、細谷直英という人の、自筆の経歴書を借りて来た。

『からす組』は、主人公の細谷十太夫（からす組隊長）、奥羽鎮撫総督参謀の世良修蔵、その情婦お兼、十太夫の友人の箕作滝次郎、その妻りえ、滝次郎の弟数馬、見廻組の生き残り尾形勇作、偽勅使の並木大次郎、仙台藩執政の但木土佐、近代主義者の玉虫左太夫、義侠心の篤い肴屋の今助など、多彩な人物が織り成す波瀾万丈の物語である。大佛次郎は、維新変革のもう一つのコースを玉虫左太夫によって語らせているようである。むしろ、細谷十太夫は「悩めるインテリ」という言葉を想起させるような、時代の苦悩を背負う青年武士として描かれている。それは史料に現れた実像としての十太夫ではなく、あくまで「虚構の空間」の中の十太夫といえる。一方、仙台戊辰史の全体像が薩長の権力意志を体現した世良修蔵との対比で的確に描き出されている。「歴史小説は、作家の歴史観の告白にほかならない」とすれば、たとえフィクション性が強くとも、一つのタイプの歴史小説といえるだろう。また別の見方をすれば、悩めるインテリを想起させる十太夫の人物像の造形から、昭和初期の時代相を色濃く反映させた作品であるともいえるだろう。

そして忘れてならないのは、肴屋の今助を川村今助・農兵隊の集義隊隊長として登場させていることである。そのことは、戊辰戦争におけるからす組のみではなかった「民兵」の存在を強く印象づけている。

しかし興味深いことに、大佛次郎はなぜか、これだけ執着したこの『からす組』を、何度かチャンスがあった自選集にはただの一度も選んでいないのである。筆者の想像であるが、封建制あるいは武士階級の問題を描くために、仙台藩の命運を賭けた戊辰戦争の渦中であるにも関わらず、仙台藩士が軍役にも従わず、兄の箕作滝次郎を殺された弟数馬と妻りえが十太夫を仇として追う物語、という個人の遺恨に基づく安易とも思える筋立てにしてしまったことが、その理由であろうと思われる。

② 子母澤寛著『からす組』

入手可能な書籍としては、徳間文庫の『からす組』上・下である。子母澤寛の『からす組』は、昭和三十二年四月十日から翌三十三年二月十六日まで『東京新聞』に挿絵岩田専太郎により連載された。単行本は昭和三十三年十一月に文芸春秋新社から四六判・二段組・四百ページの軽装版で発行された。また、昭和三十七年に中央公論社から刊行された著者自選による『子母澤寛全集』(全十巻)の第六巻に収録されている。

子母澤寛が昭和四十三年七月十九日に享年七十六歳で逝去され、『子母澤寛全集』(全二十五巻)が講談社から刊行されて、その第十一巻に収録されている。

まず、講談社版『全集』の尾崎秀樹氏の「解説」から、『からす組』のアウトラインの部分を引用する。

子母澤寛は十太夫の庶民的な生きかたに光をあて、色模様をあしらうことによって、作品の厚みをくわえている。十太夫を主人公に選ぶこと自体、そういったねらいのあらわれであろうが、作者がここで、かねて手がけてきた股旅ものと幕末維新ものの両面を、うまく生かしたといえる。十太夫自身が下級武士の出身でありながら、商人ややくざ者ともふれあう存在であり、子母澤寛はこの素材を幕末史のなかから選び出した瞬間、ふたつの流れが十太夫という一人の人物に集約されるのを感じたに違いない。

次に、この作品の全体的な雰囲気を知っていただくために、各節のタイトルを掲載することとする。

いい女
風聞
飛ツちょ
氷柱
湯宿の客
軍艦入港
婿
春
五色の花
白河城下
盗っ人
足枷

塙の陣屋
冷汗
一夜
土湯一件
白石会議所
糠雨
恥
酒
気ツかけ
金沢屋
宝積寺裏
裸ン坊

馬
小田川の戦
鴉
蛙は蛙
二百五十石
西瓜
旗巻峠
百鬼夜行
降伏
軍鶏鍋
街上訣別
麻縄

窮鳥
王城寺村
鮎貝屋敷
名前書
花嫁
静かな嵐
山の湯宿
裸踊
戸棚
隠座敷
炭売
今宵も月に

―― 喧嘩
―― 十太夫本陣
―― 遺言
―― 雁の道

七両二歩
月の古寺
さんさ時雨
連坊笠

狼狽
成敗
網乗物
十二月七日

この原稿を書くに当たって、各節ごとに使用したと思われる史料名を書き出してみたが、改めて驚くことは、子母澤寛が極めて詳細に史実を調べ上げていることである（「盗っ人」の節に、「吾妻楼の妻吉、本名庄子ツナ」とまで書いているのには、正直驚いた。）。子母澤寛は、「史料があるかぎりは一応それを生かし、足りないところをフィクションで補う」という態度が貫かれており、多くの談話筆記が残されている十太夫が密偵のときには、色模様もあしらいながら、股旅もののキャリアを存分に生かして、余裕たっぷり作者自身楽しんでいる印象さえ受ける筆運びである。そして、一方「からす組」結成以降は、戦闘場面について史料の構成の妙を安定感のある文章にのせて読者を楽しませてくれる。

十太夫は、幼い頃に父母を失い、孤児同然に育ったが、小説の中では母親が健在という設定に変えている。おそらく、作品の筋をふくらませ、密偵となって活躍する十太夫の生き方に、読者の眼を集中させるためであろう。また、友人の支倉村の名主富田珍平を「剣術御指南番」として、さらに「髪結くずれの虎吉」を狂言廻しとして登場させている。

本物のカラスが史料に出てくるのは、額兵隊の星恂太郎を柴田郡村田に迎えに行く途中の名取郡菅生でのことであるが、子母澤寛は、それをあえて白河口の戦闘場面の「鴉」から次のように登場させている。

鴉は十太夫が飯を食い終わる迄少しも傍らを離れないどころか茶碗の中の御飯をねだり、焼豆腐は殊に大好物のようであった。おかしいのは酒ものむことで、一口のんで首をかしげるその様子が、こんな敵と相対した戦場にある事など、すっかり忘れて終う程に可愛いかった。

また、子母澤寛のエッセイ集『愛猿記』に収められた「カラスのクロ」という文章に次のように書いている。

附近の人に、この時にカラスが膳のタコの煮つけを喰った、これあ奇妙だといった話が残っているから、カラスは本来どうもタコが好きなものらしい。

子母澤寛は一度ならずカラスを飼ったことがあり、『からす組』のクロは、子母澤邸のクロちゃんがモデルなのである。

明治二年、反逆首謀者の処分が行われた。十太夫もその名前書（ブラックリスト）に載せられたのである。これからは十太夫一人の逃亡劇であるが、詳細な談話筆記が残っているので、余裕の筆の運びである。そして『からす組』は、明治二年十二月七日、十太夫に一切赦免の指令が出されたところで終わっている。

その後に、二段組十一ページという異例の長さの「「からす組」あとがき」が付されているのである。

ここまで書いて来て改めて思うことは、「十太夫自身が小説なのではないか！」ということである。

子母澤寛としては、この作品は小説であるから、ここがフィクションで、ここが史実ですと断り書きすることができない。むしろ、この作品の中で小説的な盛り上がりを見せるところが、悉く史実なのである。このあまりに小説的な十太夫の行動を書き進めるうちに、子母澤寛は、そのことを打ち明けたい気持ちになったのではないか。それによって、読者にそのことを印象づけようとしたのではなかろうか。

そして最後に、子母澤寛は、中央公論社版『全集』の『からす組』所収の「昭和三十八年早春」と記した全集第六巻の「あとがき」に、次のように書き残している。

『からす組』の細谷十太夫についてもまだまだ書きたいことは沢山ある。あれを書いている中頃から私は病気になって努力はしたが丁度夏でずいぶん閉口した。後半をもう一遍《いっぺん》すっかり書き直したい気持でいる。

だが、その念願を果たさず、昭和四十三年七月十九日、七十六歳で長逝されたのである。

③村上元三著『からす天狗』

入手可能な書籍としては、徳間文庫『からす天狗』上・下である。この『からす天狗』の原著は、昭和三十九年に桃源社から発行されている。桃源社の社告欄には、「女敵を求めて、京から江戸へ……からす組に身を投じて、維新動乱の中にめざめゆく人間の姿を描く新聞好評連載。」とあるが、現在のところ、どの新聞に連載されたのかは不明である。

徳間文庫『からす天狗』の「解説」の磯貝勝太郎氏によると、作品の全体像が次のように要約されている。

村上元三の文学作品のひとつの特徴として、狂言廻し役の人物が登場し、作中の重要な役割を果たし、作品の興趣をたかめていることがあげられる。『からす天狗』では、名は三五郎、七化け小僧という綽名《あだな》をもつ虚構の人物を登場させ、恋女の仇討ちをめぐる物語をヨコ糸に、「からす組」の細谷十太夫にまつわる戊辰戦争の史実をタテ糸として織りなした物語が、作者の手なれた筆致によって展開されており、それは、村上元三のプロットの展開の巧妙さと、ストーリーテラーとしての資質を明示しているといえよう。

この小説の主人公は、七化け小僧と異名をとった三五郎という人物である。その生い立ちは、両親の顔も知らないまま、人買いの手から香具師の手へ売り渡され、角兵衛獅子として仕込まれた。十八の年に、三五郎を助けあげてくれたのは、日本橋檜物町の香具師の元締、明神屋辰三郎であった。諸国の高市を歩いているうちに変装術を身につけ、それも、人のものを黙ってもらったり、喧嘩をしたり、逃げるときに利用することを覚えてしまい、それが嵩じて、人殺し以外の良くないことを、なんでもやってのけられるようになり、……。

と説明される典型的なアウト・ローである。その三五郎におとせという恋人が出来た。
そのおとせは、

三五郎を真人間にしようとして、懸命になってくれた。おとせの真情にほだされて、心を入れかえようとしていた矢先、三五郎は仲間と喧嘩をして、旅へ出た。その留守中、おとせは、長州藩士の柘植織部にだまされ、三五郎さんにすまない、と言いおいたきり、のどを突いて死んだ。

そして、三五郎は恋人の仇討をはたすべく勤王の志士の集まる京都へ仇の姿を探しにやって来る。その京都で、ひょんなことから仙台藩士で勤王派の沢柳忠之助をかくまうことになる。
そこで、三五郎は沢柳忠之助から、次のように諭される。

大天狗というのはな、顔が赤く、鼻がとがり出て、さまざまな術を使う。しかし、からす天狗というのは、顔が青黒く、顔のまん中からくちばしがつき出ていて、このほうはあまり術などを心得ていない。しかしそのからす天狗でも、懸命に修行をつんだのは、やがて大天狗になれる大天狗になれる折が与えられるそうな。

大ていのからす天狗は、出世することなど望まず、くちばしの青いままで終わってしまうという。……人間の世の中も同様で、大天狗ばかりでは、この世は成り立たぬ、大天狗を支える大勢のからす天狗の力が必要なのでな。但し、世の中の為に働こうなどと考えず、一生をただおのれの為だけに費やしてしまうからす天狗は多い。……死ぬ間際になって、ふっと考えるのやも知れぬ。おれの一生は、これでよかったのか、何か忘れていたのではなかったのかな、これで満足して死んでもいいかな、とな。

この諦観《ていかん》（真理をさとること）が、この小説の主題であるようである。しかし、このような諦観を主題にすること自体、時代小説としても古い型に属しているといえる。そして、細谷十太夫については、次のように描かれている。

「禄高は僅か五十石だから、決して裕福とはいえねえ人なのに、いつも仕事のときには大ぜいの人足たちを集め、めいめいに駄賃を下さる。その金がどこから出ているかわからねいが、ただ駄賃を余計にくれるというだけでなく、細谷十太夫様というお侍は、みんなに慕われていてな。……細谷様から直かに声をかけられると、誰でも喜んで働くんだ。不思議な力を持った人さ」

三五郎は仙台へ向かう途中の雨宿りのお寺の本堂で十太夫に出会う。十太夫から自分の隊（からす組）に入るよう勧誘される。

この場面の設定が、慶応四年五月の歴史的出来事であるにかかわらず、四年も溯った元治元年のこととしているのであるが、この作品全体を読み通しても、時代設定を変更すべき理由がどこにも見当たらない。村上元三氏は「こしらえ物の面白さ」とよくいうが、まったく納得出来ないのである。

慶応四年九月八日、明治と改元された。その九月十五日、ついに仙台藩主伊達慶邦は、四条総督に謝罪降伏嘆願書を呈出し、降伏した。

細谷十太夫は、新政府と伊達家、双方から追補状を出されながら、ついに捕らえられず、蝦夷地に渡って旧仙台藩士の移住について奔走し、両刀を捨てて鍬を手にした人々と共に荒地を開拓している、という噂を三五郎夫婦が聞いたのは、それからまた一年のちであった、という場面で終了している。

④早乙女貢著『からす組』

本書『からす組』は、平成元年に講談社から刊行された歴史長編小説である。入手可能な書籍としては講談社文庫版がある。

物語は、慶応四年三月下旬、仙台藩士の細谷十太夫が福島城下から西南へ三里あまりの土湯の湯治場を訪れるところから始まる。この宿で、十太夫は正体不明の妖しい女と一夜を共にする【貸本屋の時代小説によくある筋書き】。

西軍の暴虐ぶりは、総督府下参謀だった長州の世良修蔵と薩摩の大山格之助の二人に象徴されており、仙台藩士たちによる世良斬殺に細谷十太夫が立ち向かう場面が、「世良を斬れ」「暗殺譜」の二章にわたり描かれている。

五月一日の白河城落城を機に、細谷十太夫は渡世人や農民で衝撃隊を組織することを考えつく。そのきっかけは、郡山で仙台藩士たちの意気消沈した敗残の姿を見て気を滅入らせていた十太夫が、土地の無頼者たちと喧嘩をしたことにある。侠客たちが持っている気っ風のよさ、威勢のよさ、度胸のあるところが、仙台藩士に絶望していた十太夫を力づけた。

早乙女貢氏の大作『会津士魂』においてもそうであるが、同氏は仙台藩の史料については読み込みが甘いため、何時もはぐらかされた感を抱いてしまうのである。

例えば、「二本松落城」の章では、次のように書いている。

「鎮撫総督の命令通りに、会津討伐すればよかったのだ」
その気持が強くなっていた。
その最たるものが、真田喜平太であった。
かれは前述したように、総督の下参謀に抜擢されていた。【仙台藩士が世良修蔵と同職の奥羽鎮撫総督の下参謀になったことはない。あくまでも仙台藩の下参謀である。】
会津討伐論者の急先鋒だった。薩長派である。(中略)
おそらく、三春反盟による防衛線の崩壊に、
(それ見たことか)
と、北叟笑《ほくそえ》んだことだろう。
「——それ見た事か、言わぬことではない。だから奥羽鎮撫総督の命令通りに、会津と庄内を討伐していればよかったのだ」
大隊長【この時、真田喜平太は伊達軍の参謀であって、大隊長ではない。】がこういう気持では、士気が盛り上がるはずもなかった。(中略)
真田喜平太は皮肉にもこの敗残の責任を問われることになるが、かれは絶望することがなかった。
(馬鹿な、いずれ降伏ということになったとき、おれがいなかったら、困るのは誰だ?)
藩公をはじめ仙台藩士とその家族たちも、すべて、おれのお蔭を蒙らねばならなくなるのに、と、喜平太は思っていた。【ここは、早乙女貢氏の完全なフィクションである。】
次の「おりん」の章と「逆襲」の章において、早乙女貢氏は、「からす組(衝撃隊)」と「猛虎隊」とが、福島の民衆から混同されていることに気づいて、次のように書いている。大作『会津士魂』における歴史的知識の蓄積の成果だ

ろうか。

「あの一揆の連中は、仙台さまを恨んでいますからね」

「……」

「あの連中は、防虎隊という名前がついています」

「防虎隊？　猛虎隊ではないのか」

猛虎隊──

それは、十太夫の衝撃隊（からす組）の結成と活躍が評判になってから、真似て組織されたものだった。

これを率いていたのは、仙台の農兵（隊長）荒井丹宮である。

やはり侠客や無頼の者を急募して作りあげたものだった。（中略）

この防虎隊は、その猛虎隊を防ぐ、すなわち防虎隊だというのである。（中略）

「おれは猛虎隊には関わりないぞ。おれのからす組は、左様な悪事を働く者は一人もいない。見つけたら、おれが斬る」

二、映画の「からす組」

①「からす組」前篇・後篇

映画「からす組」は、昭和四年に発表された大佛次郎による小説を原作として、当時二十九歳の阪東妻三郎率いる「阪東妻三郎プロダクション太秦《うずまさ》撮影所」が製作し、犬塚稔が監督・脚本したサイレントの剣戟映画であり、配給提携先の松竹キネマが配給して、昭和五年五月九日に前篇、同年六月十三日に後篇が東京浅草公園六区の帝国館等で公開された。
本作の上映用プリントは、東京国立近代美術館フィルムセンターには所蔵されていない、鑑賞不可能な作品である。しかし、二〇〇二年十一月二日開催の「特集・阪東妻三郎生誕一〇〇周年記念阪妻映画祭」において、「〈おもちゃフィルム集〉『からす組』の短編上映あり」との記載があることから、一般に売り出された数十秒の映像は現存するようである。

監督・脚本　犬塚稔
原作　大佛次郎
撮影　前篇吉田英男／後篇片岡清
製作　阪東妻三郎プロダクション太秦撮影所
上映時間　前篇一〇〇分・九巻／後篇一一一分・一〇巻
フォーマット　白黒・スタンダードサイズ・サイレント映画
配給　松竹キネマ
配役
細谷十太夫　阪東妻三郎
箕作瀧十郎　春路謙作（二役）
妻りえ　森　静子
弟数馬　岡　次郎
父一閑　一條　務
玉蟲三太夫　岡田喜久也

若生文十郎　波野光夫
肴屋今助　中村琴之助
世良脩蔵　志賀靖郎
千田監物　春日　清
金右衛門　宇野健之助
尾形勇作　中村吉松
お兼　音地竹子
但木土佐　中村政太郎
榊文五郎　春路謙作（二役）

「阪妻映画祭」実行委員会企画・監修の『阪妻〈スターが魅せる日本映画黄金時代〉』の「阪東妻三郎年譜＋フィルモグラフィー」によれば、「昭和四年　阪妻プロ作品に不満の声があがりはじめたなかで、大佛次郎と提携し原作強化につとめる。」とあり、翌昭和五年に制作された「からす組」は大佛次郎との提携第一回作品であった。

この映画「からす組」に監督・脚本を担当した犬塚稔氏は、『阪妻〈スターが魅せる日本映画黄金時代〉』所収の記事によると、戦後は主に脚本家として活躍し、勝新太郎の代表作である『座頭市物語』（一九六二年）の脚本で、異貌のヒーロー座頭市の生みの親として以後のシリーズも手掛けたとされている。

戦前映画チラシとして、昭和五年六月十三日より帝國館（浅草）で封切られた「からす組後篇」のチラシがネットに掲載されていたので、その一部を次に掲げる。

「阪東妻三郎　奮迅無敵の大猛演」

「興味愈々《いよいよ》佳境満都の期待白熱化す問題の豪壮篇」

「一度からす組の前篇封切らるゝや俄然時代映画界を驚倒せしめ、満天下を沸騰せしめ、その後篇への期待こそ白熱化す、細谷十太夫の奇しき運命や如何に？」

②「吶（とっかん）喊」

昭和五十年三月十五日、岡本喜八脚本・監督の「吶（とっかん）喊」がアート・シアター系の映画館で封切られた。

東宝のアクション映画で有名な岡本喜八監督は、かなり以前から「からす組」の映画化の構想を洩らしていた。昭和四十五年五月号の『歴史読本』の随筆欄に、「仙台からす組ゲリラ」と題して、「明治0年の独立愚連隊と言った風のものを考えている」と書いていた。また同じく『歴史読本』の昭和四十七年四月号に、「黒いゲリラ仙台からす組への執心」と題して、「やっとの思いでシナリオ化出来たら、なんのことはない、いつの間にか会社（東宝）の企画方針が変っていたのである。（中略）早く言えば、時代劇はカネがかかるし、カネをかけただけは当りそうもない。と言う非道く消極的な理由からであった。」と絶望的なことを報告している。そして、そのエッセイの最後を、「有為転変の世の中だから、その内時代劇がまだ大手を振って企画を罷り通る時が来るに違いない。その時になって慌てふためかないように、「からす組」第二稿は面白く仕上げて置こうと思っている。」と結んでいた。

それが、喜八プロダクション・ATG提携作品として実現したのである。映画化実現の経緯について、岡本喜八監督は次のように述べている。

「肉弾」から六年も経っているから、もうATGで何か創っても良い頃ではないか、といったような事を小耳にはさんで来たのは、うちのカミさん（岡本みね子）である。

ATG側の内諾を得て、（中略）第三稿どまりだったシナリオを決定稿に書き直し始める。改稿の骨子は、物語の単純素朴化で。なにしろ、企業内製作では一億六千万はかかると踏んでいたものを、その十分の一の一千六百万で創らねばならぬ。しかも千六百万で、大衆シーンあり戦闘シーンありの時代劇だ。人に関してはまず、岡田裕介（当時は俳優、岡田東映社長の御曹司、のち東映社長）プロデューサーが決まった。五十歳と二十五歳の組み合わせが出来たのである。（『アート・シアター』第一一四号、『シナリオ』昭和五十年三月号）

「吶喊」は、岡本喜八の作品系列では、太平洋戦争の終戦の日の二十四時間を描いた「日本のいちばん長い日」（昭和四十二年、東宝作品）、庶民の、それも当時二十一歳と六ケ月だった岡本喜八と同世代の青春と終戦をテーマとした「肉弾」（昭和四十三年、肉弾をつくる会・ＡＴＧ作品）、偽官軍として処刑された相楽総三の赤報隊を題材とした「赤毛」（昭和四十四年、三船プロダクション作品）、そして「吶喊」と繋がっていると考えられる。

岡本喜八は、「『吶喊』の走り出すまで」（『シナリオ』昭和五十年三月号所収）において、次のように書いている。

「長い日」の準備期間中、泥縄式乍ら終戦史を噛り始めたら、昭和史から大正明治とどんどん溯り、とどのつまりは、鳥羽伏見の戦いまで辿り着いて仕舞った。

（中略）

資料漁りは、維新の概括から始めて、やがて、やらずもがなの戦さであった戊辰戦争に絞り、ついには、みちのくの縄張りを守って跳梁《ちょうりょう》したゲリラ、〈仙台からす組〉に没頭した。

そして『歴史読本』昭和五十年一月号に、岡本喜八は「黒いゲリラの群れ―仙台からす組」として、次のような記事を書いている。

このからす組も赤報隊同様、その働きっぷりの割には、なにしろアウトローの集団であった為に、仙台藩首脳から邪魔者扱いにされ、果ては見殺しにされた位だから、仙台藩史にすらのっかっていない。

私の知る範囲では、大佛次郎著の『からす組』と子母澤寛著の『からす組』、資料としては大池唯雄著『炎の時代』と『明治の群像2』の中に、ちょぴりと出ているだけである。

製作費一千六百万円の時代劇というが、ATG作品にしては結構大きなセットがあったりして、外見的にも必ずしも貧弱ではない。実はこれは、三船プロダクションで製作中の時代劇のセットを夜間だけ拝借するというような方式で撮影されたからである、という。このような事情のもとに、カラー・スタンダート、上映時間一時間三十三分の作品が完成した。本作品は、ビデオ、DVD化されている。

スタッフ
製作　岡田裕介・多賀祥介
脚本　岡本喜八
監督　岡本喜八
撮影　木村大作
音楽　佐藤　勝
キャスト
千太　伊藤敏孝
万次郎　岡田裕介
細谷十太夫　高橋悦史

お糸　伊佐山ひろ子
テル　千波恵美子
語りの老婆　坂本　九
千太の母親　岩崎智江
　カラス組隊員
太平　今福正雄
掛田ノ善兵衛　伊吹　新
桑折ノ和三郎　小川安三
桜井ノ百蔵　長谷川弘
市　丹波義隆
紋次　粕谷正治
弥太　藤田　漸
与作　天本英世
★
二枚橋ノ和助　堺左千夫
世良修蔵　村松勝己
勝見善太郎　樋浦　勉
松田精造　小野寺昭
千田勇之進　岸田　森
瀬尾斗介　大木正司

山川大蔵　　田中邦衛
★
土方歳三　　仲代達矢
板垣退助　　木村博人

この作品は、映画において細谷十太夫の「からす組」が、初めて描かれた作品といえるだろう。猟師出身のヨボヨボのカラス組隊員を演じた天本英世などは出色のはまり役であったし、獅子踊の行列を利用して敵中を突破し、鶴ケ城へ入城した会津藩家老山川大蔵役の田中邦衛もユーモラスで好演だった。

北一輝研究で著名な松本健一氏が、この有名な史実を知らずに、「ええじゃないかをヒントに、岡本喜八が造りあげた虚構であろう」(前出『アートシアター』)と書いていたのは、それだけ嘘のような本当の噺が自然に溶け込んでいたということであろう。

最後に、坂本九が演ずる老婆の場面を紹介して、大団円としようと思う。

○老　婆
餅を千切《ちぎ》ってフウフウ食べながら、モゴモゴと昔話を続けている。

「……ほんじえ、千太はせっせとワラスコ(童子)作ったんだど、戦さが終ってえ、何人《なんぬん》も何人も作ったんだど……ほだけんども。また戦さが始まってえ終ってえ、また始まってえ、終ってえ、ワラスコさ死んでえマゴ(孫)さ生まれでえ、死んでえ生まれでえ、死んで生まれでる内に、ざっと百年ばありも経ったんだど……こんで、おすめえ(お仕舞い)、チャン、チャン、チャン」

三、テレビドラマの「からす組」

○「疾風からす組」

テレビドラマ「疾風からす組」は、平成三年四月九日の午後七時から八時四十八分にテレビ東京系列で放送された単発ドラマである。

筆者がこの「疾風からす組」を知ったのは全くの偶然であり、京都出張の帰路の空き時間に、ワン・ポイント観光として「東映太秦映画村」に立ち寄ったとき、たまたま、映画村のオープン・セットでテレビ東京「疾風からす組」の主役の風間杜夫とヒロインの斎藤慶子、槍を担いだ内藤剛志などが絡むワン・シーンの撮影が行われていたのである。

数週間後、自宅でテレビ東京の本放送をリアルタイムで見た記憶がある。「ドラマ詳細データ」によれば、「薩長に恨みをもつ荒くれ男たちが「からす組」を結成、ゲリラ戦法で東北転戦中の官軍を悩ます」とあるが、低予算で作られた単発の二時間ドラマであるためか、戦争シーンや大衆シーンもなく、別に「からす組」と謳わなくてもよいような、ガッカリするような内容であった。

ネットで調べてみると、近年ではケーブル・テレビの「東映チャンネル」で放送されているようである。

スタッフ

原作　早乙女貢

脚本　下飯坂菊馬

チーフプロデューサー　江津兵太・三枝孝榮

監督　江崎実生

音楽　津島利章
製作協力　東映
キャスト
細谷十太夫　風間杜夫
千世　斎藤慶子
雪江　大沢逸美
おりん　芦川よしみ
和三郎　加納　竜
姉歯武之進　内藤剛志
瀬尾修蔵　浜田　晃
千吉　赤塚真人
喜平　草薙良一
勝見善太郎　丹古母鬼馬二
大庭喜内　原口　剛
目付役人　亀石征一郎
堀直太郎　鹿内　孝
善兵衛　綿引勝彦
宇一郎　ケーシー高峰
おまさ　中原理恵（友情出演）
但木土佐　若林　豪

ナレーター　玉置　宏

四、演劇の「からす組」

①D—BOYS STAGE「鴉～KARASU～04」

ワタナベエンターテイメント所属の若手俳優集団D—BOYSが、初の幕末ものに挑戦！　さらにメンバーを二組に分け、春公演—04、秋公演—10とした。

明治維新の波が押し寄せる北の大地に、数羽の黒鳥が舞い降りた。ある者は愛する家族のために、またある者は自分の明日のため、最後まで時代に抗《あらが》った男たち、歴史の闇に埋もれた名もない黒い軍団。仲間を想い、古里・東北を愛した彼らの名は、仙台藩・衝撃隊。彼らは……、カラス組と呼ばれた。最後まで見果てぬ夢を追い、古里を守ろうと戦い続けた若者たちの愛と友情の物語を史実に基づき書き下ろしたオリジナル青春群像劇。春公演—04、秋公演—10のいずれもDVD化されている。

公演期間・会場　東京・平成二十一年四月十二日～十八日　青山劇場（全九回）
大阪・同年四月二十三日～二十五日　イオン化粧品シアターBRAVA！（全四回）
脚本　羽原大介
演出　茅野イサム
出演　鈴木裕樹、五十嵐隼士、加治将樹、柳浩太郎、柳下大、足立理、中村昌也、高橋龍輝、橋本汰斗

②D—BOYS STAGE「鴉〜KARASU〜10」

公演期間・会場　東京・平成二十一年十月二十日〜二十五日　青山劇場（全十回）
大阪・同年十月三十一日〜十一月一日　イオン化粧品シアターBRAVA！（全四回）
脚本　羽原大介
演出　茅野イサム
出演　遠藤雄弥、荒木宏文、中川真吾、和田正人、中村優一、瀬戸康史、三上真史、碓井将大、牧田哲也

五、マンガの「からす組」

○『鴉　KARASU』
『ヤングガンガン』（スクウェア・エニックス発行）に、二〇〇九年一九号から二〇一一年二一号まで連載されたコミック。単行本は、「ヤングガンガンコミックス」として全四巻（第一巻二〇一〇年六月、第二巻二〇一〇年十月、第三巻二〇一一年四月、第四巻二〇一二年一月発行）が出版されている。
原作　町田一八、作画　柳ゆき助、キャラクターデザイン　大暮維人、原案　羽原大介、監修　茅野イサム、企画・立案　ワタナベエンターテイメント
『ヤングガンガン』の作品紹介
人気俳優集団「D—BOYS」が演じる舞台「鴉」をコミカライズ！「舞台×コミック」のハイブリッドコラボレーションが実現した、幕末最強の八咫烏《やたがらす》伝、ついに連載開始！

細谷十太夫関係年表

和暦	西暦	主な事項
天保十一	一八四〇	九月九日細谷十太夫直英生まれる。
天保十四	一八四三	父十吉直高を亡なう。
弘化　四	一八四七	母和田氏に別れ、祖父三十郎に養育される。
嘉永　一	一八四八	塩竈法蓮寺の寺小姓となる。
安政　三	一八五六	祖父に死に別れ、細谷家(大番組、知行五貫文)を相続。
安政　六	一八五九	作事方に召し出される。
文久　一	一八六一	郡方役人に異動し普請方監督を申し付けらる。
元治　一	一八六四	八月京都御所下立売御門の警備を命ぜらる。
慶応　一	一八六五	柴田氏を娶りて、三男一女を挙ぐ。
慶応　二	一八六六	正月三日四條通りの芝居で「先代萩」が興業され、史実を誤り伊達家の名誉を棄損するものと芝居小屋を打ち壊す。 八月御番明けという名義で仙台へ差し戻される。
慶応　三	一八六七	三月石巻鋳銭方役人を命ぜらる。藩士に山野を分配し森林営造を建議したところ、採択され山林植立方の監督を命ぜらる。

慶応 四	一八六八

正月三好監物御備頭として出発の状況を塩竈に視察し、十五日出入司笠原十吉へ報告。十六日出入司月番守屋四郎左衛門からの召しにより登城、月番執政佐々雅楽より山形・米沢・庄内各藩の状勢偵察方を命ぜらる。

三月八日仙台へ帰着し復命。慶邦公に召され委細陳上、改めて軍事探偵周旋方を申し付けられ、福島・相馬地方、磐前平・水戸・棚倉・白河・会津・二本松の各藩の偵察を下命さる。本宮駅の目明しに窃盗の嫌疑をかけられ、昼夜となく責め立てられたが、町役人の仲介で八両を差し出して解放され、三月二十三日仙台へ帰着し、探偵の次第を復命。

三月二十八日奥羽鎮撫総督府から仙台藩へ徳川領の桑折陣屋と塙陣屋代官の処分が達せられ、十太夫が藩兵六名を率いて出張。帰路、本宮に立ち寄る。

四月六日会津探索を命ぜられ、二本松の岳温泉で会津方間諜播弥五郎を捕縛。

四月十一日討会軍の本軍出発し岩沼居館に宿泊。十二日大河原高山屋に宿陣。十三日白石城に着し本陣とした。

四月十五日宇都宮城が旧幕府軍のため落城し道路閉塞、道を明けるため十太夫らが御早で白河へ行き、脇本陣大谷屋に逗留。

四月十八日仙台兵と会津兵とが土湯口で砲撃戦。

同月十太夫は軍事探偵周旋方の役目で白河脇本陣大谷屋に滞留。

閏四月一日七ケ宿街道関宿で会津藩・米沢藩・仙台藩の首脳が会談。十一日米沢藩主一五〇〇余名を率いて白石に達し、慶邦公と会談。十二日伊達慶邦・上杉斎憲両公、三通の嘆願書を携え九條総督に直々手渡す。十五日九條総督、世良修蔵と打ち合わせた結果として正式に嘆願を却下す。

十六日十太夫が探偵として会津に入れておいた南部七平により、会津軍が二十日未明白河城を急襲することが判明。十九日十太夫は委細報告のため早打ちで白石本陣に至る。但木執政に復命の後、永の御暇を願い出る。慶邦公から召され醍醐殿への報告を命ぜられ、早打ちで郡山に急行。二十日未明仙台藩士らにより世良修蔵暗殺。同日朝、白河城陥落を知る。二十二日白河の陣所で会津藩軍目付木村熊之進に面会。福島の軍務局に至り坂執政に

慶応　四	一八六八	白河方面の状勢報告。坂執政より小名浜陣屋代官の召喚を依頼さる。復命後、坂執政より江戸表の探索を命ぜらる。 五月一日二本松で江戸へ出る準備中、白河の大敗軍を知る。二日郡山に着くと、瀬上大隊長はじめ疲労し切って起き出る者がない。須賀川の女郎屋柏屋を借り「仙台藩細谷十太夫本陣」と張り出し兵を募ったところ、三日から十五日までに五十七名となる。矢吹駅で十余名が加わる。隊名を衝撃隊とし、一番から六番までの六小隊、六十八名とする。五月二十一日が初戦、五月二十六日の総攻撃、六月一日、八日、十二日、十五日、二十日、二十三日、七月一日と交戦。 七月六日七日福島軍務局で世禄百石加増、真田参謀の下で盡力いたすようにとの御言葉に面目を施す。新付者あり一小隊を増して七小隊七十四名とする。 十五日白河襲撃作戦が強雨のため果たさず。十六日三春・守山二藩の挙動疑うべきものあり、十太夫が偵察すると反盟の状顕然たり。二十九日二本松落城、須賀川にあった同盟軍は前後に敵を受け石筵まで退却。福島で駕籠を雇い白石本陣に委細報告。 八月十一日相馬口大戦駒ヶ峰破る。十六日兵を分かち三面より進撃。九月十日相馬口旗巻激戦。十一日君命により休戦を諸軍に令す。十四日各隊仙台へ引揚げを令す。十九日十太夫屋形様御曹司様へお目通りし永の御暇を願う。慶邦公の命により城下より徳川脱走人を退去せしむ。二十四日額兵隊宮床に移る。十月一日額兵隊榎本軍と合す。十日十太夫石巻を引き揚げ仙台へ帰る途中、官軍先鋒に捕縛される。十二日榎本艦隊折浜を出航。十九日十太夫自由の身となる。龍寶寺から加美郡王城寺村に移る。
明治　二	一八六九	四月仙台城下片平丁鮎貝屋敷に移る。奸党名前書に細谷十太夫載る。四月七日からは十太夫の逃亡談。↓城下肴町の目明し源吉方↓南材木町の鍋屋嘉吉方↓八幡町の鍛治屋斎藤久吉方。御蔵元角屋彦五郎の手代安住清太郎に千両を借り受け、烏組の解散資金とする。 ↓定義温泉↓茶屋町の丸屋天江勘兵衛の妾宅↓八幡町の斎藤久吉方↓肴町の料理屋三木屋↓榴ケ岡の料理屋小梅林↓木ノ下薬師堂の別当大如↓宮城郡根白石の桜田新治方↓八幡町の斎

明治　二	一八六九	藤久吉方→柴田郡支倉の大庄屋富田珍平方→宮城郡芋澤の奥山太蔵方→宮城郡大倉の林某方→定義温泉の湯守の家。十二月七日涌谷玄恭から水戸浪人逮捕の依頼を受ける。塩竈→石巻→古川→大河原→福島→鎌先温泉→最上→山形→天童→楯岡→仙台。
明治　三	一八七〇	正月二十四日仙台藩の日高国沙流郡開拓長官三好五郎と共に仙台を出発。陸奥国三本木で司長を申し付けらる。仙台藩開拓所の開拓事業係兼土人撫育係となる。十一月製塩事業を開始すべく二隻の風帆船に塩鮭約二千石を積載して東京へ上る途中、暴風雨のため積荷全てを流失。横浜において金策。
明治　四	一八七一	七月十四日廃藩置県により旧藩の債務と家禄は全て新政府の責任となる。北海道開拓使の吏員に採用さる。
明治　五	一八七二	五月お雇い外国人ケプロン、東京芝の増上寺境内に開拓使仮学校を開校。
明治　六	一八七三	十一月磐前県に奉職し勧業係専務となる。
明治　九	一八七六	八月の磐前県廃止まで在職。
明治　十	一八七七	二月十五日西南戦争勃発。三月警視庁少警部に就任。四月陸軍少尉兼三等中警部。五月二十五日矢筈獄で負傷。九月二十四日鎮定。
明治十一	一八七八	三月宮城集治監建築着手、建築委員に中等部細谷直英。
明治十二	一八七九	五月宮城県属に任じ士族授産場係を命ぜれる。十月士族授産上申書及び計画書を提出。
明治十三	一八八〇	十一月牡鹿士族開墾場開設、初代場長に任命さる。
明治十四	一八八一	八月十四日明治天皇東巡、左大臣有栖川熾仁親王士族開墾場に臨み酒肴料を賜う。
明治十五	一八八二	この年、開墾場内に青葉神社を建立。十二月十一日開墾場の土地配分をめぐり暴力事件発生。場長を辞任、取締となる。

明治十六	一八八三	十一月取締を辞任。
明治二十	一八八七	十一月逓信省燈臺巡廻船明治丸に乗船し横尾東作の南洋探検に参加。得るところなく帰還。
明治二十一	一八八八	六月北海道十勝国土人勧業奨励係を拝命。
明治二十二	一八八九	六月旧土人管理人江政敏の代理人として赴任。
明治二十四	一八九一	七月旧土人管理人の代理人を退職。
明治二十五	一八九二	再び牡鹿郡大街道士族開墾場長に就任。
明治二十七	一八九四	八月一日日清戦争、宣戦布告。十月第二師団所属の軍夫千人長となる。
明治二十八	一八九五	正月三十日威海衛総攻撃開始。七月から十月にかけて台湾へ移動。
明治二十九	一八九六	三月末第二師団凱旋。六月十五日明治三陸大津波発生、十太夫救援に向かう。
明治三十	一八九七	八月星恂太郎君碑と二関源治君碑を榴岡天満宮の境内に建立。十月石巻町住吉公園内に川村孫兵衛紀功碑を建立。十二月五日額兵隊見国隊戦死弔魂碑の建碑式。
明治三十三	一九〇〇	九月九日旗巻古戦場で三十三回忌供養慰霊祭が挙行され、旗巻古戦場之碑（鴉仙居士書）を建立。
明治三十五	一九〇二	この年桜岡公園の征清紀念碑が暴風で倒壊。十二月二十五日石巻尋常高等小学校に蔵書寄贈。
明治三十六	一九〇三	この年春堂山龍雲院住職となる。
明治三十七	一九〇四	五月五日松倉恂の葬儀（弔辞細谷鴉仙）。七月十二日仙台医学専門学校長宛て死体解剖願提出。
明治四十	一九〇七	五月六日死去、行年六十八歳、当山八世中興鴉仙直英和尚と法号。

大正　五	一九一六	十回忌、龍雲院境内に細谷地蔵を建立。
大正　七	一九一八	小杉辰三、龍雲院へ二万円を寄付。
昭和　三	一九二八	二月戊辰六十年忌を祈念し龍雲院境内に細谷鴉仙和尚遺徳碑を建立。
昭和　四	一九二九	この年大佛次郎、『からす組』を「国民新聞」夕刊に長期連載。
昭和　五	一九三〇	映画「からす組」、五月九日前篇、六月十三日後篇公開さる。
昭和　六	一九三一	九月江北散士編『烏組隊長細谷十太夫』出版。
昭和三十二	一九五七	五月六日細谷十太夫五十年追悼祭を石巻永巌寺に挙行。顕彰碑を建立。
昭和三十三	一九五八	十一月子母澤寛『からす組』を出版。

引用参考文献

江北散士編『烏組隊長細谷十太夫』一九三一　江北書屋（仙台市）
桜田憲章編著『宮城縣地誌要略字引』一八八〇　仙台書林・伊勢安右衛門
加藤甫編著『東北各社新聞記者銘々傳 初篇』一八八一　章榮堂（宮城県白石町）
大町信校閲・桜田憲章修訂『伊達家臣略譜』一九二八　楽石書院（東京市）
菊田定郷著『仙台人名大辞書』一九三三　仙台人名大辞書刊行会
編纂委員会編著『角川日本姓氏歴史人物大辞典4 宮城県姓氏家系大辞典』一九九四　角川書店
子母澤寛著『からす組』一九五八　文芸春秋新社
地老窟主人著「細谷鴉仙上人の逸事」（上）・（中）・（下）（『仙臺新報』一九〇九年八月三十日・九月三十日・十月三十日掲載）
林次郎・伊勢斎助著『増補六無斎全書』一九二八　裳華房（東京市）・伊勢安薬草園（仙台市）
矢野顕蔵編「白河口の烏組隊長・細谷十太夫」（『仙臺秘史・戊辰の人物』一九二五　矢野顕蔵（仙台市））
富田広重著「からす組後日物語―細谷十太夫の実歴談―」（『東北の秘史逸話・第二輯』一九三〇　史譯研究会（東京市））
藤原相之助著「細谷鴉一夕話」（『木魚音』一九四二　春陽堂書店（東京市））
家臣人名事典編纂委員会編『三百藩家臣人名事典』第一巻一九八七　新人物往来社
坂田啓編著『私本仙台藩士事典』一九九五　創栄出版
『伊達世臣家譜』仙台叢書一九三七　仙台叢書刊行会
『伊達世臣家譜続編』（甲集）一九七八　宝文堂出版販売
『伊達世臣家譜続編乙集』一九七八　宝文堂出版販売
「仙台府諸士版籍」（『仙台叢書第六巻』一九二四　仙台叢書刊行会）
『仙台市史』第四巻別編2（復刻版）一九七五　萬葉堂書店

岡鹿門「在臆話記」(森銑三ほか編『随筆百花苑』第一巻・第二巻一九八〇　中央公論社)
小西幸雄著『真田幸村子孫の仙台戊辰史―真田喜平太の生涯』二〇一三　ミヤオビパブリッシング
家近良樹編『稽徴録―都守護職時代の会津藩史料』一九九九　思文閣出版
磯田道史著『日本史を暴く』二〇二二　中央公論新社
八木透著『京のまつりと祈り』二〇一五　昭和堂
「老翁聞書」(『仙台叢書』別集第三巻一九二六　仙台叢書刊行会)
「片倉代々記」(『白石市史』4史料篇(上)一九七一　宮城県白石市)
伊原敏郎著『歌舞伎年表』第七巻(安政元年―明治三十一年)一九六二　岩波書店
横山高治著『三重幕末維新戦記』一九九九　創元社
『石巻古地図散歩』二〇一七　「石巻アーカイブ」地図研究会
江戸科学古典叢書三六『石巻鋳銭場絵図・鋳貨図録』一九八二　恒和出版
『楽山公治家記録』宮城県図書館所蔵
木村紀夫著『仙台藩の戊辰戦争―先人の戦いと維新の人物録』二〇一五　南北社(仙台市)
松野良寅著『わが道を行く―先覚の生涯』一九八三　遠藤書店(山形県米沢市)
ヒキノヒロシ著「孫太郎虫」(日本薬史学会『薬史学雑誌』一九八五年創立三十周年記念号)
やまだくんのせかい・ブログ「孫太郎虫売り【むかしむくれて】」
坂野比呂志『香具師口上集』(カセットテープ)一九八二　創拓社
村上直著『天領』一九六五　人物往来社
磯田道史著『徳川がつくった先進国日本』二〇一七　文芸春秋
藤原相之助著『仙台戊辰史』一九一一　荒井活版製造所(仙台市)、復刻版一九六八　柏書房
『白河市史』下巻一九七一　福島県白河市
新潟県立歴史博物館・福島県立博物館・仙台市博物館共同企画展覧会図録『戊辰戦争一五〇年』二〇一八　新潟県立歴史博物館・福島県立博物館・仙台市博物館
友田昌宏著「宮島誠一郎と戊辰戦争」(由井正臣編『幕末維新期の情報活動と政治構想』二〇〇四　梓出版社)

『白河市史』第二巻通史編2近世二〇〇六　福島県白河市
福島県教育委員会編集『「歴史の道」奥州道中』一九八三　福島県教育委員会
小野寺永幸・小野寺敬子著『彗星の維新政治家・増田繁幸の生涯』一九九四　一関プリント社出版部（岩手県一関市）
「戊辰始末」（『仙台叢書』第一二巻一九二六　仙台叢書刊行会）
『仙台藩戊辰殉難小史』一九一七　仙台藩戊辰殉難者五十年弔祭会
三原良吉著「細谷十太夫と鴉組」（『宮城の郷土史話』一九七五　宝文堂出版販売所）
白河戊辰一五〇周年記念誌『戊辰白河戦争』二〇一八　白河市・白河戊辰一五〇周年　記念事業実行委員会
片倉信光著『白石地方の言葉』二〇〇七　疋田正應（宮城県白石市）
細谷辰雄著「怪人細谷十太夫傳」（『新青年』第一八巻第一五号一九三七年十一月号・第一八巻第一七号十二月号）
田辺明雄著『再説真山青果』一九八八　関西書院
藤原相之助著『奥羽戊辰戦争と仙台藩』一九八一　柏書房
東白川郡史刊行会編『東白川郡史』一九一九　東白川郡史刊行会、復刻版一九八八　臨川書店
篁州陳人（今泉篁州）著「細谷鴉と十六ささげに関する異聞〔清默軒雑話④〕」（『宮城教育』第四〇九号一九三三・六　宮城教育会）
須田義雄編『功績録』一九三五　石巻市役所
東京帝国大学蔵版『復古記』一九二九－三一　内外書籍
『福島県史』第三巻近世二一九七〇　福島県
名和弓雄著『必勝の兵法忍術の研究』一九七二　日貿出版社
『仙台市史』通史編6近代1二〇〇八　宮城県仙台市
『明治忠孝節義伝（一名東洋立志編）第三輯』一八九八　國之礎社（東京市）
姉歯量平著『戊辰戦争と貫山隊（新発見）』一九八五　宝文堂出版販売
高草操著『人と共に生きる日本の馬』二〇二〇　里文出版
永井義男著『剣術修行の廻国旅日記』（朝日文庫）二〇二三　朝日新聞出版
丸森町教育委員会編集『丸森町文化財報告書第七集・知られざる戊辰の日々』一九八八　丸森町教育委員会・丸森町文化財友の会・旗巻古戦場戊辰の役百二十年祭実行委員会

田村昭編著『仙台花街繁昌記』一九七四　宝文堂
荒武賢一朗・野本禎司・藤方博之編『古文書が語る東北の江戸時代』二〇二〇　吉川弘文館
橋本進著「旧幕府艦隊の蝦夷地渡航を援けた仙台藩士細谷十太夫」(『旅客船』二四六号二〇〇八・一一　日本旅客船協会)
合田一道著『小杉雅之進が描いた箱館戦争』二〇〇五　北海道出版企画センター
大谷正著「仙台地域の西南戦争関係資料と『仙台新聞』西南戦争関係記事」(『西南戦争に関する記録の実態調査とその分析・活用についての研究』二〇一二　研究成果報告書)
石川喜三郎編集『日本正教伝道誌』一九〇一　正教会編輯局
山下須美礼著「細谷十太夫と仙台のハリスト正協会」(『弘前大学國史研究』第一四八号二〇二〇・三　弘前大学国史研究会
難波信雄著「解体期の藩政と維新政権」(松尾正人編幕末維新論集6『維新政権の成立』二〇〇一　吉川弘文館
関山直太郎著『日本貨幣金融史研究』一九四三　新経済社
宮本又次著『宮本又次著作集』第八巻一九七七　講談社
冨士田金輔著『ケプロンの教えと現術生徒』二〇〇六　北海道出版企画センター
福島県農業史編纂委員会編纂『福島県農業史』4各論Ⅱ一九八四　福島県
大日方純夫著『日本近代国家の成立と警察』一九九二　校倉書房
『宮城県史』七警察一九六〇　宮城県史刊行会
後藤正義著『西南戦争警視隊戦記』一九八七　後藤正義(東京都)
友田昌宏著「西南戦争における旧仙台藩士の動向」(『東北文化研究室紀要』五八巻　二〇一五・三・三〇　東北大学大学院文学研究科)
宇野量介著『仙台獄中の陸奥宗光』一九八二　宝文堂
山田野理夫著『奥羽の幕末』一九七二　宝文館出版
『石巻市史』第四巻一九六二　石巻市
高橋昭夫著「神学生松井寿郎小伝」(『仙台郷土研究』通巻二七六号二〇〇八・六　仙台郷土研究会)
木村紀夫著『仙台藩の戊辰戦争―東北諸藩幕末戦記』二〇一八　荒蝦夷(仙台市)
『明治天皇聖蹟志』一九二五　宮城県
片平六左著『陸前野蒜港記』一九八二　東北港運協会広報委員会

『牡鹿郡史』一九二三　宮城県牡鹿郡役所
伊達邦宗著『伊達家史叢談』二〇〇一　今野印刷（仙台市）
河東田経清編『横尾東作翁傳』一九一七　河東田経清（東京府）
片倉信光著「南方開拓の先駆者横尾東作について」（『仙台郷土研究』通巻一三七号一九四二・四　仙台郷土研究会）
岩本憲児著『幻燈の世紀』二〇〇二　森話社
『幕別村誌』一九一九　北海道幕別村
酒井章太郎編『十勝史』一九〇七　酒井章太郎（北海道帯広町）
不破俊輔・福島宜慶著『坊主持ちの旅―江政敏と天田愚庵―』二〇一五　北海道出版企画センター
中柴光泰・斎藤卓児編著『天田愚庵の世界』一九六九　天田愚庵の世界刊行会
井上勝生著「〈紹介〉十勝アイヌ民族の十勝川共有漁場自営・共有財産取り戻し運動史料・「十勝外四郡土人関係書類」（北海道大学附属図書館北方資料室所蔵）から」（『北海道大学文書館年報』一一号二〇一六・三・三一）
石垣宏ほか著『石巻まるごと歴史探訪』二〇〇〇　ヨークベニマル（福島県郡山市）
大谷正著『兵士と軍夫の日清戦争』二〇〇六　有志舎
大谷正著「日清戦争時の「軍夫」関係史料調査旅行の記録（上）」（『専修大学人文科学研究所月報』第一四七号一九九二・五・五）
大谷正著「日清戦争時の「軍夫」関係史料調査旅行記録（下）」（『専修大学人文科学研究所月報』第一四八号一九九二・六・五）
大谷正・原田敬一編『日清戦争の社会史』一九九四　フォーラム・A
桧山幸夫編著『近代日本の形成と日清戦争』二〇〇一　雄山閣出版
大谷正著『日清戦争』二〇一四　中央公論新社
原田敬一著『日清戦争論―日本近代を考える足場―』二〇二〇　本の泉社
佐藤千尋著「明治三陸海嘯と細谷十太夫」（『仙台郷土研究』通巻二八八号二〇一四・六　仙台郷土研究会）
橋本晶著「港町石巻にのこる戊辰の面影」（『歴史読本』一九七四年五月号　新人物往来社）
木村紀夫著『仙台藩の戊辰戦争―幕末維新人物録二八二』二〇一八　荒蝦夷（仙台市）
佐藤和賀子著『戊辰戦後の仙台藩〈家老〉一族』二〇二四　吉川弘文館
阿部和夫著「武藤鬼一利直の頌徳碑」（『仙台郷土研究』通巻二九四号二〇一七・六　仙台郷土研究会）

大和田芳雄著「仙台の代言人」(『仙台郷土研究』通巻二二一号一九八一・一　仙台郷土研究会)
尾崎秀樹著「鴉仙居士の足どり」(『子母澤寛全集』月報第八号一九七三　講談社)
吉田隆悦著『幕末・明治の名僧西有穆山禅師』一九七六　伊吉書院(青森県八戸市)
石巻市図書館編『石巻市図書館和漢古書目録』二〇〇七　石巻市図書館
山本晃著「ニューギニヤ邦人開拓の先駆者細谷十太郎翁の事ども」(『仙台郷土研究』通巻一三七号　一九四二・三　仙台郷土研究会)
近世名将言行録刊行会編『幕末・明治名将言行録〔詳注版〕』二〇一五　原書房
橋本虎之介著『仙台戊辰物語』一九三五　無一文館書林(仙台市)、復刻版　一九八〇　歴史図書社
『松竹九十年史』一九八五　松竹
大佛次郎著「史實調査のいろいろ」(『文学時代』第一巻第七号一九二九年十一月号　新潮社)
「阪妻映画祭」実行委員会企画・監修『阪妻(スターが魅せる日本映画黄金時代)』二〇〇二　太田出版
浜田隼雄著「仙台藩の民兵隊―細谷十太夫とからす組」(村上一郎編『明治の群像2　戊辰戦争』一九六八　三一書房
片平六左著『さんさ時雨記・慶応の巻』一九六五　片平六左(宮城県塩竈市)
大池唯雄著『炎の時代―明治戊辰の人びと』一九七〇　河北新報社
平重道著『伊達政宗・戊辰戦争』一九六九　宝文堂(仙台市)
山田野理夫著『東北戦争』一九七八　教育社歴史新書
「仙台からす組始末記―仙台の隠密・細谷十太夫」(『伝説と奇談』第九号・東北北海道篇　一九六一・五　日本文化出版)
宮城県図書館編『宮城県郷土資料総合目録』一九八〇　古文書を読む会(仙台市)

あとがき

筆者は、宮城県白石市、白石城主の片倉小十郎家が支配した城下町の出身である。小西家は、浄土真宗本願寺派に属する善久坊（寛永十一年・一六三四創立）、後の法源山清林寺（万治二年・一六五九改称）の創建に貢献した家であると伝えている。家業は代々大工であり、城普請の関係からか、白石川の砂利採取権を持っていたという。幕末に近い頃には、いわゆる「金上げ侍」となり、片倉家から名字帯刀が許されていた。その際、白石本郷本町の上西家から、「上西の番頭格」であるからと「小西」を名乗ることとなったと聞いている。家屋敷は本町八十九番地、現在の朝倉医院の場所であった。

筆者の四代前の先祖、小西要治（明治二年十一月二日歿、行年四十七歳）は、前年の戊辰の時に、同じ町内の義侠家上西甚蔵（文化十二年—明治二十一年）が徴募した「からす組」と同様の農町兵隊（その屯所が白石城下の町屋にあったという。）に参加して白河口に出兵したが、潜んでいた小屋に大砲の弾が当たり、「ドン五里兵」（白河口の仙台藩兵は、大砲でドンと撃たれると五里（約二十キロ）逃げると西軍から揶揄された。）となって、逃げ帰って来たという不名誉な話が伝えられている。

右の義侠家上西甚蔵の子の上西国八（天保八年—明治三十一年）が藤廼舎《ふじのや》主人として取りまとめた『上西翁実歴譚草稿』があり、旧藩制末期の仙台藩や片倉家のことどもを記載した上巻のみ、後裔の上西彦一氏によって昭和三十八年に出版されている。しかし、肝心の戊辰戦争から自由民権運動の頃を記載したと思われる下巻については、誰かに貸し出されたまま所在不明になっているというのである。

しかし、その所在不明の『上西翁実歴譚草稿』下巻をも典拠としたと思われる文献が存在するのである。
それは、明治三十一年に東京市の國之礎社から出版された、緑綬褒章者二十九人、藍《らん》綬褒章者三十四人、紅綬褒章者三十人の事績をまとめた『明治忠孝節義伝（一名東洋立志編）第三輯』（国立国会図書館デジタルコレクション）である。その中に上西甚蔵について、次のとおり記載されている。

甚蔵は磐城国刈田郡白石町の人なり。姓は藤原、名を清辰という。幼時、勇吉と称し後、甚蔵と更む。文化十二年三月二十日、家に生る。父を甚吉といい、母を萬という。早田氏なり。甚、後細貝氏の女直をむかえて妻とし、三子を挙ぐ。又、国歌を好み、風流亭名披弘と号す。家世々商を業とす。父の時に至り片倉氏の家臣となる。然れども業を廃せず。甚、人となり慈善を好む。（中略）

戊辰の役起るに当り甚、国（長子国八）、伊達氏の軍政方を命ぜらる。是に於て農義兵一千有余を募り、之を二隊に分ち、藩主に請いて本藩士大立目重成、岡部雄之助を隊将とし、名くるに妙力（隊）、震撃（隊）を以てし、自費を投じて軍器軍装を調え、三男時之助を属将と為し、伊達氏の軍に従い白河関に至らしむ。甚、国、皆伊達氏の参謀部に在り力を盡くして職を奉ず。（中略）

（明治）十八年十一月、官、藍綬褒章を下して甚が行事（行った事がら）を表旌《ひょうせい》（旗を立ててあらわす）せらる其文に曰く

稟性《りんせい》（生まれながら）篤実《とくじつ》（親切で誠実なこと）、志ヲ公益ニ励マシ曩時《どうじ》（むかし）凶歎《きょうたん》ニ際シテ飢餓ヲ賑恤《しんじゅつ》（施し恵む）シ新街《しんがい》（柳町）ヲ開テ人戸を増殖シ尋デ無産者ノ就業ヲ謀リ私金五千九百余円ヲ抛《なげう》チ本郡小原村字小久保平ノ荒地ヲ開拓シ拮据《きっきょ》（手が疲れてくたくたになる）経営、遂ニ墾田十八町余ヲ獲、人戸十数戸ヲ移スニ至ル其成績著名ナリトス、依テ明治十八年十二月七日勅定ノ藍綬褒章ヲ賜ヒ其善行ヲ表彰ス

二十一年一月四日、老病を以て歿す、年を享ること七十又四。是より前、長子国、家を嗣ぎ家道益々昌《さかん》なり。

『宮城県姓氏家系大辞典』によれば、上西甚蔵および上西国八について次のように記載されている。

上西甚蔵〔かみにしじんぞう〕（一八一五?〜八八）刈田郡白石の人。字は清辰。安政二年柳町を開き、文久元年国分平〔のち小久保平〕の開墾に着手する。戊辰戦争の際には農兵六〇〇を募り従軍する。明治五年小久保平を再墾、明治一九年藍綬褒章を受ける。

上西国八〔かみにしくにはち〕（一八三七〜九八）上西甚蔵の子。父を助けて柳町、新柳町、小久保平を開き、明治以後は自由民権運動に参加し、先進社の社長として活躍する。山形県上山と白石を結ぶ磐羽鉄道を計画、測量したが実現しなかった。

これによって、先祖小西要治が参加した農町兵隊は、「十一、降伏謝罪」の末尾に記載したとおり、岡部雄之助を隊長とする妙力隊か、あるいは大立目重成（武蔵《ぶそう》）を隊長とする震撃隊のいずれかということが判明した。そして、上西甚蔵の三男時之助とともに従軍していたものと思われる。

ここで、仙台藩の戊辰史に度々登場している「震撃隊長大立目武蔵」をキーワードとして、『仙台戊辰史』と『仙台藩戊辰殉難小史』により、その戦闘の模様を次にみておくこととする。

六月十二日には列藩大挙して白河を攻むるに決す。棚倉口伴澤より会津純義隊渡辺綱之助等棚倉、相馬の兵と並び進み、根田和田山よりは仙台細谷十太夫の隊を先鋒とし、大松澤掃部之輔の大隊進出し、愛宕山方面よりは会津の遠山右衛門等進出、大谷口よりは仙台の中島兵衛之助、会津の高橋権太夫等進出、仙台藩の大立目武蔵、会津の原田対馬、赤垣平八等は前夜下羽田村に出で白坂口に迫り一挙して白河を援かんとす。

細谷十太夫、大立目武蔵等は会津、二本松の軍と議し、白河の西なる米村口より討ち入るに決して同二十九日米村方面に進み、明日（七月一日）大挙して白河を攻めんとす。然るに同日、仙台藩の泉田志摩、増田歴治、会藩辰野源左衛門及び各藩参謀等小田川の陣営に会し相議して曰く、棚倉すでに陥り白河より東海岸に至る間、西軍充満す。守山三春は阿武隈川を隔て緩急相援くるを得ず。故に七曲、小田川、矢吹の三ケ所を捨て須賀川を本陣とし時機を待て進撃するに如かずと。増田等（中略）矢吹は敵の陣所となるの虞れありとて、居民に金を与えて放火し諸軍へ通知もせずして同夜深更退きて須賀川に屯せり。細谷十太夫、大立目武蔵等は仙台参謀の須賀川に退却せるを知らず。

七月一日白河城を攻むべく衝撃隊長細谷十太夫、震撃隊長大立目武蔵、会将西郷頼母と合し斥候を放ち敵状を偵察しつつ進む。西軍亦之を牒知し逆ひ撃って二本松隊に殺到す。是に於て二本松先づ潰ゆ。為に仙台兵亦た左右より挟撃せらる。十太夫は天神山、武蔵は元天神山の胸壁を奪はんとす。西軍町裏より逃る。十太夫大声叱咤弾丸雨飛の間を冒して進み、馬除堤を乗取り将に城に迫らんとす。会兵は金勝寺山上より四斤砲を以て白河城を狙撃し形勢大に良好なりしが、本道口の兵は増田歴治（仙台藩参謀）の命により故なく矢吹駅を焼きて須賀川に走りし為め、西軍勢を回復し、我軍為に後援なくして深く敵地に入るを不利なりとし、兵を収めて那須原の西に退く。此日仙台軍の死傷左の如し。

戦死　大立目隊農兵島根藤助、細谷隊志田金太郎、和田平助、卯三郎、清吉、泉鱗太郎隊木村圓太郎

負傷　大立目隊富田惣五郎、田鎖弥一郎、山崎嘉平、佐藤庄七、秋葉圓次郎、細谷隊田尾庄之助

仙台藩坂英力・真田喜平太、会津藩田中源之進、二本松藩丹羽丹波その他を集め、七月十二日の軍議の結果、次のとおりの手配を定めた。

> 七月十四日子《ね》ノ刻（午前零時）夜襲すべし
> 棚倉口より細谷十太夫の一隊先手となり、次に小竹長兵衛に二小隊にて単独に働き敵陣中を駈け散らし、会津境へ駈け抜け同所胸壁に付く、この時会兵進撃の約（中略）
> 白河の艮《うしとら》（北東）隅なる月山口より大松澤掃部之助、大立目武蔵各手勢を引率し初・中・後三手に組み立て襲撃し、戦闘を敢えてせず、単に関門を破り関外に駈け出で速やかに根田左右の胸壁に付き、もし味方敗走敵尾襲せば、これを喰い止むべし（中略）
> 本道白河関門先鋒猪苗代城代田中源之進五小隊にて関門に迫り控え、細谷の合図にて大松澤の関門を開くと同時に入れ替わり襲撃すべし（中略）
> 白河乾《いぬい》（北西）の方山に添え、中島兵衛之介一大隊にて白河本道より会津境まで戦地綿々線路これあるに付き、要所要所へ控え討ち入りの虚勢を張る事
> いずれも初・中・後の働き三段三手の備えを設け、合印《あいじるし》・合詞《あいことば》をも定めたり

以上の方策にて、軍の指揮は泉田志摩と増田歴治に任ぜられ、十四日夜九ツ時（午前零時頃）に宿陣を出発して根田に到着した。しかし、この日は大雨で、泥濘《でいねい》が脛《すね》を没するほどであり、行動が自由にならなかった。十五日未明に進出すべきはずの細谷十太夫・大松澤掃部之助は、大雨のため期に遅れ夜はすでに明けてしまった。さらに辰ノ刻（午前七時頃）には山霧も晴れてしまったので、真田参謀は戦いの不利を察して、引揚げに命令を発した。

しかし敵はすでに会津兵が関門に迫っていることを発見したため、交戦となった。これを見た増田歴治が単身退却を始めたため、諸隊も潰走《かいそう》した。

七月二十八日、斥候報じて曰く三春西軍愈西軍に降り其の先鋒となりて二本松を衝かんとすと。是に於て列藩急

に兵を部署し、西軍本宮に迂廻すと聞き、細谷先づ衝突し、鹽森・大立目隊も戦を開始せり。三春守山の兵は地理を諳《そらん》じ西軍を嚮導せしかば策戦圖に当り遂に西軍の勝を制するに至れり。（中略）仙台兵の戦死したる者左の如し。

本宮に於ける戦死者

大立目武蔵手農兵指揮役　坂元小四郎、佐藤文之進

「ドン五里兵」などという言葉はとんでもない、細谷十太夫の衝撃隊とともに最前線で勇猛に戦っていることが判明したのである。

昭和三十四・五年頃のことと思われるが、ＮＨＫ仙台放送局のラジオ第一放送において、仙台放送劇団所属の劇団員による朗読劇「からす組」が、夕方に（おそらく土曜日）放送されていたのを一・二度聴いたことがあった。記憶によれば、内容は細谷十太夫の捕吏からの逃亡劇だったようである。現在から想像すると、子母澤寛の『からす組』が原作だったように思われる。

この時、かつて父から聞いた、先祖が関わったという農町兵隊の話が、「からす組」という言葉を介して筆者の頭の中に蘇ったようであった。

昭和四十三年は「明治百年」が政府を中心に謳い上げられ、ＮＨＫ大河ドラマは「竜馬が行く」であり、坂本龍馬の「海援隊」が注目された。また昭和四十五年四月から九月までは民放のＮＥＴ（現テレビ朝日）系列で「燃えよ剣」が放送され、土方歳三が副長を勤めた「新選組」が、そして出版物では長谷川伸の『相楽総三とその同志』により長野県下諏訪で偽官軍として処刑された「赤報隊」など、いわゆる「幕末諸隊」がある種のブームとなった。

このような流れから、幕末諸隊の一つである仙台藩の「からす組」に興味を持ったとしても、昭和四十五・六年当時では、三一書房で出版された村上一郎編『明治の群像』シリーズの第二巻「戊辰戦争」の中の一章に「仙台藩の民兵隊—細谷十太夫とからす組」がある程度であった。その章の執筆者は「仙台文学」に「仙台維新」を連載中の小説家浜田隼雄氏であり、参考文献として掲げられていたのは、藤原相之助『仙台戊辰史』（明治四十四年）、『仙台藩戊辰殉難小史』（大正六年）、橋本虎之介『仙台戊辰物語』（昭和十年）、片平六左『さんさ時雨記・慶応の巻』（昭和四十年）であった。

また、小説で「からす組」を読もうとしても、新刊本はなく、古書店で探すしかない状況であった。まず始めに最寄り駅の三鷹駅近くの古書店で手に入れたものが、大佛次郎の『からす組』であり、改造社から前篇が昭和四年十二月、後篇が昭和五年三月に発行された箱入り二巻本であった。引き続き入手したのが、子母澤寛の『からす組』であり、昭和三十三年十一月に文芸春秋新社から出版された軽装版・二段組の一冊であった。

当時、仙台藩の戊辰戦争について調べたいと思った場合、一千ページ余の藤原相之助の大著『仙台戊辰史』の復刻版が、丁度「明治百年」のブームに乗った形で、昭和四十三年五月に柏書房から出版されたため、比較的手に入れ易かったほかには、仙台市の宝文堂から昭和四十四年に出版された宮城教育大学教授の平重道著『伊達政宗・戊辰戦争』ぐらいしかない状況であった。

筆者が新たな資料を求めて神田神保町に通い出した、比較的初期に入手したのが、「からす組後日物語—細谷十太夫の実歴談—」が収録されている富田広重著『東北の秘史逸話第二輯』（昭和五年）であり、丁度、古本市場から仕入れたばかりのものであった。そして仙台の古書市で見つけたのが、「細谷鴉一夕話」が収録されている藤原相之助著『木魚音』（昭和十七年）と石巻市役所発行の『功績録』（昭和十年）であった。

それ以外の諸資料は、公立図書館に所蔵されているものがほとんどであり、その際、大変役に立ったのが、宮城県図書館編集の『宮城県郷土資料総合目録』（昭和五十五年）であり、県内の公共図書館や公民館図書室で保存され

写真83　小田川の小野薬師堂（白河市小田川小田ノ里）

ている内容が郷土に関係ある資料及び図書のリストを取りまとめたものであった。

本書の出版に当たり撮り溜めた写真を探したところ、昭和四十六年だったと思うが、初めて買った一眼レフのカメラを手に、東北本線白河駅から路線バスで女石《おんないし》の「仙台藩士戊辰戦歿之碑」を撮影に行ったときのものが出て来た。そこは戊辰戦争の激戦地であったので、女石から小田川《こたがわ》の方へ約四キロ徒歩で移動してみた。片平六左著『さんさ時雨記・慶応の巻』の巻頭写真によれば、小田川宿の入口付近に地元の住民達が建ててくれた「戊辰戦死供養塔」があるはずであるので、近くの民家で尋ねたところ、「まずは上がらい」と親切にお茶を出してくれて話を聞いてもらったが、その石碑については分からないということだった。がっかりしてその家をお邪魔すると、女石に向かって数歩戻った道路の反対側に「戊辰戦死供養塔」が建っていたのである。当時すでに、戊辰戦争の激戦地の地元住民にとっても忘れられた存在になっていたことを痛感させられたのである。

そして平成の世となり、奥州街道を歩く旅行ツアーに参加して現地に赴いたが、小田川の戊辰戦死供養塔がある小野薬師堂付近は、綺麗に盛土・石垣・階段が付設され、それとは気付かないほど、在りし日の地形とはまったく異なる風景となっていたのである。したがって、筆者が昭和四十六年当時に撮った写真は、細谷十太夫や我が先祖が見た風景に近いかも知れないと思い、あえてその数枚を掲載することとした。

最後に、国立国会図書館デジタルコレクションや銅折葉さんの「細谷十太夫直英のこと」の情報が、大変有用でありました。紙上をもって御礼申し上げます。

二〇二四年十二月

小西 幸雄

〔編著者紹介〕
小西 幸雄（こにし ゆきお）
仙台郷土研究会会員
1948年 宮城県白石市生まれ
1970年 東北学院大学経済学部卒業
千葉県柏市在住
著書『仙台真田代々記』（1996年 宝文堂）、『真田幸村子孫の仙台戊辰史―真田喜平太の生涯』（2013年 ミヤオビパブリッシング）、国宝大崎八幡宮 仙台・江戸学叢書65『真田幸村と伊達家』（2015年 大崎八幡宮）
論稿「仙台藩士になった幸村の子息」（別冊歴史読本『真田一族のすべて』1996年 新人物往来社）、「真田幸村遺臣・西村孫之進の謎」（『歴史と旅』2000年2月号 秋田書店）、「幸村二男は伊達家直臣になっていた」（歴史群像・戦国セレクション『奮迅真田幸村』2000年 学習研究社）、「真田喜平太（郡県制を提唱した新政体構想の先覚者）」（歴史群像シリーズ特別編集『【決定版】図説・幕末志士 199』2003年 学習研究社）

『烏組隊長 細谷十太夫』を読む

2025年2月20日　第1刷発行

編著者　小西幸雄
発行者　宮下玄覇
発行所　MPミヤオビパブリッシング
〒160-0008
東京都新宿区四谷三栄町11-4
電話(03)3355-5555
発売元　株式会社宮帯出版社
〒602-8157
京都市上京区小山町908-27
電話(075)366-6600
http://www.miyaobi.com/publishing/
振替口座 00960-7-279886
印刷所　モリモト印刷株式会社

 ISBN978-4-8016-0332-5 C0021